LIVING ON THE EDGE
An American Generation's Journey through the Twentieth Century

「大恐慌の子どもたち」親世代のライフコース

20世紀を生きたアメリカ人の家族・ジェンダー・人間発達

リチャード・A・セッターステン・Jr. Richard A. Settersten Jr.
グレン・H・エルダー・Jr. Glen H. Elder Jr.
リサ・D・ピアース Lisa D. Pearce ［著］　岡林秀樹［監訳］

明石書店

LIVING ON THE EDGE: An American Generation's Journey through the Twentieth Century
by Richard A. Settersten Jr., Glen H. Elder Jr., and Lisa D. Pearce
Copyright © 2021 by The University of Chicago. All rights reserved.

Licensed by The University of Chicago Press, Chicago, Illinois, U.S.A.
through The English Agency (Japan) Ltd.

人生の縦断研究の開拓者である
ジーン・ウォーカー・マクファーレンに捧ぐ

日本語版に向けての序文

『時代の先端を生きて（*Living on the Edge*）』（邦題：『「大恐慌の子どもたち」親世代のライフコース —— 20 世紀を生きたアメリカ人の家族・ジェンダー・人間発達』）は、ある意味において、グレン・エルダーによる 1974 年の古典的著作『大恐慌の子どもたち』の続編である。『大恐慌の子どもたち』の中で、エルダーは、1920-21 年に生まれたオークランドのコホートを児童期から中年期まで追跡した。しかしながら、そこで扱われたデータには、1930 年代という厳しい時代の前後における彼らの両親についての情報がほとんど含まれていなかった。このようなギャップを埋めるために、エルダーは、バークリーにあるカリフォルニア大学の人間発達研究所に保管されたデータを調べ、オークランドのデータに遭遇したのである。そこで、エルダーは、バークリー・ガイダンス研究が、10 年後の 1928-29 年に生まれた研究対象児だけではなく、彼らの両親も追跡していることに気がついた。この発見が、1900 年ごろに生まれた妻と夫を研究する機会をもたらした。その結果が、20 世紀のほとんどの革命的な変化に向き合うこととなった、これらの夫婦や家族の生涯にわたる唯一無二の研究となったのである。その変化の中には、移住や戦争、経済的な好不況の劇的な浮き沈み、想像を超えた科学技術の発明と進歩が含まれている。「『幌馬車から月へ』といったような、この時代における変化の速さに匹敵する歴史は二度と来ないだろう」と、いみじくも語っていたのは、研究参加者の 1 人だったのである。

本書は、1 世紀以上前に生まれた 1 世代の人々について書かれたアメリカの本であるが、そこで得られた教訓の多くは、場所と時代を超えたものである。その核心に、本書では、ライフコース研究が中心的に関心を向けている問題の重要性が描き出されている。つまり、それは、歴史が、個人や集団の生活

において、いかに重要であるかを明らかにすることである。本書によって、私たちは、急激に変わりゆく世界が、いかに人間の生活に影響を及ぼすのか——そして、それらの変化が、世帯や家族にどのような影響を及ぼし、世帯や家族が、それらをどのように取り入れるのか——を理解できるようになる。本書は、歴史的出来事や社会変動が、いかに人々を混乱させ、対処や適応を要請し、不平等に曝し、分かり難く、多くの場合、予期できないやり方で、人々の機会や選択肢を変えてしまうのかを示している。本書で議論されていることの中には、現在、戦争や、パンデミック、経済的な不況や恐慌、人種不平等、政治や市民の争い、気候変動など、すべての社会において生活を条件づける、さまざまな出来事に直面している私たちに当てはまる数多くのことが含まれている。

　保管されていたデータによって、私たちは、前世紀の前半の人々の生活に、何が起こっていたのかを直接観察することができた。それは、ほとんど知られていなかったことであり、時に世間一般の通念に挑戦するものであった。とりわけ注目すべきことは、女性が、職業と家庭のかじ取りをする先駆者であったということである。アメリカ合衆国で投票権を獲得したすぐ後に、女性、特に大卒の女性の多くは、家庭におけるさらなる前進の可能性を見出した。彼女たちは、結婚をより友愛的なものと再定義することで主体性を表現した。そして、驚くべきことに、多くの場合、女性たちは働いていたのである。実際に、20世紀におけるアメリカの——そして、世界中の多くでの——ビッグストーリーの1つは、女性の地位の向上である。社会学者のクラウド・フィッシャー（Claude Fischer）は、本書についてのブログ記事で以下のように記している。「前世紀に生じたアメリカ人の個人的生活を変えたものの中で、女性の地位の向上ほど、深い影響をもたらしたものはない……そして、前世紀に生じた大きな出来事が、家父長制的家族構成を覆し、21世紀の女性のエンパワーメントの土台を築いたのである」（America blog, 2021年7月27日）。

　この親の世代も、今では、世界中の多くの地域で知られるようになった、より徹底した子育て（intensive parenting）の土台を築くことに貢献していた。中流階級においては特に、これらの親は、親役割を、子ども中心で科学的なものに定義し直した。夫婦は、子どもの発達における父親の役割をより意識するようになった。よりよい父親、よりよい夫になりたい男性が数多くいたのである。

彼らは、親に養育についてのガイダンスを提供しようとする介入に参加し、その世紀にわたって広まることとなったメッセージの初期の伝道者となったのである。

おそらく最も普遍的であったのは、家族関係の相互依存性、すなわち、リンクされた人生（linked lives）に関連する課題の重要性である。アメリカ合衆国の 1900 年世代のメンバーが家庭生活を営んでいたのは、私たちが今日知っているような政府のプログラムが発展する前であり、「公的支援（public aid）」を受けることに対して大きな偏見があった時代であった。困窮に直面した時には、家族メンバーへ依存するか、得られるのであれば、どこからでも援助を得ようとするしかなかったのである。援助を与えたり、受けたりすること、そして、とりわけ親と同居しなくてはならないことによって、不安や怒りがもたらされた。最も胸が打たれることは、1900 年世代の人々が困窮に対応するための困難な選択をする際に、どれだけ苦しめられたかということである。その中には、新たに子どもを作らないことや、自宅所有を諦めること、職を選ばずに働くこと、消費を極端に切り詰めること、社会的地位を失うこと、困窮を隠して体面を保つことがあったのである。

私たちは、過去が、将来の健康や幸福感にとって、いかに重要かということについても見てきた。20 世紀のこれらの重要な数十年のいつの時点でも、男性は、女性よりも、情緒的に不健康であった。この数十年にわたって、女性は情緒的な健康を獲得したが、男性は失ったのである。大恐慌の困窮の長期にわたる影響が、この状況を生み出した中心的なメカニズムであり、より大きな困窮が、より深刻でより長期にわたる情緒的苦痛と関連していた。夫の役割の選択肢は、夫たちを『稼ぎ手の義務（Breadwinner mandate）』、すなわち、夫は家族を支えるべきだし、そうしなくてはならない、という期待に縛り付けていた。彼らは、勝ち目のない状況に陥っていた。家族を支えることができないとき、夫は、激しい恥と絶望の感情に陥ることが多かった。つまり、頭を抱えて、台所のテーブルで悲嘆にくれ、夫が仄めかしているように自殺するのではないかという恐怖のために妻がヒステリックになっているような状況が引き起こされていたのである。既婚女性は、当時の文化において、有給の従業員ではなく、主婦役割をとることが多かったが、子どもたちが学校に行っている間や家族に

必要があった時には、パートタイムの仕事に就いていた女性もかなりいたのである。第二次世界大戦の時には、約半数の女性が仕事に就いていた。家庭の経営と有給の雇用は、女性の自信と回復力の主要な源泉であった。困窮の約30年後、生き延びた夫婦の中では、妻は、夫よりも、より主体的で、より回復力が高かったのである。

　私たちが主張しているのは、アメリカにおける1900年世代が、19世紀と20世紀という両世紀をまたいでおり、レナード・ケインがかつて『転換期の世代（hinge generation）』すなわち、過去と現在の架け橋と呼んだものとなっているということである。彼らの生活は、それ以前の世代とは、激しく異なっており、彼らは、変化と格闘しつつ、それを推進した。そして、その変化は後の世代に影響を及ぼした。生涯にわたって、彼らは、数多くの変化を経験した。その変化には、職業における大きな変化、職場と家庭の分離の促進、高等教育の拡張、女性の労働参加の増加、婚姻における平等主義の拡大、養育スタイルの変化がある。この世代を研究している時、私たちは、私たちの時代に固有であると仮定していた多くのことが、私たちよりも、ずっと以前の人々の考えや行為に基づいていたり、共通していたりするという事実を思い知らされてきた。

　私たちは、本書が、日本における歴史や社会変動が、あなたの人生経験や、異なる世代の拡大家族の人生経験に、いかに影響を及ぼしてきたかということについて、私たちと同じような深い省察を促すことを期待している。そして、研究者である読者の方には、歴史と社会変動が、あなたが研究しているテーマや母集団に、どのような意味を持つのかを考え、歴史や社会変動によって、あなたの研究課題、収集するデータ、用いる研究方法を、どのように変えたらよいのかということについて考えてほしいと思う。私たちは、本書の日本語版をあなたと共有できることをうれしく思っている。

2025年3月

リチャード・A・セッターステン・Jr.
グレン・H・エルダー・Jr.
リサ・D・ピアース

「大恐慌の子どもたち」
親世代のライフコース
——20世紀を生きたアメリカ人の家族・ジェンダー・人間発達
目次

日本語版に向けての序文 ⋯⋯⋯⋯⋯⋯⋯⋯⋯⋯⋯⋯⋯⋯⋯ 5

第1部　未知の世界に踏み出すこと

第1章　新世紀のアメリカ人——1900年世代 ⋯⋯⋯⋯⋯⋯ 16

研究上の課題とアプローチ　18
分析枠組み　24
バークリー——学園都市　27
「長期間」にわたって人々を研究するということ　31

第2部　人生を切り開く——1910-30年

第2章　カリフォルニアにやって来たぞ！ ⋯⋯⋯⋯⋯⋯⋯ 45

カリフォルニアへの移住　46
移住の物語　49
出生地と家族史　54
生涯にわたる影響力　57
結論　63

第3章　男性たちの生き方 ⋯⋯⋯⋯⋯⋯⋯⋯⋯⋯⋯⋯⋯⋯⋯⋯⋯⋯⋯⋯⋯ 69

1920 年代の中心的テーマ　70
学歴と職歴の獲得　74
生計と金繰り　76
　自分の家を持つ　79
　貯蓄と証券　82
　親族やコミュニティへの依存　85
結論　87

第4章　女性たちの生き方 ⋯⋯⋯⋯⋯⋯⋯⋯⋯⋯⋯⋯⋯⋯⋯⋯⋯⋯⋯⋯⋯ 95

教育の経路　96
給料といくらかの自律　99
そして結婚する　101
家庭とライフスタイル　104
変化する機会とアイデンティティ　107
　変化する可能性　107
　アイデンティティを定義する　112
結論　113

第5章　結婚生活での共同と別離 ⋯⋯⋯⋯⋯⋯⋯⋯⋯⋯⋯⋯⋯⋯⋯⋯⋯ 120

結婚の内実　123
異なる人生——ともにあり、悩む　129
夫婦の役割と家族のパターン　133
大恐慌前夜の結婚生活　136

第3部　大恐慌の時代——最悪と最良の時代

第6章　災厄と恩恵 ⋯⋯⋯⋯⋯⋯⋯⋯⋯⋯⋯⋯⋯⋯⋯⋯⋯⋯⋯⋯⋯⋯⋯⋯ 147

経済的剥奪と家族の困窮　148

低所得と生活費　149
　　　職業生活のパターン　152
　　家族の災厄の原因　155
　　　産業部門による違い　156
　　　窮乏期における労働者の価値　157
　　　大恐慌以前の資源と問題　159
　　大恐慌を切り抜ける道すじ　162
　　　複数の仕事と雇用主　163
　　　適応としての不安定な仕事　164
　　　職業生活の継続と変化　166
　　不平等と大恐慌の経験──おわりに　168

第7章　深刻化する窮乏期 ……………………………………… 173

　　経済的衰退の意味　174
　　困窮が悪い時代に変わる時　179
　　　家計の安定性、支出、そして夫婦間葛藤　179
　　　妻の高い経済的水準　181
　　　立派さと「面子を保つ」　183
　　ジェンダー、結婚、そして情緒的健康　185
　　悪化する悪い時代　192

第8章　苦難の時代の育児 ……………………………………… 198

　　子どもを増やすかどうか　199
　　　家族の現実と産児制限　202
　　　年長の子どもたちの有用性　206
　　ストレス下の家庭における親の影響力　209
　　子どもを産んでも育てられない　214

第9章　親族との関わり ………………………………………… 219

　　親族援助の構成　220
　　　物質的援助の授受　224
　　　社会階級と家族ステージによる差異　228
　　同居と別居　232
　　　親族が家庭に入る時　232
　　　同居の経験　233

世代間の緊張　235
親族関係におけるリンクされた人生　238

第4部　国内での戦争

第10章　戦争の家庭への影響 ································· 249

コミュニティの変化と適応　250
明かりを消せ──危険だ　250
新興都市──社会秩序の発展と衰退　251
見知らぬ人たちの中で暮らす　254
国内戦線における興奮　260
戦時中の家族の変化　262
男性の戦時中の労働──犠牲と利益　262
若者の2つの世界　264
戦争労働者の子どもたちの世話　270
結論　271

第11章　働く女性たち ····································· 279

戦時下の女性の仕事　281
就労への経路　284
仕事の種類　287
女性の就労を形作るもの　290
女性が就労できる領域　290
女性が就労できる領域の広がり　293
状況によって変わる女性の就労の意味　297

第12章　世代から世代へ ·································· 302

現代風のしつけはいかにして広まったか　303
学者と専門家の登場　303
科学とノウハウによるしつけの時代　305
しつけの世代的変化　307

ジェンダーイデオロギーの移り変わり　310
新しい世界に生きる若者へのしつけ　313
息子と娘への期待　316
　息子や若い男性への親の期待　316
　娘や若い女性への親の期待　318
結論　321

第5部　時代と人生の変化

第13章　老年期に過去を振り返る　………………………………………………　331

変容した世界の中での人生移行　333
　繁栄の 1920 年代から大恐慌の困窮期へ　334
　困窮の時期から第二次世界大戦の好況期へ　336
困窮の時期が老年期に遺したこと　338
人生を振り返って　344
　最も満足し、最も不満であった時期　346
世代のテーマ　349
　1900 年世代の独自性　350
　未来へ架かる世代の橋　353

謝辞　………………………………………………………………………………　363

追補　366

付録　………………………………………………………………………………　367

付録A　付表と付図　369

付録B　標本、データ源および方法　375
　バークリーの標本とそのコミュニティ　375
　1930 年代から 1940 年代にかけてのデータ収集　376
　1969 年から 82 年にかけてのデータの収集と測度　379
　充実し柔軟性に富んだ豊かさ　381

付録 C　1962 年から 2019 年にかけての本プロジェクトのストーリー　383
　　始まり　383
　　計画と偶然　385
　　比較コホート研究　387
　　社会変動と 1900 年の親世代──バークリー研究　387
　　第 1 段階──年長の子どもたちと
　　　年少の子どもたちの家族とコホートに対する大恐慌の影響　388
　　第 2 段階──人生と世代の研究（1979 年から 99 年）　389
　　本にするための作業　391

監訳者あとがき　　　　　　　　　　　　　　　　　　　　　　　395

索引　　　　　　　　　　　　　　　　　　　　　　　　　　　398
　　人名索引　398
　　書名・番組名索引　402
　　用語索引　403

第1部 未知の世界に踏み出すこと

> 1870年は現代アメリカの夜明けだった。その後の60年間、生活のすべての面が劇的に変化した。1929年までに、アメリカの都市には電気が通り、ほとんどの都会の家庭は、電気やガス、電話、清潔な水道水、下水道で外界とつながった。1929年までに、都会の道路からは馬の姿はほとんど消え、車を持っている世帯の割合は90%に達した。1929年までに、都会の世帯は、1870年の想像を超えて、蓄音機の音楽やラジオ、飾り立てられた建物での映画など、さまざまな娯楽を楽しむことができたのだった。
>
> ロバート・J・ゴードン（Robert J. Gordon）
> 『アメリカ経済：成長の終焉
> （The Rise and Fall of American Growth）』[1]

---

1. Robert J. Gordon, The Rise and Fall of American Growth: The U.S. Standard of Living since the Civil War（Princeton, NJ: Princeton University Press, 2016）, 61（ロバート・J・ゴードン著、高遠裕子・山岡由美訳（2018）『アメリカ経済 成長の終焉』上 日経BP社）

第1部　未知の世界に踏み出すこと

第 1 章

新世紀のアメリカ人

── 1900 年世代

● ● ● ● ● ●

私たちは、今、人間社会の歴史の中で、最も変化が激しい時代の 1 つに生きているのではないでしょうか。

ロバート・リンドおよびヘレン・リンド　『ミドルタウン』(1929)

　20 世紀の変わり目に生まれたアメリカ人は、急速に近代化していく世界を経験し、自分たちの人生を予想もしないようなやり方で変えてしまう見当もつかない影響を受けた。第一次世界大戦の前夜、アメリカ人作家でコメンテーターであり、彼自身、この世代の一員であったウォルター・リップマン（Walter Lippmann）は、「私たちは自分たちの存在の根底から揺さぶられている」と書いていた。この変わりゆく世界は、「幻想ではなく、事実である。私たちは実際に新しいものを追い求め、発明があり、これまでに存在しなかったものが日々生み出されている」。私たちには、「私たちを導いてくれる前例もなく、英知もない。今必要な英知は、より単純な時代には作られなかったのである。私たちが私たちの環境を変えてきた速度は、私たちが私たち自身をどのように変えたのかを理解するよりも速かった[1]」。どのようにして、この世代の人々の世界は、この世代の人々が自分たちがどのように変わったのかを知るよりも、より速く変わってきたのだろうか。彼らのライフストーリーの大半で語られているのは、国内での大規模な移民と移住や驚くほどの都市の発展、そして 19 世紀後半から 20 世紀前半にかけての革命的な発明の数々──電気、電話、自動輸送、および家庭の近代化──であった[2]。1920 年代の変化が激しかったのは、特にアメリカの極西部であり、急ピッチで都市が成長していた。その後、

16

１世紀経ったが、リップマンの見解は、変わりゆく時代の先端を生きている現代のアメリカ人にとって、今もなお真実のように思える。

1920年代の終わりに、ハーバート・フーバー（Herbert Hoover）大統領は、「最近の社会的動向」を記録するために、一流の社会科学者のチームを作るという計画を思いついた[3]。1929年の秋に行われた最初の会議で、フーバーは、「伝統的な生活様式における息をのむような変革」について語った[4]。科学者たちが何より驚かされたのは、大きな発明や数えきれない社会・経済的な力が累積した劇的な影響力であり、これらの影響力が「アメリカ人を開拓の日々から、ほとんど信じられない近代化の渦の中へ」と追い込んだのである[5]。このような近代化の要素が、巨大企業や大量販売、分割払いを生み出すことになったのである。

しかし、このような社会における多幸感は、すぐに、混乱した経済という暗雲にとって代わり、大恐慌による破綻が生じ、半熟練・非熟練労働者を巻き込んだ10年間にわたる失業率の上昇が続いた。それにもかかわらず、後に明らかになるのだが、技術の飛躍的進歩が輝かしい未来と、1920年代から1970年代への「大躍進」となるものさえもたらした[6]。この進歩は、戦時中の「生産の奇跡」に集中し、戦時中の連邦政府の支出に支えられた。ジャーナリスト兼編集者であったケアリー・マックウイリアムス（Carrey McWilliams）は、この爆発的な成長を、「1940年代の『信じられないほどの好景気（fabulous boom）』」と呼んだ[7]。消費水準は、1939年の大晦日までに、全アメリカ経済の５分の４以上に上昇した。1939年から1944年の間は、たったの５年間であったが、実質国内総生産は、ほとんど２倍になり、労働者とその家族のウェルビーイングは劇的に改善した[8]。

戦時中における経済の急成長は、戦後も続き、戦争中に強いられた貯蓄と耐久消費財への繰り越し需要が、その購買を可能にした。この需要は、何百万もの退役軍人が、復員軍人援護法から惜しみない援助を受けて、市民生活に戻るにつれて、急上昇した。復員軍人援護法は、退役軍人が高等教育や職業訓練を受け、自分の家を持つための経済的な橋渡しをした[9]。急速に拡大した中流階級における若い家族という新しい波が、今や、自分たちの居場所を獲得した。苦労して手に入れた成功によって、老いも若きも、その後の将来に、より大き

な安心を期待することができたのである。

この歴史的記録がはっきりと示しているように、1900年世代が経験してきたのは社会経済の浮き沈みの比類なき繰り返しであり、そのすべてが南北戦争の終わった1870年から1970年代にかけてのロバート・ゴードン（Robert Gordon）の言う「経済成長の革命的世紀」の期間に含まれていた[10]。1870年以前の変化の世紀は比較的ゆっくりとしたものであった。1900年世代にとって、この世紀の経済的大発展は、大恐慌における劇的な崩壊と関連していた。しかし、後に見るように、必ずしもすべての家族が、この苦境の時期に、同じように剥奪されたわけではなかった。実際には、大恐慌期に仕事における逆境や所得の喪失をほとんど体験しなかった人がいた一方で、第二次世界大戦の終わりまで、1929年の収入水準を回復できなかった労働者階級の人もいたのである[11]。

研究上の課題とアプローチ

このように急速に変わりゆく社会が、1900年世代の中流階級や労働者階級のアメリカ人の生活にどのような影響を及ぼしたのだろうか。彼らは、2つの世界大戦と大規模な経済的な繁栄と恐慌という浮き沈みを含む破壊的で変わり続ける世界にどのように適応してきたのだろうか。私たちは、これらの疑問に取り組む上で、バークリー・ガイダンス研究（以後、バークリー研究とする）として知られている先駆的な縦断プロジェクトの卓越したデータ記録を活用した。

この研究は、カリフォルニア大学バークリー校心理学部の臨床心理学者であったジーン・ウォーカー・マクファーレン（Jean Walker Macfarlane）によって、バークリー児童福祉研究所で1920年代後半に始められた[12]。この研究所は、ひいては、有名なバークリー人間発達研究所となり、子どもたちを児童期や青年期から、その後の成人期まで追跡した画期的な研究として国際的な評価を受けることになった。このバークリー研究も例外ではなかった。マクファーレンは、40年間にわたって研究を指揮し、1900年世代のメンバーとその子たち、最大420人のメンバーの生活を追跡し続けた。1885年から1908年にヨーロッパやアメリカで生まれて、これらの男女は、最終的にカリフォルニアに定住し、

そこで結婚し、子育てをした。1929年までに、この研究は、サンフランシスコの対岸にある、およそ4万人の都市であるバークリーに住んでいる200組以上の夫婦を対象にしていた。

バークリー研究に参加した、それぞれの夫婦には、家族の標本が選ばれた時、1928-29年生まれの子どもが1人いた。子どもたちと親に対しては、20世紀のほとんどの期間、かなり詳細に追跡調査が行われた。グレン・エルダー（Glen Elder）は、研究所の特別研究期間（1972-73）にバークリー研究における親と子どもたちについての縦断的記録という秘宝を発見した。そこでは、観察年と面接記録からなる質的な生活記録がファイルに保管されていたのである。この研究における親子に関するデータ収集の幅広さと豊かさは、この研究を始めた指導者の中核となる学問的関心と専門性を反映していた[13]。マクファーレンは、家族関係と児童発達に関して臨床的な訓練を受けていた。（1900年世代である）バークリーの親の社会的出自についての情報を得るために、彼女は、彼らに対して、回想的なライフヒストリー面接を行ったが、そこには、彼らの母親や父親の社会的出自についての質問も含まれていた。これらのライフヒストリーは、1900年世代の人々をある社会的文脈に位置づけ、彼ら自身のしつけやバークリーへの移住経路についての貴重な情報を提供してくれることになった。

マクファーレンの研究チームは、1900年世代に自由回答の面接を行った。それは、さまざまなデータ収集法がある中でも、もともとの研究関心が向けられていた、子どもの発達や行動上の問題を理解するために好まれた方法であった。これらのデータは、質問紙やスタッフによる評定、自宅や近所でのスタッフによる観察によって補われた。定期的な面接データは、1930年から1947年にかけて、これらの男女から収集されたが、彼らは1969年と1980年代前半のデータ収集で再度面接された[14]。これらの豊かなデータ源の組み合わせによって、4つの世代の全体像がかなり明らかになってきた。1つ目は、私たちが探求しようとしている1885年から1908年生まれの1990年世代である。2つ目は、南北戦争のすぐ後に生まれた、その親世代である。3つ目は、大恐慌の直前あるいは最中に生まれた子ども世代である。最後が、第二次世界大戦後に生まれた孫世代である。1900年世代は、人生におけるさまざまな移行や転機、経路を経験していくことになるのだが、この世代間および歴史的枠組みを用いて、

本研究は、彼らについて検討する上で豊かで文脈化された視点を提供するのである。

　人間のライフコースを、その移行と軌道とともに、理解するための枠組みが、1990年代に、私たちの研究の指針となる5つのパラダイム原則として出現した[15]。第1は、すべての個人の人生は他者と関連している、というものである。この相互依存性を念頭に、「リンクされた人生」の原則は、個人を、他者との関係に埋め込まれ、他者によって影響されるものとして捉えている。第2の「タイミング」の原則は、人々が結婚、出産、離家のようなライフイベントをいつ経験するか、ということに関わっている。タイミングの差異——このような出来事が早く起こるのか、適時に起こるのか、遅れて起こるのか——が個人のライフコースと人間関係に現実的な影響を及ぼすのである。第3に、「歴史的時間と場所」の原則は、人々の生活が、彼らの経済的、文化的、社会的環境によって、如何に影響されているか、ということに関心を向けるものである。第4に、「人間の主体性」の原則は、人々がする選択や行動が、自分の人生の方向性や結果に影響を及ぼすということである。最後に、「生涯発達」の原則は、人間の発達とエイジングは生涯続く過程であり、その過程において、誕生から死までが最もよく理解されるのである。

　このライフコースの観点とプロジェクトの基本的特徴は、家族と人生の社会変動に関する1つのすばらしい初期の研究と多く点で共通している。その初期の研究とは、ウィリアム・I・トーマス（William I. Thomas）とフロリアン・ズナニエツキ（Florian Znaniecki）による「生活史の社会学：ヨーロッパとアメリカにおけるポーランド農民（The Polish Peasant in Europe and America）（1918-20）」である。彼らは、回想的なライフヒストリーを用いて個人の人生を描き出したが、その方法は、親と子どもの縦断的データの記録を用いたマクファーレンのバークリー研究とは異なっていた。ライフヒストリーの情報が回想的に収集される時、その情報は、人間の記憶の誤りやすさや、出来事を選択的に再生し、自分のライフストーリーを実際よりも、より一貫した秩序だったものに見えるようにしてしまう傾向の影響を被ってしまう。それにもかかわらず、「ポーランド農民」は、ライフヒストリーや手紙から官庁記録やフィールドでの観察にいたるまでの幅広い多様なデータを活用していた。この研究の焦点は、「古

い世界から移住してきた人たちのコミュニティ」と彼らの新世界への適応にあてられていたが、この野心的な研究は、「その時代における傑出したアメリカの社会学研究」であると考えられる[16]。さらに、著者の1人であるウィリアム・I・トーマスは、1920年代に回想的ライフヒストリー研究の限界に気づいており、子どもたちが児童期から青年期を経て若い成人期へと発達していくのを直接観察することを推奨していた。1930-31年に行われたブルッキングス研究所における社会科学の方法についてのセミナーで、トーマスは、「縦断的アプローチを開発」し、「人々の集団を将来にわたって追跡し、人々が体験することを、その都度、連続的に記録していくこと」を強く訴えていた[17]。

　私たちの研究において、私たちは、バークリーの1900年世代の人生を、彼らの社会的出自から学校教育や結婚、出産、雇用に至るまで1920年代の好況から1930年代の大恐慌にかけて追跡し、そこから第二次世界大戦で動員された国内戦線、戦後に長く続いた繁栄期、さらに、最も長生きした親としての1980年代から1990年代までの時代にわたって追跡した。私たちが提供するのは、彼らの人生を形作り、意味を与えた独特な歴史的な時間と場所について経験し、語ってくれた個人とその家族の私的で直接的な見解なのである。

　大部分において、バークリーの1900年世代の人生の文脈は、この見解を、開拓者たち、冒険家たち、革新者たち、すなわち、よりよい人生を追い求めたアメリカ人の歴史において重要な役割を担った1つの州であるカリフォルニアの物語となる。ヨーロッパ出身の者もいたし、東海岸や中西部出身の者もいた。このプロジェクトは、どのように西部を開発するのかに影響を及ぼした出来事に基づいて進められてきた。例えば、1860年代後半のカリフォルニア大学バークリー校が、1870年代前半には女子学生にも門戸を開く公立大学として設立されたが、それは、西部において公有地の供与によって設立された他の多くのランドグラント大学よりも、かなり前だったのである。しかし、この物語は、カリフォルニアの地域に限定されるものではなく、歴史的にも、より長くより幅広いものであり、そこで生きた人々は1世紀以上も後の人々の先達となったのである。

　バークリー研究は人の一生涯を研究するプロジェクトであったので、私たちは、個人とその人間関係を経時的に追跡することができた。研究された人々

21

は、自分自身の親と 1929-31 年における自分の配偶者についての情報を提供した。私たちは、第 2 章において、バークリーの 1900 年世代がサンフランシスコに着いた移住の道筋（そこで生まれた人は 20％に満たなかった）を辿り、バークリーの街で、教育や仕事、結婚や出産という早期成人期の移行を経る 1930 年代まで辿ること（第 3 章と第 4 章）から彼らの人生の旅を始める。私たちは、結婚については、保管されたデータの記録に目を向けたが、そこでは、結婚相手がどのように 2 人の関係を見ているのか、調和的かどうか、相互理解や会話を通じて経験を共有することによって特徴づけられているか否か、について最も早期の交流についての報告の 1 つを提供してくれている（第 5 章）。1920 年代の終わりまでに、夫婦は、教育、職業役割、社会階級において、さまざまなやり方で選り分けられてきたが、そこでの選り分けられ方が、困窮と繁栄の時代における脆弱性とレジリエンスに重大な影響を及ぼしたのである。1929 年には、5 分の 3 の家族は中流階級であった。

　1930 年代になると、バークリーの家族は、前に立ちはだかるものを乗り越えるために所有している経済的資源や社会関係資本は、なんでも持ち出さなければならなかった。彼らは 1、2 年のうちに不安定な経済に直面した。ベイエリアでは、経済が底入れした 1933 年には、労働者の 4 分の 1 が失業していた。中流階級や労働者階級のすべての家庭が困窮に陥ったわけではなかったが、現状における困窮と将来への不安が絶えない中、経済的負担が、夫婦間の葛藤や子どもをもうけるかどうかについて苦痛を伴う決断と相まった時、困窮の時代は、よりストレスフルなものになっていった（第 8 章）。ある妻が語っていたように、4 分の 1 の世帯では、より古い世代の精神的に不安定な高齢者の存在が家族に緊張をもたらし、そのことが家族の雰囲気に「水を差す」こともあった（第 9 章）。世代間世帯は、しばしば、東ヨーロッパの農民の生活からサンフランシスコのビジネスマンの上流階級の豊かさにいたるまで、富や文化、言語における格差を広げるものだった。

　1940 年までに、1900 年世代とその家族は「ほしいものを我慢」しなければならなかった 10 年間から急成長を遂げる経済への移行を経験した。そこでは、男性も女性も、国内戦線の労働力として採用され、軍需品と民生品に対する増加し続ける需要を満たしたのである。バークリーにおける地域社会での暮らし

は、戦時において深まる不安と重圧を反映していた。住民は、地域で暮らすことがどのようなものであったかを振り返った時、その地域の人口構成が南部の白人や黒人、それ以外のよそ者の流入で変わり、そのことが、ベイエリアの人口構成を恒久的に変化させた、と語っていた（第10章）。住民は、日本の真珠湾攻撃の影響、地域の日本人家族が収容所に消えたこと、アメリカが参戦するにつれて、カリフォルニア湾が危険になったことについても振り返った。ストレスフルな変化は、戦時産業の高まる生産圧力――1日のそして週の労働時間が長く、果てしなく続くこと――とかかわっており、そのことは、家族生活に緊張をもたらし、男性や女性、子どもたちの精神的健康を傷つけた（第10章と第11章）。

　縦断データによって、私たちは、第二次世界大戦の前の女性の仕事について、より以前の繁栄の時期、大恐慌の時期まで遡って目を向けることができた（第11章）。女性の社会史に関する多くの研究は、アメリカ人女性の職業の歴史における強力な転機として第二次世界大戦に関心を向けてきた。しかし、私たちは、1900年世代の女性、特に労働者階級の女性は、戦時に突然働き始めたのではなく、結婚したり、大恐慌期に家計を支えたりする前に職業を経験していたことに気がついた。

　10代の若者が、自身で移動できるようになり、自由を獲得し、急速に変わりゆく世界の中で、多くの新しい誘惑や危険に直面するようになるにつれて、戦時動員の文化と共同体は、彼らの親に大きな苦労を強いることになった（第12章）。しつけも、性についての新しい考え方によって挑戦を受けていた――男性であること、女性であること、夫であること、妻であること、父であること、母であることは、何を意味するのか、ということ――そして、親は自分の息子や娘が大人になるにつれて、彼らに対して何を求めるのかということである。この世代が子どもたちをしつけたのは、子どもや家族の発達についての科学的研究が出現し、これまでの世代よりも、この世代により多くの知識をもたらした時代だったのである。このようなストーリーは、特に中流階級において展開してきたのだが、しつけに対する親のかかわりとアプローチに大きな文化的な転換をもたらし、今日の熱心なしつけへと道を開くことになった。

　最終章において、私たちは、バークリーの男性と女性のライフコースについ

第1部　未知の世界に踏み出すこと

て、彼らの老年期という視点からみた長期的な観点で捉えたが、そうする中で、大恐慌という困窮の時期や世界大戦によるストレスフルな圧力が個人にもたらした影響を重視した（第13章）。直接の面接を行って、私たちは、20世紀の激しい浮き沈みを経験した人生と、何世代も、継続し、断絶し、再現する、職業と婚姻の安定と不安定のような、人生経験におけるテーマの回想をつなぎ合わせた。

　20世紀におけるバークリーの男性と女性の変遷する人生については、安定した、あるいは、不安的な児童期から、1920年代のサンフランシスコで、かなり有望な若い成人期になる中で、累積した利益と不利益の点で検討することができる[18]。若い成人期は、学校教育の修了や就職、結婚、世帯を持つという課題によって特徴づけられた。これらの移行と達成は、1930年代に入り、大恐慌期になるにつれて、彼らの個人的経験に影響し、彼らを不運や幸運へと導いた。これらの人生の軌道とその不均衡が、完全雇用経済と第二次世界大戦の圧力の中に持ち込まれ、戦後からそれに引き続く経路を通じて老年期へと至るまで、潜在的な転機となったのである。

分析枠組み

　本研究の中核には2つの基本概念がある。それは、拡大家族という文脈における個人の世代的地位と歴史的時間という文脈におけるコホートのメンバーシップである。前述のとおり、バークリー研究は、4つの連続した世代を対象としている。その4つの世代とは、1900年世代の親、1900年世代、その子どもたち、その孫たちである。世代の継承と相互依存的な人生のサイクルの中で、新生児は育てられて大人になり、次の世代を産み、年老いて、遂には死に至るのである。出産をする平均的なタイミングの世代間差によって、一緒に生きられる時間が大きく変わることになる。

　このダイナミックな視点は、家族や社会における若者と高齢者の社会的結びつきに注目するものであったが、それは、出産や他の出来事が、人生や歴史的時間におけるどの時期に起こるのかを示すものではなかった。このような情報は、年齢で区分されたライフコースから得られる。年齢は、個人の人生段階と

24

その時期に適した役割と責任についての指標を与える。それに加えて、ある特定の時期に生まれたすべての人々は、ある出生コホートのメンバーである。連続している複数のコホートが、ある社会変動を経験すると、その経験は、彼らが占めている「キャリア段階に、はっきりと特徴づけられる[19]」。バークリーの親世代を出生年の中央値で分けることによって、大恐慌の困窮に曝された時の家族のキャリア段階のような、社会変動の歴史的影響をよりよく評価することができる。このようなアプローチを用いて、1900 年世代は、潜在的に異なる 2 つの男女の「世代コホート」を生み出した。1 つは、19 世紀の終わり（1900 年より前）に生まれた人々で、もう 1 つは、20 世紀初頭（1900 年以降）に生まれた人々である。

　その世紀の変わり目である 1900 年世代のコホートにおいて（年長か年少か）というメンバー性は社会学者のレナード・ケイン（Leonard Cain）が「歴史の転換点（historical hinge）」と述べたものにあたり、1920 年に若い成人であった人々は、それ以前のコホートの人々とは経験していることが異なっていたのである[20]。そのことが私たちの目を向けさせるのは、第一次世界大戦の勃発のような社会変動に男性が直面した人生段階である。第一次世界大戦でアメリカがドイツに宣戦した時に、動員される可能性があったのは、1900 年世代コホートの年長の男性のみであった。他方、第二次世界大戦が始まった時には、2 つの世代のコホートのほとんどの男性は、兵役の年齢の上限を超えているか、国内戦線の基幹産業で雇用されているかであった。女性にとっては、コホートのメンバーであることが最もかかわっていたのは、何人の子どもをもうけるかということであった。年少のコホートがもうけた子どもの数が少なかったのは、1 つには、大恐慌の経済的制約のためであった。彼女たちは、1920 年代の若い女性の開放的なイメージどおりに、すでに性的に活発であった時に結婚している傾向が高かった。

　世代効果とコホート効果を解釈するために重要な概念的区分が、もう 1 つある。それは、性別や出生地／血縁、宗教とともに、社会階級のような地位集団というものである。男性と女性の人生は、異なる期待と機会によって成立するので、性別は、出生コホート内における主要な地位の差別化要因である。社会階級も、例えば、大恐慌期のオークランドの子どもたちと家族の研究によって

明らかにされたように、出生コホート内の個人と家族の差異の大きな要因である[21]。失業は労働者階級に集中しており、労働者階級の父親は、第二次世界大戦になっても、しばらく失業し続けていた。大きな収入減からより早く回復できたのは、労働者階級の家族よりも、中流階級の家族であった。

　これらの地位がどのように組み合わさるかは、個人が、剥奪や混乱のような変化に、いかに適応するのかに大きな関連があった。例えば、大恐慌期に育ったオークランドの若者のコホートは、極端な変化と適応の主要な要素を経験した[22]。この種の変化は、典型的には、危機を生み出し、その危機の中で、従来型の適応は効果的に機能しない。おそらく、その理由の一部は、個人のスキルや生活水準についての高い期待である。さまざまな選択肢がうまくいかないことがわかった時、人々は、大幅な支出の削減や稼ぎ手を増やすというような別の方略の有効性を検討した。これまでのやり方がうまくいかないことは、ウォルター・リップマン（Walter Lippmann）の20世紀を迎えたアメリカ人についての観察の中で描かれている。そこでは、環境は彼らが知っていた変わり方よりも、より速く変化していたのである。

　社会変動に効果的に適応できる個人の属性には、高い処理能力や回復力など、障害や困難を成功裏に乗り越えることから獲得されることが知られている個人的資質が含まれている。不利や問題状況からの要望を克服する際に重要な要素は、困難な状況に対処するために準備することである。最も重要なのは、この本質的な要因は、適応経験が成功をもたらすのか、失敗をもたらすのか、ということである。研究が示唆しているのは、さまざまな状況を克服した経験は、達成のレパートリーを増やし、柔軟性や優れた対処を可能にするスキルを養成するということである。このような個人的資質の開発は、1900年世代とその子どもたちの人生にとって重要であった。それは、彼らの多くが、ストレスフルな大恐慌の時代に生まれ育ったからである。

　このような縦断研究は、社会経済的変化を、ライフコースにわたる行動変容やその後の結果変数と結びつける分析モデルのために必要とされる。それは、また、さまざまな変化の影響を変える地位の組み合わせについての鋭い考察を必要とする。そのため、社会変動が、いかにして、ある結果を生み出すのかに目を向けるとともに、私たちは、バークリー世代の人生と家族を、1920年代、

1930 年代、1940 年代から、後年に至るまで追跡したのである。

バークリー──学園都市

　西部への人口移動は、19 世紀後半のアメリカの中心的なテーマであり、人々は、より豊かな機会を求めて、ヨーロッパからアメリカへ、地方から都会へ、東部から西部へと移住し続けていた。サンフランシスコとサンフランシスコ湾の東端に位置するバークリー市が発展する中で、カリフォルニアへの移住は、はっきりと、このテーマに沿ったものであった。カリフォルニアの人口は 1900 年から 1910 年にかけて 2 倍になった。その当時、カリフォルニアの居住者の大半は、州外、あるいは、時には国外で、生まれていた。バークリーの 1900 年世代がカリフォルニアに行きつくまでに辿ったさまざまな経路については第 2 章で述べられる。典型的には、彼らは（親や他の家族メンバー、友人という）他者と連れだってやってきたが、中央平原や中西部の田舎よりも都会の出身であることが多かった。海外で生まれたものは 20％しかいなかったが、これらの人たちは、カリフォルニアの主要都市に定住する傾向が高かった。

　若者と家族は、傑出した州立大学の名声とアクセスのしやすさ、および、そこでの地域生活の質の高さによって、バークリーという学園都市に惹きつけられた。カリフォルニア大学バークリー校は、南北戦争の後に、私立のリベラルアーツ大学進学者向けのカリフォルニア・カレッジと農業・鉱業・機械工学のカレッジが合併した時、1862 年に成立したモリル法による連邦土地払い下げ条項および土地売買で得られた財源を用いて実現した[23]。大学設置の運動をしていたリーダーたちは、主要な大学のキャンパスに取り囲まれたこの街を、ジョージ・バークリー（George Berkeley）に敬意を表して、バークリーと名付けた。ジョージ・バークリーは、コロンビア大学のために高等教育のモデルを確立した人である。バークリー校では、最終的に、医学部はサンフランシスコに、農学部はデービスの郊外に設立された。

　1870 年代に、最も注目すべきだったのは、バークリー校が、女性が学生になることを認めたことである。当時、カリフォルニア州で大学生になれる年齢の人の数は、男性の方が女性よりも多かったのにもかかわらず、バークリー校

第1部　未知の世界に踏み出すこと

では、すぐに女性の入学者数が男性の入学者数を超えたのである。1900年までに、学生数は、全体で3,000人を超えた。20世紀の最初の20年間で、この大学は、教授陣が教育と研究で国際的に卓越していたことと慈善家の寛大さによって、その名声を高めた。1920年までに、素晴らしいキャンパスは、バークリーの丘にまで拡張され、新古典主義的な建物が魅力的な風景の中に聳え立った。1928年にバークリー研究を始めたジーン・マクファーレンは、その6年前にカリフォルニア大学で臨床心理学の博士学位を獲得し、心理学部の先駆的な女性研究者となっていた。

　大学は、州内に居住するすべての人の入学金と学費を無料とするという原則に基づいて、理事会によって設立された。唯一の負担は、健康管理のような学生サービスにかかる費用を賄うためのものであった。この大学の名声と学費が安いことは、西部でよりよい生活を求めている家族にとって大きな魅力であった。さらに重要だったのは、乳幼児の死亡率が低く、最良の医療が備わっているという、この町の評判であった。バークリーは、機会というカリフォルニアの歴史における利点を共有していたのである。

　この大学の施設が発展し、学生数が増加することは、この町の発展に大きな影響を及ぼしたが、当初、教員と学生は、典型的には、オークランドという隣町に住んでおり、馬車で通学していた。最初に、宅地が開発されたのは、バークリーの西部で、しだいに（湾岸の海の見える場所（Ocean View along the Bay）として知られる）工業地帯となったのだが、その数年後には、カリフォルニア大学のキャンパスの東部まで広がった。1900年までに、都市開発によって、舗装道路、郵便局、学校、交通手段の発展、公共図書館、選挙で選ばれた役人のいる町としての認可、公共の上水道システム、消防署、警察署がもたらされた。

　カリフォルニアは、これまでもそうだったが、現在もいまだに、地震と火事で有名である。20世紀における2つの災害は、バークリーの人口と住宅の最初の30年間における増加に著しい役割を果たした。1つは1906年のサンフランシスコ地震で、もう1つは1923年のバークリーの火事である。サンフランシスコ全域での住宅や商用施設の地震による壊滅的な崩壊と併せて、市のガス管の破裂による火の嵐によって、すべての街の区画が跡形もなくなった。数

28

十万人もの住人が退去させられ、その多くは、バークリーとオークランドの東海岸地域に住むこととなった。オークランド・トリビューン紙は、地震後の翌日に電車で到着した乗客が「着の身着のままであった」ことを鮮やかに述べていた[24]。数百人の避難民が最終的にはバークリーの住人になったのだが、このことが、1900年から1910年の間にバークリーの人口が3倍になり、1909年に市として認可されたことの一因であった。

東海岸の市は、この危機に素早く反応し、救済委員会を立ち上げて、教会、慈善団体、個人のボランティアの協力と資源を管理した。軍の協力を受けて、東海岸には7つのテント式のキャンプ地が設置された。人々が地震で破壊されたサンフランシスコから逃げてきた時、慈悲心の大きな拡がりに応えるためにバークリー福祉協会が設立されたが、それは、もともとは慈善団体のバークリー協会だった。バークリーの1900年世代の家族の中にも、焼け落ちたサンフランシスコ地域出身の者が何人かいた。このような家族の中には、火の嵐から逃げて、サンフランシスコ湾の救援ボートに乗り、数日間さ迷った者もいた。住民の退去に加えて、この地震によって、サンフランシスコの産業の中には、バークリーの臨海地域へ移転したものもあった。

20世紀の初期の2番目の大災害は、1923年の大火であった。この火災は、強風で丘陵を焼き尽くし、北西部の商業地区に達し、数千もの住居を破壊した[25]。この住宅地の大部分では、家々が建っていた唯一の痕跡は、ここあそこに立っている煙突だけであり、その淋しい風景は、第一次世界大戦のフランスの戦場を思い起こさせるものであった。4,000人以上の住人の家が破壊され、1,000万ドル以上の資産が失われた。意外なことに、大規模な集団行動によって、この市は、火災で廃墟となった後、2年のうちに信じがたい再生を遂げた。2年後には、一戸建て住居が大幅に不足していること以外は、この災害の名残は、ほとんど見当たらなかった。隣接する地域に住居を借りたり、購入したりせざるを得なかった家族もあった。

このような大火災にもかかわらず、この市の経済は、1930年代までには回復し、繁栄した。当時は、大恐慌やその後続く経済危機など、決して起こらない、と思われていたのである。しかし、世帯収入の損失は、すべての社会階級にわたって拡大し、労働者階級の失業率は25％を超えた。この困窮の影響は

29

第1部　未知の世界に踏み出すこと

約6か月後に西海岸に及んだが、カリフォルニアとニューヨークは、この10年間における失業・雇用対策費が最も多い州であった[26]。しかしながら、この10年間には、サンフランシスコと、バークリーおよびオークランドをつなぐベイブリッジが完成したことのように、重要な発展もあった。

　この学園都市における大恐慌の深刻さは、サンフランシスコ地震の避難民の援助活動から生じたバークリー福祉協会の公的な役割によって鮮やかに示されている。バークリー福祉協会は、その資金が尽きる1935年の夏まで、バークリー市で援助が必要なすべてのケースを担当した。300万ドルの市債が議会で承認されて初めて、この水準での支援が行えたのである。1932年の終わりまでに、この市と郡において、支援を受ける家族の数が、恐慌前の水準の7倍まで増加したのだが、このことは、バークリーの10世帯のうち、およそ1世帯が先細りする公的資金の供給に頼っていたことを示している。バークリー福祉協会は、1935年に民間団体になり、補助的な家族のニーズのみを取り扱うようになった[27]。国や州の雇用支援が、このような支援を行うようになったのは、この時点からなのである。

　第二次世界大戦において軍および民間からの増大する需要に国が応えようとする中で、大恐慌から好景気への変化が生じたが、それは、移行というよりも、むしろ転換と言えるものであり、歴史的に見ても、これほどまでの転換は、めったにみられないものだった。切り詰め、間に合わせのものでやりくりした大恐慌期の後に、第二次世界大戦における「民主主義の兵器廠（arsenal of democracy）」のための比類なき動員の時代がやってきた[28]。1930年代の経済崩壊とアメリカの孤立主義は、教育や健康、軍事、社会基盤への支出を著しく低下させた。このような支出の低下の影響が、バークリー市では、学生や教員、職員に対する大学からの支援の大幅削減によって、強く感じられた。しかし、ヨーロッパやアジアでの戦争気運の高まりは、連邦支出を刺激し、第二次世界大戦におけるアメリカを再工業化させることによって、この支出削減を逆転させた。戦争が終わるまでに、この大学は、戦争に関連したプロジェクトで、およそ6,000万ドルも得ていたのである。

　大恐慌からの大学の回復は、（1930年に任命された）新しい学長、土木技師のロバート・ゴードン・スプロール（Robert Gordon Sproul）のリーダーシップ

と採用のスキルによるところが大きかった。1930年代の終わりまでに、バークリーの教員は、ベイブリッジからフーバーダム（現在のボルダーダム）の完成に至るまでの巨大な土木プロジェクトの最前線を推し進めていた。アーネスト・ローレンス（Ernest Lawrence）は、最初の原子核破壊サイクロトロンを開発し、その貢献でノーベル賞を受賞した。ロバート・オッペンハイマー（Robert Oppenheimer）を筆頭とした他の科学者たちも、戦時中に、原子爆弾を作るために重要な役割を果たした。戦後も、連邦政府の助成金は、バークリーでの大規模な科学プロジェクトに送られ続け、そこでの教員の業績達成を促進した。

　第二次世界大戦によって、バークリーとオークランドの人々の雇用機会も増大したが、緊急性の低い民間の仕事に就いていた徴兵年齢の労働者は軍務のために入隊させられたのであった。この戦争によって、サンフランシスコ沿岸の造船所の建設のような戦争による緊急需要のために、州外からの労働者の募集も促された。ホワイトカラーの労働者に対してもブルーカラーの労働者に対しても、このような新しい産業に対する需要があったが、大量生産の方法によって、今まで造船の経験も専門知識もない労働者を雇用することが可能になったのである[29]。このような労働者の多くは、アメリカの最も貧しい地域であった、南部や南中西部からの移住者であった。アメリカが枢軸国（ドイツ、イタリア、日本）との宣戦布告した年に、防衛費の支出は12倍になり、西側世界全体におけるアメリカの指導的役割への再投資がなされた。バークリーやカリフォルニア州は、1950年代から1970年代中頃の豊かな戦後が終わるまで、繁栄し続けたのであった。

「長期間」にわたって人々を研究するということ

　バークリー・プロジェクトが開始された頃、個人に対する典型的なアメリカの研究は、1時点でデータを収集するものであった。合衆国において、子どもたちの発達を経時的に記録するように設計された研究の数は1ダース未満であり、そのほとんどが、人間発達研究所で行われたバークリーとオークランドの研究と比べて、小規模なものであった。横断研究が主であった時流に対する重

31

要な例外は、スタンフォード大学のルイス・ターマン（Lewis Terman）の優れた能力のカリフォルニア人に対する縦断研究であった。その被験者は、同じく20世紀の最初の20年間に生まれた人々であり、千人以上の男女に対して複数回のデータ収集が行われたのである[30]。それ程の規模ではなかったが、バークリー研究は、子どもとその親という2つの世代をライフコースにわたって追跡する独自の設計で傑出したものであった。バークリー研究は、自由回答形式の面接や世帯調査、親と子どもへの質問紙、家族に関する年次記録を通しての集中的なデータ収集によっても傑出したものであった。

　バークリー研究が実施された頃に開始された縦断研究は、今日の縦断研究とは異なり、連邦政府からの助成を受けていなかった。この種の研究は、一時点の調査より、よりいっそう費用が掛かるので、この制約は大きな影響を及ぼした。フラミンガム心臓血管縦断研究（The Framingham Cardiovascular Longitudinal Study）は、前向き研究として設計されたアメリカで初めての大規模なものであり、それが開始されたのは、国立衛生研究所（The National Institutes of Health：NIH）が設立された2年後の1948年であった。NIHは、戦後に行われることになる国家規模の縦断研究の重要な資金源となった。それより前の時代に、バークリー縦断研究は、ローラ・スペルマン・ロックフェラー記念基金から大規模な助成を受けていた。

　人々の全人生が研究される時、老年期までに、標本が非常に選別されたものになってしまうのは、研究参加者の中には、亡くなったり、脱落したりする人がおり、標本に残るのは、多くの場合、最も経済的に豊かで健康に恵まれている人になってしまうからである。マクファーレンの標本は「古いバークリー」から抽出され、1920年代後半に生まれた子どもを持つ家族を含むものであったが、その標本構成は、第二次世界大戦後にバークリーで抽出した標本構成とは、明らかに異なっている。最も著しい違いの1つは、黒人家族の戦時産業への大規模な人口流入がもたらした、都市の発展と戦後における恒久的な人種の多様化であった。1920年代の家族という「古いバークリー」の標本は、黒人世帯を少ししか含んでいなかったので、それは戦後のバークリーの標本を代表しているものとは言えなかった。アジア人やヒスパニックの家族に対しても同じことが言えた。社会変動は、縦断研究が実施される世界における重要な特徴

第1章　新世紀のアメリカ人

であり、1900 年世代に対する研究の中心課題は、社会変動が、この世代のメンバーとしてのバークリーの男女の人生に生涯にわたって及ぼす影響を調査することなのである。

　マクファーレンの研究で対象となっていた家族は、1928 年 1 月 1 日から1929 年 6 月 30 日にバークリーで子どもが生まれた家族の代表標本である。全部で 244 家族が研究のために募集され、無作為に 2 つの下位標本に割り振られた。1 つは、親への面接と観察を特徴とした集中的なデータ収集を実施する群、もう 1 つは、それほど集中的にはデータ収集を行わない群であった。それぞれの下位標本において、3 家族のうち 2 家族は、中流階級であった。集中的なデータ収集を実施する体制をとったのは、実験群の子どもたちを養育する上で問題が生じた時に、親に助言を与えるためであった。このため、このプロジェクトのもともとの名前は、バークリー・ガイダンス研究と呼ばれていた[31]。

　保管されたデータを用いて研究をする場合、どのような研究であっても、私たちは、現代の標準と、他の目的のために、あるいは、他の手続きを用いて、かつて収集されたデータでできることとの間での葛藤を経験する。研究課題は、適切なデータや測定用具、研究デザインを必要条件とするが、研究者は、そのプロジェクトが開始された時代の標準が形作る条件を常につけ加えるのである。結果として、保管されたデータを用いる場合、二次分析者は、手元にあるデータで精いっぱいやりくりするしかないのである[32]。

　幸運なことに、バークリーで保管されていたデータは、幅広い選択肢と可能性を提供してくれた。面接と観察によって質的なデータが生み出され、体系的な観察を符号化することによって量的な指標が生み出された。自由回答式の面接と観察によって、現代の研究の流れにより適合する概念の質的な指標を構成することも可能となった。このような特徴は、急速に変わりゆく社会で生きゆく 1900 年世代の人たちのライフコースや家族パターン、信念や価値を研究する上で不可欠であった。

　例えば、バークリー・プロジェクトは、研究参加者とその家族を、1920 年代の繁栄期、1930 年代の困窮期、第二次世界大戦の国内戦線の時期という特定の文脈に位置づけるように設計されたものではなかった。それにもかかわらず、自由回答式の面接データに基づいて、私たちは、これらの歴史的な時期に

33

第1部　未知の世界に踏み出すこと

ついての文脈的指標を設計することができる。社会経済的な例としては、1920年代における職業経験と教育の変遷、1930年代における収入水準と職業生活の変化、第二次世界大戦における収入と労働時間の急増とともに職業役割の変化が挙げられる。1920年代におけるイデオロギーに関する例としては、職業生活における野心や結婚における男女の平等に関する信念とともに教育目標や信念に関するものが挙げられる。例えば、収入減の辛さは、バークリーの男女の現実的で好まれる生活水準と大いに関連していた。

　幸運なことに、著名な口述歴史家であるチャールズ・モリッシー（Charles Morrissey）に、バークリー研究の40名以上の男女に対する1970年代の口述歴史をとってもらえた[33]。その口述歴史は1920年代から第二次世界大戦そして戦後に至るまでの豊かで詳細な説明を提供してくれた。その良い例が、第二次世界大戦中に海軍や陸軍の軍人のために、どのように自宅でパーティを開いたかについての1人のバークリーの婦人の説明である。ある家族が日本人の庭師とその家族が強制収容されて失った時の悲しい別れについて物語る口述歴史もあった。

　広義において、本研究の成果は、多世代にわたる人生と家族に関して、バークリー研究で保管されたデータ記録が持っていた、たぐいまれな時間的範囲のおかげによるところが大きい。この生涯にわたる研究成果は、ジーン・マクファーレンと、バークリーの子どもたちや親を長年にわたり追跡するという目標に対する彼女の献身に触発されたものである。しかしながら、このプロジェクトが始まった時に、親の人生が最終的に1980年代までバークリー人間発達研究所で記録され保管されると想像した人は誰もいなかった。保管されたデータ記録の詳しさと幅広さは、歴史上比類のないものである。

　バークリーの1900年世代に関する私たちの研究計画が立てられたのは、この豊かで幅広いデータ記録とそこに含まれている特定のテーマと歴史的時期にエルダー（Elder）が、この研究所で初めて取り組みはじめた時（1972-73）であった。最も重要なことは、生活史のデータが1920年代、30年代、40年代、50年代で経験された重要な歴史的な出来事と組み合わされたことである。ここでの記録は、研究参加者のものの見方を明らかにし、彼ら自身の言葉を示している。私たちが見ているのは、経済恐慌や戦争、他の歴史的・社会的変動と、

34

これらの男女やその家族の人生との相互作用である。この発見によって、エルダーは、研究所での年月を、データの整理と 20 世紀という変わり続ける世界におけるバークリーの 1900 年世代についての著作の構想を練り上げることに専念させた。このような全般的な枠組みを念頭に置きながら、本書は、ほぼ半世紀にわたって作り上げられてきたのである。

　本書は、（1870 年から 1970 年にかけての）生活水準が比類ないほど向上した一世紀、そして、その中の大きな経済的および社会的不安定という時代が、1900 年世代の男性と女性に、いかなる影響を及ぼしたのかを説明するものである。彼らは、彼ら自身の人生と社会変動の主体であり、配偶者、子どもたち、高齢の親の人生や地域社会に影響を及ぼした。彼らのライフストーリーは、経時的に、このような変化に適応し、そこから受ける反響を制御する複雑なプロセスを物語っている。

　またその一方で、1900 年世代の人生は、その後に生まれたアメリカ人の世代の人生を予示するものである。彼らのストーリーは、ある意味において、私たち全員のストーリーである。というのは、現代の生活の多くの側面は、彼らが舵を取った時代や彼らが擁護した物事に根付いているからであり、今日そして明日の世代の人々も、変わり続ける世界の先端で生きていく中で、深淵で、多くの場合、矛盾に満ちた複雑な経験にかかわることになるからである。

第1部　未知の世界に踏み出すこと

❖ 注

1. Robert S. Lynd and Helen Merrell *Lynd, Middletown: A Study in Modern American Culture* (1929; repr., New York: Harcourt Brace Jovanovich, 1957), 5; Walter Lippmann, *Drift and Mastery: An Attempt to Diagnose the Current Unrest*, revised introduction and notes by William E. Leuchtenburg (1914; repr., Madison: University of Wisconsin Press, 1985), 92.

   1920年代の終わりに、ウイリアム・I・トーマスとドロシー・スウェイン・トーマスは、「私たちが私たちの環境を変えてきた速度は、私たちが私たち自身をどのように変えたのかを理解するよりも速かった」というリップマンの見解を実証した。トーマス夫妻は、全国調査から子どもたちの生活の変化の速度は、子どもたちを効率的に育てる社会の能力をはるかに超えてしまった、と結論づけた。『アメリカの子ども』の序章で、彼らは「若者の非道徳化および非行や犯罪、重度の精神障害の蔓延は非常に深刻な問題であり、状況は改善しているというよりもさらに悪化しているように強く感じられる」と記していた（William I. Thomas and Dorothy Swaine Thomas, The Child in America: Behavior Problem and Program (New York: Alfred A. Knopf, 1928)）。

2. バークリーの1900年世代のメンバーは、成人期のほとんどを、1870年から1970年にかけてのアメリカの生活水準の比類なき向上の世紀で生きてきた。このことは、ロバート・ゴードンのこの歴史的時期の経済成長についての権威ある研究『アメリカ経済成長の終焉』の中で述べられている。1890年代と1920年代におけるミドルタウンについてのリンドの比較は、インディアナ州のマンシーという中西部地域におけるこのような変化をはっきりと記録している（Lynd and Lynd, *Middletown*）。

3. 1920年代中頃のミルトン・アカデミーの卒業生向けの訓示において、フランクリン・デラノ・ルーズベルト（Franklin Delano Roosevelt）は、変化が急激であることに注目し、そのことが世代間における文化経験のギャップを拡大させ続けていることを指摘した。

   David M. Kennedy, *Freedom from Fear: The American People in Depression and War* (London: Oxford University Press, 1999), 100.

4. Kennedy, *Freedom from Fear*, 13.

5. Kennedy.

6. Gordon, *The Rise and Fall of American Growth*, 535–65.

7. Carey McWilliams, California: *The Great Exception* (Berkeley: University of California Press, 1948), chap. 8, " 'The Fabulous Boom' in the 40s," 233–348.

　　マックウイリアムスは「他の地域とは異なり、西洋は、転換するほどのことはなかったので、生産に『転換』することはなかった；そこで起こったことは、夜を徹して、新しい産業が生じ、新しい工場が建てられたことであった。そのため、最も重要なことは、このような産業の拡大が、新しい分野の工場生産、特に耐久消費財の生産においてみられたことであった」（234）と指摘している。

8. Gordon, *Rise and Fall of American Growth*, chap. 16, "The Great Leap Forward from the 1920s to the 1950s: What Set of Miracles Created It?" (535–65).

　　ゴードンによる第二次世界大戦が「1930 年代の長期停滞からアメリカ経済を回復させた経済的奇跡であった」（536 頁）という証言は説得力がある。20 世紀のアメリカの劇的な変化は、レイ・カーツワイル（Ray Kurzweil）の著作や論文の中で取り上げられているような、未来学者による生き生きとした共同体の出現に影響を及ぼした。特に重要なのは、「収穫加速の法則」であり、そこで彼は、「どのように変化の速度自体が加速するのか」について説明している（参照URL：http://www.kurzweilai.net/the-law-of-accelerating-returns.）。

　　同じような考えがトーマス・フリードマン（Thomas Friedman）の「遅刻してくれてありがとう」の中に見出すことができる。そこでトーマス・フリードマンは、「加速する時代」は 2007 年ごろのデジタル革命とともに出現し、「技術革新の速度やグローバリゼーション、環境ストレスと人々や統治機構がそれらに適応し管理する能力との間の大きな隔たり」（212 頁）をさらに拡大させた、と主張した。

　　今世紀の変わり目における変化の速度は、この新世界に適応するアメリカ人の能力を超えていたというウォルター・リップマンの見解を思い起こさせる言葉の中に、フリードマンは、「多くの人々は、コントロール感を失ってしまったように感じ、人生を進んでいく上での援助と意味を必死で求めているように思える」（212 頁）と主張していた。

Thomas Friedman, *Thank You for Being Late: An Optimist's Guide to Thriving in the Age of Accelerations* (New York: Farrar, Straus and Giroux, 2017)（トーマス・フリードマン著、伏見威蕃訳（2018）『遅刻してくれてありがとう（上・下）常識が通じない時代の生き方』日本経済新聞出版社).

9. Suzanne Mettler, *Soldiers to Citizens: The G.I. Bill and the Making of the Greatest Generation* (London: Oxford University Press, 2015).

10. Gordon, *Rise and Fall of American Growth,* chap. 1, "The Ascent and Descent of Growth," 1–23.

11. Glen H. Elder Jr., *Children of the Great Depression: Social Change in Life Experience* (Chicago: University of Chicago Press, 1974) and the twenty-fifth anniversary edition, enlarged (Boulder, CO: Westview Press, 1999)（グレン・H・エルダー・Jr. 著、本田時雄・川浦康至・伊藤裕子・池田政子・田代俊子訳（1986）『大恐慌の子どもたち——社会変動と人間発達』明石書店、および25周年増補版、川浦康至監訳（2023）明石書店）.

12. 1894年に生まれ、カリフォルニア州のサンホアキン・バレーで育ったジーン・ウォーカー・マクファーレンは、1922年にカリフォルニア大学バークリー校の心理学部で博士学位を取得した。（後に人間発達研究所と命名されることになる）バークリー児童福祉研究所を1927年に設立する前に、マクファーレンは、サンフランシスコの医学部キャンパスの小児科において研究と講義を行い、ハーバード大学の医学部と心理学部で2年間講義し、ボストン精神病院で研究職に就いていた。この間、彼女は、ローラ・スペルマン・ロックフェラー記念館の管理者であったローレンス・フランク（Lawrence Frank）から援助を受ける関係を築いた。ローレンス・フランクは、5年間にわたるロックフェラーの助成を得るために尽力してくれた。この助成金によって、児童福祉研究所が設立され、1928～29年の新生児に対するマクファーレンのバークリー縦断研究を開始するための資金が提供されたのである。この基金は、研究所と、1930年代まで継続したマクファーレンの先駆的な縦断研究のために必要な資金を提供し続けた。詳しくは、以下の文献を参照してほしい。

Jean Walker Macfarlane, *Studies in Child Guidance: I. Methodology of Data Collection and Organization,* Monographs of the Society for Research in Child Development 3 (Washington, DC: Society for Research in Child Development, 1938).

13. ジーン・マクファーレンの人生と職歴について、詳しくは以下の文献を参照してほしい。

Vicki Green's 1982 interview, Institute of Human Development Oral History Project, deposited in the Bancroft Library, University of California, Berkeley.

14. 付録Bは、バークリー保管記録のデータとそのコーディングについての概要を提供している。

15. 以下の文献を参照してほしい。

Glen H. Elder Jr., Michael J. Shanahan, and Julia A. Jennings, "Human Development in Time and Place," in *Ecological Settings and Processes in Developmental Systems,* vol. 4 of *Handbook of Child Psychology and Developmental Science,* 7th ed., ed. Michael Bornstein and Tama Leventhal (New York: John Wiley, 2015), 6–54.

ライフコースのパラダイム原則の概略については、以下の文献を参照してほしい。

Glen H. Elder Jr., "The Life Course as Developmental Theory," *Child Development* 69 (1998): 1–12.

16. Craig Calhoun, ed., *Sociology in America* (Chicago: University of Chicago Press, 2007), 16.

17. Edmund H. Volkart, ed., *Social Behavior and Personality: Contributions of W. I. Thomas to Theory and Social Research* (New York: Social Science Research Council, 1951), 93.

18. Life course dynamics can result in the accumulation of disadvantage or advantage——what sociologist Robert Merton once dubbed the "Matthew effect" when he first applied the principle to scientific careers.

ライフコースのダイナミクスは、有利や不利の累積をもたらすことがある─この考えは、社会学者であるロバート・マートン（Robert Merton）が、この原則を科学者のキャリアに初めて適用した時、「マタイ効果」と呼んだものである。

Robert K. Merton, "The Matthew Effect in Science," *Science* 159 (1968): 56–63.

この原則は、マタイの福音書の1節に由来し、「金持ちはさらに金持ちになり、貧乏人はさらに貧乏になる」という格言を反映しており、個人間の不平等は社会的プロセスによって時とともに拡大する、という形で、ライフコースのダイナミクスに拡張され得る。詳しくは下記文献を参照してほしい。

Dale Dannefer, "Cumulative Advantage/Disadvantage and the Life Course: Cross-Fertilizing Age and Social Science Theory," *Journals of Gerontology: Social Sciences* 58 (2003): 327–37.

19. コホートと社会変動についての古典的なエッセイは、ノーマン・ライダー（Norman Ryder）によって書かれた。

Norman Ryder, "The Cohort as a Concept in the Study of Social Change," *American Sociological Review* 30 (1965): 843–61.

この伝統における研究のレビューは、以下の文献を参照してほしい。

Glen H. Elder Jr. and Linda K. George, "Age, Cohorts, and the Life Course," in *Handbook of the Life Course*, vol. 2, ed. Michael J. Shanahan et al. (New York: Springer, 2015), 59–85.

20. Leonard Cain, "Age Status and Generational Phenomena: The New Old People in Contemporary America," *Gerontologist* 7 (1967): 83–92.

21. Elder, *Children of the Great Depression*.

22. Elder.

23. "History of the University of California, Berkeley," http://berkeley.edu/about/hist/foundations.shtml.

24. Glen H. Elder Jr., "Social History and Life Experience," in *Present and Past in Middle Life*, ed. Dorothy H. Eichorn et al. (New York: Academic Press, 1981), 3–31.

25. Charles Wollenburg, *Berkeley: A City in History* (Berkeley: University of California Press, 2008).

26. Elder, *Children of the Great Depression*, 18–20.

27. この変遷はバークリー福祉協会のデータに基づいており、カリフォルニア失業委員会の報告と勧告（*Report and Recommendations of the California Unemployment Commission* (San Francisco: Unemployment Commission, 1932), 384–85.) の中にも見出すことができる。

28. "History of the University of California, Berkeley," 1930s.

29. 第二次世界大戦中のサンフランシスコ地域における造船業の発展に対してヘンリー・カイザーが果たした役割の生き生きとした描写については以下の文献を参照してほしい。

Arthur Herman, "Master Builder," in *Freedom's Forge: How American Business Produced Victory in World War II* (New York: Random House, 2013), 37–57.

30. Lewis M. Terman, with the assistance of others, *Genetic Studies of Genius*, vol. 1, *Mental and Physical Traits of a Thousand Gifted Children* (Palo Alto, CA: Stanford University Press, 1925). 270 notes to pages 16–22.

31. 大恐慌の影響で、統制群であっても、親が研究スタッフに助言を求めにくるほど、家族は困難な状況に陥っていた。

32. Herbert H. Hyman, *Secondary Analysis of Sample Surveys: Principles, Procedures, and Potentialities* (New York: John Wiley, 1972).

33. 1970年代半ば、チャールズ・T・モリッシーは、自営の口述歴史家としてのキャ

リアを開始したばかりであった。エルダーは、幸運にも彼を雇い、バークリー市の60マイル以内に住んでいたバークリーの親に口述歴史の面接を行ってもらった。モリッシーは、1920年代から1960年代の数十年間、特に1930年代と1940年代を重視するように依頼された。その後、モリッシーは、ジョン・F・ケネディ口述歴史図書館長、口述歴史学会の会長を歴任した。

Tracy E. K. Meyer and Charles T. Morrissey, "Living Independently: The Oral History Career of Charles T. Morrissey: Part II," *Oral History Review* 26 (1999): 85–104.

第2部 人生を切り開く——1910-30年

バークリー1900年世代、20世紀の最初の数十年が成人早期にあたるこの世代の男女にとって、人生の形成には2つの重要な目標が必要とされていた。それは、教育と自立を経て自己を確立することと、いずれは結婚に至る他者との関係を構築することである。彼らのライフストーリーは、しばしばサンフランシスコ・ベイエリアの向こう側、遥か遠くから始まっていた。すなわち、ほとんどの人はカリフォルニア州内の他の地域やアメリカ合衆国内の他州、もしくはヨーロッパからやってきたのだ。決まって彼らは友人や家族の支援と交流を受けながら旅をした（第2章）。移民の物語は、このベイエリア地域でより良い人生を送ろうと決断する際の、人を押し出したり、惹きつけたりする力について語っている。

地域産業とカリフォルニア大学は若い男女を歓迎し、これによって1920年代はバークリーに繁栄をもたらした。その他の地元大学や研究機関はさらな

る選択肢を提供した。第3章では、男性たちの教育達成や就業達成に焦点を当て、彼らの中核的価値の1つとして自宅所有を強調して取り上げる。われわれは、1900年世代の男性たちが高等教育を利用して中流階級の仕事に就くことができたかどうかを問う。そして、C・ライト・ミルズ（C. Wright Mills）は『ホワイトカラー——中流階級の生活探求（*White Collar: The American Middle Classes*）』の中でホワイトカラー労働者を鮮やかに描いたものの、こうした労働者が新たに生まれつつある社会で、バークリーの若い女性たちはどうしていたのか？[1] 彼女たちは、高等教育へのアクセスと大学がもたらす新しい中流階級への雇用機会を利用したのだろうか？　家庭という領域を越えて女性への期待が広がるこの時代において、第4章では、バークリーに住む女性たちが、家庭内で期待される役割が変容するなかで、どの程度家庭の外にある、教育、労働、コミュニティ活動を通して人生の選択肢を広げていたのかを検討する。

　バークリー1900年世代の男女にとって、高等教育は彼らのチャンスを拡大し、個人の成長を達成する可能性を秘めた手段であった。しかし、こういった類の個人の成長は、夫婦間葛藤をも引き起こす。20世紀という産業化の時代の中で、労働という世界と家庭という世界は離れていき、同時に男と女の日常もまた離れていったのである。社会学者アーネスト・W・バージェス（Ernest Bergess）のもたらした1920年代、30年代における家庭生活への洞察を受けて、第5章はバークリーの夫婦における、お互いの関係性とコミュニケーションの質を検討している。大恐慌時代の前夜において、夫と妻の仕事場が異なることはしばしば夫婦間ストレスの主な原因になった。家庭の担い手としての女性は、夫が労働から帰ってくると自分の1日を分かち合おうとした。しかし、一家の稼ぎ手である男性は、往々にしてこれに応じなかった。経済的な脅威に晒されている時代においては、男性は分かち合うという行為をしばしば自身の支配力と自信を脅かすものとみなしたのだ。

---

1. Carey McWilliams, *California: The Great Exception* (Berkeley: University of California Press, 1999).

第2章

カリフォルニアに
やって来たぞ！

● ● ● ● ● ● ●

私の生涯を、かなりの数の時代で分けることができよう。まず、1908年、故郷のミ
ズーリ州カンザスを出た時、次は1912年にカリフォルニアに来た時だ。

ノルウェー系のバークリーの男性

　人が人生でたどる道のりは歴史的な時間や場所と切り離して理解されることはない。それはバークリーの1900年世代の男女も同様である。彼らは、20世紀の変わり目に生まれ、自分たちの子ども時代とは全く違った世界で子育てを経験した。彼らのうち、サンフランシスコ湾学地域やバークリー市の出身者は10人に1人もいなかったが、1920年代後半には、家庭を持った者の子どもの少なくとも1人がその場所で生まれている。この世代のライフストーリーにおける重要な要素は、移住と極西部への定住にあったのだ。

　この章では、カリフォルニアへ向かう彼らの多様な進路を調べ、西部への移住というより大きな歴史の中に彼らを位置づける。居住地を変えることはよりよいチャンスを得るための1つの方法とみなされる。19世紀後半と20世紀におけるアメリカ、なかでも極西部、そしてバークリー市と州立大学を擁するカリフォルニアは、とてつもない機会をもたらす土地であると、そう世界中が思っていた。1890年の西部フロンティアの終焉の予感が、カリフォルニアの魅力を損なうことはなかった。20世紀の間中、カリフォルニアは人々を惹きつけ続けたのである。初期の入植者たちは、この朗報を東部やヨーロッパに住む友人や家族に伝え、そして絶え間なく移民が押し寄せた。この章では、バークリーの家族がこういった物語にどのように巻き込まれたのかを紹介する。本

章は、出生地、経歴、血統に基づいた重要な違いを明らかにし、本書の中で彼らの人生がどのように展開するのかを示していく。

カリフォルニアへの移住

19世紀後半、カリフォルニアの成長の主な推進力の1つは、サクラメントとロサンゼルスを東部につなぐ大陸横断鉄道、そこでの乗客獲得を巡る激しい競争によってもたらされた。しかしながら、1890年のフロンティア終焉後、カリフォルニアの急成長にとってより重要であったのは、私たちバークリー世代の西部への移動である。つまり、バークリー世代の60％強は元々よその土地で生まれていた。1930年において、カリフォルニア州在住者の3分の2は州外で生まれたと記載されており、そのうちの5分の1に至っては外国生まれであった[1]。

カリフォルニア州の人口は1900年から1930年の間に、元の3倍以上となる570万人にまで膨らんだが、この増加の約80％は州外で生まれた人々による純増であった[2]。彼らがカリフォルニアで生まれたにせよ、カリフォルニアに移住してきたにせよ、その大部分は生涯を通じてカリフォルニアにとどまった[3]。このうち、われわれの関心に沿った事柄は、20世紀の最初の10年間にバークリーの人口が3倍以上に増えたことである。すなわち、1906年の巨大な地震の後に元々サンフランシスコに住んでいた人たちが再定住したせいもあって、1900年には1万3,214人であった小さな大学コミュニティは、1910年には4万434人という人口になっていたのである。この地震は3,000人の人々の命を奪い、ここでの被害と火災は30万人もの人を住み慣れた土地から立ち退かせた[4]。この約半数は、ベイエリアを横断してオークランドやバークリーのようなコミュニティへ移住し、そこでの住宅供給を圧迫した。1923年には、バークリーは640もの建造物を奪う破滅的な火災に見舞われ、このうち584戸は住宅であった。これによって、さらに多くの家族が住む場所を失い、住宅事情はさらに逼迫することとなった[5]。1910年から1930年にかけて、バークリーの人口は再び大幅な増加を見せ、経済状況が悪くなり始めたのと時を同じくして、今度は8万2,109人に倍増した。

バークリーの男女の移住の履歴、もしくは「人生の軌跡」とでもいうものは、カリフォルニアにやってくる人々が備えた大きな傾向、この文脈の中で理解されなければならない。すなわち、彼らの経済的状況、社会的出自、最終的に落ち着いた場所との関わりという文脈である[6]。バークリーの家族は、移住に関わる4つの波のいずれかに飲み込まれた。この4つの波はカリフォルニアだけでなく、アメリカ合衆国全土で起こった急速な経済的発展の時期に概ね並行して生まれたものであった[7]。最初の移住の波は1890年の恐慌前に起こり、これは1930年代以前で最も深刻な不況の1つであった。移住者には、鉱山と鉄道を目指した大量の中国人労働者たちと北西ヨーロッパ、例えば、アイルランド、イングランド、ドイツ、そしてスカンジナビアからやってきた人々が含まれていた[8]。

カリフォルニアへの海外からの移住、その第2波は農業、石油、海運業、その他の産業での経済的成長が拍車をかけ、1890年の経済破綻の後から始まり、人口が60％以上増加した1913年まで続いた。この時期に到着した移民の中で最も目立っていたのは南欧人と西欧人であった。この期間の経済成長には、サンホアキン・バレーとロサンゼルス一帯での大規模な石油の採掘、電力事業の急速な拡大、そして産業エネルギー資源としての電力と石油への依存が増していくことが含まれていた。そして1914年から1915年にかけて、再び恐慌が襲来した。

移民の第3波は、1921-22年の景気後退のあと、1920年代の初頭に生まれ、続く第4波は第二次世界大戦中に起きた。この時期、カリフォルニアでの製造業の雇用者数が75％以上に増加した。そこには、1942年の半ばから1945年8月15日の対日戦勝記念日にかけて、特に造船業と航空機製造業の急速な拡大が関わっていた[9]。移民の加速は消費者への商品やサービスに対する需要を、とりわけ住宅への需要を急速に増大させた[10]。私たちバークリー研究は、1929年までにカリフォルニアに在住していた家族を対象にしているが、のちの複数の章において、どのように第二次世界大戦がベイエリアを防衛の要所に作り替えたのか、またどのように地域の軍需産業が1900年世代とその子どもたちに新たな好機と課題をもたらしたのかを紹介する。

合衆国の内外から訪れる移民についてのさまざまな研究が、こうしたカリ

フォルニアへの移民の傾向も詳細に解説してきた[11]。恒久的な生活改善への希望（「カリフォルニア・ドリーム」）、一時的な経済状態の改善（お金を稼ぎ、多くの資源を持って故郷に帰ること）、土地が欲しいという願望（もっとも、これはカリフォルニアの発展よりも、平原地帯や北西部への入植にとって意味のあるものであった）、そして郷愁（開拓者の壮大な理想と個人主義）を含みながら、いくつものきっかけが人々を西へ、カリフォルニアへと導いた[12]。カリフォルニアを描く全体像が指摘するのは、1890年の経済崩壊を始めとする、すべての不況の後に生じる移民の増加である。しかし、ゴードン・マーガレット（Margaret Gordon）が言及しているように、何よりも顕著な移民の急増期は「州の経済拡大率が国のそれを上回った、異常な速度での経済発展の時代と連動している」のである[13]。

　肯定と否定の両面で、カリフォルニアの20世紀初期の移民は農村出身者であるという一般的なイメージがある。農業とカリフォルニアとの連想の否定的な側面は、大恐慌の最中、地方の貧困層が干ばつを被っている吹きさらしの平原で困窮から逃れようとしている、そんな写真の中にはっきりと見てとれる。肯定的な面としては、「農業ジャーナリズム」が、カリフォルニアと農業との連想を不朽のものとした。土壌の肥沃さをはじめとした、羨望の的となるようなさまざまな農業属性を宣伝し、カリフォルニア州と好機のイメージとを結びつけたのである[14]。

　こういった農村のイメージは、カリフォルニアの風景のほんの一部分を映しているに過ぎず、カリフォルニアの風景は同じくらい都会的でもあった。1900年でさえ、大部分のカリフォルニア人は都市部に住んでおり（52%）、1870年から1930年までカリフォルニア州の都市人口比率は、アメリカ合衆国の都市人口比率を大きく上回っていた。にもかかわらず、米国で生まれた1900年から1940年にかけての全移住者のうち半数以上が、1900年から1930年の間に中央部の農業州からやってきていた。そして、これらの中西部からやって来た人々の圧倒的大多数は、アイオワ、ミネソタ、ダコタのような北中部州で生ま

れていた。1930 年代に起きた大惨事である黄塵地帯の時期[★訳注1]、彼らの出身地は都市中心部だけでなく、西南部の州、すなわち、テキサス、オクラホマ、カンザスを含む南方に変わっていった[15]。これらの移民のパターンを考慮すると、中西部の農村出身者は、カリフォルニアの都市部の成長における大きな構成要素のひとつであると思われるかもしれない。しかし、驚くべきことに、1930 年代のカリフォルニアへの移住者は都市部からやって来て都市部へ定住したのだ。この 10 年間、干ばつの被害にあった州からの移住者の内、農村出身者は 24％だけであったが、都市部出身者は 60％もいたのである。

移住の物語

　移住経験に関わる鍵となる要因がバークリーの 1900 年世代の生活を形作ることもある。検討すべき事柄として、彼らを特定の行き先に方向づける、例えば経済的な好機のような「惹きつける」力はもちろんのこと、その必要性、願望、手段を決める出生地の「押し出す」力も含まれている[16]。バークリーに保管された記録には、1900 年世代の不安定な人生経験に起因する押し出す力の例が数多くあった。例えば、インフルエンザのパンデミック、結核、腸チフス、肺炎、敗血症、これらによって引き起こされた両親、叔母、叔父、姉妹や兄弟の高い死亡率や消耗性疾患が挙げられる。死と病は、家族の生活と機能の条件を変えた。母親を失った少年少女は、生活のために親戚に送られ、新しい家族に溶け込むことや、いとことの間で注目や援助の奪い合いに直面させられた。寡夫と寡婦はすぐに再婚し、小さな子どもは見ず知らずの、嫌いな継母や継父と一緒に生活する場合すらある、そうした新しい家庭へと追いやられた。仕事や公職を失ったり、商売が倒産したりすることは、家族がどこか他の場所で生計を立てる新しい手段を見つけなければならないことや、一段低い生活水準

★訳注1　1930 年から 1936 年までグレートプレーンズ（アメリカ中西部の大平原地帯）で続いた深刻な干ばつの期間を指す。保水力が奪われた表土が強風に煽られ、深刻な被害をもたらす砂嵐がたびたび生じた。
Britannica, T. Editors of Encyclopaedia (2024, September 9). Dust Bowl. Encyclopedia Britannica. https://www.britannica.com/place/Dust-Bowl

に適応しなければならないことを意味していた。

　火災や洪水、地震は、家や農場、工場や商店、村やコミュニティ全体さえも
ひどく破壊し、財産や生活の糧、個人的な人間関係の喪失をも引き起こした。
例えば、グレートプレーンズの火災は家族経営の農場の生命を奪っている。荷
馬車職人や鍛冶屋の息子は次のように回想する。「三度、異なる時期に、父は
店を建て、商売を軌道に乗せ、借金を返して、そして火災で完全に一文なしに
なった。それでも、父がしたことはいつだって、ただ立ち直り、やり直すこと
だった」。こういった災害はベイエリアでも起こり得る。多くの男女が1906年
のサンフランシスコ地震や1923年のバークリー大火災で経験した暮らしを物
語っている。これらの災害は、さまざまな家族をバークリーやオークランド、
もしくは隣接した地域に追いやったのである。こういった出来事は、社会イン
フラや地域社会の仕組みに壊滅的な影響を及ぼした。

　あるバークリー女性の子ども時代の物語は、この混乱を生々しく伝えてい
る：彼女と母親は古いブリキのベッドで一緒に寝ていた。家が激しく揺れ、彼
女らは床に投げ出された。母親はこう言ったのだ、「ああ、イエス様、マリア
様、ヨセフ様！どうかどうかお助けを！お助けを！」。彼女たちはサンフラン
シスコの商店街の南に住んでいた。そして、連絡船に乗ろうと「一日中、大勢
の人々がオウムや犬を連れて高台からやってくる」なか、破壊とそれに続く火
災から安全に避難した。一家は他の300人の人々とともに「Lizzy Dance とい
う名の小さな帆船」に乗り込み、そして2週間、サンフランシスコ湾内にい
た。「木材を背に、ネズミが身体の上を走り回るなかで眠った」のと同じくら
い、そのとき経験した「人生で今まで味わったことのない空腹感」を彼女はよ
く覚えている。家に戻ってみると、彼女たちの家は残っていたが、通りの上下
にある他のすべての家は焼失していた。その後、16人の人が自分たちの家に
住むことになった。そして、彼らは何か月もの間、通りで料理をしなければな
らなかった。なぜなら、新たな火事に備えて水が来ておらず、家のコンロと煙
突は使うことができなかったのだ。約10年後、彼女は結婚し、第一次世界大
戦中にバークリーへ移住した。

　惹きつける力に関しても、1900年世代の移住経験は、共通する物語があっ
た。特に重要なのは労働の保証である。これは特に家族や友人からの私信、も

しくは成功を宣伝する広告やカリフォルニアでのより良い生活を約束する広告によって知れ渡った。他には、1903年のカリフォルニアの義務教育法（Compulsory School Act of 1903）に付随する、よりよい学校や子どものための進歩主義教育が魅力的だった。この法律はカリフォルニア大学のシステムの拡大とその至宝としてのUCバークリーの知名度向上を特徴としていた[17]。信頼できる人たち、もしくはよく似た人たちとのネットワークの中で、望ましい結婚相手を見つけることができる、そうした展望もまた魅力的であった。そして、次のことを忘れてはならない。1850年に州に昇格して以来、カリフォルニアは西部の魅力と神秘性の大きな象徴となっていたのである。ミネソタの農場で育ったある父親はこう語った。「私が小さな子どもだった時ですら、いつもカリフォルニアに憧れてきたし、カリフォルニアについて調べられるものは何でも読んできた。歳を経てもなお、"カリフォルニア熱"は高まっていったんだ」。

　個人や集団が元々備えている特性もまた、移住が実際に動きだすにあたって重要になる。押し出す力や惹きつける力を感じることもその1つであるが、行動を起こすことで、自分の人生のいく先や他人の人生を変えてしまうことは、また別の特性として存在する。こうした力に反応するのは、必ずしも肯定的な決断として受け入れられず、必要だけれど歓迎はされないのかもしれない。そういった特性は直接観察できないものの、バークリーの事例には、家族の1人、または複数人の個人的特徴に関する言及が数多くあり、それが移住を寛容にした可能性がある。それは、父親の危険を厭わない積極的な意思、母親が持つ、家族は何事もその道のりにおいてうまく乗り切ることができると思えるたくましい楽観主義、ある父親の「何かを切望する落ち着きのなさ」と変化への願望、別の父親が持つ冒険への寛容さと旅行への憧れ、自分たち家族の新しい土地での未来を思い描けるある母親の才能、もしくは別の母親の、あらゆることは最後には好転するという、限りない夫への信頼である。個人の持つ特徴というものは、彼らに出発を受け入れやすくさせるだけでなく、彼らに積極的に出発を求めるかもしれない。例えば、ある父親の短気は仕事仲間との諍いをもたらし、新しい場所への頻繁な移動を促すかもしれない。

　バークリー世代の移住物語において圧倒的に明白なことは、社会的ネットワーク、言うなれば「リンクされた人生」が、家族を西へと惹きつけた最も強

い力であったことだ。社会的関係性は、連鎖移住として知られる現象を通じて、家族をカリフォルニアへと駆り立てた。すなわち、個人や集団の移住は、あとに続く親類や祖国や郷里を同じくする人々の移住の誘い水となり、社会的支援や経済的支援の拠点となった[18]。向かう先に何かしらの個人や集団がいるということは、勇気を育み、安心をもたらし、飛躍へのリスクを軽減する。こうした後続の移住者たちは、自らがスタートを切る助けとなる知識やネットワークを確立していた。彼らの関係は、ただの遠い親戚や数回会っただけの家族ぐるみの友人の場合もあり、つまり、その接点は紙の切れ端に走り書きされた名前や住所でしかない場合もあった。

　人生の大半の転機と同じく、移住は一般的には独りで始めるものではなく、他者と織りなすものである。夫婦、両親、子どもたち、もしくは親戚（叔父、叔母、兄弟、姉妹）といった社会的コンボイはともに移動するか、そうでなくても、その過程に関与するかもしれない。これらは多くの場合、共に作り上げた旅の物語である。海外からの移住者の大部分、ギリシャ、スウェーデン、イタリア、ロシア、イングランド、および他の国々の生まれの人たちは、途中、家族や友人と滞在するための一時的な停留を除き、中継地点となるような目立った居住地もなしに、鉄道や船でカリフォルニアにやってきた。

　対照的に、合衆国内でそういった旅をしてきた家族の多くは、長期滞在を挟みながら、カリフォルニアを目指して間接的な経路を取った。こういった経路にもまた、しばしば家族メンバーの関与があった。例えば、年配のバークリー女性の1人は、サウス・ダコタの小さな農村で生まれ、子ども時代の西への旅を次のように振り返っている。まず叔父が所有するオレゴンの牧場を訪ね、父親がリンカーン・ハイウェイで働く間、彼女は幌馬車で生活する最初の1年間を過ごしたのだ。11歳になった時に、家族はカリフォルニアのマザーロード金鉱地帯に定住し、そこから彼女はバークリーに移り住んだ。アメリカの中心部、すなわちミネソタ州、インディアナ州、アイオワ州、カンザス州、ネブラスカ州、ミズーリ州、テキサス州のような場所で生まれ、多くの人がそこからワシントン州、アイダホ州、オレゴン州、その他の西部の州に住む親戚の家に長期滞在した後、最終的にカリフォルニアに定住するという、そのような移動の物語は数多くある。

移住元のネットワークは、転出を後押ししたり、思いとどまらせたりするかもしれない。土地を離れるに際して、支援を受けていると感じることもあれば、離れないように乞われたり、命令されたりもする。スウェーデン出身のある女性は父親の別れの言葉を覚えていた。「覚えておきなさい、もしアメリカでの生活が好きになれなかったら、何とかしてあなたがここに戻って来られるよう、私たちはお金を工面するからね。でもわかっている、あなたはその生活を気に入ることになるんだ。私の知る限り、アメリカに行ってしまった人はみんな、そこでの生活が大好きになったんだから」。人というのはコミュニティや土地に対して強いつながり、もしくは弱いつながりを感じているものなので、去り難くなったり、離れやすくなったり、言うなれば新しい環境に適応しやすくなったりもする。16歳でリッチモンドの港湾都市に移住したイタリア生まれのある男性は、憤りとともに過去を振り返った。自分と同じ地域の生まれである地元ベイエリアのイタリア人たちが、彼のそこでの足場固めを手助けしてくれるはずだと思っていたのだ。実際には、地元民である彼らは、新しい移民が過ちを犯すのを見て楽しむという冗談半分な理由で、その男性を誤った方向に誘導したのである。移住を進める中での社会的な巡り合わせは、その道のりの中で、支援をしてくれる人たちや有害な人たちを連れて来ることがある。すなわち、仕事や滞在する場所を得るための手がかりを提供してくれたり、ただ温かい食事を提供してくれたりすることもある。こういった見ず知らずの人の親切は歓迎してよい。他方、工場の作業場や路上での乱闘は、その土地から逃げ出したいという男性の気持ちを加速させるかもしれない。

　移住がどのようにしてもたらされたかにかかわらず、移住は、過去やこれまでの習慣や制約から人々を引き離し、個別化をもたらすことがある。移住は、新しい世界を確立するために、古い世界から離れる際の喪失の感覚を生み出すかもしれない。もしくは、移住は、家族や共同体による管理からの解放、そうした感覚を生み出すことがあるが、少なくとも一時的には人々を錨のない漂流者のような状態にしてしまうかもしれない。バークリー世代の移住パターンは彼らの出生地や血縁と密接な関わりがある。出自というものは、彼らが成長し、歳を重ねるなかで、彼らの人生を途切れることなく方向づけているのである。

第2部　人生を切り開く——1910-30年

出生地と家族史

　バークリー1900年世代とその親たちは、アメリカの社会的、経済的発展の70年あるいはそれ以上の年月、いうなればアメリカ大陸への大規模な移民の時代とともにあった。彼らの世代の5分の1は外国生まれであった。また、3分の2は少なくとも両親のどちらかが外国生まれであった。生い立ちと血縁という点で、一般的にバークリー1900年世代とその両親は、過去数十年の間に国内での移動を経て州内にやってきた人たちによく似ていた。この類似性により、彼らをこの時代を特徴づけるさまざまな国籍を持つ人たちの流出入の中に位置づけることができる。出身地と血縁のコホート差は、移住者の世代間比較をいっそう精緻なものにする。

　バークリー1900年世代のメンバーのうち、農場で育ったのはごく僅かで、農家出身の者は13%に過ぎなかった。このことは、後年に尋ねた「あなたが育ったのは主に農場でしたか、町でしたか、小都市でしたか、それとも大都市でしたか」という彼らへの質問に対する回答と一致している。1973年に存命であった調査回答者のうち、「主に農場で」育ったと回答した者は20%にも達しなかった。出身が農家でない人々の中で、外国生まれの人はやや少なく、小規模農家と農業従事者の階層では多かったものの、それほどはっきりした違いはなかった。農家出身という彼らの背景について、アメリカ合衆国生まれの第二世代のメンバーは、両親が米国生まれであるメンバーと違いはない。あらゆる面で、農家出身であることは、バークリー1900年世代のライフヒストリーにおいてそれほど重要ではなく、親が外国人であることとはほとんど関係がなかったのである。

　このような農家出身者の少なさは、当時のカリフォルニア州で得ることができた好機の種類を反映している。1862年に制定されたホームステッド法（the Homestead Act of 1862）によって、広大な中央部と南西部の土地が移住を受け入れたのとは異なり、カリフォルニアは大規模農園が主流であった。人々が土地を買ったり、小規模な家族経営の農場を手に入れたりするチャンスはほとんど提供されなかったのである。代わりに、特に1900年以後、製造業の急速

54

第2章　カリフォルニアにやって来たぞ！

な成長や、人々の州への大規模な流入に関わるサービス業、不動産業、運送業、建設業の拡大が十分な好機となった。1890年のフロンティアの「終焉」にもかかわらず、農業に関わる機会は西部の他の地域では残されていた。例えば、移民の農業従事者がカリフォルニア州よりも魅力を感じたかもしれないのは、ノースウェスト地帯のような地域である。先に示したように、中西部の農村で育ったバークリー1900年世代の多くにとって、カリフォルニア州への道のりには、オレゴンやワシントンでの短い滞在が組み込まれていた。これはしばしば親戚を訪ねるためのものであった。

　出生地の履歴を調べることが、国外からの移民と国内での移住について、その詳細を提供することもある。**表2.1.** は、世紀の変わり目より前に生まれた年長コホートが主にカリフォルニア州に移住した人で構成されていることを示している。つまり、カリフォルニア州内で生まれた者は3分の1未満で、そのうちベイエリア出身者はわずか6分の1であった。米国本土内では、この年長コホートの最大部分は、中央部に広がる諸州であるグレートプレーンズや中西部から移住してきた。これらの移住者の親、その約5分の1が外国生まれであった。対照的に、世紀の変わり目より後に生まれた年少コホートは、カリフォルニア出身者をはるかに大きな規模で組み込んでいる。このコホートでは、

表2.1. 出生コホート別のバークリーの男女の出生地

出生地	割合の分布			
	女性		男性	
	年長	年少	年長	年少
サンフランシスコ・ベイエリア	5	12	4	12
カリフォルニア：ベイエリアの外	22	36	26	30
北西部、山岳地	9	9	9	7
中央部、西部、東部	33	13	22	23
南部	4	7	5	7
北東部（中部大西洋沿岸地域、ニューイングランド）	9	10	13	10
外国	19	13	22	12
	100 (92)	100 (119)	100 (107)	100 (103)

注：括弧内は人数

55

第2部　人生を切り開く——1910-30年

女性の48％、そしてその配偶者の42％がカリフォルニア州内の生まれであり、そのうち約4分の1がベイエリア生まれであった。

　年長と年少、この2つのコホート間で最も顕著に出自の推移が見られるのは年少コホート内である。そこでは年長コホートに比べ、外国生まれの割合が約20％から12％〜13％に減少している。補完的な分析により、バークリー1900年世代では、外国生まれの中で最も大きな割合（37％）を占めるのが英国（イングランド、北アイルランド、スコットランド、ウェールズ）もしくはカナダ出身であり、次いでイタリア（20％）もしくはスカンジナビア出身（13％）であることが明らかにされている。外国生まれの親の大多数も同様であり、英国出身（37％）が最も多く、次いでドイツもしくはオランダ（17％）、アイルランド（13％）、またはスカンジナビア（13％）の出身であった。

　したがって、全体的に見て、バークリー1900年世代は、この時期にカリフォルニアへ移住してきたグループの構成を反映している。世紀の変わり目以降に生まれた者の中でカリフォルニア州出身者の割合が大きいのは、20世紀初頭の好景気によって引き起こされた州への移住の大幅な増加をほぼ確実に反映している[19]。

　しかし、これらの数字が、移住者の生まれたコミュニティの種類について示唆するのは何であろうか。私たちの持つ事例には、このことについて直接的にもしくは一貫して収集された情報はない。他の証拠からは、カリフォルニアにやって来た米国生まれの人々、その約4分の3がミシシッピ川以西で育ったということがわかっている[20]。こうした人々の約半数が、自分たち自身を町や小さな都市で「育ってきたもの」として特徴づけるかもしれない。そして、米国生まれと外国生まれ、両方の親を持つ人々は幼少期を大都市で過ごした可能性が高い。この証拠は、当時の西への移動における米国生まれの家族が持つ中間的な地位を反映しているかもしれない。こうしたバークリー世代のメンバーは、西部や中央平原の小規模な街や都市から急速に発展する大都市であるベイエリアに移動し、拡大する都市化に関与した可能性が最も高い。

　地理もまた結婚相手の選択を構造化する。バークリー標本に含まれる男性たちは、生まれつきのカリフォルニア人であるか否かにかかわらず、自分の出生地の近隣地域で生まれた女性と結婚する場合が多かった。これは地域での「同

類婚」というパターンと配偶者選択における初期の社会的結びつきの影響を反映している[21]。カリフォルニア生まれの男性の半数以上は似たような出自の女性と結婚し、彼らの5分の1が中西部地域出身の花嫁を選んだ。アメリカ生まれの男性の中では、ニューイングランド地方の出身者のみが自身と同郷でない出自を持つ女性と結婚する傾向にあり、このうちの43%がカリフォルニア生まれの女性と結婚した。この地域グループには、外国生まれの人たちとともに、若い独身の男性としてカリフォルニアに移住した人がかなりの数いる。外国生まれの人の妻たちはカリフォルニア出身（32%）もしくは旧世界出身（47%）が大部分であった。どちらのケースにおいても、一般的に「相手を見つけること」は共通する国籍を持つグループ内で生じ、家族や友人による出会いの仲介、共通の人脈、特定の国籍を対象にしたカリフォルニアの社交クラブを通じて促進されたのは間違いない。

　バークリー1900年世代の青年時代について、より系統的な情報がないことには、多様な結婚パターンの相対頻度を割り出すことはできない。例えば、カリフォルニアに移る前に地元の女性と結婚した男性や、結婚のために一時的に帰郷した未婚の移民、同じ地域から移住していたカリフォルニアに住む女性と結婚した移民などである。それでもなお、本研究は、それぞれのパターンの実例を有している。オークランド在住の親戚に身を寄せたミネアポリス出身のある夫婦、地元の女性と結婚するために生まれ育ったコミュニティを訪れ、彼女をベイエリアに連れ帰ったあるイタリア人の移民、カンザス州の自分の出生地から移住してきた家族の友人、その娘と結婚した1人の若者などがある。第5章において、私たちは、さらに深く結婚相手の選択というテーマに取り組む。私たちは、夫婦として一緒になる前の男性（第3章）と女性（第4章）の人生を追っていく準備をしながら、出身地や血縁がどのように人生のチャンスや家族のたどる経験の違いに関連するのかを問うていく。

生涯にわたる影響力

　移民グループ同士の中にある差異と同様に、生粋のアメリカ人と新しい移民を祖先とするアメリカ人との間には文化的に志向された差異があるのか

もしれない。この差異は彼らの関心、価値観、属性にある。これらは家族や好機と剥奪に対する彼らの対応に実質的な影響力をもってきたかもしれない。例えば、アメリカ人の歴史家であるステファン・サーンストロム（Stephan Thernstrom）は、ボストンやニューベリーポートに住むアメリカ系アイリッシュやアメリカ系イタリアンの家族の持つ考え方に注目した。その考え方とは、子どもの教育よりも財産の獲得を志向するというものであった[22]。出生地と血縁は、教育的達成や職業的達成においても利益や不利益をもたらすかもしれない。血縁の文化的側面は、価値観や態度が関わることで複雑化する状況と反応の混合物である。現時点においては、私たちは血縁と出生地についての社会経済的要因に焦点を当てる。なぜなら、社会経済的要因がバークリー世代の社会的出自を定義し、研究対象であるこの世代の親の1930年までの人生の道筋と価値観を理解する上での基準点になるからである。

　アメリカ社会における新しい移住者の不利な立場とその第二世代の相対的移動性は社会史の中で繰り返し登場するテーマである。20世紀初頭、新しい移民の不利な地位と第二世代の相対的な流動性というイメージは強固であり、社会的移動性への信念も同じように強くあった。この信念は、好機と個人の努力というアメリカン・イデオロギーの中心的な信条だったのである[23]。社会的な判断は別として、このようなイメージは概ね当たってもいた。米国移民に関わる立法史を専門にするE. P. ハッチンソン（E. P. Hutchinson）は、1870年と1880年を対象にした国勢調査を分析し、「外国生まれの人々は、典型的には工場、なかでも重工業で肉体労働者や家事使用人として雇われることが多かった。事務職や管理職、公職といったものは彼らにはまず手が届かないものであった」と指摘している[24]。1890年の国勢調査は、米国で生まれた移民の子どもについて、その職業情報を収集した。この調査結果は、第一世代と第二世代に関する集計比較をある程度可能にしている。「家事労働者や個人サービス労働者の割合が最も高かった移民男性とは異なり、第二世代の男性は貿易や輸送業及び製造業で働いている人が相対的には最も多数であった……全体的に見て、第二世代の職業分布は、外国生まれの労働者と比べて、その形状が白人労働力全体の職業分布とよりぴったりと一致している」[25]。

　専門性や貴重な技能もしくは工業技術を欠いたあるアメリカの移民は、非熟

練労働者という範疇を超えて得られる機会、その範囲が極めて限られていることに気づいた。移民の息子たちは２つのことで不利な条件に置かれていた。それは、職業構造における初期の地位が低いことと、教育の資金が家族に不足していたことである。教育はたとえアメリカ文化の主流に入ることができなくとも労働者階級から脱出するためには益々重要とされていたのである。とはいうものの、移民の息子たちは、生まれながら下層階級や労働者階級にある親の息子たちに比べれば、不利な条件にはいなかったのかもしれない。そして、状況によっては、彼らは少なくとも一定の技術を持つ職業や頭脳労働者の下位職に就き、さらには成功さえしたかもしれないのである[26]。つまり、重要なのは移民の地位や民族的な背景ではなく、父親の職業もしくは父親が自分の息子に教育を与えるための能力と意欲であるように思われる。アングロ・サクソン系プロテスタントのグループについては、求人市場においてわずかな優位に恵まれていたという証拠がいくぶんあるにもかかわらず、他の移民グループが職業差別を被ったかどうかや、語学力の不足や異なる文化的背景が原因で彼らがより大きな困難に見舞われていたのかどうかをはっきりさせるのは難しい[27]。

　バークリー 1900 年世代の親の出生地と家族史がどのようにして職業的地位と結びつくのか。**表 2.2.** は、世代の区分が不正確であるものの、バークリーの男性たちを歴史的な時間の中に位置づけることで、この時代における移民の国籍グループについて、その職業構成の変化を明らかにするのはもちろんのこと、おおまかな比較をある程度可能にしている[28]。血縁のカテゴリーを使った単純な人数比較は、米国生まれと外国生まれの構成比が変化していることや、移民がイギリス諸島からスカンジナビアならびに東欧と南欧へ推移していることについてある程度の示唆を与える。最も重要なことは、親世代が米国生まれの男性たちは、外国で生まれた男性と比べて、ほとんどが特別な技能を要しない職に就くことはなく、中流階級や上流階級特有の職業に就くことが多い。生まれた国がどこであるかは別にして、米国生まれの男性の 30％が「専門職ないし管理職」に分類され、そして同じように 30％が「農業」か「肉体労働」に分類された。その一方で、外国生まれの男性に対応する数字は 14％と 43％である。出生地のパターンと血縁グループ内の職業分布は複雑であり、そして標本サイズが小さいことが結論を出すことを困難にしている。

第2部　人生を切り開く——1910-30年

表 2.2.　血縁と出生地に基づくバークリー 1900 年世代の父親の職業（％）

祖父の職業 （出生地別）	祖父の血縁に基づく分布[a]				
	米国、英国、 カナダ	アイルランド	北ヨーロッパ	スカンジ ナビア	南東欧、中東
米国生まれ					
専門職・管理職	39	27	29	33	40
ホワイトカラー	32	33	38	67	40
肉体労働	15	20	21	—	—
農業	14	20	13	—	20
	100 (74)	100 (15)	100 (24)	100 (3)	100 (5)
外国生まれ					
専門職・管理職	22	67	10	10	—
ホワイトカラー	33	—	60	35	42
肉体労働	28	17	25	40	37
農業	17	17	5	15	21
	100 (18)	100 (6)	100 (20)	100 (20)	100 (19)

注：括弧内は人数。　祖父世代について利用できる情報は 1931 年に両親からのインタビューによって
　　得られた。　この情報は 112 家族における主要な標本に限定されている。
a：この分析には父方と母方、双方の祖父を含んでいる。

　3 つのパターンが注目に値する。第 1 に、米国生まれの世代と外国生まれ
の世代の双方に、比較を正当化できるだけの十分な標本がある 2 つのケース
（「古い」移民の区分にあたる「英国、カナダ」そして「北ヨーロッパ」）に注目する。
ここから、米国生まれの父親を持つ世代に比べて、肉体労働やホワイトカラー
の職業がより集中しているのは外国生まれの父親を持つ世代であることがわか
る。第 2 に、少人数の血縁グループ（米国生まれのスカンジナビア人、米国生ま
れの南欧人と東欧人、外国生まれのアイルランド人）を観察する場合、実際のと
ころ、特定の地域からの移民の流れが相対的に小規模であった時期を観察して
いることになる。こういった血縁グループの事例で観察されるのは、こうした
時期の移住は、個人的な動機があり、移動のための十分な資源を持つ比較的有
利な階層が移住を選択できるという、まさに移民研究の文献が示唆する事柄で
ある[29]。第 3 に、南欧や東欧といった外国生まれの移民の不利な立場は、彼ら
が相対的には肉体労働や農業という階層に集中していることや、管理職や専門

60

職といった地位に彼らがいないことから明らかである。この表は、第一世代や第二世代であることと職業的に低い地位にあることとを一律に結びつけること、そういった性急な仮定をしないよう、われわれに注意を促す。われわれは、さまざまなグループの職業構成について、かなりのばらつきがあることを認識する必要もあるのだ。

　職業地位に加え、出生地と血縁は1900年世代における初期の家庭生活の他の特徴とどのように結びつくのであろうか。入手可能な情報から、われわれは、民族による価値観の差異と無関係な家庭生活における2つの側面を調べることができる。それは家族支援と人生の機会にとって重要とされる経済的な困窮と家族の人数である。経済的困窮の証拠は後年の生活についての回想（存命の両親に対する1973年のインタビュー）に基づいている。この証拠は、出生地を社会経済的地位の介在効果と関連づけて評価すること、その重要性を強固にしている。1900年世代のメンバーは次のように尋ねられた。「家族を養っていくにあたって、あなたの両親に経済的に困難な時期がありましたか。もしくは経済的なゆとりがありましたか、それとも裕福でしたか」[30]。彼らの血縁が米国か外国のいずれであろうと、親世代が外国生まれの場合は、米国生まれよりも何らかの経済的困窮を経験した子ども時代をよく思い出し、快適に暮らした記憶は少ないようであった。ここでの差は比較的小さなものである（いずれの比較においても約10％の差）。しかし、より著しい違いが経済的困窮と父親の職業的地位との関係の中に現れる。自らの両親を「裕福である」と表現した1900年世代の割合は、専門職や管理職といった階層では3分の2以上であるのに対して農業従事者の階層では4分の1にまで減少した。その一方で、この2つのカテゴリーの間で、「何らかの苦労」を経験した、または「とても追い詰められていた」という経験の割合は、3分の1未満から4分の3以上にまで上昇している。

　出生家族の人数は、1900年世代が回想する子ども時代の経済的困窮以上に、生まれが外国であることと強く結びついている。血縁グループの違いにかかわらず、外国で生まれた母親たちは一貫して米国生まれの母親よりも多くの子どもをなした（平均して5.4人対4.2人）。血縁による出生率のばらつきは一般的にはカトリック教徒の割合と対応しており、それゆえに、これはカトリック教

義への信仰を大きく反映しているのかもしれない。例えば、カトリックへの入信が最もよく見られるのは、彼らの血縁を南欧や東欧にたどれた母親たちの間であり（69%）、かなり離れてアイルランドや北欧の家系がその後に続く（4%）。スカンジナビア人と英国人の血を引く女性はその10%未満がカトリック教徒であった。

　血縁グループ間で女性による出生率が異なるのは、社会経済的出自の違いも同様に反映しているのかもしれない。出生率に対する文化要因と経済要因、その相対的な影響力を明らかにするために、女性である母親たちが持つ6つの特徴を分析した。それは、血縁、生まれは外国か米国か、信仰している宗教（カトリック教徒なのかプロテスタント教徒なのか）、教育水準、家族の社会経済的地位、そして夫の働く職場が農場か農場以外かである。

　当然のことながら、カトリック信者であることはこうした女性の出生率に最も強い影響力をもっている。しかし、血縁も同様に、重要な独立した影響力を示しており、それは外国生まれであることや社会経済的地位の影響力に匹敵する。教育も農業への従事もこの全体像にあまり付け加えるものがない。2つの大まかな結果が注目に値する。第1に、南欧や東欧に祖先を持つ母親たちは、カトリック教義への信仰、社会経済的地位の低さ、外国生まれであることとはまったく関わりなく最も多くの子どもを持つ傾向があり、そして、スカンジナビアに祖先を持つ母親たちは最も子どもが少ない傾向にあった。第2に、社会経済的階層間での家族人数の違いが、特に中流階級における避妊の存在について、ある程度の証拠を提供した。家族の人数を制限することは、裕福な人々の経済的事情とはほとんど関係なかった可能性がある。とはいえ、避妊という適応はライフスタイルや子どもの教育機会を豊かにすることに全力を捧げる、下位中流階層の家庭の間で行われた1つの経済的意思決定であった。

　旧世界の農村地域で育った1900年世代のメンバーにとって、大家族は、たいていの場合、子ども時代における貧困や前途多難な人生を意味していた。16歳で北イタリアの農村を出た若い男性、彼の初期のライフヒストリーで見られるように、この家庭状況は米国への移住決断に影響を与えた。7人の兄弟と4人の姉妹からなる彼の家族は、トリノのはずれにあるピエモンテ地方で農業に従事していた。この地域の他の土地所有者に比べて、彼らの農場は、比較的豊

かで生産的であったけれど大家族の要求を満たすことができず、将来、父の死後に息子たちに十分な小作地を分配するにはあまりに小さすぎた。これらの2つの要因が、1907年、若者が姉を追ってカリフォルニアへ移住するという決断に影響を与えた。約20年後、彼は自身に正当な権利がある土地の分割について、その意向を尋ねる手紙を父親から受け取った。彼はある程度の経済的安定を達成していたので、彼の土地を兄弟の間で分配するように促した。「僕は決して戻らない。欲しいものは何もないんだ、土地がなかったとしても、僕はこの国で兄弟たちと比べてよりよく自分の家族を養うことができるだろう。だから、僕は彼らにすべてをもっていて欲しいんだ」。

　死や別離で崩壊した家庭は、1900年世代にとって子ども時代のありふれた経験であった。5分の1以上が上記のような家庭の出身であったし、経済的に不利な背景を持つ家庭ならなおのこと多かった。しかし、新世界での適応と不可分な過労と緊張がどれほどのものであれ、われわれは崩壊家庭の発生率や一定の情緒的雰囲気に付随する証拠を見つけてはいない。親子関係の親密さと夫婦間の葛藤は外国生まれや家系と無関係であった[31]。

結論

　バークリー1900年世代は、その親と生まれてくる子どもたちとともに、社会的、経済的に著しい変化の時期を過ごすことになった。この章では、アメリカ合衆国への移民や合衆国内の移住という大きな流れを段階に分け、繰り返し見つめてきた。彼らの出自と移住の物語を検討することで、われわれは、彼らが成人期に至り、いずれ夫や妻として一緒になって父親や母親になる、この経験を追跡するための基盤を確立した。

　移民と移住についての初期の物語は、変わりゆく世界と変わりゆく人々との相互作用を力強く描いている。この結果もたらされる進路は、ある世代の文化的・社会経済的属性が、どのように次の世代へのレガシーとして伝えられるのかを明らかにする。それは、バークリー1900年世代とその前後の世代が直面する急速に変化する歴史的状況の只中で、人生の進路を制約しながらも同時に新たな道を切り開いていく過程なのである。新しい社会情勢が、男女の機会と

第2部　人生を切り開く──1910-30年

期待を彼らの両親の世代とは変えてしまったのである。しかし、われわれが見てきたように、バークリー世代に形を与え、文化的な融合をもたらしたこの経験が世代間の摩擦と衝突をもたらすのに十分な状況を生み出した。

　1900年世代メンバーの大部分は、自分たちの両親とともに、あるいは若い頃にカリフォルニアとバークリーに移り住み、非農業環境か都市環境で成人した。彼らは移住を後押しするさまざまな押し出す力、なかでも親の人生の不確かさに影響された。それだけでなく、よりよい人生を約束することでカリフォルニアへ人々を誘う、惹きつける力の影響も受けていた。おそらく最も重要なことは、個々の人々、家族、そして途切れることのない社会的コンボイ、これらを移住という道に駆り立てる中心的な役割は社会関係が果たしたということである。移住が個人的な経験にとどまることは稀である。多くの人々はそのような移住の動きに巻き込まれ、彼らの人生、そして後の世代の人生が変わってしまったのである。

　生まれが外国であることは、この世代の夫婦が持つ家族背景のうち最も広く浸透した文化的特徴として際立っていた。すなわち、バークリー世代のうち、わずか3分の1だけが米国生まれの親の子孫であった。外国生まれは、家族の社会階層やその人数において、しばしば何らかの不利益を被っており、それは南欧や東欧系の流れを汲む人々との間で顕著であった。文化的パターンや社会経済的パターンも1900年世代の家族背景に独立した影響をもたらした。例えば、大家族は、低い社会経済的地位、外国生まれ、カトリック教会の伝統と結びついていた。1900年世代の人生を第二次世界大戦まで追跡する時、文化的影響と社会経済的影響の双方が、大恐慌直前の彼らの地位と、その後の数年を彼らがどのように乗り切ったのか、その重要な決定要因として浮かび上がってくるだろう。しかし、われわれは、その歴史的時期に目を向ける前に、1920年代までの彼らの労働、教育、結婚、そして出産に関わる社会的出自の足跡を辿っていく必要がある。

❖ 注

1. Carey McWilliams, *California: The Great Exception* (Berkeley: University of California Press, 1999).

2. Margaret S. Gordon, *Employment Expansion and Population Growth: The California Experience, 1900–1950* (Berkeley: University of California Press, 1954), 1.

3. McWilliams, California, 73. For example, 90 percent of people born in California from 1860 to 1930 stayed there most of their lives.

4. サンフランシスコ地震は、救助活動と保険の損失額という観点において、9／11 テロ攻撃以前では最も金銭的負担の大きい災害であり、ハリケーン・カトリーナ よりも大きな救助活動を必要とした。詳しくは以下を参照のこと。

   The History Channel's "Mega Disasters: San Francisco Earthquake," broadcast in 2009, https://www.history.com/topics/natural-disasters-and-environment /1906-san-francisco-earthquake.

5. National Board of Fire Underwriters' Committee on Fire Prevention and Engineering Standards, *Report on the Berkeley, California Conflagration of September 17, 1923* (New York: National Board of Fire Underwriters, 1923).

6. ライフコースの研究者たちは、教育、仕事、家族、健康、その他の人生の領域における状況や変遷によって区切られる独特な「軌跡」についてしばしば口にする。居住の軌跡は、特定の地域や場所にある家庭や住所という視点であれ、より広範な都市、州、地域、国といった視点であれ、住居形態や居住地の状況や変遷によって構成されている。住居の変遷は、他の領域での変遷、特に家族（結婚や離婚のような）、仕事（失業、新しい仕事、退職）、もしくは健康（介護生活）といった、移住を引き起こしたり妨げたりするかもしれないものの変遷の中に織り込まれている。

7. Brinley Thomas, *Migration and Economic Growth* (Cambridge: Cambridge University Press, 1954); Stanley Lebergott, *Manpower in Economic Growth* (New York: McGraw-Hill, 1964); Richard Easterlin, *Population, Labor Force, and Long Swings in Economic Growth: The American Experience* (New York: Columbia University Press, 1968).

8. 移民の「古い」波と「新しい」波の間、北西ヨーロッパと南ヨーロッパの間には、社会経済的な区別や有している技能による区別が作られてきたが、移民に制限が

なかった時代においては、大多数の移民が「自国では経済的機会を享受できず、相対的に技能が未熟で、社会的にも不利であり、都市部での職と収入において最下層の仕事を求めてここにやってきた人々」であった。

Conrad Taeuber and Irene Taeuber, *The Changing Population of the United States* (New York: John Wiley, 1958), 67.

9. McWilliams, California, 234.

10. Gordon, *Employment Expansion and Population Growth*, 91–102.

11. Thomas, *Migration and Economic Growth*; Lebergott, *Manpower in Economic Growth; Easterlin, Population, Labor Force, and Long Swings in Economic Growth*.

12. Walter Nugent, *Into the West: The Story of Its People* (New York: Alfred A. Knopf, 1999).

13. マーガレット・ゴードンは「移民が最も流入した期間は、雇用の機会が最も急速に拡大し、労働年齢の移住者を惹きつけていた期間であった」と結論づけている。

Gordon, *Employment Expansion and Population Growth*, 13; see also 91.

14. Kevin Starr, *Americans and the California Dream, 1850–1915* (Oxford: Oxford University Press, 1986), 137.

15. Gordon, *Employment Expansion and Population Growth*, 162.

16. Marcus Hansen, *The Immigrant in American History* (Cambridge, MA: Harvard University Press, 1940), 193（マーカス・ハンセン著、大友芳郎・佐々木肇編注（1969）『移民の国・アメリカ』英光社）.

17. Danielle Moon, "Educational Housekeepers: Female Reformers in the California Americanization Program, 1900–1927," in *California History: A Topical Approach*, ed. Gordon Morris Bakken (New York: John Wiley, 2003), 108–25.

学校のシステムは、学校を開校し、職員を配置するために婦人会（ボランティアや資金のための）からの援助に頼っていた。カリフォルニアにおける高等教育の拡大については『*McWilliams, California.*』を参照のこと。

18. John S. MacDonald and Leatrice D. MacDonald, "Chain Migration Ethnic Neighbor- hood Formation and Social Networks," *Milbank Memorial Fund Quarterly* 42, no. 1 (1964): 82–97.

19. コホートでの出生地の内訳の比較は、ゴードンの『Employment Expansion and Population Growth』で提供される10年ごとの比較から直接得られるわけではな

い。なぜなら州外で生まれたカリフォルニア州住民の出生地域についての情報は、国勢調査の記録（1954年、162頁、表A.2）に基づいているからである。しかし、出生地ごとに集計されたバークリーの両親の分布は、総じて1930年の州人口における分布と比較しても遜色ない。ゴードンの提示している割合（％）は、州の出生者人口に基づいており、外国生まれの人々を除いている。

20. 同様の割合として、ミシシッピ川以西で生まれたのは（カリフォルニアで生まれた人を含み）、1930年においてカリフォルニア州全体で65％とされている。数値はゴードン著『Employment Expansion and Population Growth, 161-62』付表 A.1. と A.2. から計算された。

21. バークリーの親たちについての入手可能な背景資料は、親世代での婚姻のパターンにおいてかなりの地域同質性を示唆している。比較が妥当だとみなせる十分な大きさのセルを参照すると、若い男性たちはカリフォルニア州出身の女性か、（自分自身が州外で生まれた場合には）彼ら自身の出身地域の女性と結婚する傾向にある。

22. Stephan Thernstrom, *The Other Bostonians: Poverty and Progress in the American Metropolis,* 1880–1970 (Cambridge, MA: Harvard University Press, 1973), 170.

23. Barbara Solomon, *Ancestors and Immigrants: A Changing New England Tradition* (Chicago: University of Chicago Press, 1956).

24. E. P. Hutchinson, *Immigrants and Their Children* (New York: John Wiley, 1956), 23.

25. Hutchinson.

26. Cf. Thernstrom, *Other Bostonians,* 209–56.

27. Peter Blau and Otis Duncan, *The American Occupational Structure* (New York: John Wiley, 1967), 363.

28. この時期（およそ1840年代後半から1880年代半ば）を通じて、職業構造の変化の主な特徴は、産業、サービス、建設業への就労機会（すべての非農業の職は、産業化と運送、地域および都市の急速な拡大と結びついていた）の増大（農業への就労と比較して）である。農業への就労の機会自体は世紀末まで極端に縮小しなかったが、未熟練労働者や産業労働者への高まる需要は、不景気の時期を除いてほとんどとどまるところを知らなかった。ハンセンの『*Immigrant in American History*』をはじめとする他の研究では、「農業移民でさえ大量の人数が何度もアメリカにやって来た。その時、産業活動は最高潮であった。つま

り、彼らの西への移動は常に不況の時期に最も強かった」（69頁）と指摘している。それゆえ、移民の国籍グループにおける職業構成は、親世代によって代表される長い期間を経て変化し、この変化は特定のコホートの比較が可能だったとしても、観察されるパターンをかなり弱めたかもしれない。

29. For example, see Charlotte Erickson, *Invisible Immigrants: The Adaptation of English and Scottish Immigrants in Nineteenth-Century America* (London: Widenfeld and Nicolson, 1972).

30. 自己報告による子ども時代の経済的困窮の回顧は、1973年においてバークリー1900年世代が高齢であることを特に考慮し、慎重に評価すべきである。経済的困窮の認識は、ある程度まで、社会的定義や社会的比較の問題であると同時に、後年の苦難や快適さという経験の問題でもあるかもしれない。

31. しかしながら、この結果は、われわれが1928〜29年のバークリー世代と初めて出会う前の長年にわたる家族の状況を十分に捉えられていないというわれわれの限界をよく反映しているかもしれない。1930〜31年に、たった1人のスタッフが親たちへのインタビューに基づいて家族を評定した。成人に至るまでの家族経験を要約する回顧的な評定というものは、それらが明瞭にすること以上に多くを曖昧にするかもしれない。

第 3 章

男性たちの生き方

● ● ● ● ● ● ●

懸命に働くために必要な不安を感じることがなければ、決して本当の安心を得ること
はできない。

あるバークリーの男性

　第一次世界大戦が終わり、バークリーの男性たちは、教育を終え、経済的
に安定したキャリアを確立し、家庭を築くことに忙しくなった。19 世紀末に
生まれた年配者コホートの中には、第一次世界大戦に従軍し、現在は教育を終
えてやりがいのある仕事に就いている者もいた。20 世紀初頭に生まれた若年
者コホートと比較して、1920 年代の年配者コホートの方が労働生活も収入も
より充実しており、この差異が大恐慌における彼らの経験に際立った違いをも
たらすことになる。本章では、バークリーの男性たちの社会経済的キャリアに
おける出自と教育の役割を検討し、1900 年世代の 2 つのコホートにおける中
流階級と労働者階級の 1929 年の所得、貯蓄、投資を比較する。

　1920 年代の社会的、文化的な変化が、バークリーの男性たちの労働生活の
出発点となった時代を形作っている。まず、これらのテーマから始め、20 世
紀における生計の立て方、すなわち、学歴や職歴の取得から、家や車の所有、
その他の投資や貯蓄、証券の取得といった収入や生活水準に至るまでを見てい
くことにする。これらは、特に労働者階級において、社会的流動性と経済的投
資の重要な象徴であっただけでなく、心理的な報酬と意味も与えていたのであ
る。

69

第2部　人生を切り開く──1910-30年

1920年代の中心的テーマ

　1920年代には、豊かさの増大、機会への不平等なアクセス、消費者インセンティブによって、多くのアメリカ人の願望と現実との間にギャップが生じた。実質賃金は大幅に上昇し、家庭の生活水準も向上したが、その恩恵は中流階級と経済界の人々にとって最も大きいものであった。1923年から1929年まで、企業の利益は賃金の6倍の速さで増加した[1]。営利企業によって、余剰収入のない家庭は将来の収入を担保にした分割払い購入で「良い生活」に関連する物品を手に入れることが可能になった。しかし、これらの家庭は、病気や失業などの危機の際に生存を保障するかもしれない社会保険を断固として拒否したのである[2]。10年後、アメリカの家庭の所得分布は、「所得水準の高い人には多すぎるし、低い人には少なすぎる」という不平等を鮮明に物語るものとなっていた[3]。

　バークリーの男性たちが育ったのは不平等文化時代であり、このような不平等の論拠となったのは社会的ダーウィニズムであった。社会的ダーウィニズムは、自由競争市場における勤勉さ、自発性、自己鍛錬を通じて、資本主義の理念と行動原理を体現することを要請していた[4]。この社会思想の第一人者であるウィリアム・グラハム・サムナー（William Graham Sumner）は、生存競争における最も強い人間、最も適性のある人間とは、自制心があり、倹約家で、勤勉な労働者であると提唱した。生存が力によって保証されるように、物質的な成功への経路は、無制限の経済活動の中での道徳的美徳によって保証されるのである。資本は自己犠牲によって形成され、競争的市場では、良くも悪くも相応の結果が得られる。社会的地位の低い人たちが努力すれば社会的流動性が得られると考えるかもしれないが、この思想が示唆しているのは、こうした道徳的美徳や富の優位性を子孫に伝える媒体は家族であり、したがって、こうした人たちは、その性質、機会、結果において地位の高い人たちと決して対等になることはできないということなのである。

　バークリーの男性たちが結婚と家庭の責任を負う頃には、この社会的ダーウィニズム信奉者の思想を脅かす変化が、かなり進行していた[5]。マスマーチャ

70

ンダイジング（大量販売方法）や広告の発展は、家庭に貯蓄よりも消費を促し、分割払い購入などの金融制度は、まだ稼いでいないお金を使わせた。豊かさの精神は、車やレジャーに重きを置く中流階級のライフスタイルを促進した[6]。経済的なニーズと願望の定義が変化し、ニーズとは、「ある特定の家庭が手放したくないものを意味するようになった」[7]。物質的な願望や期待の高まりは、犠牲的行為や禁欲とは相容れない生活水準を求める家庭が増えることを意味した[8]。最後に、社会保険（「福祉」）をめぐる議論は、経済的な成功によって男性の性格を判断しすぎる経済システムに対して批判的な疑問を投げかけた。

バークリーの男性たちの成人期早期についてわかっていることは、社会的ダーウィニズム信奉者の思想のある要素が、彼らの自己や他者に対する見方の中に再び現れていることである。ある男は、自分の父親の世代を「エネルギッシュでした。長時間働いて、一生懸命働いていました。今は違って、仕事から解放されることが目的になっているようです。休日をできるだけ多く取ろうとする、子どもじみた態度です」と振り返った。また、中年であることと1930年代のニューディール政策の観点から、別の男は「自由と進取性の喪失。すべてが企業の手に委ねられ、あるいは政府によってチェックされています」と訴えた。バークリーの男たちの多くは、家庭での厳しいしつけや目標設定、あるいは貧困の中で世間的な成功への道を歩むきっかけとして「実社会での厳しい試練（the school of hard knocks）」を挙げている。ある成功した専門職は、自分を「駆り立てていたもの」をある剥奪感に帰しており、「幼い頃からずっと私の中にあったもので、朝5時に起きて、夜の12時まで働くことを可能にした」と述べていた。

禁欲と勤勉の美徳は、恵まれた家庭で育つということによって決まるものではない。ある男は、「楽をしていると、すべてが上手くいくと考えるようになり、成り行きにまかせてしまう傾向があります」と言った。また、別の男は、中西部の故郷で最も裕福な2つの家庭のうちの1つに育ったが、過去を振り返り、多くのデメリットを見出した。彼は、「若い男の子にとって、（そのような恵まれた環境を持つことは）とても良くないことだと思います。なぜなら、懸命に働くために必要な不安を感じることがなければ、決して本当の安心を得ることはできないからです。それが、私の父と私の大きな違いです。父はお金も

ないのに、ものすごい意欲と向上心を持っていました。一方、私はとても快適な家庭からスタートしたので、外に出て自分の道を切り開くエネルギーが父ほどはなかったようです」と述べた。このような見解は、バークリーの男性たち全員に一般化されるものではないかもしれないが、社会的ダーウィニズム時代の労働者の考えと共通するところが多い。当時のレトリックでは、「大成する」というアメリカンドリームは、家庭環境に左右されることなく、個人の犠牲と努力によって実現することができるとされていた。しかし、現実には、後述するように、彼らの多くにとって、人生の結果は、努力やコントロールの問題ではなく、家柄の優劣や彼らの時代の歴史的出来事や変化によるものであった。

　1920年代には、事務職や管理職の一部の仕事で高校卒業資格が必須となった。20世紀初頭から中頃に生まれた男性について、研究では一貫して、出自と職業的地位との間の主要な経路として正規の教育が挙げられている[9]。家庭環境は、教育を通じて間接的に、特にキャリアの始まりに大きな影響を与える。したがって、バークリーの男性たちのキャリアを検討する際の出発点は、彼らの家族史が持つ教育の遺産なのである。

　中等教育への入学から高校卒業、大学入学に至るまで、教育の梯子のすべての段に、階級的出自が刻まれている。低収入と大家族、それに家庭内の反知性的な価値観が相まって、1910年代から1920年代にかけての都市の若者にとっての大学進学は夢のまた夢であった。しかし、バークリーの男性たちは、カリフォルニアで高等教育を受けるたぐい稀な機会を得ることによって、この不利をある程度克服できたかもしれない[10]。最初の疑問は、このような社会経済的・文化的な出自の違いが、1930年代の経済崩壊以前に、教育、ひいては職業的地位やライフスタイルにどのように反映されたかということである。

　もう1つの疑問は、学校教育や仕事への投資に対する物質的な見返り、特に収入と家や近隣地域の質によって測られるものについてである。もし、家庭環境が男性の就業機会に影響を与え、教育を介して地位が獲得されるのであれば、この関係は、よりやりがいのある仕事を通じて、経済的・心理的なウェルビーイングの見込みをより確実なものにするだろう。このように、家庭環境から教育、教育から職業的地位、職業的地位から収入やライフスタイルとしての消費というつながりによって、人生の結果をコントロールする男性の能力が形

成されたのだが、その時、大恐慌が近づいていたのである。収入は、経済が不安定な時代に、家族の生活保障のための資源を確保しつつ、望ましい生活水準を確保する男性の能力において最も重要な要素である。

　高い生活水準を維持しつつ、家族が増える中での差し迫った必要性に直面した時、経済的資源を増やすためのいくつかの選択肢もあった。まず、一家の稼ぎ手である男性がより高収入の仕事を探したり、副業をしたりすることである。次に、長子や有職の妻の給料によって収入を補うか、あるいは下宿人を受け入れるかである[11]。しかし、1920年代末、アメリカの家庭生活の規範的風潮は、この2番目の選択肢、特に妻の就労を妨げた。多くの家庭が経済的に逼迫していたにもかかわらず、女はめったに働きに出なかった。その理由は、妻たちは子どもの養育を任されていたからであり、その背景には母親の雇用に対するコミュニティの強い抵抗もあったからである。

　1920年代に家庭が下した選択は、彼らの財務状態の変化への対応にも影響した。収入を浪費する家庭、つまりクレジットで買い物をし、借金を重ねる家庭は、お金を稼いだらすぐにそれを使ってしまうのである。しかし、商業的な圧力は、すぐに満足したいという欲求を刺激し、倹約や慎み、節約といった従来の道徳意識を鈍らせた。歴史家のウィリアム・ルクテンバーグ（William Leuchtenburg）は、「収入や財貨、資本を長期にわたって貯蓄するという考え方を放棄し、この国は即時消費を主張し、その要求は分割払いプランとして制度化された」と述べている[12]。車や家具、ラジオはほとんどクレジット払いで購入された。

　しかし、過剰消費は、経済的状況の異なる家庭にとって異なる意味を持つものであった。低所得（1929年当時は年間1,000ドル以下）のギリギリの生活をしている家庭は、ニーズと資源の間に恒常的な乖離があった。ステファン・サーンスロム（Stephan Thernstrom）の言葉を借りれば、「徹底的な過少消費」を実践する者だけが、僅かな残金で生活をやりくりできたのである[13]。さらに、彼らは中流階級の裕福な熟練労働職の家族に比べ、ローンやクレジットの優良な顧客として査定されることが少なかった。友人や親族、公的機関への経済的依存は、特に下層階級の生活を物語っている。

　これらのテーマをもとに、バークリーの男性たちの人生における成人の地

第2部 人生を切り開く——1910-30年

位への経路と社会的出自の役割について検討する。まず、学歴と職歴の獲得について、次に収入、経済水準、家族の資産の活用について検討する。

学歴と職歴の獲得

バークリーの男性たちが成人したのは、教育の新時代の始まりの頃であった。1910年当時、アメリカでは18歳の若者の9％しか中等教育を修了していなかったが、1920年には高校への入学率が約35％に急増し[14]、1930年には国民の教育水準の中央値は10年にまで上昇した[15]。進歩主義運動の波に乗って、カリフォルニア州では1903年に18歳未満の若者に就学を義務づけ、就学しない未成年者の親や雇用者に罰則を与える「義務教育法」を制定し、未成年者の教育を優先させた[16]。

バークリーの男性たちの約60％が高校を卒業し、当時の全国平均の2倍を上回ったのは、こうした社会的な力が少なくとも一因となっている[17]。さらに、その3分の1が大学を卒業し、その中にはカルフォルニア大学バークリー校、スタンフォード大学、ダートマス大学、ミシガン大学など、上位の大学を卒業した者もいた。その一方で、4分の1（26％）が中学3年生以下の学歴であった。このように学歴に大きな差があり、その両極に大きなクラスターが存在するため、バークリーの男性たちの人生の経路は二極化することになる。男性たちの兵役に関する情報は初期の資料には記録されていないが、バークリーの男性たちの約35％が第一次世界大戦に参加したと推定される（アメリカ本土勤務が16％、海外派兵が19％）。ただし、彼らの兵役期間は、息子たちの第二次世界大戦後期や朝鮮戦争での兵役に比べるとはるかに短い期間だったと思われる[18]。

社会経済的地位と文化的背景という2つの影響が、男性の教育への経路、ひいては仕事への経路を形作った。社会階級の重要性についてはすでに述べたとおりであるが、バークリーの男性たちの家族史に登場する移民歴もまた、よりよい人生への希望と不利な条件を同時にもたらした。外国生まれの父親の職業達成度は、特に南欧や東欧の出身者である場合、アメリカ本国生まれの父親よりもはるかに低かった。この差は、正規の教育における不平等によって強調された。さらに、外国人やカトリックの家系は、一般に大家族であることと結

第3章　男性たちの生き方

びついており、それが教育を制約している可能性もある。このような教育上の不利は、息子の教育よりも家庭単位の経済的福祉を優先する社会経済的条件や文化的パターンに起因していると考えられる[19]。

　経済的出自と家族の人数は、男性の教育的達成にどのような影響を与えたのだろうか。また、両親が外国生まれ、カトリック信者、あるいはその両方であった場合、教育的展望はあまり期待できないのだろうか。19世紀生まれでも20世紀生まれでも、裕福な両親の息子は高校までの教育の機会を最も多く有していた。中・高収入家庭の男性の5分の4以上が少なくとも高校を卒業していたのに対し、低収入家庭の男性は5分の2未満であった。また、大家族の場合にも、若者はより低い教育しか受けていない。両親の出生地は、息子の学歴を理解する上であまり役に立たない。しかし、19世紀の終わり頃にカトリック教徒として育ったことが教育上不利であったことは、貧しい生い立ちや大家族の経済的圧力のいずれによっても完全に説明することはできなかった[20]。

　男性の正規の教育は、世代を超えた職業的地位の伝達において強い結びつきを示している。社会経済的地位が低く、大家族で、旧世界で生まれたカトリックの両親は、高等教育の機会を著しく制限し、その結果、1920年代の終わりには中流階級の職業に就く機会も制限した。しかし、このような家族の出自は、男性の職業的達成に直接影響を与えることはほとんどなく、それらは教育を通じて職業的達成の形成に大きな影響を及ぼすようになったのである。教育は、資格取得、職業紹介サービスへのアクセス、技術的スキルや価値観の育成、社会的知性を通して職業的達成に影響を与えた[21]。

　1920年代末には、バークリーの男性たちの30%近くが専門職や管理職（医師、教授、弁護士、デザイナー、聖職者、化学者など）であり、さらに7%が自分の会社（店舗や請負会社など）を経営していた。これら以外で多くの男性が就いていた職種は、不動産業者や郵便局員、巡回販売員などの事務職や営業職（28%）、熟練した技術職や技能職（20%）、現場監督、機械的作業への従事（工場の検査員、大工、窓取り付け工、タイル張り工など）であった。サービス業や未熟練労働、半熟練労働の男性は少なかった（それぞれ7%）。もちろん、1920年代後半には、バークリーの若い男性は、年配の男性よりもキャリア形成の初期段階にあり、職業的地位も低かったが、年配の男性と若い男性の教育的達成の水準には全体

75

第2部　人生を切り開く──1910-30年

として差はなかった。

　多くの男性が専門職や管理職になるための費用、努力、犠牲は、彼らが得た利益、すなわち、職の安定や比較的高い収入といった外在的報酬と、職業体験そのものが持つ内在的価値（自律性、責任、自己表現の幅）と釣り合っていたように思われる。1920年代末には、専門職や管理職の男性の3分の2が自分の仕事に強い思い入れを持っていたのに対し、その他のホワイトカラー職では15％未満、肉体労働者ではさらに低い割合だった。また、1930-31年の面接調査の評定でも、職業的地位の低さは、仕事への不満の大きさと関連していた。労働者にとって最も重要な問題である雇用の保障、定時勤務、良い給料は、彼らの仕事の状況ではほとんど欠如していたのである。

生計と金繰り

　男性にとって、仕事への経路は、家族を形成し養う能力とも密接な関係がある。1929年までには、本研究におけるバークリーの男性たち全員が結婚し、少なくとも1人の子どもをもうけていた。約半数が25歳までに結婚しており、年配の男性は若い男性（中央値24歳）よりも有意に遅く（中央値29歳）結婚していた。大学卒業程度の学歴は、「平均的」な結婚時期（22〜25歳）と関連するが、高校卒業未満の学歴は、早婚（22歳以前）、晩婚（25歳以降）のいずれとも関連する。学歴は職業や社会階級と密接な関係があり、それらは男性の資産と密接な関係があるため、低学歴の男性で晩婚の割合が高い（53％）のは、その資産に制限されていたからかもしれない[22]。

　社会階級を本章の中心テーマとするため、バークリーの記録資料にある指標とそれに対応する用語の詳細を説明することは重要である。社会階級（1929年時点）は、男性の職業的地位と教育的地位に基づき、7段階の尺度を用いたオーガスト・ホリングスヘッド指数（August Hollingshead index）で測定される。職業は7倍、学歴は4倍で重み付けされている。スコアの総範囲は5つの地位グループに分けられた。「上位中流階級」は専門職と管理職（第1、2グループ）、「下位中流階級」は管理職とホワイトカラー（第3グループ）、「労働者階級」は熟練肉体労働者（第4グループ）、「下層階級」は半熟練労働者と未熟練労働者

(第5グループ)を指す。中流階級家庭と労働者家庭の比較を可能にするために、最初の3つのグループを「中流階級」とし、最後の2つのグループを「労働者階級」として統合することもある。

1929年の男性の社会階級は、世帯収入と強く関係しており、世帯収入は彼らの生活水準について多くを語っている[23]。**図 3.1.** は、1929年の社会階級別の総世帯収入を、男性の出生コホート別に示したものである。1929年の経済力は男性の職業によって大きく異なるが、各階級には、年配者コホートと若者コホートの差に反映されるように、他の人よりキャリアを積んだ男性も含まれている。

予想通り、当時は、年配の男性ほど一流の職業に就いており、収入や資産においてある程度の優位性が確保されていた。おそらく、労働市場で働く年数が長くなれば、年配の男性の優位性は、同じ職業レベルの若い労働者にも適用されるであろう。このような比較によって、階級構造を超えて、家族の経済的

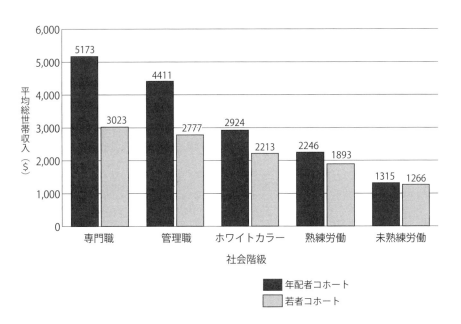

図 3.1. 1929年の社会階級別総世帯収入（男性の出生コホート別）

キャリアと圧迫点の変化を考慮して、家計を見ることができる。例えば、肉体労働者は子どもが小さいうちに収入のピークに達する傾向があるが、専門職は子どもが家を出る頃かそれ以降に収入のピークに達する。このような違いは、支出や投資に関する判断に影響するだろう。

　社会階級別の平均的な世帯収入の分布を見ると、1929年には、年配の男性が支出や投資の最も幅広い選択肢を持っていたことがわかる。若い男性と年配の男性との経済格差は、それが最も大きい専門職者と最も小さい未熟練労働者の間で2倍以上もあった。つまり、収入の年齢変化の大部分は中流階級で起こっていたのである。この年齢的な傾向は、上層階級の家庭と下層階級の家庭の経済格差をより大きくした。世帯収入は、労働者階級のバークリーの男性たちの年齢に比例しているが、その収入は、専門職や管理職の家庭が得ている収入には遠く及ばないものである。1920年代の終わりごろに、バークリーの若者の家族の多くは、経済的圧迫に苦しんでいたが、年配の男性が大きな負担を負っていたのは、下位中流階級や労働者階級であった。

　このような経済格差の1つの帰結が、子どもの数によって示されている。若い家庭の多くは当時1人しか子どもを持たず、最も多い世帯は労働者階級に集中しており、その平均は1.7人であった。平均的な家族の人数は、年配の男性のすべての階層で少なくとも2.2人であり、最も貧しい層の家族がやはり最も多い（3.2人）。家族の人数だけで測れば、下層階級の家族では、年齢が上がるにつれて、収入に対する需要が供給を上回り、上層階級の家族だけが年齢ごとに1人当たりの家族収入をわずかに増加させていることがわかる。

　いずれの場合も、社会的地位の高い年配男性の家庭は、かなりの可処分所得を享受しており、妻の中にはその恩恵を受けて家事手伝いを雇っている者もいた。5分の2の家庭が家事手伝いを雇っていると回答しているが、これに対して労働者階級の家庭では皆無であった。上位中流階級の若い家庭の3分の1も家事手伝いを雇っていることから、ライフスタイルの好みがこの支出判断に影響したことは間違いない。

　年配の男性であれ、若い男性であれ、階級構造の底辺に位置する家庭は、苦しい選択を迫られた。彼らはギリギリの生活をしており、満たされないニーズが、厳しい生活をさらに困難にしていた。この階層の経済的苦難と、日々を

生き抜くための苦闘の姿は、1920年代の出来事よりも、1930年代に起こる出来事により多くの共通するものがある。

　社会経済的な優位性、教育、自営のいずれかを利用して高い階級に到達したとしても、彼らの経済的価値観は概してその成功と合致していた。1930年から31年にかけてのバークリーの男性たちへのインタビューから、4つの主観的な経済的水準が同定された。すなわち、高い、平均以上、平均、そして質素な欲求またはニーズである。未熟練労働者から専門職へと職業がステップアップするごとに、豊かなライフスタイルへの志向が高まっている。この指標においては、管理職は専門職よりも高い欲求の水準を抱いてはいない。上昇志向と金儲けの重要性に関する価値志向からも、同じような図式が浮かび上がってくる[24]。

　全体として、これらのデータは上層階級の物への欲求を際立たせているが、特定の支出の優先順位や家計をやりくりする方策についてはわからない。貯蓄や証券投資、住居の所有と質、経済的・居住的自立において、どの職業グループがリードしていたのだろうか。目標や優先順位が異なると、長期的な貯蓄や支出のパターンも著しく異なるだろう[25]。

　バークリーの家庭における資金計画についての情報はないが、おそらく多くの男性たちが明確な形で計画を立てていなかったと思われる。とはいえ、特定の生活状況下では、一定の目標や行動指針が好まれるものである。大学院教育やキャリア形成のために大きな債務を抱えた若い専門職の家庭には、価値観とは無関係に、企業経営に携わる男性の家庭のような貯蓄や支出の選択肢はなかったかもしれない。同様に、大家族で収入が少なく、さらに雇用が安定していない労働者の貯蓄は、熟練労働者以上に大きな制約を受けることになっただろう。ここでは、まず住居への支出を取り上げ、次に貯蓄、証券、生命保険について述べる。

自分の家を持つ

　バークリーの夫婦、そしてアメリカ人全体の夢として、自分の家を持ちたいという願望ほど、根強いものはない。1931年開催の住宅建設と住宅所有に関する会議で、ハーバート・フーバー（Herbert Hoover）大統領は「自分の家を持ちたいという願望は、この国のほとんどすべての個人の希望であり野心で

第2部 人生を切り開く――1910-30年

ある」と述べている[26]。ほとんどの家庭で最大の経済的負担となる家は、コミュニティにおける地位の源泉であると同時に、人生の晩年を見据えた投資でもある。自宅所有は、他者からの尊敬や安定、自尊心と達成感を意味している。また、バークリーの一部の家族にとって、自宅の所有は職業上の大幅な昇進よりも、生涯において到達可能な社会的流動性の程度を表すものでもあった。

住居の所有と質は、男性が家に対して満足するための紛れもない基盤である。住居の所有は、居住の自立の達成を直接的に意味し、人生の成果をより大きくコントロールするための経路である。家の質は、名誉や安寧、資産といった個別の要素を意味したものである。特に下層階級では、小さな土地に2つの寝室を持つコテージを所有することの誇りは、より良い地域の同じような広さの新築の賃貸住宅に引っ越すことで得られる喜びを上回るかもしれない。このように、住居の所有と質の区別は、バークリーの男女にとっての家の意味に関する重要な問題を提起するものである。

賃貸住宅と持ち家の居住歴や社会的評価は、家族がいかに居住を進展させていくべきかという「普通」のコースを示している。すなわち、独身時代、子どものいない時代、子どもの生まれた時代には、マンションを借り、場合によってはより質の高い賃貸住宅に移るが、その後、子育て期には、コミュニティに投資し、その中に入って、家族の生活の安定を目的に家を所有するのである。

バークリーの家族の自宅所有は、概してこのパターンに従っていた。1929年当時、若い男性とその家族のほとんどは、賃貸住宅か親戚の家に住んでいた。住宅ローンの支払いをしているか、家を所有しているのは4世帯のうち1世帯の割合で、その中でも管理職クラスの割合が非常に高かった[27]。これとは対照的に、年配男性では、5世帯のうち3世帯の割合で、住宅ローンの支払いをしているか、家を所有しており、特に専門職や熟練労働の階級で高い割合となっていた[28]。また、「その他の財産」としては、車（70%）、土地、別荘、都市部での他の住宅（20%）の順であった。

熟練労働の年配男性の家の取得の達成とは、予想通り、非常に控えめな規模であった。1929年の彼らの家の平均価格は5,681ドルで、未熟練労働者の推定価格（3,875ドル）を大きく上回っているが、上位中流階級の家庭（平均9,305ドルから9,857ドル）よりははるかに低いものである[29]。そうとはいえ、ある熟

80

練労働者の「貯蓄はすべて家に投資してきた」という発言は、こうした男性の持ち家への志向をよく表している。「その他の財産」を所有している者はごく少数であった。このような財産所有の形態は、両年齢群において、下位および上位中流階級に限られており、おそらく家族の贈与や相続が一因と考えられる。

　年齢を問わず、家の所有を通して有産階級になった男性は、明らかに自分の生活環境に最も満足していた。1930年から31年にかけて行われた面接による5段階評定では、家を所有している男性は、他の男性と比べて自分の家に対する誇りと関心がかなり高かった。バークリーの家族にとって、新しい家は、賃貸住宅に住む男性や親と同居している男性の生活環境と比較して、より高い生活水準を意味したのである。この点だけでも、家の所有者の居住満足度を説明することができるだろう。自分の家を持つという願望は、より高い生活水準を得るための一部であり、自宅所有はそのための手段であると同時に、自立し、安心し、社会的に尊重されているという感覚を得ることを通して心理的にも意味があったのである。また、1920年代の個人主義的な文化の中で、家の所有とは、男性の家族を養う上での身の丈と能力を反映するものであったことは間違いない。これらすべての利点を考えると、家を持つということは、その質がどうであれ、それなりに男性の満足感を高める効果があったのだろう。

　そこで、自宅所有と家への満足度の直接的な関連性を調べるとともに、所有の報酬が家族の生活水準を通じて表れる可能性があるため、媒介変数として生活水準も調べた[30]。また、コホートとキャリア段階の指標としての年齢と1929年の総世帯収入も考慮に入れた。所有は、男性の家に対する熱意を高める最も重要な要因であった。生活環境は、世帯収入や自宅所有と男性の居住地に対する感情との間に比較的弱い関係を示していた。どんなに質素な家でも、その所有権を持つことで、家は自分自身の延長となり、特別な価値を持つようになったのである。家の所有とその整った外観は、その男性と家族についての重要な何か、すなわち、自己の誇示をコミュニティに伝えていたが、そのことが脅かされる困難な時代が間近に迫っていたのである。ある都市の専門家は、職業上の経験から、「人々は、たいした家でなくても、自分がその家を所有していることを世間に示すために、多大な努力をするものなのです。フェンスを立て、花を植え、他の部分は塗らなくても、家の前だけはペンキを塗って、自

第2部　人生を切り開く——1910-30年

分が自立していることをアピールするのです」と述べた[31]。この自立は、バークリーの男たちの年齢（またはキャリアアップ）に伴ってもたらされ、自宅所有やより良い生活水準を可能にする高い収入によって実現された。

年配の男性と若い男性を比較することで、自宅所有の意味を考える視点を得ることができる。若くして家を所有できた者は、自宅所有に関して、同年代の仲間と比べたところ「適時である」あるいは先行しているという心理的、または社会的な優位性を持っていたのである。そのため、家を所有することの喜びは、物質的なことよりも、自立の価値や達成の誇りに関係があったのかもしれない。しかし、年配の男性も若い男性も、家に対する満足度は生活水準よりも所有に強く結びついており、特に若い男性ではそうである。

収入水準は、住んでいる場所を所有しているかどうかよりも、その人の生活水準についてより多くを教えてくれるが、バークリーの男性たちの家への満足度の中心をなすのは所有権である。客観的にも主観的にも、満足した家の所有者は、家への権利を持ち、居住の安定性がより保障されていたのに対し、不満のある男性、特に賃貸住宅に住む人は、引っ越し予備軍であった[32]。1920年代末から大恐慌の始まりにかけたバークリーの男性たちの居住形態や住まいへの思いは、彼らの苦難への適応についての重要な洞察を与えてくれた。

家の所有の他に、車は願望の中で重要な地位を占めていた。1929年、バークリーの5世帯のうち2世帯の割合でしか家を所有していなかったが、3世帯のうち2世帯の割合で車を保有していた。日曜日のドライブは、当時人気のあった家族の行事であった。家と車を所有することは、家族のプライバシーとその環境の制御という文化的理想を示すものであり[33]、この2つの価値観は1930年代には厳しく問われることになる。

貯蓄と証券

1920年代末には、バークリーの男性たちの3分の1以下が貯蓄や株式・債券への投資をしていると回答しており、全体として、これらは年配者の家族でやや多く見られた。ここでも階級の影響が見られた。例えば、管理職や熟練労働階級の若年者の世帯では、専門職の世帯の平均収入を下回っていたが、貯蓄を報告する割合が2倍以上であった。専門職の世帯の貯蓄率の低さは、投資や

82

教育ローンなどの債務の返済よりも、物品への支出が多いことを示唆している。同じようにホワイトカラー世帯の貯蓄率が低いのは、短期的な優先順位を反映しているのかもしれない。その短期的な優先順位は、上位中流階級に匹敵する願望を持ちながら、下層階級と同じくらいの資産しか持っていないという葛藤から生じているのである。社会経済的階層の底辺に位置する家庭は極度の重圧を経験しているので、彼らの貯蓄額が低いのも驚くにはあたらない。貯蓄をしている世帯の中でも、1か月分の収入減を補うことができるほどの貯蓄ができた人は少なかったのではないかと思われる。しかし、各職業階級の年配者群ほど、貯蓄に余裕があった。これは、年配の男性ほど、働いて経験を積むだけでなく、貯蓄する時間も長かったからであり、驚くにはあたらないかもしれない。

　家庭の貯蓄行動は、自分自身の立場を求める欲求とも関連しているのかもしれない。これらの家庭では、物質的な成功と人生のコントロールが優先課題であったと思われる[34]。1920年代、第二次世界大戦後の数年間と同様に、倹約の美徳は家の所有と関連していた。家の頭金を払うだけの貯蓄ができた労働者は、社会的な尊重と自立という中流階級の精神を証明することができたのである。実際、若い男性の貯蓄のパターンは、家の所有と対応している。管理職階級の世帯は貯蓄の面では最も高く（家の所有の面でも際立っていることはすでに述べたとおりである）、専門職と未熟練労働のグループが貯蓄の面で最下位である（家の所有についても同じ位置を占めているが、どちらも年配のカテゴリーでは家の所有が際立って高くなっている）。若い熟練労働者の家庭だけが、家を所有するよりも貯蓄する傾向が強かった。この違いは、比較的低い収入において、良い信用性を獲得して、頭金を貯めるのに時間がかかったことを反映していると思われる。実際、年配の熟練労働者の世帯では、他のどの社会階級よりも家の所有率が高く、5分の4が所有を報告しているのに対し、管理職では5分の3、未熟練労働者では3分の1強であった。

　証券については、階級やキャリア段階によって異なるパターンが示されており、若い男性においては、専門職が株や債券の保有を率先していた。これは世代間譲渡に起因するものと考えられるが、けれども、保管資料にはそのような系統的な証拠はない。株や債券の保有率や年齢的傾向から、長期的投資に対するキャリア上の傾向がうかがえるのは、管理職階級だけである。

第2部　人生を切り開く——1910-30年

　1920年代末、上位中流階級の家庭は証券で潤っていたかもしれないが、証券は景気後退の中で脆いものでもあった。株式投資に前のめりになった家庭は、さらにリスクを背負うことになった。バークリーのある経営者は、1929年の大暴落で、株式市場で金持ちになるという夢の終わりを迎え、さらに、「それは妻の目にガツンと一発食らわせた（It also gave the Mrs. a stiff sock in the eye.）」と回想している。

　1920年代末、経済的保障の最も一般的な形態は生命保険であった。約9割の家庭が何らかの保険に加入していたと回答していた。保険加入については、20世紀の四半期の最初における商業保険に関する歴史的な傾向を反映して、若い家庭が率先して加入していた[35]。しかし、年齢層や階級を問わず生命保険が普及していることは、将来の不確実性から身を守るために民間保険が不可欠であるという一般化された共通認識があったことを意味する。経済的な損失に対する備えとして、民間生命保険ほどこの時代を特徴づけるものはなかった。もちろん、生命保険は仕事や収入を失うという日常的なリスクから労働者を守るものではないし、保険金額は、一家の稼ぎ手の死という最も直接的なコストから家族を守る以上のものではなかったかもしれない。しかし、生命保険は少なくとも、生活環境をコントロールするためのささやかな一歩であり、安心感を与えるものであった。保険に加入している割合は、1つの例外を除いて、各階級の若い男性が年配男性を上回っており、この差は、ルーベン・ヒル（Reuben Hill）がミネアポリスのセントポール地区で3世代にわたって保険への投資が徐々に早まっていることを確認したことと類似していた[36]。ただし、例外的に、最下層では年配労働者の半数から若い労働者の全員が保険に加入しており、これは共通した経済的脆弱性を反映している。

　保険契約の金額の絶対値は、男性の年齢と社会階級ごとの世帯収入と対応している。一般に、収入が最も少ない家庭は最も掛け金が少ないが、収入が最も多い家庭は最も掛け金が多い。例えば、専門職や管理職階級の年配の家庭は、収入の約3倍の保険に加入しており、これに対して、階級構造の底辺に位置する家庭では、平均収入の1.5倍から2倍の保険に加入している。

　つまり、証券をめぐる全体像は、裕福な家庭は自分の運命を最も自分でコントロールできるのに対して、下層階級は親族やコミュニティに依存する傾向

が高いという、よくある図式であった。

親族やコミュニティへの依存

　急激な人口増加と1923年の大火によって、市内に一戸建て住宅が不足し、コストが高くなったため、共同住宅の建設が拡大し、若い単身者や夫婦が親元を離れる時期が遅くなってしまった。バークリーの調査では、1929年には5分の2の家庭が親族と同居していた。予想されるように、この形態は若い男性に最も多く見られ（年配男性の32％に対して54％）、若い夫婦の45％は妻の両親の家に居候していたが、年配の夫婦では20％であった。このような住居の偏りは、独身男性の西方への移住、母方の世帯の拡大、親からの完全な自立という男性の至上命題、母娘の共有利益、そして、姑と嫁の緊張関係などに起因していると思われる。

　家を所有しているバークリーの男性たちは、このように世代を超えて一緒に暮らすパターンにはほとんど属していなかった。親や兄弟と同居している男性は、年齢にかかわらず15％しかいなかった。彼らにとって、最初の家を買うという決断は、契約上の債務先が大家から住宅ローンに変わるということ以上の意味があった。それは、親や親族との物理的な分離を意味した。一方、賃貸住宅に住む人の3分の2は、両親や親族と一緒に住んでいた。賃貸料の支払先は、一般に妻の両親であり、両親は大家以上に男性の家庭生活を直接的に、かつ干渉的に支配していた。ほとんどの家の所有者が一度は義理の両親や親と同居していたと仮定すると、彼らの最初の家は、社会的・経済的自立に向けた非常に重要な一歩となる。この決断は、男性が家族を養い、家長として役割を果たす能力を証明するものであった。男性が自分の家を大切にしたのも不思議なことではないのである。

　妻の両親との同居は、仕事や結婚生活を始めることに奮闘している若い男性の中には苦痛であった者もいた。特に、地位の高い家庭と結婚した、技術や成功が十分でない男性には、その傾向が顕著であった。義理の両親との同居は、そのような夫を批判する格好の材料となり、妻は仲裁役としてストレスのかかる役割を担っていた。このような軋轢が生じた場合、女性がどのような立場をとっても、双方を満足させることはできない。バークリーの若い家族の事例を、

第2部 人生を切り開く——1910-30年

フィールドワーカーは次のように語っている。

> 彼女（妻）とその夫が、彼女の両親を頼ってバークリーに引っ越して
> きてから3年ほどして（1928年）、子どもが生まれました。彼女によれば、
> 夫も自分と同じくらい乗り気だったのですが、しばらく両親と暮らし、そ
> の後、両親のすぐ向かいにあるマンションに引っ越してからは、2人の関
> 係は以前とは変わってしまったというのです。それは、彼女が自分よりも
> 彼女の家族に執着していると夫が感じたからで、とても不安な時期でした。
> 彼女は悩んでいて、彼は傷ついていたのですが、後に気づいたように、彼
> 女には引っ越しをして両親から距離を置くという十分な分別がなかったの
> です。

　年配の男性の中にも、ライフステージに応じた居住形態の予想から後れを
とった人が少なくない。専門職や管理職の男性の5分の1は、当時まだ両親の
家に住んでいたが、これは同世代の労働者（29%）を大きく下回る割合ではない。
このような年配男性の依存のあり方は、彼らの経済的キャリアについての何か
を物語っている。中流階級と労働者階級では、親族と同居する年配男性は一般
に他の男性より収入が低く、世帯収入は各階級の中央値以下であった。階級構
造の底辺に位置する人々の居住パターンは、低収入家庭の相互依存性と資源共
有の必要性をまぎれもない形で反映している。これらの家庭の半数は親族から
経済的援助を受け、3分の2は親族の家に住んでおり、これは熟練労働者と比
べて18%高い。
　核家族化が最も進んでいたのは、多くの人が予想するような年配の中流階級
家庭ではなく、年配の熟練労働者の家庭であった。年配の熟練労働者では、約
9割が親族とは別に自分の世帯で生活していたのである。もちろん、彼らの住
居の分離は、より広範な親族ネットワークの交流と相互作用については何も教
えてはくれないが、上位中流階級の家庭をはるかに下回る収入で独立した世帯
単位を実現する驚くべき家庭の成功パターンを物語ってはいる。これらの熟練
労働者の世帯構成ほど、年配の労働者の世帯構成と対照的なものはなかった。
年配の労働者の半数が親族と同居し、そのおよそ30%が義理の親族の屋根の下

で、その支配の下で生活していたのである。これらのダイナミクスは、1920 年代の親族やコミュニティへの依存に関連しており、ある家族にとって、このダイナミクスは、1930 年代に入ってからの永続的なテーマの伏線となるだろう。

結論

1920 年代末、バークリーの男性たちは、社会経済的に異なる階層に身を置き、生活環境をコントロールするための展望も全く異なるものであった。生まれ、育ち、才能、向上心などの恩恵によって、有利な立場でキャリアをスタートさせた男性たちもいた。一般に、子ども時代に裕福さの恩恵を受けていた男性は、高度な教育を受け、ビジネス分野、科学分野、専門分野でキャリアをスタートさせるという王道を歩んでいたのである。

家庭の困窮や不幸から、早々に学校を辞め、出世の見込みのない仕事に就くなど、苦難の道を歩んだ男性たちもいた。しかし、早期成人期へ移行する中では、教育機会が急速に拡大した時代ならではの学校教育や頭・心・手を使った地道な努力によって、家庭の地位に基づいた予測を覆しうる数多くの選択肢が与えられた。彼らの社会的地位とキャリア段階は、彼らの世帯収入と生活水準について多くのことを教えてくれるが、収入とその用途との関係は不確かであった。同じ経済水準の家庭でも、収入の使い方は異なる場合が多く、そのバリエーションは、1929 年時点の階級との関連で説明したとおりである。

専門職の男性は、キャリアを積めば長期的な収入の増加が期待できるが、専門職に就いたバークリーの男性たちは、学会や研究施設への旅費など、高度な教育やキャリア確立のための多額の出費に直面することになった。また、彼らは誇示的消費への圧力を最も強く感じていたかもしれない。その結果、彼らは、収入がはるかに高いにもかかわらず、貯蓄や家の所有の水準が低いという点で、最も不利な労働者階級の男性と類似している傾向がある。生命保険は、彼らの特徴的な投資形態として際立っている。世代間譲渡（証券や財産の贈与）は、彼らの若い頃に最も顕著であった。キャリアを積んだ年配の専門職のほとんどは、家と車を所有しており、その中の多くのものは預貯金を持ち、何らかの証券を所持していた。これに対して、若い管理職の男性は、個人的な豊かさ

と物質的なライフスタイルを獲得するための戦略が特徴的であった。彼らは、経済的な立場は専門職と似ているが、早い時期に貯蓄をし、家を手に入れる傾向が高かった。また、この研究の男性の中では、若い管理職の男性は家族の拡大期における消費と投資のトレードオフが最も小さかったと考えられる。

　下位中流階級の男性は、熟練労働者よりもわずかに収入が高いだけで、他の「中流階級」のライフスタイルの消費形態よりも、貯蓄や自宅所有への志向が低かった。この消費の正確な実態は不明であるが、彼らが熟練労働者に比べて、社会的地位の向上への道としての家を所有しようとしたという証拠はほとんどなかった。資産の流動性は、熟練労働者グループの男性のキャリアを最もよく説明するものであったが、それは家を所有することによる流動性であって、他の形態の資産を獲得することによるものではない。両年齢層とも、熟練労働者とその家族は、率先して家を所有しようとした。家の所有は、心理的な安定と自律、親族からの独立、同じ賃貸料で得られるよりも高い生活水準といった、多くの見返りを提供するものである。生活環境をコントロールし、安心を確保することは、彼らの人生において重要なテーマである。

　バークリーの階級構造の底辺にいる男性たちの剝奪は、繁栄した1920年代の生活の重要かつ軽視された側面である。良い時代は、彼らの苦しい時代をより耐え難いものにした。彼らはバークリーの他の家族よりも子どもが多く、生活費は少なかった。仕事、健康、結婚における挫折は、間違いなく彼らとその家族に頻繁に起こり、彼らの蓄えは少なかった。子ども時代の貧困や不運、大人になってからも同じような目に遭うなど、人生の不公平さは彼らの人生の記録に深く刻み込まれている。その中には、地位の高い家庭に生まれながら、教育で失敗したり、大酒を飲んだり、健康上の問題を抱えたりした者もいた。1930年代に入ると、若い人たちにはまだ良い暮らしができる可能性があったが、その雲行きは怪しかった。

　次の章では、家庭や家族を築いた女性たちに焦点を当てる。この女性たちの生活は、高等教育、政治参加、結婚・育児・有給労働の充実など、女性の選択肢と選好が変化した注目すべき時期にわたっている。1930年まで、こうした変化は主に中流階級で起こっていたが、バークリーの女たちの生活、ひいては夫や子どもたちの家庭生活にも深刻な影響を与えていたのである。

❖ 注

1. この文脈でルクテンバーグ（Leuchtenburg）は、「不穏な失業者の多さ」にも言及している。Willian Leuchtenburg, *The Perils of Prosperity*, 1914-32 (Chicago: University of Chicago Press, 1958), 193（ウィリアム・ルクテンバーグ著、古川弘之・矢島昇 訳（2004）『アメリカ一九一四‐三二──繁栄と凋落の検証』音羽書房鶴見書店）. 1900 年から 1930 年の間に、人口増加の 2 倍以上、製造物の数量が増えた。Lynd, *"People as Consumers,"* 857–911.

2. 社会的ダーウィニズムと善意の目的のためのボランタリズム団体に組み込まれた自立のイデオロギーは、「20 世紀初頭、情勢が新しい形の社会保障を求めるようになると、それに逆行する力になった」。ボランタリズムは、I.M. ルービノウ（I. M. Rubinow）の言葉を借りれば、社会的活動と政策のためのアメリカの偉大な代用品となったのである。…… その結果、社会経済的な不毛の地が形成された。すなわち、ボランティア組織は大衆のニーズに応えることができなかったが、それを実現しようとする政府の努力も妨げてしまったのである。

   Roy Lubove, *The Struggle for Security:* 1900-1935 (Cambridge, MA: Harvard University Press, 1968), 2（ロイ・ルバヴ著、古川孝順 訳（1982）『アメリカ社会保障前史　生活の保障──ヴォランタリズムか政府の責任か』川島書店）.

   また、Kirsten Grønjberg, David Street, and Gerald Suttles, *Poverty and Social Change* (Chicago: University of Chicago Press, 1978) も参照。ルービノウのこうした社会保険に関する説得力のある主張は、労働者階級に経済的余裕がないことを記録した多くのアメリカ研究に基づいている。

   Isaac Rubinow, *Social Insurance, with Special Reference to American Conditions* (New York: Henry Holt, 1916).

   より人間らしい労働を促す努力は、労働と人が働く現実に関する産業革命以前の根強いイデオロギー、すなわち「人を働かせるのは飢えか飢えへの恐怖である」という考え方と当時の新しい産業的現実によって頓挫した。

   Dorothy Kahn, "Problems in the Administration of Relief," *Annals 176* (1934): 140–48.

   また、Daniel T. Rodgers, *The Work Ethic in Industrial America,* 1850–1920 (Chicago: University of Chicago Press, 1978) も参照。

3. Thomas Cochran, *The Great Depression and World War II* (San Francisco: Scott, Foresman, 1968), 2.

4. Richard Hofstadter, *Social Darwinism in American Thought* (Boston: Beacon Press, 1955) (リチャード・ホフスタター著、後藤昭次訳 (1973)『アメリカの社会進化思想』研究社出版).

5. Seymour Martin Lipset, "A Changing American Character?", in *The First New Nation : The United States in Historical and Comparative Perspective* (New York: Basic Books, 1963) (シーモア・マーチン・リプセット著、内山秀夫・宮沢健訳 (1971)『国民形成の歴史社会学──最初の新興国家』未來社).

　1930 年代の困難な時代の到来とともに、不平等と過剰な達成努力は、激しい批判の対象となった。リプセット (Lipset) は、「ロバート・S・リンド (Robert S. Lynd)、ハロルド・ラスキー (Harold Laski)、W・ロイド・ワーナー (W. Lloyd Warner) といった 30 年代の分析家たちは、巨大企業、独占資本主義、経済競争の拡大のもとで、アメリカ民主主義において強調されてきた平等主義が急激に衰退していることに全員が同意していた。そして、彼らは、流動性が失われたと断言し、ワーナーは、家庭環境に基づく厳格な階級制度の発展を予測した。20 年後、これらの解釈はほぼ一致して否定されている」(322) と述べている。リプセットは、戦後すぐの時代やデイヴィッド・リースマン (David Riesman) やウィリアム・ホワイティ (William Whyte) の著作のように、繁栄した時期には、知識人の批判は競争や達成、優秀な仕事の減少へと向かう傾向があることを指摘している。

6. Leuchtenburg, *Perils of Prosperity*.

7. Winifred D. Wandersee Bolin, "The Economics of Middle-Income Family Life: Working Women during the Great Depression," *Journal of American History* 65, no. 1 (1978): 60–74.

8. M. E. Tyler, "*The Pursuit of Domestic Perfection: Marriage and Divorce in Los Angeles, 1890–1920*" (PhD diss., University of California, Los Angeles, 1975).

9. Otis Dudley Duncan, David Featherman, and Beverly Duncan, *Socioeconomic Background and Achievement* (New York: Seminar Press, 1972); Dennis Hogan, *Transitions and Social Change: The Early Lives of American Men* (New York: Academic Press, 1981).

10. Guy Benveniste, Charles Benson, José Luis Aranguren, and Ladislav Cerych, *From Mass to Universal Education: The Experience of the State of California and Its Relevance to European Education in the Year 2000* (The Hague:

European Cultural Foundation, 1976).

11. Michael Haines, "Industrial Work and the Family Life Cycle, 1889-90," in *Research in Economic History*, ed. Paul Uselding (Greenwich, CT: JAI Press, 1979), 289-356.

19世紀後半から児童労働法の一般化にかけて、そして1930年代以降の数十年間、年長児と母親の世帯収入に対する経済的寄与は反比例の関係にあったことが、歴史的記録から読み取れる。1800年代後半の都市労働者階級の家庭では、年長の子ども、特に男子の経済的寄与は大きく、年齢問わず既婚女性や母親の何倍もの寄与があった。キャロル・ライト（Carroll Wright）の他に類を見ない1889-90年の労働調査を用いて、ヘインズ（Haines）はその2次分析から、男性世帯主が40代から50代になった時、年長の男児の寄与率は総世帯収入の4分の1から3分の1であったと結論づけた。これに対して、既婚女性の寄与率は、家族のライフコースのどの段階でも5％を超えることはなかった。「子どもは、必要性が高い場合、つまり世帯主の相対的収入が低い場合（特に世帯主が高齢になるほど）、母親が働いていない場合、または他の収入源（下宿や資産からの収入）が不足している場合に働きに出る傾向が高かった」（48-49）。年長の子どもは、織物工場のあるコミュニティ、そして、児童労働や学校への出席に対する制約が少ない労働市場で、より多く雇用されていた。

12. Leuchtenburg, *Perils of Prosperity*, 174.

13. Thernstrom, *Poverty and Progress*, 136.

14. Claudia Goldin and Lawrence Katz, *The Race between Education and Technology* (Boston: Belknap Press, 2008).

15. Claude S. Fischer and Michael Hout, *Century of Difference: How America Changed in the Last One Hundred Years* (New York: Russell Sage Foundation, 2006).

16. Wilbur Fisk Henning and William Harvey Hyatt, *Henning's General Laws of California: As Amended and in Force at the Close of the Forty-Third Session of the Legislature, 1919, Including Initiative and Referendum Acts Adopted at the General Election of 1920* (San Francisco: Bender-Moss, 1921).

17. Leonard D. Cain, "Age Status and Generational Phenomena: The New Old People in Contemporary America," *Gerontologist* 7 (1967): 83–92.

18. この推定値は、1985年実施の調査に基づくものであり、その調査では、父親が兵役に就いたかどうかを報告した男性の子どもたちが対象であった。兵役の時期

は不明である。バークリーの父親たちの出生年を踏まえると、第一次世界大戦に従軍した年配の男性のほとんどは、19世紀の出生コホートに所属する可能性が高いと推測される。おそらく戦争開始当初に最も若かった人を除いて、これらの男性の大部分は、第二次世界大戦に動員されるには年を取りすぎていただろう。

19. 例えば、今世紀前半のカトリック教徒の教育上の不利は、カトリックの家庭とその伝統文化が持つ反知性的で達成志向の低さに起因する部分があるとされている。

　　Andrew M. Greeley and Peter Henry Rossi, *The Education of Catholic Americans* (Chicago: Aldine, 1966).

20. 外国生まれの両親を持つことによる教育上のハンディキャップは、カトリックの家庭の文化的歴史や大家族による制約、相対的な収入の低さを一部反映している。この3つの要因はすべて、アメリカ合衆国外で生まれた成人の生活と関連している。バークリーの男性たちの背景には、比較的恵まれない地域（南イタリア、ポーランドの農村部）の出身であるカトリックの家庭がかなり含まれている。これらの地域は、個人主義、競争的達成、教育による社会的流動性、子孫の利益を家族の福祉に従属させない世帯経済など、新世界やその中流階級とは文化的優先順位が大きく異なっていた。実際、両親が南欧や東欧で生まれた男性は、他の移民の息子に比べて高校を卒業したり大学に進学したりする傾向が低かったが、出身地は宗教と複雑に絡まっているため、その影響を切り離して考えることはできなかった。いずれにしても、第一世代のカトリック家庭の教育上の不利は、その文化的背景が大きく関係しているのである。

21. Herbert Hiram Hyman and Charles Robert Wright, *Education's Lasting Influence on Values* (Chicago: University of Chicago Press, 1979).

22. 男性の学歴に負の関連が見られたその他の要因（家庭の経済的負担、家族規模、カトリックの両親、外国生まれの両親を持つこと）は、結婚時期を直接予測するものではなかったが、教育を通して結婚時期に何らかの影響を与える可能性がある。

23. 男性の資産にはもう1つ、妻側の家系との結婚によって得られるものがある。裕福な家庭の娘と結婚することで、男性のキャリアのさまざまな時点で、有利な仕事や働き甲斐のある仕事へのコネクション、家や事業、仕事道具を手に入れるためのローンや贈与、そしてもちろん相続など、経済的支援を得られるかもしれない。その一方で、自らの家族が持つ自己愛的な願望や物質的なライフスタイルへの強いこだわりを共有する女性との結婚は、社会的・精神的なコストとなる。

後章で述べるように、このコストは相当なもので、結婚の経済的リターンに見合うものではない。バークリーの社会的評定（Berkeley Social Rating）（家の外観の質、地域の質、庭の質、居間の質、家庭の住環境の質、特別な設備の質の6つの4段階評価の合計）によって測定したところ、少なくともそうであった。最も高い評価を得たのは、バークリーの丘陵地帯にある2階建ての9つの部屋を持つ、ある企業の重役の住まいである。フィールドノートには、「魅力的で、美しい家具があり、子どものための屋外空間が広く、寝室は独立している」と記されている。一方、最も評価が低かったのは、サン・パブロ通りの下の方にあるバークリーのアパートの小さな敷地に建つ、若い大工の「小さな板張りのコテージ」である。この一家は、調査員が訪れた時に引っ越してきたばかりで、「せっせと修理に励んでいた」。このような状況における変動の半分近くは、総世帯収入によって説明され、男性の職業や社会経済的背景によって、この数字は約56%に増加する。妻の学歴や経歴は、この数字に1%強のプラスとなる。男性の生活環境に確実に独立して違いをもたらす唯一の要因は、妻の家庭の経済状況である。裕福な家庭の娘と結婚した男性は、地位の低い家庭の女性の夫よりも、家の質や地域の質でわずかに上回っている。

24. 研究所の2人のスタッフが、インタビューを使って男性を5段階で評定した。彼らの評価は平均化され、単一の測定値が作成された。どちらの指標も、男性の職業的地位、実際の生活水準、家庭や近隣環境の質と強く関連している。

25. Robert Ferber, "Consumer Economics, a Survey," *Journal of Economic Literature* 11, no. 4 (1973): 1303–42.

26. Cecile Tipton Lafollette, *A Study of the Problems of 652 Gainfully Employed Women Homemakers* (New York: Bureau of Publications, Teachers College, Columbia University, 1934), 79.

27. 管理職階級の若い男性のうち、43%が住宅ローンを組み、家を所有していたのに対し、他の階級で家を所有していたのは、専門職階級で14%、ホワイトカラー階級で24%、熟練労働階級で24%、未熟練労働階級で11%であった。

28. 専門職と熟練労働の年配男性では、それぞれ68%と79%が住宅ローンを組み、家を所有しているのに対し、他の階級で家を所有していたのは、管理職で57%、ホワイトカラーで56%、未熟練労働者で36%であった。

29. 若い年齢層では、管理職階級の家庭が、前述のバークリー社会的評定を指標とした生活水準でトップである（24点満点中平均13.6点）。次いで、専門職グループとホワイトカラー職グループ（それぞれ平均11.8点、11.1点）、熟練労働者グ

ループと未熟練労働者グループ（9.8 点、7.9 点）と続く。年齢比較では、専門
職の家庭が最も生活水準が高く、年配者カテゴリーの中では管理職グループ（平
均 14.7）とほぼ同等であった。下位の 3 階級は、ホワイトカラー職が 12.0 点、
熟練労働者が 10.8 点、未熟練労働者が 8.0 点の順となっている。

30. これらのより複雑な解析結果については、読者の要望があれば提供する。

31. Constance Perin, *Everything in Its Place: Social Order and Land Use in America* (Princeton, NJ: Princeton University Press, 1977), 69.

32. Peter H. Rossi, *Why Families Move: A Study in the Social Psychology of Urban Residential Mobility* (Glencoe, IL: Free Press), 1955. Daniel R. Fredland, *Residential Mobility and Home Purchase: A Longitudinal Perspective on the Family Life Cycle and the Housing Market* (Lanham, MD: Lexington Books, 1974).

33. James Flink, *The Car Culture* (Cambridge, MA: MIT Press, 1975)（ジェームズ・フリンク著、秋山一郎監訳（1982）『カー・カルチャー――オートモビリティ小史』千倉書房）.

　　フリンク（Flink）は、アメリカ生活における車の歴史的評価において、「私生活中心主義、選択の自由、物理的・社会的環境に対する自分の制御を拡大する機会という観点から定義される個人主義は、自動車による移動性が変化する都市工業社会で維持・強化されることを約束するアメリカの重要な中核的価値の 1 つであった。流動性もその 1 つである」（38）と述べている。フリンクは、このような問題と、1920 年代末までに組立ラインから出荷された 500 万台近い車を顧みて、「ヘンリー・フォード（Henry Ford）が 1910 年にハイランドパーク工場で T 型フォードの大量生産を始めてから 2 世代にわたって、自動車による移動性がアメリカ文明を変える最も重要な力となったのも不思議ではない」（40-41）と結論づけている。

34. Burkhard Strumpel, "Economic Behavior and Economic Welfare: Models and Interdisciplinary Approaches," in *Human Behavior in Economic Affairs: Essays in Honor of George Katana* (Amsterdam: Elsevier, 1972).

35. Reuben Hill, *Family Development in Three Generations: A Longitudinal Study of Changing Family Patterns of Planning and Achievement* (Cambridge, MA: Schenkman, 1970) を参照。

36. Hill.

第4章

女性たちの生き方

● ● ● ● ● ● ●

今日の女性は、以前の世代とは決定的に異なり、教育の機会は幅広く、はるかに広大な展望と機会を持ち、より有能になるための訓練を受けている。

バークリーの女性

　バークリーの1900年出生世代のほとんどの女性たちを育てたのは、教育をあまり受けておらず、大部分の時間とエネルギーを、子どもと夫の世話の他、縫物や料理、庭仕事と掃除という家庭を基盤とする生産に使って過ごす母親だった。しかし、教育と経済と政治の機会が急速に拡大するにつれ、こうした母親に育てられた女性たちは、新しい家族のモデルに遭遇する。そのような変化は、女性の地位向上についての楽観主義を含んだものであったが、母親や祖母のやり方を棄てるのは不本意でもあった。歴史的環境は、他の世代の女性とは異なっていたかもしれないが、核となる問題は同じだった。どのような人生を送るかということについての相反する考えがある中で、また、追求を容易にしたり妨害したりする社会的力のただ中で、適切な前進の道を伴うアイデンティティをどのように構築するのかという問題である。

　バークリーの1900年生まれの女性たちの人生は、この問いを理解するための機会を豊富に提供してくれる。私たちは本章で、彼女たちが成人初期に至るまでの進路をたどる。この女性たちは、1920年代後半までにバークリーに移住し、最終的に前の章で述べた男性たちと結婚する。この男性たちの中には、大学を卒業し、有望な職に就いた人もいた。高校を卒業せず、就業が不安定で、バークリー福祉協議会から時折援助をもらう人もいた。彼らは大抵、第一次世

界大戦（1914 ～ 18）から 1926 年の間に結婚した。夫婦の関係については、次の章で詳細に検討する。1900 年出生世代の女性たちをより良く理解するために、彼女たちが結婚し親となるルートから話を始めよう。

　教育は、女性がいつ、誰と結婚するかということを決めるのに非常に重要な役割を果たす。このダイナミクスがどのように展開するかを示すために、結婚前の彼女たちの教育と就労経験から始め、出自の影響を明らかにする。そこから、彼女たちが結婚生活初期に自分たちの経済状況と家族、仕事、市民としての役割をどう見ていたのかを検討する。この世代の女性たちは、結婚前と結婚期間中に、家庭外の新たな機会を受け入れたが、既婚の女性は家族以外のことの追求より、夫と子どもへの奉仕をより重要なものだと位置づけるべきだという、広く保持された考えに執着していることが多かった。本章は、この世代の女性たちを垣間見せてくれる独特な窓を提供する。

教育の経路

　当時の女性たちにとって、教育の梯子を上ることは、生活の変化をもたらす主たる源泉であった。研究に参加した女性たちの 5 分の 1 は大学を卒業していたが、彼女たちの母親で大学を卒業していたのは 2 名だけだった。第 2 章で明らかにされたように、実際、カリフォルニア、特にバークリーに移住したモチベーションの 1 つは、より高い教育を受けたいというやむにやまれぬ思いであった。カリフォルニア大学バークリー校は、カリフォルニア州の資格ある男女すべてに門戸を開き、学費を提供した。高等教育への進学は、自己改良と職業訓練を通して好機を得るためのよく知られた入口である。それによって女性は、高い教育を受けた未来の夫に近づくこともできた。**図 4.1.** は、さまざまなレベルの教育を受けた女性の割合を示している[1]。女性の半数（54%）は高校を卒業し、優に 38% は少なくともある程度の大学教育を受けていた。バークリーの女性と同じ 1890 年から 1899 年と 1900 年から 1910 年に米国とカリフォルニアで生まれた女性の平均教育年数は、それぞれ 9 年と 10 年に過ぎなかった[2]。

　大学に行くか何らかの中等教育後の訓練を受けたバークリーの女性の大多数

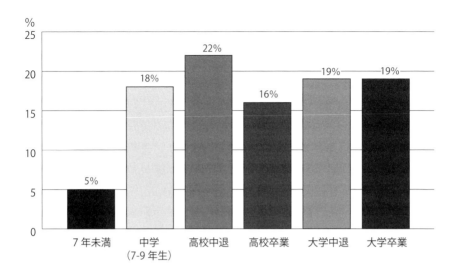

図 4.1. 1900 年出生世代のバークリーの女性たちにとっての教育的達成（%）

は、バークリーやその近隣で教育を受けた[3]。女性の5分の1はカリフォルニア大学バークリー校に通った。その多くは4年目の終わりに卒業し、5年目に教師の免許を取った。ワシントン大学やネブラスカ大学、ミシガン大学など国のあちこちの教育施設に通った後、バークリーに移住した人もいた。「師範学校」（教員養成大学）で教師としての訓練を受けた人や、オークランドのメリット湖の湖岸にある聖名大学のような女子大学や修道院に通った人もいた。教育の次に人気があったのは、ビジネススクールや商業学校で、女性たちはそこで速記や簿記のようなホワイトカラーのスキルを学んだり、さもなければ秘書になる準備をしたりした。歴史家のカール・デグラー（Carl Degler）は、「20年代にはホワイトカラー階層が出現し、その大部分は女性たちだった」と指摘している[4]。家族が子どもたちのウェルビーイングと成功にますます投資し、大学で身に付けられるスキルを必要とするホワイトカラーの仕事が増加するにつれて、女性も男性も同様に、教育にますます価値を置き、追求するようになった[5]。

　20世紀の最初の数十年の間、女性と男性両方の教育機関登録者数は劇的に

増大した。5歳から19歳までの登録者数の総割合は1900年の51%から1940年の75%に上昇し、18歳から24歳の間の人口に占める大学生の割合は2%から7%に上昇した。しかし、教育的達成には依然大きなばらつきがあった[6]。驚くべきことではないが、女性の出自の社会経済的地位は、彼女が最終的に達する教育レベルを強く予測した[7]。女性の家族の経済状態が良好なほど、教育年数は長くなった。カトリックであることと、アメリカ合衆国に両親と移住したということは、教育的達成と負の関係にあった。カトリック教徒の親は大部分、東ヨーロッパや南ヨーロッパの出身で、自分の娘は学校で成果を上げるより、家事や家族の問題に集中すべきであると強く信じていた。

　大学に通ったバークリーの女性は概して、自分たちの経験について良い思い出として感じつつ1930年代を迎えた。大学は自分たちの考えや価値観を広げてくれたと報告する人もいた。大学での社交生活を思い出し胸が熱くなる人もいた。大学に通った女性は、人生のこの時期についてそのような肯定的な気持ちを表現することが多かった。彼女たちは、奨学金のために受け取った支援と励まし、他の若い人々と社交する自由と機会があったことを素晴らしいことだったと絶賛した[8]。後で見るが、大学に通っていてもいなくても、家を離れて結婚するまでの時期は、女性たちが自分には、自分自身の好きなことと幸福を追求する自由と能力があると最も感じる時期だった。

　しかしながら、自分たちの世代が教育や看護や芸術や語学へ方向づけられたことに対して批判的な考えを持つ女性もいた。一般的な家政や一般教養に重点が置かれた教育に対して、後になって嘆いた人もいた。ある女性は言った。「私は自分の教育が浪費だったと後悔しています。私は専門的な訓練を受けず、私が大学で得た教育は何の役にも立ちませんでした」。

　望んだ教育を手に入れられなかった少数の女性は、自分の前に立ちはだかった性差別の例を挙げた。例えば、ある女性は男性教師と親が、彼女の数学の才能を認めたり、大学に行く夢を励ましたりしてくれなかったと述べていた。面接者の記録によると、

　　彼女は学校が好きだった。彼女は特に数学が得意で、クラスで成績が最も良かった。彼女の幾何の先生は年配の気難しい人で、女子が男子より数

学ができるのが許せず、彼女とクラスの他の人々との間の差を減らすために、なんでもした。ある時、試験で、他の学生よりずっと早く10の問題をすべて終了していたことがあった。教師はそれぞれの問題を終えた学生が何人いるか尋ね、何人かのよくできる男子が終えた数を聞くと、それ以上の数を数えなかった。彼女はシカゴ大学に行き、数学を専攻して、学校で教える準備をするという計画を立てていた。しかし、彼女の両親は中等学校より上の教育は女子には不必要だと考えており、彼女はそれ以上教育を受け続けることはなかった。

この女性の報告によると、ある女性の教師は彼女に大学に行くよう勧めたが、それは最終的には、両親と男性教師からの阻止を上回るのに十分な力とはならなかった。教育を受け続ける希望を持っていたのに、家計や健康の危機のために、学校を中退し、在宅で家事に協力しなければならなかったと語った女性もいた。

どのような理由であれ、大学に行かなかったバークリーの女性たちは、それを後悔することが多く、インタビューの中で、自分の人生の中で変えたかったことの1つだと言った。必要であれば自活したり、家計に貢献できたりすることを知っていればもっと安心できただろうということに気づいた人もいた。教育によってより啓発され、より良い情報を得ることができただろうと考えることはさらに多かった。教育が不足していたため、「ハンディを負っていた」「不十分だった」「バカだった」と思うと彼女たちは言った。

給料といくらかの自律

教育の程度にかかわらず、バークリーの女性たちにとって、結婚前に収入のために働くことは珍しいことではなかった。約半数（48%）が結婚前や子どもを持つ前に収入のある仕事に就いていたと述べた。別の18%は、結婚初期にしていた仕事について言及した。彼女たちは結婚前から仕事を始めていたということもありそうだが、そうかどうかははっきりしなかった。子どもの誕生前に仕事をしていなかったのは3分の1の女性だけだった[9]。

第2部 人生を切り開く——1910-30年

　1920年代の戦後10年間、女性の仕事における最も劇的な変化は、彼女たちが就く仕事のタイプが変化したことである。具体的には、農業や家事が減り、販売や事務やサービス業が増えた[10]。自分が受けた教育をどのように使うと選択したとしても、女性は、自分はさまざまな職業で働くことができるということに気づいた。出世の見込みがなくても、容易に始めたり必要に応じて自由に辞めたりできる仕事があったのである。ある程度の期間、大学に通った女性の多くは、教師になるために勉強し、通例、結婚する前に1-2年学校で教えた。まだ結婚しておらず、そのためにもっと長く働く人もいたし、卒業の前か直後に結婚したため、教えなかった人もいた。音楽を学んだ女性では、学校で働くよりも、個人レッスンをする人の方が多かった。看護の訓練を受けたり、ビジネス大学に行ったり、上級の事務職や帳簿係になるために商業コースを取る人もいた。

　学校での訓練や履修期間にかかわらず、大学で勉強した女性のほとんど全員は結婚する直前か直後に仕事を辞めた。ある女性は家族の二度の引っ越しの後に入学し直すほど、大学教育を受けることに熱心で、カリフォルニア大学バークリー校の美術の学位を取得したが、インテリアデザインの仕事を数日で辞めた。夜に疲れて帰宅することに対し、夫が反対したためである。結婚後に教師を続けたかどうか聞かれた別の女性は次のように答えた。「いいえ、辞めました。義理の母に辞めるよう説得されました。彼女は、『辞めなさい。一人分の給料で生活するのに慣れれば、家族がいても節約するのは大変ではないわ』と言いました」。このような話は、女性は、結婚後は仕事を持つべきではないと示唆する社会的規範と文化的スキーマが、強力で避けられないものであることを伝えている。

　大学に行かなかった女性は大学に行った女性よりも、結婚前に仕事をすることが少し多かったようである。これらの女性は非常に幅広い仕事をし、仕事を変えることも多かった。缶詰工場や製粉所、工場で働く人もいた。電話の交換台を操作する人や、事務所で事務の仕事をする人、レジ係もいた。家事の手伝いとして料理や掃除、縫物の仕事をしたり、自宅で子守りをしたりした女性もいた。

　これらの結婚前の就労経験は、女性たちに自律と達成の感覚を与え、経済的

資源を提供した。女性たちが仕事場で夫に出会うことも時々あった。大部分の女性たちにとって、社会が彼女たちに期待するもの——良い妻になり母になること——と比べて、仕事は一時的で二次的なものであった。しかし、こうした初期の就労経験はその後の発達を形作るものであり、記憶に残った。後に労働の場に戻る女性もいた。こうした選択や経験については後の章で詳しく述べる。

そして結婚する

女性たちは学校に行っている間や仕事をしている間に、将来の夫に出会っていた。結婚はさまざまな時期に多様な方法で生じたが、バークリーの女性たちにとって結婚は、誰もがする普遍的なことだったし、同じ時期に生まれたアメリカ女性にとってもほとんど同じだった。アメリカの国勢調査によると、1891年から1910年に生まれた女性の10人に9人は、人生の中で少なくとも一度は結婚していた。いつ、どのように未来の夫に出会うかということには、家族の背景、教育的達成と職業が関連していた。

バークリーの女性の少数を除く大部分がそうだったように、支配的な文化的スクリプトは、女性は教育を終了してから結婚するということを仮定していた[11]。しかし、このコホートの女性たちにとって、標準的な人生への願望は、教育やキャリアを延長することではなく、結婚と出産だった。少なくとも学士号を取るまで教育を受け続けることは、一般的には結婚を延期することを意味した。それは、結婚と出産の前に、より多くの選択を可能にし、自分の人生をコントロールできるようにする方略だった[12]。学位を取得し、仕事の経験ができる時間を得ることを意図して、結婚を延期した女性もいた。しかし、これは危険な方略だった。なぜなら、女性は年長の男性と結婚する傾向があったため、20代後半や30代前半の女性は、同等の学歴を持った独身男性の潜在人口は大きく制限されているという現実に出会ったからである。特に結婚前に高い教育を受けると、同等の教育レベルの男性と結婚する可能性が低くなる。この世代の大学で勉強した女性の間では、10代後半と20代前半から半ばが、将来の夫が教育を修了し、家族を支えることができる長期の仕事を得るのを待つ期間だった。このことは、女性がそうした男性に既に出会っていたとしても、ま

第2部 人生を切り開く――1910-30年

だ出会っていなくても同じだった[13]。

バークリーの女性たちの1人は、この待っている期間を「合間の時期」と呼んだ。彼女は病気の父親の介護を手伝い、帳簿係と電話交換手として働いた。女性の結婚のタイミングと教育の継続、就労経験は相互に強い関係にあった。女性が結婚する年齢は、その後の彼女の人生に大きな影響を与えるだけでなく、それ自体、1つの結果としても考えることができる。つまり、それは他の人々の期待とともに、結婚前にある目標を達成したいという女性自身の長年の願望も反映している。それでも、これらの女性たちにとって、教育レベルと最初の結婚のタイミングは強く関連している。22歳より前に結婚した女性たちの多くは、高校以下の学歴しかないが、22歳かそれより後に結婚した女性は、大学教育をある程度受けていることが多いようだった。社会経済的地位と文化的出自はどちらも、バークリーの女性たちの教育における重要な要因だが、それらが結婚のタイミングに与えた影響は教育を媒介としたものであり、それら独自の影響力は取るに足らなかった。

家族の安定性と父親の関心等の家族の影響は、教育を通して、結婚のタイミングに影響を与えた[14]。この初期の家族環境に関する洞察は、1930～31年に入手された家族の相互作用のエビデンスと、父親の関心の欠如についての回顧的測度から得られたものである。早期に結婚した女性たちは親の離別や離婚を経験していることが最も多く、子どもの頃、父親はあまり関心を持ってくれなかったと（成人初期に）報告することが最も多かった[15]。子どもたちは自分の最初の個人的価値の感覚を、特に親の肯定的な関心から引き出すことが多い。父親の否定的な態度が、早熟な少女が年長の男性に関わりを持つことと関連する理由は、このことによって説明できるかもしれない[16]。

情緒的剥奪が大きいほど、そのような関わり合いへのリスクが大きくなる。次の女性の結婚の歴史はそのことを示している。彼女は次のように説明した。「私が15歳と半年で結婚した理由は、私の父が、私が誰と友だちになるべきかということについて極端に厳しかったからだと思います。私は大人びていて、愛情と社交的生活を渇望していました。私は最初のボーイフレンドと結婚しました」。自分に最初に関心を持ってくれた男性と結婚したと述べたこの女性と他の数人の女性は、そうした結婚をしたことを後で後悔した。彼女たちの最初

の夫たちは不誠実で、刑務所に入ったり、暴力的だったりし、彼女たちが早婚のために直面した逆境は、そのために更に悪化した。家族構造と情緒的雰囲気の両方の影響は、女性の教育を考慮に入れると有意でなくなった。教育は、それを通して世帯の構造と家族過程が女性の結婚年齢に影響を与える重要なメカニズムであることが示唆された。

社会学者のアーネスト・バージェス（Earnest Burgess）とポール・ウォーリン（Paul Wallin）は、この時代に配偶者選択の優先順位における変化が起きたと説明した。互いの家族の社会的地位が一致していることを求める傾向から、個人的充足を重視する傾向へと移行したというのである[17]。事実、女性とその夫が、自分たちがどのように出会ったのか語る時、彼らは大抵感傷的になり、彼らを急速に引き寄せ合うことになった身体的・感情的魅力を強調した。結婚するまでに数年かかった時でもそうだった。しかし、この物語の背景には通例、年齢や社会的背景や教育にかかわらず、出会いの場を準備し、それぞれを相手に保証し、同類婚を促す家族や仲間、そしてコミュニティによる強いネットワークがあった。

社会的地位が低い家庭の出身で、そのために教育程度の低い女性は概して、職業的地位の低い男性と出会い、結婚する傾向にあった。夫婦は同じ近隣で育ち、子どもの時か青年期に出会っていた。ある夫婦は言った。「子ども時代の恋人なの」。彼は毎日、学校から彼女の家にバイクで乗り付けたそうだ。15歳の時にポルトガルからバークリーに移住してきた別の女性は、将来の夫が同じ近隣の彼の家から毎日、彼女の家の前を通って大工仕事に行くのに気づいていた。10代後半のころ、親戚や友達に紹介され、地域のイタリアン・ロッジでダンスをするというような社交の場で互いに知り合ったカップルもいた。高学歴で、社会経済的背景が優位な男性と結婚した少数の女性は、職場で（例えば、薬局のレジ係が薬剤師と結婚）、あるいはその男性と同じ場所で働いている女友だちを通して（例えば、速記者が友だちに自分のボスを紹介）将来の夫と出会ったと述べていた。

恵まれた背景を持ち、少なくとも大学にある程度通った女性は、職業的地位が高く高学歴の男性と結婚する傾向にあった。ほとんどの場合、口述史料とフィールドワーカーのメモによって示唆されたのだが、これらの夫婦は大学で、

または大学を出た直後に出会ったという。きょうだいやいとこ、ルームメイト、友だちの友だちを通して出会ったとか、夕食やダンスの同好会、ハウス・パーティ、ハイキング旅行というような集団で行う社交的行事で出会ったなど、いくつかの物語が語られた。ある女性が夫に出会ったのは、彼と同じディベート・チームにいた従妹を通してであった。1年間デートした後、その後3年間、ひそかに婚約していた。彼女の報告によると、彼が常勤の仕事に就いていない大学時代の婚約は受け入れられなかったからである。

　これらの最初の出会いは大抵、ブラインド・デートかあまり知らない人との幸運な結びつきとして説明されたが、その舞台裏では、強い社会的・家族的ネットワークが働いていたことを見過ごすことはできない。これらのネットワークは将来性のある配偶者を提供し、彼らが良い候補者かどうかを精査した。こうした協力関係が生まれたのは、自分の子どもたちが自分たちと同じような家庭で育った人と結婚することを家族が望むという長い歴史の賜物でもあったし、高等教育と労働力によって生み出された年齢と階級の分断の増大がそれをもたらしたとも言える。背景が類似していたにもかかわらず、これらの夫婦はほぼ全員、彼らの身体的・感情的魅力を通して、関係を築き維持してきたと報告している。彼らは、愛し愛されるという共有する願望を実現する関係性を徐々に発展させてきた。この求愛の様式は、制度的結婚から、より友愛的な結婚に向けての歴史的変化を反映している[18]。

家庭とライフスタイル

　ひとたび結婚すると、バークリーの女性たちの日常生活は大きく変化した。出生家族の支援と自分自身の稼ぐ能力に頼るのではなく、経済的に提供してくれる夫に頼るようになった。女性が家庭の外で収入のために仕事をする場合もあったが、それは夫の収入を補うためだった。結婚を機に、彼女たちは「家庭と夫、そして最終的に子どもたち」が中心の生活に移行した。選挙権を確保し、教育や仕事の機会に大きく近づけるようになった後で、女性たちがどのようにしてこの家事分野への移行を受け入れたのか疑問に思う人もいるかもしれない。この世代の女性たちが、前の世代の女性たちのように、結婚すると家庭以外の

第4章　女性たちの生き方

ことをほとんど放棄したのはなぜなのだろうか。彼女たちが仕事と家族の領域の性別分離を受け入れたのは、それを過去への退却として体験したのではないからである。

　成人期と家庭の組織化の一般的モデルは、夫が外で働き、妻が家事を切り盛りし子どもを育てるのが「自然」と理解されるものによって動かされており、依然として大いに性別を反映したものだった。女性たちは多人数の労働人口の一員となるのではなく、妻たることや母性、パブリックエンゲージメント（公共的問題への関与）というそれぞれのモデルを定義しなおすことを選んだ[19]。家庭の外での再定義は、少数派ながら、自由にキャリアを追求する女性たちや、市やコミュニティに関わる女性たちがいたことにおいて見出された。それによって自ら発展させた適性を発揮する女性もいた。もちろん、特定の女性たちがどのように自分たちの人生を定義しなおしたかということは、彼女たちが持つ資源に依存していた。

　大学に通ったことによって、多くの女性たちは夫の仕事の社会的立場と物質的報酬を得ることができ、より高い収入とその収入が許容するライフスタイルを手に入れることができた。女性たちの3分の1は結婚後も働いたが、それは大抵低い経済階層の人々で、彼女たちの家計への貢献は夫と比べると低かった。バークリーの女性たちはどの階層でも、自分たちの物質的ライフスタイルを主に配偶者の稼ぎから得ていた。

　大恐慌前の夫の仕事への妻の満足度は、1929年における夫の職業に由来する彼女自身の地位の感覚と、世帯収入の総額によって指標化される夫の雇用の経済的恩恵の両方を反映していた。世帯収入が高いほど、自宅所有率が高く、生活水準が高かった。それは家の家具や設備、場所を含む家の質を表現する基準だった。1929年に自宅を所有し、生活水準が比較的高いということは、妻の家庭満足度の主な源だった。夫の社会的地位が高いほど、収入と自宅所有と生活基準で測定された結婚の物質的報酬が高く、女性は家庭や配偶者の仕事に対してより満足していた[20]。

　長期間教育を受けた女性は、高い収入を得る可能性を秘めた男性と結婚していたが、教育や世帯収入にかかわらず、大部分の女性は家族の経済状況に満足していた。しかし、経済状況に最も満足していたのは、高校卒業かそれ以下で、

105

第2部 人生を切り開く——1910-30年

1人当たりの世帯収入は最も高い（1,000ドル以上）女性であった[21]。別の言い方をすると、結婚を通して上の階層に移動した女性は、家庭や夫の仕事に最も批判的でないようだった。結婚は実際に彼女たちに物質的に良い生活をもたらしたのである。

　第3章で述べたように、自宅所有は女性の夫にとって多くのことを意味した。それは家や近隣の質よりも重要だった。しかし、主婦としての女性にとってより重要だったのは、生活環境だった。生活環境は女性が自分の家庭をどう見るかということを決めるうえで、家を所有すること自体よりも重要なことだった。家庭と近隣の質をどう評定するかということは、女性がどう感じたかということを決めるうえで最も意味のある要因であり、自宅を所有しているかどうかという要因を大きく引き離していた。ただし、経済的階層の一番下にいる家族にとって、どれほど建物が粗末で敷地が狭くても、地所を所有しているということは実質的達成となった。そのためには、厳しい節約と、長期の犠牲が必要であった。

　低収入の夫婦にとって、自宅の所有は生活水準の変動の少なさよりも重要だったことを示唆するエビデンスがある。中流階級の男性よりも肉体労働者にとって、自宅所有は家庭満足度により重要な役割を果たした（第3章参照）。一方、比較的裕福な家族では、自宅の所有は一般に経済的投資とみなされ、地位を区別する決め手となったのはむしろ家の質であった。バークリーの労働者階級の自宅所有者が3-4室の化粧漆喰か木造の平屋の家を所有していたのと比較し、上位中流階級の裕福な家族は通例、丘の上に大きな家を所有していた。上位中流階級の中での地位の違いを表したのは、主に家のサイズや家具や立地であった。最も贅沢な装備の家の1つについて、面接者は、「モダンな2階建ての9室構造の——サンフランシスコ湾がきれいに見えて、日当たりがよく、子どもたちのために大きな部屋と広い庭がたっぷりある、インテリアはきれいな彫刻を施した家具とカーテンで魅力的に装備されている家」と述べていた。

　こうした社会経済的違いは、妻の家族満足度を高める条件の中にも存在する。低収入の家族の場合、女性たちは自宅を所有していれば喜びがちだった。生活水準の違いはそれほど重要でなかった。世帯収入において実質的優位を享受している女性たちにとって、家の質は自宅を所有していることより重要だった。

富裕は物質的野心をさらに高めると仮定すると、これは比較的若く教育程度の高い妻が不満をより多く表明したことの説明となるかもしれない。所有権の状態や生活水準にかかわりなく、彼女たちは年上の女性たちや教育程度の低い女性たちよりも満足度が低かった。

こうした知見は、女性たちが印象的な外観の家を持つことを、自分自身の妻や母親としての能力を反映するものだとどれほど考えていたかということをさらに表している。男性の地位は家を提供することに基づいていたが、女性の地位はむしろ、家や家具や装備を披露することに依存していた。これらのことは、こうした地位の目印となるものを提供するお金を持っていることと、個人的に家庭の切り盛りをうまくやれていることという両方を示すものだったのである。

変化する機会とアイデンティティ

女性たちが教育を獲得したことや家族の組織化の在り様が変化したことによって、1900年出生世代の、特に中流階級の女性たちは、自分たちの活動と関心を家庭の外に広げる余裕ができ[22]、より多くの女性、特に既婚女性や母親が労働人口に加わるようになった。しかしながら、妻や母親が家庭の外で収入のために働くことに対しては文化的な抵抗があったため、女性への教育の増大を社会が受け入れるといっても、それは、有給の仕事の分野で受け入れたということではなく、家庭とコミュニティの中での妻と母親への期待を見直すことを意味したのである[23]。祖母や母親たちのように家事の分野に制限されているように見えたとしても、女性たちは結婚や子育て、市民活動についての文化的スクリプトを書き直し、将来の世代のために、家事分野の外側でより多くのものを得る道を切り開く準備をしていた。それゆえ、この女性たちが経験した社会的変化とそれが、彼女たちが自分自身を見る見方と、家庭の内側と外側での彼女たちの役割にどう反映しているかの概略を述べることは重要である。

変化する可能性
第一次世界大戦と大恐慌の間に結婚した女性たちにとって、家庭での生産と維持管理は、彼女たちの母親ほど大変なことではなくなっていた。1930年ま

第2部　人生を切り開く——1910-30年

でに、家庭経済の中での生産——食料の保存と準備、衣服作り、家庭菜園の耕作——は典型的な都市の中流階級の家庭から姿を消した。19世紀後半から20世紀の数十年の間に家族の人数が減り、それに伴って平均余命が長くなったが、それは、出産の期間が短くなり、末っ子が家を出た後の人生が長くなったという意味だった[24]。

　1900年世代のバークリーの女性たちは結婚後間もなく子どもを持ち始めた。43%は結婚後1年以内に出産し、65%は2年以内に子どもを持った。彼女たちの初産年齢の平均値は26歳だった。これは1910年生まれの女性の初産年齢の国平均の23歳より高いが、それはバークリーが都市的な環境の地域で教育レベルが高いことを考慮すると予測できることである[25]。

　こうした家事の責任における変化は見過ごされたわけではない。社会学者のエドワード・ロス（Edward Ross）は1920年代の初めに家事労働からの女性の解放だけを考え、「女性の役割は母親であることを除けば、主に装飾的なものだ」と結論づけた[26]。シカゴ大学のウィリアム・オグバーン（William Ogburn）など他の研究者は、家族の機能が生産から消費へと変化し、家庭内の相互的な経済的依存が対人関係の絆と相互の満足に基づく依存へと変化していることを、より明確に捉えていた[27]。1920年代に生じた中流階級の結婚のイメージは、経済的欲求よりもメンバーの感情的欲求——友愛とパートナーシップを強調するものだった[28]。

　アメリカの1901〜05年出生コホートでは、小学校までの教育を受けた女性は3.4人の子どもを持ったのに対し、大学教育を受けた妻が持った子どもの数は平均1.4人だった。大学教育を受けた妻の3分の1は子どもがいなかった[29]。1900年世代のバークリーの女性たちは、平均で2.7人の子どもを持っていた（18%は1人、36%は2人、27%は3人、残りの19%は3人より多かった）。これは1891年から1910年にアメリカに生まれた女性の完結出生数2.6人にほぼ対応している[30]。1920年代の大学キャンパスでの意見調査によると、大部分の女子学生は断然結婚するつもりでいたが、かなりの数の女子学生にとって、結婚は必然ではなく選択の問題であった。結婚を選択したとしても、それは必ずしも、長期にわたる出産と家に縛られた家庭生活を伴うわけではなかった[31]。

　戦後の10年間（1918〜28）、家族の縮小と家庭における生産の減少は、中

流階級の女性たちの家庭づくりを変化させた。当時、1900 年世代のバークリー
の女性たちの 5 分の 4 は最初の結婚をしていた。しかし、家族が縮小し家庭に
おける生産が減少したということは、家庭づくりの価値が低くなったという意
味ではない。いくつかの仕事は減ったが、新たに生み出され重視されるように
なった配偶者や母親としての役割もある。例えば、女性たちは、消費によって
家族の富を顕示し、母親としての仕事に集中的に力を注ぎ、夫のために自分の
容姿を維持することをますます期待されるようになった[32]。また、教育的達成
の増加と成人期初期における有給の就労経験に端を発することだが、当時の女
性たちは社会的な、特に職業的および市民的な特権を劇的に獲得したのであ
る[33]。

　1920 年から 1940 年まで、アメリカの女性の 25% が有給の仕事を持っていたが、
その大部分は若い未婚の女性だった。1930 年には、25 歳から 34 歳までの既婚の
白人女性で、雇用されていたのは 12% に過ぎなかった。これらの人々の多くは
貧困ラインより下の世帯で暮らしていた[34]。母親であることによる制約と既婚女
性の就労に対する否定的な含意は連動して、彼女たちが教育と就労経験を用いて
結婚後もキャリアを続けることを妨害した。仕事ができるように子どもの世話を
手配することは、母親が子どもと夫への責任をおろそかにしていることを暗に
示していた。この時代、既婚の女性が報酬のために働くことは、夫が失業して
いたり給料が低かったりすることと強く関連していた[35]。事実、女性が収入のた
めに働くことは、そうしなければならなかったことを意味し、そのことは、提
供者としての夫の能力に否定的な印象を与えることだった。

　1920 年代には、バークリーの女性で結婚後にフルタイムやパートタイムの
仕事を持つ女性は 10 分の 1 以下で、彼女たちがそうした仕事をした理由は大
抵、家族の基本的要求を満たす、金を貯める、子どもの教育、借金を払う等の
経済的役割を果たすためであった[36]。予想されるように、1 人当たりの世帯収
入が年に 500 ドル未満で、教育水準が最も低い女性の間では、結婚後も働くの
がごく当たり前だった。1 人当たりの収入が 1 年に 1,000 ドル以上と最も高い
カテゴリーの女性は、仕事をしている可能性が最も低く、この群の中で結婚後
も仕事をしていた確率が高かったのは、教育水準が最も低い高校卒業かそれ以
下の女性たちだった。この最も収入の高いカテゴリーでは、大学に通ったこと

のある女性で、結婚後最初の数年間働いた人はわずか11%であった。その大部分は第一子の誕生まで働いただけだと報告している。結婚する前やその後短期間働き、主婦になるために仕事をやめた女性たちは、妻や母親は家の外の仕事より家事や子どもの世話を好むべきだというそのころの見方を大抵支持しており、後悔を示すことはほとんどなかった。大学で勉強した中流階級の、あるバークリーの女性は、子育ての時代を振り返り、次のように言った。「私は他のことは望まなかったでしょう。そして私の周りの多くの女性たちも同じように感じたわ。彼女たちは家族の面倒を見、良い子に育て上げ、彼らに適切に食事させるために家庭にいるの。不幸だとは全然思わなかったわ。みんな家族を気にかけていたのよ。彼女たちは仕事を探していなかったし混乱させるようなことはしなかった。私たちは選挙権を持ててラッキーだと思ったわ」。

　事実、1930年代初めには、教育や収入にかかわらず、バークリーの女性たちの多くは、自分のアイデンティティは家庭づくりにあると強く感じていた。懐疑論が聞かれたのは、収入が高いカテゴリーの教育水準の高い少数の女性たちからだけである。大学で勉強した女性の多くは、結婚や出産で職場から離れた決断について肯定的に振り返ったが、彼女たちの話は、当時のスミス大学の学長が述べた心情も表している。「女性に立ちはだかる未解決の問題は、大学教育によって彼女が身に付けた知的活動と、結婚と子育てという普通の生活をどのように両立させるかということです」[37]。

　大学で勉強した女性たちのうち、お金を払って、家事や子どもの世話を他の人に手伝ってもらうことができた人は、家庭の外の無報酬の愛他的な仕事に向かうことが多かった。女性投票者同盟、救世軍、宗教施設、あるいは特定の趣味のクラブ（例えば裁縫、磁器やガラス製品の勉強）などである。これらの組織で会計係や秘書などの役員を務める人もいた。絵画や音楽など芸術を追求する人もいた。1人当たりの収入が1,000ドル以上の世帯の女性たちの中で、65%はコミュニティや市民活動に興味を持ったり参加したりしていた。教育水準が低かったり1人当たりの収入が低かったりする女性たちは、そうした関心をあまり持っていなかった。したがって、女性たちにとって家庭外の活動や組織にかかわる機会は増えたが、それらは依然として、世帯の収入が高い女性にとっ

て最も実現可能なものであり、彼女たちが主に行ったのは、愛他的活動や市民活動、芸術に関連する活動だった。

　教育と社会階級は、大恐慌前の家庭づくりやコミュニティと仕事役割に関する女性の好みや、友愛結婚と社会的活動範囲の拡大という新たな理想への指向に反映されていた。教育水準の向上は出生率を下げ、家庭外の役割への動機づけを高め、家族とコミュニティ活動におけるパートナー間の共有基盤を促進するという点において、友愛結婚にとって好都合であり、夫と妻の間で共通の経験をする世界を育んだ。特に大学で勉強した人々の間に見られた、家庭外での社会的接触と組織的な活動への願望は、家庭づくりの限界への不満を反映していたのかもしれない。

　1920年代の文化的背景を考慮すると、有給の雇用に最も関心を持っていたのは、経済的圧力に直面し、1人の収入での生活に満足できなかったり、夫が基本的な必需品を提供できなかったりした女性たちであった。バークリーの女性たちの教育レベルは、このように、3つの領域のうちの2つ——結婚とコミュニティ——に対する彼女たちの関心に影響を与えた。一方、（もう1つの領域である）有給の雇用に対する彼女たちの態度に最も影響を与えたのは、結婚生活における社会経済的事情であった。

　大恐慌前の中流階級の女性たちの世界における変化と選択は、20世紀の数十年にわたってゆっくりと労働者階級の女性たちの生活状況にまで浸透した。歴史的に言うと、労働者階級の出身であるということは、女性の人生の伝統的イメージの指標となった。それは旧世界にルーツを持つイメージでもある。1930年代まで、労働者階級の世帯の間では、生産から消費への変化は中流階級よりもゆっくりと起こった。家庭の外で働く労働者階級や移民の女性たちは、夫から適切な支援を得られないという不運のために働かざるを得なくなっていることが多かった。これらの女性たちが教育と社会的スキルに欠けている場合、低賃金で身体的に大変なことが多い工場の仕事か家事サービス以外の選択肢はほとんどなかった。1920年代には、それに続く大恐慌の10年間と同じように、就業する既婚女性が公的に認められないという現実は、中流階級の男性の妻に対するのと同様、この不利な立場の階級の女性たちに対しても重くのしかかっていた。

アイデンティティを定義する

　この時代の女性は、その度合いはさまざまであったが、いくつかの社会的役割を担うことができた。友愛的な妻、母親業に専念、被雇用者として生産に携わる、居住者としてより大きなコミュニティにかかわるといった役割である。バークリーの女性たちはこれらの役割をどのように組み合わせて担ったのだろうか。どの時代の女性たちも同じだが、彼女たちは自分自身と他者の競合する期待をうまくさばいた。私たちは、データを用いて母集団の中の重要な下位集団を同定する技法である潜在クラス分析という統計的方法を使い、この場合は、結婚、母親、家庭づくり、雇用、コミュニティへの参加という帰属意識の指標への反応に基づいて、女性たちの独自のプロフィールを見出そうとした[38]。この分析によって、1900年出生世代のバークリーの女性たちが1920年代後半と1930年代前半に持っていた「友愛的な主婦」「母親中心」「働く母親」「バランスを取る人」という広くみられるアイデンティティ形態の存在が明らかにされた[39]。

　バークリーの女性たちの半数以上（56%）は、私たちが「友愛的な主婦」と呼ぶアイデンティティの形態に分類された。この女性たちは、結婚と子育ての両方を主要な満足源と感じていた。彼女たちは、夫婦間の相互性という理想にも強く賛同していた。彼女たちは、家庭づくりが好きで、結婚や子育てと家事を自分の人生の中心的テーマと感じていた。この女性たちは、家庭の外で収入のために働くことや、市民的または社会的性質を持ったコミュニティ活動にはほとんど関心がなかったし、そのような経験もほとんどしていなかった。彼女たちは、女性は消費指向と再定義された家庭づくりの様式にもっぱら集中するものだという社会的規範を受け入れたようである。

　私たちは第2のタイプのアイデンティティ形態を「母親中心」（バークリーの女性たちの約28%）と呼ぶ。この女性たちは「友愛的な主婦」と似て、子どもを主な満足源と感じていて、家庭づくりを中心的役割として見ていることが多いようだった。彼女たちも家庭の外で働くことやコミュニティに参加することにはあまり興味を持っていなかった。しかし、「友愛的な主婦」たちと違い、彼女たちにとって結婚はそれほど満足の源とはならなかったようで、夫婦間の相互性を理想としてはいなかった。別の言い方をすると、この女性たちは、家

庭にとどまる母親としての自分たちの役割にもっぱら集中していたということによって区別される。「母親中心」である女性たちが、人口学的に「友愛的な主婦」と異なっていたのは、主に、より年長で、結婚が遅く、子どもが少ないという点である。より若いコホートは、「友愛結婚」というモデルを受け入れる傾向が、先に生まれた世代より多かったようである。

　より少数の2つのアイデンティティ形態群の第1のものである「働く母親」群（バークリーの女性の6％）は、「母親中心」群と非常に類似しているが、家庭の外で働くことに大きな関心と経験を持っていたという特徴がある。この女性たちは働くことに関心を持っていたが、「妻であること」より「母親であること」により重心をかけていた。この女性たちは、経済的に最も不利な背景の出身だったが、「友愛的な主婦」や「母親中心」の女性たちよりも、大学に通った経験を持っていることが多かった。

　私たちが最後のアイデンティティ形態を「バランスを取る人」（バークリーの女性の10％）と呼ぶのは、彼女たちがこれらの役割のすべてへの関心とつながりを表現したからである。結果的に彼女たちは、古いものと新しいものとのバランスを取った。彼女たちが結婚と出産を自分の人生の主な満足の源と報告しなかったのは、おそらく、キャリアやコミュニティ参加、あるいはその両方を関心のリストの上位に置いていたからである。彼女たち自身は家庭づくりに強い魅力を感じてはいなかったが、それでもこの群の約3分の1は、家庭づくりを女性の役割の中心と見ていた。「バランスを取る人」は、出生家族で経済的重圧を最も経験しなかったし、そのほとんどが大学にある程度通っていた。したがって、社会的資源がより大きく、社会的地位がより高かったことによって、こうした一連の役割のバランスをより取りやすくなったのは明らかである。

結論

　バークリーの女性たちの経験と声は、人がどのように人生を送るべきかについての文化的スキーマ、つまり人の人生の追求を促進したり防止したりする人生の構造化された文脈と、これらの生き方を実行する個人の主体性との間で人々が直面する普遍的で絶え間ない相互作用を反映している。これらの力が生

涯にわたって変化することに注目すると、私たちは特定の時代と場所で女性として生きることの複雑さに気がつく。

1900年代はじめ、女性たち、特に中流や上流の社会階級の女性たちは、教育と市民活動の機会が拡大するとともに、家庭を基盤とする「家族のための生産」が縮小されるという変化に遭遇した。そのような変化は、女性たちの間に、増大する労働人口への参加とキャリア発達へのドアを開くこともできたはずだが、世間一般の文化は「既婚の女性が働く」という考え方に反対するものであったため、それらのドアはほんの少し開いただけだった。それでも、この時代の女性たちは、結婚し母親になる前に、また後には、家庭やコミュニティでの役割の広がりの中に、自由と独立の拡大を見出したようである。この変化は、「友愛結婚」という新しいモデルへの傾倒を含んでいた。それによって、コミュニケーションと絆への期待が高まるとともに、より熱心に子育てを行い、余裕のある場合は市民団体に参加することが期待されるようになった。

この時代を社会的に観察した人の中には、1970年代以後、性革命と多くの人が同定するものが起こるまで、女性の社会進出は明らかに失速したとコメントする者がいる。しかし、この「失速」を女性たちが母親や祖母の因習にまで退却したと解釈すると、重要な変化、より明確な革命の種でさえあるものを見失う。社会学者のアリス・ロッシ（Alice Rossi）によれば、このような一見静止のように見える時期は必ずしも退却のサインではなく、「新しい考えが私生活という織物に織り込まれる休息の時期だった」のである[40]。

歴史家のクリスティーナ・シモンズ（Christina Simmons）は、1900年代初期の友愛的な結婚は、より民主的な構造を持ち、ロマンティックな愛と性愛を大きく包み込み、女性を家庭内で従属的な存在ではなく、母親的で、より独立的で性的であるものとして定義しなおした、そして、女性たちが家庭の外でより大きく発展するための道を切り開いたと指摘している[41]。シモンズはフロイド・デル（Floyd Dell）の1923年の小説『ジャネット・マーチ』を引用した。この小説はこの時代の女性の特徴を上手に描いている[42]。デルは大学に行った女性に焦点を合わせているが、同じ自由と独立は、家庭の外で働く教育程度の低い人々のもとにもいくらか届いたのである。

妻たちは、女性の伝統的運命以上の何かを望んでいたという点で、共通の絆を持っていた。大学は各自にとって若者の反抗と解放と自己実現のプログラムの一部だった。そして彼女たちは、キャリアや経済的自立への計画をあきらめ、幸せな結婚をした……という経験も共通に持っていた。しかし、彼女たちが昔の大胆な願望をあまり後悔せずに諦めたとしたら、それは自分たちの原則を惨めにも放棄したということではなかった。彼女たちの降伏は愛のためであり、しきたりのためではなかった。というのは、彼女たちが結婚した男性は、彼女の反抗に共感し、おそらくそのために彼女を愛したからである[43]。

　1900年世代の女性たちは、より愛情に満ちた夫婦の絆を体験し、可能な時は市民生活に参加し、比較的容易に接近できる舞台で自分たちの主体性を発揮するようになった。これらの女性たちと彼女たちの夫を別々に理解し、彼らが出会う前の経験を考慮することで、続く諸章への重要な土台が築かれる。彼らの出生家族はどのように彼らの教育や仕事の経験を形成したのだろうか。また、新たに結婚した男女は、個人と家族の状況や可能性をどのように見るようになったのだろうか。これらを知ることは、結婚した夫婦として大恐慌と第二次世界大戦に順応していく彼らの生活を位置づけるうえで重要となる。

第2部 人生を切り開く——1910-30年

❖ 注

1. 自己報告による最終学歴は 1929 年に収集された。
2. 1940 年国勢調査 IPUMS-USA から引用したデータ。https://usa.ipums.org/usa/
3. 女性が通った教育施設と彼女たちが就いた仕事についての具体的な情報は、『女性の社会経済的地位の歴史』と呼ばれるファイルに掲載されている複数のインタビューと面接者の記録をもとに編集した。
4. Degler, Carl (1964) "Revolution without Ideology: The Changing Place of Women in America", *Daedalus,* 93, no. 2, 657.
5. Fass, Paula S. (1977) *The Damned and the Beautiful: American Youth in the 1920s,* Oxford: Oxford University Press.
6. Snyder, Thomas ed. (1993) *120 years of American Education: A Statistical Portrait,* Washington, DC: Center for Education Statistics.
7. ここで論じるパターンは、女性の教育的達成を予測する順序ロジット回帰モデルに由来する（教育的達成については次の7つのカテゴリーを用いた：7年未満、7年生から9年生まで、高校中退、高校卒業、大学中退、大学の学位取得、大学院か専門職の学位取得）。女性の家族の社会経済的背景の測度は、1930年代初めに行った、家族と子ども時代の経験についての女性とのインタビューをもとにコード化したものである。社会経済的地位は、極度の貧困から裕福までの5件法で査定した。家族の人数は、1人から9人以上までの範囲である。文化的背景については、カトリックか否かといった宗教的所属（非カトリックのカテゴリーはプロテスタント、ユダヤ教、所属の報告なしからなる）を評定した。外国生まれの親の30%は東ヨーロッパと南ヨーロッパの伝統的なカトリック地域出身だったため、宗教的所属は特別の文化的関連性を有している。移民の地位には、アメリカ生まれだが親は外国生まれ、親子ともに外国生まれ、親子ともにアメリカ生まれ（対照群）の3群がいる。要因としての年齢のばらつきを取り除くため、女性が1890年から1899年の間に生まれたのか、20世紀の最初の10年間に生まれたのかということで調整を行った。要請に応じて、結果は著者から入手可能である。
8. Fass, *Dammed and Beautiful.*
9. この女性たちは本当に結婚前に仕事をしていなかった可能性が高いが、仕事をしていたものの、インタビューの中で話題にならなかったのかもしれない。
10. Chafe, William (1972) *The American Woman: Her Changing Social Economic,*

and Political Roles, New York: Oxford University Press, 54.

11. Hill, Reuben (1970) *Family Development in Three Generations: A Longitudinal Study of Changing Family Patterns of Planning and Achievement,* Cambridge, MA: Schenkman, 29-42.

12. Modell, John (1991) *Into One's Own: From Youth to Adulthood in the United States, 1920-1975,* Berkley: University of California Press, 44.

13. Burgess, Ernest W. and Wallin, Paul (1953) *Engagement and Marriage,* Philadelphia: J. B. Lippincott.

14. Elder Jr., Glen H. (1972): "The Social Context of Youth Groups," *International Social Science Journal,* 24, no.2: 271-89.

15. これらの結果は、父親の関心欠如の測度の平均値が、25歳以後に結婚した女性では10件法の6.8だったのに対し、22歳になる前に結婚した女性は8だったことを示す平均値の比較（1930～31年の調査で彼女たちの母親が報告）に由来する。

16. Gecas, Victor (1972) "Parental Behavior and Contextual Variations in Adolescent Self-Esteem," *Sociometry* 35, no.2: 332-45.

17. Burgess and Wallin, *Engagement and Marriage.*

18. Burgess and Wallin. 以下も参照のこと。Cherlin, Andrew (2010) *The Marriage Go-Round: The State of Marriage and the Family in America Today,* New York: Vintage Books. Coontz, Stephanie (2005) *Marriage, a History: From Obedience to Intimacy, or How Love Conquered Marriage,* New York: Viking. Modell, John (1991) *Into One's Own: From Youth to Adulthood in the United States, 1920-1975,* Berkley: University of California Press.

19. Groves, Ernest R. (1925) "Social Influences Affecting Home Life", *American Journal of Sociology,* 31, no. 2: 227-40.

20. ここで報告した結果は表に示していないが、女性の家族・家庭への満足度の主観的報告を目的変数、女性の教育と1929年の生活水準（家の外観、リビングルーム、家族の居室、家庭用品、その他の設備と社会経済的地位、近隣の質について、5人の面接者が評定した合計得点に基づく）、自宅所有、1929年の夫の職業上の地位、1929年の家族の総収入、および女性の年齢を説明変数とした最小二乗法（OLS）線形回帰モデルの統計的に有意な結果に基づいている。

21. この結果は、1930～31年の自分の家庭と夫の仕事への不満度の平均値と比較することによって得た。高校未満の教育しか受けていない女性で、1人当たりの

収入が1,000ドル（最も高いカテゴリー）を超えた人は、家庭への不満度と夫の仕事への不満度の得点が5件法で、それぞれ平均1.9と1.7だった。それに対し、その他の群の女性たちのそれぞれの尺度の得点は2.3から2.9と2.3から3.3だった。

22. Burges and Wallin, *Engagement and Marriage;* Groves, "Social Influences."

23. Simmons, Christina (2013) *Making Marriage Modern: Women's Sexuality from the Progressive Era to World War II*, Oxford: Oxford University Press.

24. Cherlin, *Marriage Go-Round.*

25. Kirmeiyer, Sharon E., and Hamilton, Brady F. (2011) "Transitions between Childlessness and First Birth: Three Generations of U.S. Women," *Vital Health Statistics*, 153, ser.2: 1-18.

26. Ross, Edward A. (1922) *The Social Trend*, New York: Century, 91.

27. Ogburn, William F. (1938) "The Changing Family," *Family*, 19, no.5: 139-43.

28. Burgess, Ernest Watson and Locke, Harvey James (1945) *The Family: From Institution to Companionship*, New York: American Book Company; Cherlin, *Marriage Go-Round;* Coontz, *Marriage.*

29. Campbell, Arthur A. (1969) "Family Planning and the Five Million", *Family Planning Perspectives*, 1, no.2: 33-36.

30. Heuser, Robert (1976) *Fertility Tables for Birth Cohorts by Color*, pulication 76-1152, Rockville, MD: US Department of Health, Education, and Welfare, table 2.A.

31. Chafe, *American Women*, 92, 100-104; Degler, "Revolution without Ideology", 666-67.

32. Coontz, *Marriage, a History;* Groves, "Social Influences Affecting Home Life."

33. Burgess and Wallan, *Engagement and Marriage.*

34. Goldin, Claudia (1983) "The Changing Economic Role of Women: A Quantitative Approach", *Journal of Interdisciplinary History*, 13, no.4: 707-33.

35. Moehling, Carolyn (2001) "Women's Work and Men's Unemployment", *Journal of Economic History*, 61, no.4: 926-49.

36. これは La Follette, Cecile Tipton (1934) *A Study of the Problems of 652 Gainfully Employed Married Women Homemakers*, New Yok: Bureau of Publications, Teachers College, Columbia University, p.29. と矛盾がない。

37. Degler, "Revolution without Ideology", 669.

38. 潜在クラス分析（LCA）は、パーソンセンタード分析またはデータ集約技法で、LCA の関心は、一連の測定を通して得た値の最もよくみられる形状に基づいて、母集団の中で個人が属する下位集団を同定することに向けられている。LCA は一連の指標を用いることによって、個人が属する下位集団のサイズを、単一の指標よりもより良く推定し、より正確にその構成内容を表現する。女性のさまざまな役割への帰属意識を示す私たちが用いた7つの指標は、厳格で徹底的なコーディングによってもたらされた。1929 年から 1932 年までの中核的ガイダンス・サンプルから収集されたすべての記録と資料（例えば、インタビューへの回答の記録や、家族のメンバーとの会話の相互作用についてスタッフが書いたフィールドノートなど）をコード化するスキームを開発し、信頼性を検証し、このスキームに基づいて実際にコード化を行い、次の7つの二分法の指標を得た。それぞれの指標は次のことを表している。（1）女性は結婚を自分の個人的な満足の主な源として見ていた、（2）彼女は夫婦間の相互性に関心があった、（3）子どもたちは彼女にとって個人的満足の主な源だった、（4）彼女は家庭づくりが好きだった、（5）彼女は家庭づくりを女性の中心的役割として見ていた、（6）彼女は有給の雇用に関心があった、（7）彼女はコミュニティへの参加に関心があった。

39. 2つの適合度統計に基づく。ベイズ情報基準（BIC）と赤池情報基準（AIC）指標である。最適モデルは、4つの潜在クラスを持つモデルであった。このモデルのエントロピー得点は .94 で、明確なクラス分けができたことを示唆している。

40. Rossi, Alice S. (1982) *Feminist in Politics: A Panel Analysis of the First National Women's Conference*, New York: Academic Press, 13.

41. Simmons, *Making Marriage Modern*, 8.

42. Simmons, 8.

43. Dell, Floyd (1923) *Janet March*, New York: Alfred A. Knopf, 53.

第2部　人生を切り開く——1910-30年

第5章
結婚生活での共同と別離

● ● ● ● ● ● ●

　古いものの代わりに新しい形の男女の愛情関係が現れ、それは若い妻と子どもの地位
の向上を反映していた。
　　　　　　　マイケル・ヤングとピーター・ウィルモット、『東ロンドンの家族と親類』

　第一次世界大戦後のバークリーの夫婦の結婚生活には、新しい習慣と古い習
慣の両方が持ちこまれた。古い習慣とは、夫が稼ぎ手で妻が主婦という性別役
割分業であり、新しい習慣とは、相互依存、友愛、そしてより高い平等性とい
う結婚の理想である。しかし、これらの理想は、彼らの生活の変化——例えば、
男性にとっては都市工業の発展による職場でのプレッシャーや、女性にとって
はより広い社会を求める願望——と、しばしば対立した。夫婦は、互いの生活
空間が離れていくにつれて、夫婦間の友愛に価値を置くようになった[1]。男性
は家庭から遠く離れた場所で働き、一方で彼の妻は家庭の中心となり、一部の
女性は、生活に必要な収入を得るために有給で働いたり、市民活動に参加した
りした。
　1900年世代の女性たちは、彼女たちの母親よりはるかに高いレベルの教育
を受けており、そのことは彼女たちの世界を主婦業の外へと広げていった[2]。
戦後、家族生活の研究者は、この変化を「私たちの時代の偉大な変革の1つ」
と表現した[3]。大学教育を受けた女性たちは、家事だけに専念する生活に批判
的であり、女性の場所は家庭内のみであるという信念を拒絶した。彼女たちは
また、地域の社会的・市民的役割を担うことを望み、時には有給の仕事に就く
ことを希望した。しかし、社会的経済的に低い階層の女性にとって、有給の仕

120

事は、自己実現や自律を求める欲求からというより、経済的必要性に迫られたものであった。中流階級の男性は、第一次世界大戦後、このような女性の生き方についてのより広い考え方を認めるようにはなったが、結婚生活での平等を望む傾向は女性よりも低いままであった[4]。

これらの考察は、特に世界恐慌前夜のバークリーに住む夫婦の結婚生活に当てはめることができる。私たちは、夫と妻の両方の視点から彼らの結婚生活を捉え、彼らの行動を比較した。1930年代、シカゴ大学の社会学者アーネスト・バージェス（Ernest Burgess）とレナード・コットレル（Leonard Cottrell）は、結婚を相互作用的な観点から研究した先駆者であった。彼らは「夫婦の調和や統合に関するいかなる研究も、2人の人間が、さまざまな特徴を持つ個人として、また統合されたパーソナリティとして、どのように相互作用するのか考慮すべきである」と主張している[5]。親密さや愛情を分かち合い、経験を共有することは、夫婦の相互作用の重要な特徴である[6]。

夫婦の双方に焦点を当てたシカゴ研究が見逃していたことは、1890年代後半以降の結婚世帯に生じた大きな変化、つまり同じ場所で営まれていた夫婦の生活が空間的に離れていったことであった。世紀の変わり目では、アメリカの全世帯の半数がまだ農業を営んでおり、夫や妻、子どもたちも関わる家族経営であった。また、小規模事業の多くも家族経営であった。しかし1920年代には、工業や商業の急速な発展により、農村部の人口は都市に引き寄せられ、男性は家庭から離れた職場で働くようになった[7]。

1920年代、夫と妻の日常の活動が空間的に離れていった状況において、夫婦のコミュニケーションや経験の共有は、信頼、理解、意味づけという共通基盤を育む上で、ますます重要となった[8]。1900年世代の男性の1人は「今では普通のこととなったが、夫の仕事の性質上、夫と妻が離れていることが多いと、夫婦の仲は疎遠になっていった」と述べている。小さなコミュニティで過ごした幼少期について、彼は「男たちは主に自分の小さな農場や小さな店で働き、夫と妻は常に一緒に働いていた」と回想している。1900年世代の夫婦にとって、男性が仕事で毎日妻や子どもたちから離れている場合、夫は自分の経験を妻と共有できず、夫婦の不和の原因となり「疎遠になる傾向」が強まった。夫が自分の経験を妻と共有しようとしないのは、失業や深刻化する経済的問題など厳

第2部　人生を切り開く——1910-30年

しい状況を反映している可能性もあった。一方で女性は男性に比べ、不快な感情や経験を配偶者に遠慮せずにぶつけてしまう傾向があった[9]。

　夫婦の相性は若いカップルによってさまざまであり、相性の違いは生活上の問題に家族がどのように適応するのかに直接影響をおよぼした。この夫婦の相性の違いには、これまで夫婦がどのように関わり合ってきたのかということや、夫と妻それぞれのライフヒストリーが関連していた。結婚のダイナミクスは、経済や性的関係、子どものしつけ、親類とのつきあいなどの問題領域において生じた、調和と対立を反映したものである。いくつかの問題は、他の問題よりも結婚生活にとって主要なものであった。経済的な問題についての争いは特に重要であり、それは夫が引きこもり、仕事や経済的な問題を彼1人で抱え込んでしまう原因となった。

　バークリーのほとんどの男女は、社会的特性（例えば宗教や社会経済的出自）がよく似た相手と恋に落ち結婚をした。そのため比較的似たような期待や関心を持って結婚生活を始めた。しかし、年齢や家族の出自が異なる夫婦もかなり存在した。女性が何歳で結婚するかにより年齢差は異なり、女性が若い時に結婚するほど年齢差は大きくなった。年齢差が大きいことは、各パートナーが生活してきた時代の違いや、ライフステージ、活動レベル、関心などが異なることを意味している。このような違いが何を意味するのか見ていこうと思う。

　ライフヒストリーが異なるということは、年齢や社会経済的出自の特徴がそれぞれ異なることを意味している。例えば、夫が妻より年下か年上か、あるいは男性が結婚で家柄が上がるのか下がるのか、が問題であった。また社会的出自に関連する他の注目点は出生地、米国生まれかどうかということである。バークリー世代の3分の1は海外の生まれで、東欧や南欧などの後進国出身者も少なくない。彼らのうち何名かはアメリカ生まれの結婚相手と結ばれた。このようなペアの文化的な違いは、中流家庭出身のアメリカ人女性が結婚する時に、最も明確に現れた[10]。夫婦の学歴の違いは、結婚のリスクを確実に増大させた。このような夫婦の組み合わせはありえないように思えるが、バークリーの1900年代世代では実際にあったのである。

　バージェスとコットレルの相互作用アプローチに従い、最後に私たちは、夫と妻の役割志向が結婚生活において平等的かどうかを検討する[11]。私たち

122

は、これらの役割志向が、夫婦の相性とともに、平等主義的（対称的）、移行的、非対称的なパターンの中に、どのように表れているのかという問いをたてた。1930年代において、バージェスとコットレルがシカゴの中流階級の夫婦に見出した結婚のパターンと同じように、（バークリーの夫婦にも）夫の気遣いや貢献の方が、妻のそれよりも、結婚の満足度に重要な役割を果たしているのだろうか。

バージェスとコットレルの研究は、結婚という概念を社会心理学的な相互作用の過程として捉えており、この独自の視点はバークリーの結婚生活を理解する上で役立った。この概念は、理論的には夫婦の双方の視点を包括したものと定義されているが、バージェスらが実施したシカゴの夫婦研究は実際には主に妻の報告に基づいて分析されていた[12]。結婚の関係的ダイナミクスをより完璧に捉えるために、ジーン・マクファーレン（Jean Macfarlane）の家族中心の視点が有用であった。彼女はバークリー研究のディレクターであり、臨床的に訓練されたスタッフを率いて、夫と妻の双方から結婚に関する豊富な情報を集めた。これらの結婚に関する資料は、バークリーの1900年世代の夫婦について集中的に研究された家族調査から得られたものである[13]。ジーン・マクファーレンの初期家族に関する評定は、1930年代初頭の観察とインタビューによって収集された資料に基づいていた[14]。

利用可能な資料の中から、私たちは夫婦の絆を測定する2つの一般的な尺度に焦点を当てた。それは結婚生活の適応と夫婦の相性であり、その尺度には友好関係、敵意、相手への親密さ、そして性的な適応に関する評定が含まれている。私たちは、これらの側面について個々に分析をしたり、要約した指標を用いて分析をしたりした。より大きな生活史の変化や夫婦の役割パターンを調べる場合には、夫婦関係を包括的に捉えるために、この要約した指標を使用した。

結婚の内実

「良い結婚」の意味は、人によって異なっており、バークリーの男性の中には、家庭の安定と快適さがあれば、それで充分と思う人もいた。しかし、結婚を友愛的関係と捉えた場合、良い結婚の基準は、親密さや愛情、思いやりの態

第2部　人生を切り開く——1910-30年

度を意味する。バークリーの妻たちが1940年代初頭に幸せな結婚に必要なものについて質問された時、これらの質が頻繁に話題とされていた。

「愛と愛情が第1であり、次にお互いを思いやることや相手の要求に配慮すること」

「尊敬、特に相手との友愛」

「理解、共感、愛情に基づく満足」

「人生のさまざまな状況に対処することができる深まっていく友愛」

「互いに信頼しあい、互いに心を開くこと」

さらに何名かの妻は、結婚生活での「ギブ・アンド・テイク」における忍耐強さの重要性や「困難な時期」におけるユーモアのセンスを強調していた。

1900年世代の夫婦間の親密さや友だち意識は、結婚に適応をもたらす要素であり、それは私たちが夫婦の相性について分析したことにより明らかになった。しかしその感覚は配偶者間で異なっていた[15]。ほとんどの場合、親密さにおいても友だち意識においても、妻が夫に抱く愛着は夫が妻に感じる愛着より少しだけ強かったが、夫の方が結婚生活の適応に大きな影響を及ぼしていた。夫の妻に対する親密さは、妻が示す親密さより、夫婦の適応度をより良く予測していたのである。

結婚の絆に関する概念に欠けていた要素は、親密な関係における感情的両価性である。フロイトがかつて指摘していたように、「敵意が愛されている人に向けられた場合、私たちはそれを感情的両価性と呼ぶ」[16]。結婚に対するこのような感情は、事例によって明らかにされた。例えば、夫が望む妻の役割について、中流家庭の妻が皮肉をこめて示した見方に示されている「彼は、私が家にいて大量の洗濯をし、家庭的にしていれば、もっと幸せなのでしょう——少なくともそう思っていると思います」。

夫婦の結婚に対する感情の違いにより、問題解決のような具体的な結婚の側面について明らかにすることはできないが、私たちは結婚における適応の過程を協同作業と捉えることができる。その協同作業では、喫緊の課題について夫婦が互いに受容できる結論を得ることができたり、できなかったりする。研究所のジーン・マクファーレンは、バークリーの結婚について、夫婦が問題にうまく対処し、双方がともに納得できるやり方で家族領域の課題について違いを

124

第5章 結婚生活での共同と別離

解決できているのかという観点から分析をしている。家族の問題を引き起こすと予想されるトピックに関する、3つのことが評定された。それは、家計（収入と支出の規模）、性的関係、子どものしつけである。

　夫婦の親密さや調整において、結婚のある側面は他の側面よりも重要である。バークリーの夫婦が初婚であったかどうかは、夫婦の親密さや調整に影響を及ぼしていなかった（男性と女性の9%が二度目の結婚であった）。結婚期間も同様であった。家計の問題、性的関係、子どものしつけに関する言い争いが、調整できていない困難を抱えた結婚生活を最もよく表す指標であり、次いで共通した関心事がないこと、少し離れて文化・親類・宗教に関する衝突が続いていた（**付表 A5.1.** を参照）。調整のとれている夫婦は、そうした問題についてほとんど衝突することがなく、言い争いが起こっても解決できていた。また、彼らは社会、レクリエーション、そして教育に関する関心を共有する傾向もあった。機能不全に陥った結婚生活での家計についての衝突は、大恐慌直前の夫婦の脆弱性を理解する上で特に重要な要因である。このような家計における衝突は、家族生活の他の未解決な問題——特に性的関係、子どものしつけ、親類との関係——とも関連しており、経済的な苦しさと家族のトラウマが強く関連していることを表している。

　夫婦が金銭的な問題で折り合いがつかない場合、性的関係が疎遠となる傾向があった。結婚生活における性的問題は、他のどの問題より夫婦の社会的・情緒的距離と強く関連していた。結婚の性的問題は、性の解放が進む時代における無知、迷信、そして感情抑制のなごりを反映していた[17]。バークリーの調査対象者では、結婚生活の初めには、夫と妻が性に対して相反する態度を持っていることが多かった（例えば、夫が肉体的な満足を強く望んでいたが、妻はそれに対して根深い恐怖を抱いていたのである）。複数の妻たちは、性行為に対する最初の反応を「恐怖」や「恐ろしさ」と表現していた。ある妻は「性行為は私たちにとって世界で最も陰うつなものでした」と述べた。中流階級または下流階級出身にかかわらず、妻たちは一般的に母親から性教育を受けていなかったと述べている。まとめるなら、中流階級の結婚に表れていたのは、ヴィクトリア時代と第二次世界大戦後の時代の移行期にある世代に想定される緊張感だったのである。

第2部　人生を切り開く──1910-30年

　ここからは、結婚が満足のいくものになるか機能不全に陥るかに直接関係するプロセスについて考えていく。つまりそれは、愛情の表現や経験や意見の共有によって示される、夫婦のコミュニケーションである。愛情の表現は、「非常に愛情表現が豊か」から「全く愛情表現がない」の5段階で評定された。共有行動は「すべての経験や意見を共有したい」というものから「自分だけにとどめたい」で評定された。

　相思相愛の結婚は、パートナーの愛情欲求を互いに満たすことを意味するが、夫婦間の愛情表現において、そのような相互性の証拠はほとんど見られなかった。夫の愛情表現は、妻の愛情表現とは関連がなかった。ほとんどの結婚において、妻の方が夫より愛情表現が豊かであり、妻の愛情表現は結婚適応と負の関連があった。言い換えるなら、調整のとれていない夫婦では女性の愛情表現はより激しいのである。そのような愛情表現とは、結婚における問題の原因なのかもしれないし結果なのかもしれない。夫と妻の愛情表現はそれぞれ関連が見られないものの、愛情表現と夫婦の調整との関連は男性も女性も同じ傾向を示していた。それにもかかわらず、愛情表現が少ない夫を持つ多くの妻たちは、夫が自分を愛していることを知っていた。ある女性は「私の夫は愛情表現がいつも下手です、でも彼がどれだけ私を深く愛しているかは私がよく知っています」と述べている。

　経験を共有することは、対話過程の1つであり結婚生活を豊かにする。ある中流階級の女性は次のように述べている「信頼し合い、お互いに心を開くこと」が「円満に結婚生活を送るために不可欠だと思います」。夫婦の現実が共有されている結婚生活においては、個人的であっても、夫婦一緒であっても、経験したほとんどすべてが基となって、彼らの会話が続けられたのである[18]。実際、話し合わなければ経験は完全に現実のものとはならない。バークリーの夫婦にとって対話が特に重要であった。なぜなら夫と妻は主な責任が、職場と家庭というように分かれていたからである。夫が仕事やコミュニティでの日々の経験を話す意思があることが、2つの世界をつなぐ重要な架け橋となっていた。

　互いに頻繁に愛情を表現する夫婦は、互いの経験を共有する傾向があったが、夫と妻の共有の違いは愛情表現の違いより大きかった。これは、この世代の男

126

第5章　結婚生活での共同と別離

性が自分のことを自分で処理する傾向があることが大きく影響している。他の研究でも、妻は夫よりも不快な経験を配偶者に打ち明ける傾向が高いことが見出されている[19]。1930年から1931年にかけて仕事に不満を持っていたバークリーの男性、特に労働者階級の男性は、自分の経験や考えを妻と共有する傾向が低い。経済的問題と「何も話さない夫」との関連によって、大恐慌という困難な時代に移行していく中で、これらの夫婦に重大な影響が及んだことは明らかである。

　結婚生活の問題と会話しない夫との間の関連が夫婦間の相違から生じることもある。男性が妻と考えや経験を共有することをためらう傾向は、経済、性的関係、子どものしつけの問題において顕著であり、特に夫婦がレクリエーションや社交的な娯楽への参加などに異なる関心を持っている場合に明確に表れた。対照的に、妻が自分の考えを夫と共有しようとする傾向は、性的な問題について話し合うことを避けること以外は、これらの問題との関連は見られなかった。性の領域では、言い争いが夫婦を問題解決から遠ざけることが多かった。このように、夫の共有行動に影響を及ぼす条件が、バークリーの1900年世代における夫婦の適応に最も重要であった。幼い子どもを持つ母親として、当時（1930年頃）の妻たちは家事に忙しく、外で有給の仕事を持つ者はほとんどいなかった。仕事を持っていた場合でも、その仕事は通常パートタイムであった。コミュニティの活動に参加していた妻は多かったが、家の外の世界に触れるためには、配偶者との会話や友人に依存することがほとんどであった。男性が妻とその日の出来事を共有することができないと、夫婦の友愛が得られる可能性は著しく損なわれた。

　日ごろの出来事を夫と共有したいと妻が期待するほど、夫の会話の少なさは夫婦関係に重大な悪影響を及ぼした[20]。戦後、コマロフスキー（Komarovsky）は、聞き手であり、話し相手である配偶者の役割に対して、妻は、夫よりも、より大きな期待を抱きつつ、より大きな不満を感じていたことを明らかにしている。「彼女たちは確かに、夫がより良い聞き手になってくれることを望んでいる……単に聞いてもらいたいために、あるいは安心、助言、感謝、励ましのために……」[21]。さらに最近では、ウィルコックス（Wilcox）とノック（Nock）が、男性の感情的な働きかけは、結婚の質に関する女性の報告の重要な決定要

127

因となることを見出している[22]。

　愛情表現や経験の共有における夫婦間のズレは、満たされない欲求や、家庭内の諸々の問題をひきおこす。理由が何であれ、最も一般的な共有のパターンは、妻が夫よりはるかに多くのことを共有したいと望んでいることであり、そのことが結婚の崩壊を助長するような対処や防衛方略をとらせる。差し迫った問題が生じた時、バークリーの妻たちは、ひきこもりがちで、反応のうすい夫にどう対処したのだろうか。責めるように必要な答えを夫に迫ったのだろうか。また、夫が話し合いを拒否した場合、どのように解決したのだろうか。1930年の家族研究の結果では、内向的な夫は一般に妻との意見の違いについて話し合おうとせず、一方妻は口うるさく、悪口、非難などの言葉で攻撃的に対抗する傾向があり、互いに悪化するパターンに陥っている、ということが見出されていた。

　夫婦の調整の指標の平均値で、夫婦を高群と低群に分け、夫婦関係の親密さや共有について比較したところ、1つの注目すべき特徴が浮かび上がってきた。この2つの群の最も大きな違いは、夫や妻の個人的反応ではなく、共通の次元における夫婦間の類似度にあった。調整指標の高群から低群にかけて親密さは低下し、その傾向は特に夫で顕著であった。しかし、より重要なことは、低群の夫婦の間に類似性が見られないことであった。調整のとれていない夫と妻は、互いへの親密な感覚や、経験・感情・考え方の共有が、著しく異なっていた。

　これらの結婚生活の内実を眺めるなら、生活環境の悪化に対処する夫婦の潜在能力に違いがあることがわかる。このような違いを理解するために、次にバークリーの男女が結婚生活に持ち込んだ社会的な違いに注目する。ある者は人生の早い時期に、またある者はかなり遅い時期に結婚したことがわかっている。彼らは、裕福な家庭に生まれた者もいれば、資産が乏しい家庭に生まれた者もいる。ある者は農家に生まれ、ある者は田舎で育ち都会へ出てきた。三分の一近くの者は海外で生まれ、アメリカに移住してきた。

　このような違いがあるにもかかわらず、バークリーの1900年世代の結婚のほとんどは、似たような背景を持つ者たちの間で行われていた。これは、社会学者が配偶者選択における「同類婚」の原理と呼んでいるもので、潜在的パートナーとのさまざまな社会的属性に関する差が大きければ大きいほど、付き

合ったり一緒に暮らしたりする確率は低くなるというものである。しかし、異なる背景を持つ者同士が結婚した場合、結婚生活はどのような結果となるのだろうか。以下では、3つの社会的差異—年齢・社会経済的出自・出生地—に焦点を当て、この問題を考えていく[23]。

異なる人生——ともにあり、悩む

バークリーの夫婦を対象に、幸せな結婚生活を送るために最も重要な要因についてインタビューしたところ、共通のバックグラウンドを持っていることが最も多く挙げられていた。おそらく自分たちの生い立ちの影響なのだろうが、共通のバックグラウンドを持って結婚に踏み切った若い男女は、共通の関心や価値観を持つという利点があると彼らは考えていた。彼らは同じような期待を持って問題に取り組み、双方の家族と良好な関係を保つ可能性が高かった。宗教、経済的背景、学歴がほとんどの回答で重要な要素として挙げられていた。

社会的な違いがある場合、優位性（どちらが優位かということ）が家庭内の平穏と安定のリスクとなると言われていた。年下で低学歴の男性と結婚した女性と、身分の低い家に嫁いだ女性のケースを考えてみよう。そのような妻の1人は、個人的な観察から「夫が妻より学歴が低いと、たとえ夫の稼ぎが良くても、妻は夫より優位に立つ可能性が高い」と感じていた。ある熟練労働者は、年齢についても同じような意見を示し「女性が年上であれば、彼女は夫よりも優れていると思っているに違いない」と述べている。このような違いは、夫と妻の社会的・知的な関心に厄介なギャップを生むと考えられた。

バークリーの結婚の3分の2近くは、夫が妻より年上という伝統的な交配勾配に従っている。これらの結婚の半数は年齢差が5歳以下であり、夫が12歳以上年上のカップルはわずか4%である。このような大きな年齢差は、年配の男性や比較的遅く結婚した男性に多く見られる。次に多いパターンは年齢が近い夫婦であり（28%）、妻が年上のカップルはかなり少ない。妻が結婚相手より年上だったのは9%だけで、3歳以上の開きがあったのは3例だけであった。

それぞれのパートナーの年齢や階級の影響を統制しても、年齢差が大きいと夫婦の相性に有意な悪影響を及ぼすのだろうか。統計的には、どのような年齢

第2部　人生を切り開く——1910-30年

差も配偶者間の年齢の関係を表す関数であるため、3つの変数（夫の年齢・妻の年齢・夫婦の年齢差）のすべてを含む方程式を解くことはできない。しかし、妻の年齢は、夫婦の相性と有意な関連を示さないので、除外することができる。夫の年齢と社会的地位の影響を考慮した場合、夫が妻より年上の場合、特にその差が4歳以上離れていた場合、夫婦の相性に強い負の影響を及ぼすことがわかった。

　夫婦の年齢差が夫婦の相性に負の影響を及ぼすことについて、近年の研究ではっきりとした結論がでていないことや、ほぼ同時代のバージェスとコットレルの研究でも影響がないと報告されていること[24]を鑑みるなら、ここでの影響力の強さは注目に値する。これは、当時の家族関係、特に結婚に関する考え方の社会的変化の速度を反映している可能性が高い。コホートの観点からすると、急激な変化は年齢差に伴う社会的格差を拡大させた可能性がある[25]。年上の夫は年下の男性よりも、結婚や女性の役割についてより伝統的で非対称的な概念を持っている傾向があった。このような男性がずっと若い女性と結婚した場合、夫が慣習的な社会的優位な立場を占めていることが夫婦間の緊張や対立の主な原因となる可能性が高かった。また、妻よりずっと年上の夫は、アメリカ人の第一世代か第二世代である可能性が高かったが、世代の違いそのものが夫婦の相性の重要な要因というわけではなかった。

　年齢差が大きいことが夫婦関係に及ぼす影響は、社会的な相互作用や関心という領域において最も顕著に表れた。夫と妻の年齢差は、経済的問題、性的関係、子どものしつけをめぐる対立や、一般的な関心に関する違いと有意に関連している。年齢差が大きいほど、パートナー同士の共通点は少なくなり、結婚生活における重要な課題で、立場が食い違う可能性が高くなった。そのような問題の1つが夫婦の友愛である。夫が著しく年上の妻は、共通する関心や活動、友人がないことに不満をもらしていた。ある妻は、夫と共通の友人はほとんどいないと言った後「実際、1人もいない」と述べていた。また、ある妻は、「夫が家にいたがるのに対して、自分が外に出て何かをすることに不安を感じている」と言っていた。性格の不一致について語る妻たちは、このような不満を頻繁に口にした。彼女たちは自分について活気がありエネルギッシュで熱心で積極的だと認識し、対照的に、夫について物静かで無表情で動作が緩慢で引きこ

130

もりがちであると描写している。配偶者より15歳ほど年下のある妻は、家計の収入や配分、子育てに関する考え方がまったく一致せず「私たちは一世代の格差があるようだ」と説明していた。

　実際、関心や期待における夫婦間の相違により、年齢に関する「異類婚」が夫婦の相性に及ぼす負の影響を、完全に説明することができる[26]。夫婦の年齢差は、関心や考え方の違いを除外した時には、夫婦関係に何の影響も与えていなかった。上述したように、バークリーの夫婦の大きな年齢差の影響は、それぞれの配偶者の人生における急速な社会変動を反映している可能性が高く、そのことは夫の年齢が高いことが結婚に与える影響についての洞察、例えば、夫と妻の加齢の道筋が大きく異なるという洞察を与えてくれる。

　結婚に影響を及ぼす可能性のあるもう1つの社会的な違いは、各パートナーの社会経済的な出自である。バークリーの女性は結婚によって夫の社会的地位を手にいれたが、彼女たちの社会経済的背景はいろいろであった。女性の約4分の1が社会経済的地位の低い男性と結婚し、同じ割合の女性が社会的地位の高い家庭の男性と結婚した。このような地位の移行は、夫と妻が自分自身やパートナーをどのように評価するかに影響した。例えば、社会的地位を下げて結婚した上位中流階級の女性は、子どもの頃の高い経済的水準を新しい結婚生活に持ち込んだため、夫の業績や経済的キャリアに負担を強いることとなった。このような高い階級の女性側の家族にとって、階級を超えた結婚から得るものはほとんどなかった。対照的に、低い階級の家族は、若者たちの結婚がうまくいっているにもかかわらず、プライドを傷つけられたり、経済的に成功しなければならないというプレッシャーをかけられたりするリスクがあった。保管された記録には、低い階級のパートナーにとって、結婚はある種の苦行であったと記されている。

　ある著名な実業家の娘は、管理職の夫の給料が当時としては平均以上であるにもかかわらず、大きな不満をもらしていた。彼女は結婚以降、慣れ親しんでいたものよりはるかに低い生活水準に合わせなければならないことに屈辱を感じていた。また、妻の物欲を満たすことができなかった別の男性は、「なぜ私はこんなに一生懸命働いていると思う？」と妻に問いかけ「君が欲しいと思うものを買うお金を稼ぐためさ。私にとってお金は重要ではないけれど、君の家

族にとっては重要だったからね」と答えている。また別の事例では、ある父親が新婚の娘に金品を惜しげもなく与え、「玉の輿」にのった夫に恥をかかせた例や、妻に車を買ってあげようと夫が貯金に励んでいたのに、裕福な義父が若い夫婦にもっと高価な車をプレゼントしてしまい、夫の努力が水の泡になってしまった例もあった。

　バークリーの家族に関するこれらの保管された資料は、社会経済的背景が異なる若者同士の結婚の損失と利益について示唆を与えてくれる。彼らが結婚に持ち込んだ違いや緊張は、彼らの関係にどのように表れているだろうか。異なる社会経済的背景を持つことは、1929年の出自と階級的地位を統制しても、夫婦の相性に有意な負の影響を与えていた。どのような問題がこの負の影響の原因となっているだろうか。前述した結果と同様に、言い争いの主な原因は、経済的問題、性的関係、子どものしつけ、そして社会的・娯楽的関心の共有の欠如であった。いずれも、社会経済的背景の違いが夫婦の相性に悪影響を及ぼしていることを示している。

　バークリーの夫婦が結婚に持ち込んだ社会的違いのうち、最後に残った違いは、生い立ちである。バークリーでの結婚の半数以上において、夫または妻の少なくとも片方の親が米国外、それも英語圏以外の国で生まれた家庭の出身者であった。このような初期の経験によって、旧世界と新天地への適応や、過去に固執する両親と新しい生き方や未来に関心を持つ子どもたちの間で生じる緊張が増加した。移民の親と米国生まれの子どもとの緊張や誤解を伴う関係は、異なる文化にルーツを持つ夫と妻の関係に似ているのである。

　文化と夫婦役割の間で最もおこりやすい衝突は、バークリーの中流階級に属する2つの夫婦グループを対比することで明らかとなった。すなわち、米国生まれの夫を持つ外国生まれの妻では、夫婦の相性が最高点（100点満点中平均値59点）であったが、外国生まれの夫を持つ米国生まれの妻では、夫婦の相性がかなり低い得点（100点満点中平均値45点）だったのである。しかし、それぞれのグループには半ダースのケースしか含まれておらず、労働者階級では、外国生まれの夫を持つ米国生まれの妻のグループしか調査に含まれなかった。夫婦間の違いに関する評定の1つに文化的葛藤に焦点を当てたものがあり、この指標ではこれら2群の中流階級の夫婦が家族生活のこの次元の両端に位置して

いることを示している。最も争いの多い結婚の経歴には、一触即発な事件や一時的な別離が顕著に見られている。

　先に述べたように、バークリーの男女は、結婚にいたるまでに夫婦の関係に協調と対立をもたらすことになる経路をたどってきた。ほとんどの者は、年齢や歴史的な時代、社会経済的な出自や学歴、出身地や出生地について、自分と似た相手を見つけたが、かなりの数の者が重要な点で異なる相手を見つけていた。配偶者よりもずっと年上で結婚した男性もおり、この違いが結婚生活の調和や葛藤をもたらした。また、同じ社会階級の結婚相手を見つけた者も、また身分の高い家庭に嫁ぐことになった者もいる。最後に、バークリーの男女の3分の1以上は他国で生まれ、アメリカに移住した者である。彼らのほとんどは自分と似ている配偶者を見つけたが、そうでない者もいた。ライフコースの違いは、結婚の質の違いに影響しうる結果をもたらしたのである。

夫婦の役割と家族のパターン

　これまで述べてきたような違いや対立とは別に、バークリー夫婦の結婚生活は、夫婦がどのように仲良くやっていくかということに大きく関連していた。私たちは、夫婦関係の社会的な質と不平等を問うことで、支配と平等の問題について検討した。平等主義的または対称的なパターンとは、夫と妻が責任と意思決定を分かち合っている関係のことである。不平等または非対称のパターンとは、社会的に優位性のある結婚構造、ほとんどが男性優位な結婚構造のことである。

　この2種類の夫婦構造を考慮しながら、私たちは家族行動や家族文化における夫婦の不平等や平等の証拠を見出すために、夫婦に関する観察資料やインタビュー資料を見直した。その結果、5組の夫婦のうち3組は明らかに「非対称（asymmetry）」であるか、または「対称傾向（toward symmetry）」であると判断された（それぞれ約30%）。残りのケースは複雑なパターンを示し、「移行的（transitional）」と定義したカテゴリーに割り当てられた。この3つのタイプは夫婦間の行動に基づくものであると仮定すると、非対称の結婚に特徴的な男性優位が見られると予想された。全般的な優位性を直接調べる測定項目はなかっ

133

たが、家計の管理において、片方のパートナーが優位であったのは、非対称な結婚で最も顕著であり、移行的カテゴリーと対称傾向のカテゴリーの結婚ではかなり少なかった。

これらの家族構造のタイプは、社会学者リー・レインウォーター（Lee Rainwater）が戦後に行った家族計画、避妊具の使用、多産傾向に関する研究の中で示された、分離（segregated）、中間（intermediate）、共同（joint conjugal）の夫婦関係と類似している[27]。分離構造とは、「夫婦生活の主要なパターンが夫と妻で明確に異なるが、機能的な単位である家族を維持するため一緒に住んでいる関係、あるいは、夫と妻が別々の活動をしており、それぞれの活動を相手に対して日常的に最低限しか伝え合わない関係」を指す[28]。共同によって定義される夫婦関係では、夫と妻は経験を共有することに価値を置いていた。それぞれの夫婦は「仕事の違いや興味の隔たりが最小限となるよう、さまざまな活動を行う傾向があった。分離した関係であるほど、夫は妻の愛情や性的欲求を正しく認識することができず、それに応えることもできていなかった。実際、分離の関係においてのみ、妻は性関係における夫の思いやりのなさについて不満を口にしていた」[29]。

同様の違いが、バークリーの夫婦の家族タイプの比較にも見出されている。性的関係は、家族タイプによる対立に有意な差のあった唯一の領域である。性的問題をめぐる言い争いは、対称傾向の夫婦から移行的夫婦、非対称的夫婦へと一貫して増加していた。関心の相違や夫婦共有の欠如も、それほど顕著ではないものの同様の傾向をたどった。このような家族タイプの違いは、私たちが作成した夫婦の相性の総合的指標を最も明確に反映しており、結婚生活がより平等（対称的）であるほど、夫婦の相性は良いことを示していた。そして夫婦の相性と平等主義的結婚とのこのような関連は、中流家庭にも労働者階級にも当てはめることができた。

中流階級の夫婦は、労働者階級の夫婦よりも、結婚生活における役割分担が対称的であることを好んでおり、中流階級のカップルの約半分が対称的な関係を行っている。対照的に、労働者階級の夫婦の5分の3が、比較的非対称的な結婚の特徴を示している。つまり、対称タイプ、移行タイプ、非対称タイプのどの結婚構造を選好するかということが、社会階級と夫婦の相性の間の主な間

接的関係を規定している。しかし、夫婦の階級的地位と結婚生活の質との間に直接的な関係があることを示す証拠は見出されなかった。例えば、中流階級と労働者階級の平等主義的夫婦には、夫婦の相性に違いは見られない。この理由として予想されることは、平等が好まれる中流階級では、夫婦間の不平等がより否定的な結果をもたらし易いということである。不平等と特徴づけられた夫婦は、労働者階級の 24 組に対して、中流階級では 6 組しかいなかったが、データは、この予想を支持していた（**付表 A 5.2.** 参照）。

役割の好みは（第 4 章で紹介）、概念的には、平等に基づく家族のタイプの差異と密接に関連しており、夫婦関係に関して、更なる洞察を与えてくれる。私たちが分析した役割志向の 2 つの側面は、女性の中心的役割は主婦であるという考え方と、愛情とコミュニケーションにおける夫と妻の相互性である。これらの次元に関して結婚生活をコード化するために、保管されていたデータが用いられたのだが、そこから明らかになったのは、対称傾向の夫婦の半数以上において、夫婦ともに夫婦関係の相互性を好んでいたことであった。対照的に、非対称的な結婚では夫も妻も相互性を重視している者は 4 分の 1 しかいなかった。女性の居場所は家庭にあるという考え方は非対称的な夫婦の特徴をよく表しているが、一方、女性の役割をより広い概念で捉え、相互性を理想とする考え方は、より平等主義的な関係を持つ夫婦に多く見出されている（**付表 A5.3.** 参照）。

各家族タイプにおける平等に関する夫と妻の態度の違いは、役割志向の観点から結婚の価値を示している。私たちは、平等的かそうでないかを基準として各カテゴリーに分類された夫婦を、さらに相互性と女性の役割を基準として分けた。ほとんどの場合、結婚により友愛的なイメージを抱いているのは妻であった。グローヴス（Groves）の指摘を裏付けるように、この時代の男性は彼らの母親が行ってきた家庭的役割を見習うよう妻に望んでおり、一方で女性は社会や家庭での影響力を増してきた、新しい女性像の理想を体現しようと努力していた[30]。このような違いが意味するところは、互いに歩み寄ろうとする各パートナーの態度によって大きく左右される。夫婦関係に大きな影響を及ぼしたのは、どちらかというと、夫の志向よりも女性の志向だったのだろうか。バージェスとコットレルによるシカゴの中流家庭の研究では、「結婚における

男女の平等を強調する新しい風潮は、夫がより支配的であるべきだという古い態度をまだ完全に追い払ってはいない」と結論づけていた[31]。彼らは、文化的にパターン化された行動特性――男性の優位と女性の服従――を、結婚を形成する上で夫の力が依然として強いことのもっともらしい説明としてあげている。

　夫婦の調整における夫と妻の行動の相対的な影響力を明らかにするために、私たちは夫婦の調整と満足の得点が、夫の態度と妻の態度のどちらと一致しているか調べた。男性の平等主義的な夫婦関係志向は自分自身や妻の夫婦関係満足度と強く関連しているが、妻の平等主義的志向は自分自身や夫の夫婦関係満足度と有意な関連は見られなかった。同様の性差は、"互いに調整し合う"という一般的な尺度に注目した時にも見られた。夫の役割志向は、妻の役割志向の3倍以上も夫婦関係の調整を予測していた。この結果や他の結果から、夫がより平等主義的な結婚像を好むことが、妻が自分の願望や理想を実現するために、より良好な状況を生み出していることが示唆される[32]。

大恐慌前夜の結婚生活

　結婚生活の形成において男性が主導的な役割を果たしていることから示唆されることは、男女関係に関するものである。ウィリアム・グード（William Goode）は、世界中の家族制度に関する研究の中で、「家庭内での女性の立場を変えたのは、より大きな社会における男性に対する女性の立場の変化である」と結論づけている[33]。そして、これまで述べてきたように、社会における男性に対する女性の立場の変化は、彼女たち自身の教育の向上に負うところが大きい。バークリーの女性たち、特に中流から上流階級の家庭に育った米国生まれの女性たちの間では、母親より高い正規の教育を受けていることが普通であった。

　高学歴の女性は、他の女性よりも知的な事柄や地域社会の役割に大きな関心を示し、結婚における平等や家庭外での社会的役割をも含むライフスタイルを好む傾向が強かった。有給の仕事は、女性の生き方のもう1つの重要な進展であるが、バークリーの女性たちの関心は主に経済的な不満や圧力から生じていた。家庭外での有給労働が、家事責任の延長線以上のものであったという証拠

はほとんど見出されていない。

　高等教育は、男女平等に対する女性の願望を高める主な要因となった。結婚をした者にとって、高等教育を受けることによって平等と相互性に好意的な配偶者を見つける可能性が高くなった。この時代の願望の高まりは、エミール・デュルケーム（Émile Durkheim）が中流階級の夫婦関係や生活の物質的側面を揶揄した「無限の欲望という病」という否定的側面をもっていた。このフランスの社会学者はこの言葉を造り、持てば持つほど欲しくなり、そのため抑制のきかない欲望が満たされることがないという生活の物質的状況を表現した[34]。しかし1920年代のサンフランシスコでも、この病を夫婦関係、特に新興中流階級の夫婦関係に当てはめることができた。

　特に中流階級の妻は、高い生活水準を含めて結婚生活に多くを期待していた。そのため、経済的な不運は、中流階級の夫婦のライフスタイルに独特の脅威をもたらし、身分の低い家庭は無職による長期にわたる経済的苦境に直面した。家族の扶養に関する期待に応える負担は、いずれの階級でも男性に最も重くのしかかった。ごく少数の例外を除いて、男性は一家の唯一の稼ぎ手であった。これらのことから、経済的損失や失業は社会階級を問わず結婚に深刻な影響を与えることが示唆されるが、特に労働者階級の家庭にとって経済的に生き残ることが最も不安定であったことは間違いない。

　これまで、家族変化の歴史に関する研究は、男性の生活の変化、特に仕事領域での構造や期待の変化が結婚生活にどのような影響を与えるのかに関して、ほとんど注目してこなかった[35]。私たちが見出した知見は、男女双方にとっての日常生活や社会的期待の組織的変化が、結婚の形態と機能に重大な影響を及ぼしつつ、その逆の影響も受けているという事実を支持するものである。教育や家族生活の「核家族化」の進行は、夫婦間の友愛をより強く必要とした。その必要性の高まりに反して、家庭と仕事の場は分離され、夫婦の間が引き離され、経験を共有することが制限されるようになった。

　来るべき経済恐慌の時代においてこれらの問題が解決されたかどうかは、私たちが「結婚の内実」の節で説明したことと大いに関連がある。コミュニケーションと経験の共有は、1日の大半を異なる世界で過ごしていた夫と妻の間に、信頼や理解、愛情を育む上で重要な役割を果たした。このような「話し合い」

第2部　人生を切り開く──1910-30年

は、家族の経済や性的関係、子育てなどの解決すべき問題に関して、夫婦が多くの異なる意見をもっていた時に、問題の解決を促進した。それでは（大恐慌という）困難な時代は、夫婦の理解を深めたのだろうか、それともさらに夫婦の仲を引き離したのだろうか？

❖ 注

1. Oliker, S. J. (1998). "The Modernisation of Friendship: Individualism, Intimacy, and Gender in the Nineteenth Century," in Adams R. G. and Allan G. eds., *Placing Friendship in Context*, Cambridge University Press, 18–42.

2. アーネスト・グローヴスは、女性の学歴の急激な上昇と、それが男性との関係に与えた影響や彼女自身の家庭内外での活動に与えた影響について論じている。以下参照 Groves, E. (1925). "Social Influences Affecting Home Life," *American Journal of Sociology*, 31(2), 230–36.

3. Young, M. and Wilmott, P. (1957). *Family and Kinship in East London*, London: Routledge and Kegan Paul, 30.

4. Young, M. and Wilmott, P. (1973). *The Symmetrical Family*, New York: Pantheon Books.

5. Burgess, E.W., and Cottrell, L.S. Jr. (1939). *Predicting Success or Failure in Marriage*. New York: Prentice-Hall, 15.

    1930年代初期の中流階級のカップルに関する彼らの調査から、バージェスとコットレルは夫のバックグラウンドが夫婦の調整に強い影響力を持っていることを突き止めており、これは彼らの研究の中で見出された傑出した結果であった。

    以下参照 Barry, W. A. (1970). "Marriage Research and Conflict: An Integrative Review," *Psychological Bulletin*, 73(1), 41–54.

6. ここは、結婚を社会的構成として定義するバーガーとケルナーの考えと類似している。彼らの考えでは、夫と妻はその相互作用を通じて、人生と自分たちの住む世界を理解するために、自分自身と自分たちの関係を常に再定義しているという。

    Berger, P.L. and Kellner, H. (1964). "Marriage and the Construction of Reality—an Exercise in the Microsociology of Knowledge," *Diogenes*, 12(46), 4–17.

7. 家族構成や男性と女性の就労の変化に関する歴史的分析の詳細に関しては、以下参照。Ruggles, S. (2015) "Patriarchy, Power, and Pay: The Transformation of American Families, 1800–2015," *Demography*, 52(6), 1797–1823.

    他の研究者は田舎から都会への人口移動により生じた社会生活の変化について指摘している。ヴィルト（Wirth）は都市生活がいかに晩婚化や少子化をもたらし、家庭生活の社会的意義を縮小させるのかを強調し、また対人関係がより匿名的で表面的なものになり、（対人関係が）社会集団の利益のためではなく個人の社会的移動に必要な駆け引きとなっていると指摘している。以下参照 Wirth, L.

(1938) "Urbanism as a Way of Life," *American Journal of Sociology*, 44(1), 1–24.

　ヴィルトの考えを検証するため、クロード・フィッシャー（Claude Fischer）は、都市主義のサブカルチャー理論の中で、都市生活が常に社会的つながりを破壊するものではないことを示唆している。彼は、都市生活は農村生活とは異なるが、その文脈や利用可能なサブカルチャーによっては、個人が社会的つながりを促進するような方法で適応できると主張している。以下参照 Fischer, C. (1995) "The Subcultural Theory of Urbanism: A Twentieth-Year Assessment," *American Journal of Sociology*, 101(3), 544–546.

　フィッシャーは別の論文で、都市に住む個人にはティーンエイジャーの避妊具の使用や、家父長的な家族組織に関する考え方を含む「伝統的な」価値観が低いという証拠を示しているが、それは（ヴィルトが指摘したような家族に関する価値の低下ではなく）考え方を共有している、慣習にとらわれないサブカルチャー集団の発展により生じたことを示している。以下参照 Fischer, C. (1975) "The Effect of Urban Life on Traditional Values," *Social Forces*, 53(3), 430–431.

　フィッシャーの考え方は、グローヴの主張——家族変化は常に悪い方向に進むわけではなく、適応することにより家族がより強くなることもある——と大変よく符号している。以下参照 Groves, E. (1925). "Social Influences Affecting Home Life," *American Journal of Sociology*, 31(2), 228–229.

　ゲイル・ベダーマン（Gail Bederman）は、男らしさの定義の時代に伴う変遷をたどり、田舎から都市への変化が生じたのは、男らしさが肉体的な強さから精神的な洞察力の鋭さへと移行した時期であり、仕事役割の均質化と市場競争（そして家庭から遠く離れた場所での長時間労働）によって、表現豊かで感情的なスタイルよりも理性的で抑制された行動が好まれるようになった時期であったと指摘している。このような変化が、男性の妻や子どもとの触れ合いに変化をもたらした。以下参照 Bederman, G. (1995) *Madness and Civilization: A Cultural History of Gender and Race in the United States, 1880–1917*, Chicago: University of Chicago Press.

8.　Oliker, S. J. (1998). "The Modernisation of Friendship: Individualism, Intimacy, and Gender in the Nineteenth Century," in Adams, R. G and Allan, G. eds., *Placing Friendship in Context*, Cambridge University Press, 18–42.

9.　Levinger, G., and Senn, D. J. (1967). "Disclosure of Feelings in Marriage," *Merrill-Palmer Quarterly*, 13(3), 237–249.

　自己開示における性差に関するレビュー。以下参照 Cozby, P. C. (1973).

"Self-disclosure: A Literature Review," *Psychological Bulletin*, 79(2), 73–91.

10. Streib, J. (2015) *The Power of the Past: Understanding Cross-Class Marriages*, New York: Oxford University Press.

11. Burgess, E. W., and Cottrell, L. S., Jr. (1939). *Predicting Success or Failure in Marriage*. Prentice-Hall.

12. バージェスとコットレルは、質問 526 の回答の中で、夫婦が一緒に記入したのは 30、インタビュアーが片方または両方の配偶者の回答を引き出したのが少数、ほとんどは片方の配偶者（夫 153 名、妻 317 名）が記入したものと記述している。
　　Burgess, E.W., and Cottrell, L.S., Jr. (1939). *Predicting Success or Failure in Marriage*. Prentice-Hall, 18.

13. バークリー・ガイダンス研究（Berkeley Guidance Study）では、トータルで 244 組の家族が調査に参加し、ランダムに 2 群に分けられている。1 つは親への面接や観察を中心として集中的にデータ収集された群であり、もう 1 つは集中的には調査されなかった群である。集中的グループは子育てで親が困難に直面した時に継続的なガイダンスを行うために設計されたものであった。以後、このような介入の目的で調査が実施された群を「集中的に研究された家族」「集中的サンプル」「集中的グループ」と呼ぶ。詳細については以下参照 Macfarlane, J. (1938). *Studies in Child Guidance. I. Methodology of Data Collection and Organization*, Monographs of the Society for Research in Child Development, 3 (Washington, DC: Society for Research in Child Development).

14. 5 段階評定の各指標は、研究所の 2 名のスタッフによる重みづけ評定の平均値を表している。評定者の 1 人はジーン・マクファーレンであり、インタビュー場面で直接親世代を観察し評定した。もう 1 人の評定者は、家庭訪問により得られたインタビューや観察の資料を用いて評定した。各評定の重みづけは、評定者が結婚関係の特定の領域に熟知している程度により決定した。そのため、社会的・情緒的な結婚の内面において、マクファーレンの評定への重みづけが最も重い。熟練した臨床家の判断（評定）を用いることで、私たちは夫や妻の自己報告からは見出すことができないような結婚の内面について調べることができた。そしてインタビューや観察を基にした報告を用いることで、臨床家は、結婚の全体像、つまり表面もその下に潜む複雑な側面も眺めることができ、パートナーが気づかないような側面を評価することができた。

15. 例えば、夫 – 妻ペアの相関係数の平均は .55 である。

16. Freud, S. (1922) *Group Psychology and the Analysis of the Ego*, (J. Strachey,

第2部　人生を切り開く——1910-30年

Trans). London: International Psychoanalytical Press, 54.

17. Burgess, E. W., and Cottrell, L. S., Jr. (1939). *Predicting Success or Failure in Marriage*. Prentice-Hall.

18. Berger, P., and Kellner, H. (1964). "Marriage and the Construction of Reality: An Exercise in the Microsocioloty of Knowledge," *Diogenes, 46,* 14.

19. 注7を参照。

20. Cherlin, A.J. (2009) *The Marriage-Go-Round: The State of Marriage and the Family in America Today,* New York: Alfred A. Knopf.

21. Komarovsky, M. (1964) *Blue-Collar Marriage,* New York: Random House, 197.

22. Wilcox, W. B., and Nock, S. L. (2006). "What's Love Got to Do with It? Equality, Equity, Commitment and Women's Marital Quality," *Social Forces,* 84(3), 1321-1345.

23. 階級における異類婚の影響に関する実証的証拠について評価した資料。以下参照 Glenn, N. D., Hoppe, S. K., and Weiner, D. (1974). "Social Class Heterogamy and Marital Success: A Study of the Empirical Adequacy of a Textbook Generalization," *Social Problems, 21*(4), 539-550.

　　筆者らが指摘するように、人生や歴史的違いの影響評価を試みる場合は、各配偶者の地位や社会的立場を含める必要がある。このような研究では「識別問題」つまり1つの独立変数が他の2つの独立変数によって決定されるという問題が生じる。以下参照 Blalock, H.M. Jr. (1966) "The Identification Problem and Theory Building: The Case of Inconsistency," *American Sociological Review,* 31(1), 52-61.

　　出自における社会経済的地位の違いと年齢差の双方についてこの文献は包括的結果を示している。以下参照 Udry, J.R. (1966). *The Social Context of Marriage,* Philadelphia: Lippincott.

24. Berardo, F.M., Appel, J. and Berardo, D.H. (1993) "Age Dissimilar Marriages: Review and Assessment," *Journal of Aging Studies, 7*(1), 93-106.

25. Bumpass, L.L. and Sweet, J.A. (1972) "Differentials in Marital Instability: 1970," *American Sociological Review,* 37(6), 754-766.

26. 夫婦の年齢差の影響を調べるために、一般的関心、経済、子どものしつけに関する得点を合計して、夫婦のズレ指標を作成した。ステップワイズ回帰分析において、年齢差や夫の年齢、階級地位を投入した後に、この指標を投入した。

27. 409名の夫と妻を対象とした集中的インタビューを行い、レインウォーターは、

夫婦の出産願望や避妊具の使用、生殖能力について、またそれが家族関係のタイプやその他の社会的カテゴリーによりどのように異なるのかについて、詳細な調査を行った。

Rainwater, L. (1965) *Family Design: Marital Sexuality, Family Size, and Contraception*, Chicago: Aldine.

28. Rainwater, L. (1965) *Family Design: Marital Sexuality, Family Size, and Contraception*, Chicago: Aldine, 30.

29. Rainwater, L. (1965) *Family Design: Marital Sexuality, Family Size, and Contraception*, Chicago: Aldine, 72.

30. Groves, E. (1925). "Social Influences Affecting Home Life," *American Journal of Sociology*, 31(2), 227–240.

31. Burgess, E. W., and Cottrell, L. S., Jr. (1939). *Predicting Success or Failure in Marriage*. Prentice-Hall, 343.

32. このようなジェンダー・ダイナミクスや結婚の質のレベルに関する結果は、結婚志向や行動に関する今日の研究の中に反映されている。ウィルコックスとノックは、妻の結婚満足は夫がもっと感情的に働きかける時に高くなること、そして興味深いことに、このような傾向は非対称で夫が優位な家庭の方が、平等主義的なカップルより、より頻繁に生じる傾向があることを見出している。以下参照 Wilcox, W. B., and Nock, S. L. (2006). "What's Love Got to Do with It? Equality, Equity, Commitment and Women's Marital Quality," *Social Forces*, 84(3), 1321–1345.

ガーソンは、若い男女は友愛的で平等主義的な結婚を望んでいるものの、それを実行に移すのは難しいと感じていることを見出している。 女性は代替手段として自助努力をしようとする傾向があるが、一方で男性は、大黒柱としての男性と世話をする女性という構造を優先する非対称な家族構造にもどそうとする傾向がある。多くの場合、男性の志向が受け入れられるため、夫婦は非対称な家族構造に陥りやすい。以下参照 Gerson, K. (2010). *The Unfinished Revolution: How a New Generation Is Reshaping Family, Work, and Gender in America*, New York: Oxford University Press.

数十年にわたり、相互作用的な制度としての結婚は、家庭外での個人の成功と夫婦間の情緒的つながりの間の緊張を伴うと同時に、仕事や家事の性別分業モデルと平等で相互的な関わりを求めるモデルの間の緊張をも伴うものであった。

33. Goode, W.J. (1963) *World Revolution and Family Patterns*, New York: Free

Press, 55.

34. Durkheim, É. (1966). *Suicide: A Study in Sociology,* (Ed. George Simpson. Trans. John A. Spaulding and George Simpson). New York: Free Press（宮島喬訳（1985）『自殺論』中央公論社）.

35. 例外として以下の論文を参照 Hareven, T. (1982) *Family Time and Industrial Time: The Relationship between the Family and Work in a New England Industrial Community,* Cambridge: Cambridge University Press（正岡寛司監訳（1990）『家族時間と産業時間』早稲田大学出版部）.

第3部 大恐慌の時代
──最悪と最良の時代

　大恐慌下のさまざまな人生経験は、この時代の最も際立った特徴の1つである。1974年に出版されたグレン・エルダー（Glen H. Elder Jr.）著『大恐慌の子どもたち』によると、東海岸のオークランド市（city of Oakland）では、1930年代末までに多くの家族が大幅な収入減と失業から立ち直ることができたことが明らかにされている。中流階級と労働者階級のほとんどの家族は、1933年までに世帯収入の半分以上を失ったが、中流階級の家族は労働者階級の家族よりも早く、完全にこの損失から回復することができた。

　隣接するバークリー市（city of Berkeley）の家族でも同等の結果が得られているのだろうか。そのことは第6章で報告されている。中流階級の家族は教育や労働技能といったより大きな資源を大恐慌期に持ち込んでいたため、労働者階級の家族よりも迅速に社会経済的損失を埋め合わせることができたの

だろうか。また、失業や減収は健康にどのような影響を与えたのだろうか。第7章では、大恐慌以前のバークリーの夫妻の初期の結婚生活の質と、夫妻の情緒的健康との両方に焦点を当て、この問いに答えている。結婚幸福度はストレスの多い時期に支えとなり、良い健康状態は大恐慌生活の困窮に対処するための重要な内的資源であった。

大恐慌の最も悲惨な時期は、バークリーの夫妻の出産時期に起こった。彼らは、景気がよくなるまで出産を先延ばしにしたのだろうか。年長の子どもは家事を手伝い、アルバイトで稼いだお金で貢献することもできるだろう。しかし、剝奪家族の少年は、憂うつで怒りっぽい父親からお仕置きを受ける可能性も高かった。第8章ではこれらの問題を検討し、第9章では親族の相互扶助の仕方について検討する。大恐慌の間、年配の男性や特権階級の剝奪されなかった家族には大きな資源の優位性があった。彼らは中流階級や労働者階級の貧しい親族を助けるために、老親を家庭に迎え入れるなど、どのような仕方で資源を利用したのだろうか。

第 6 章

災厄と恩恵

● ● ● ● ● ● ●

父の収入が激減したのは 1929 年でした。
それ以来、自分たちは貧しいという観念のもとに生活している。

あるバークリーの夫妻の息子

　繁栄と窮乏の時期とがぶつかり合った大恐慌は、バークリーの多くの家族にとって痛ましい経験となった。1920 年代のカリフォルニアの経済成長は、最下層の階級を除くすべての社会階級に大きな利益をもたらし、物欲も旺盛になった。バークリーの家族にとって、この時期はキャリアをスタートさせ、家族を増やし、安定を築く時期であった。1929 年までには、世帯年収は平均2,300 ドルに達し、一部の男性を除いたほぼすべての人が正規雇用であった。その 3 年後、大恐慌の真っただ中、カリフォルニアの家族全般に言えることだが、世帯年収は 30％減少した。バークリーの男性の 5 人に 1 人が職を失い、さらに多くの人が短時間労働者になっていた。1929 年から大恐慌の最盛期までの間に、バークリーで経済的最下層に位置する家族（年収 1,500 ドル未満）の数は、3 倍以上になった。大恐慌は、それまで良い時代しか知らなかった多くの人々にとって、新しい現実となったのである。

　中流階級の家族は 1920 年代の繁栄期の恩恵を受けていたが、この幸運は、1930 年代初頭の経済状況の悪化により、財産、証券、社会的評価、生活水準など、失うものが多いことを意味していた。高まり続ける願望を伴う急速かつ劇的な利益が、経済的な災厄の脅威を増大させた。隣接するオークランド市では、大幅な減収が中流階級の人々に強い喪失感と挫折感を与えた[1]。しかし、

147

第3部　大恐慌の時代──最悪と最良の時代

最も厳しい困窮は労働者階級を苦しめた。初期の産業恐慌の研究によれば、中流階級では大幅な収入減と地位の喪失が家族剥奪の典型であるが、労働者階級では失業が家族の困窮の中心的な特徴であった。

　本章では、1929年の大恐慌時代から第二次世界大戦の勃発まで、バークリーの中流階級と労働者階級の男性の社会経済的キャリアを通して大恐慌の影響を明らかにする。「社会経済的キャリア」とは、世帯主の雇用形態、役割、収入に基づく経済状況や職業生活の経路を指す。1930年代初頭の経済破綻とその後の不均等な回復過程は、初期の家族剥奪、その全体的なパターンと変動要因、第二次世界大戦まで続いた剥奪のあり方について疑問を投げかけている。

　まず、1920年代末に中流階級と労働者階級に位置づけられた家族の中で1930年代半ばまでの社会経済的変化を説明することから大恐慌時代の旅を始めるが、そこでは特に経済的変化と景気回復の程度に注目する。収入を失い特に職を失った男性にとって回復の見込みは、インフレ傾向、1937年から38年にかけての不況、1934年から戦時中にかけてのストライキや工場閉鎖の多発によって損なわれた。一部の家族は1930年代を通して生活水準を維持できたが、他の家族は極限の困窮に苦しんだ。このような多様性を説明するために、私たちは、男性が大恐慌の時代に持ちこんだ資産と負債、例えば教育、技能、労働市場の脆弱な部門における労働経験などに注目する。私たちの最後の問いは、困窮した家族の中に、大恐慌の10年が終わる頃までに、かつての経済的地位をなんとか回復させた家族もいる一方で、恵まれない家族もいたのは、どうしてなのかということである。

経済的剥奪と家族の困窮

　1930年代前半のバークリーの経済状況を概観すると、1933年半ばには大恐慌は底を打ったことが示されている。しかし、この年が家族の経済的なキャリアにおける最下点でもあったと考えてよいのだろうか。地域社会と著しく異なった経済循環を経験した家族もいたのだろうか。集中的に研究された家族の年間記録によると、バークリーの家族は1933年に経済下降の底を打つ傾向が最も大きかった[2]。どん底の3年間（1932年、1933年、1934年）の経済変動は

148

比較的軽微であった。世帯収入は 1933 年までに 4 分の 1 程度減少し、世帯収入が最も低い年には 30％も減少した。

　私たちが、世帯収入が最も低い年の数字に依拠することにしたのは、この数字が最大の変化を最も正確に推定することができるからである。社会的な意味合いと意義において、総世帯収入の変化率は、等間隔の連続体であるとはいえない。客観的な困窮という点では、低所得層の家族にとって、20％の減収と 30％の減収との差は、高所得層の家族よりかなり大きい。しかし、この減収がもたらす主観的な影響については、同じことが言えない。中流階級の対面と生活様式がかかっている場合、いかなる減収であっても脅威となる可能性が高い。地位の高い家族は、労働者階級に比べ、経済的変化がもたらす地位への影響を過大視する傾向が強い。このことは「それまでの生活水準が比較的高く、自分たちを『その地位にふさわしい基準、規範、責任を維持している上流階級の家族』と考えていた」ブルーカラーの家族にも当てはまる[3]。したがって、窮乏期に陥る前の階級の位置は、経済変動の経過、意味、結果を評価する上で重要な文脈を示しているのである。中流階級の家族は、資源、期待、既得権益を持って大恐慌に突入したが、それらのものは、労働者階級の家族のものとは、重要な点で異なっていたのである。

低所得と生活費

　真に経済的に剝奪された家族を特定するのに重要だったのは、生活費の変化と世帯収入の損失という 2 つの要因であった。大恐慌でバークリーの家族の 5 世帯のうち 4 世帯が何らかの収入を失ったが、多くの場合、収入減は生活費の減少よりも驚くほど少なかった。アメリカ合衆国労働省労働統計局（The US Bureau of Labor Statistics）がまとめたデータによると、湾岸地域コミュニティの生活費は、ルーズベルト政権が発足した最初の 100 日間である 1930 年から 1933 年春までの間に、少なくとも 23％減少した[4]。最大の下落は食品、衣料品、家賃だった。

　この傾向に基づけば、恐慌前の収入の 4 分の 1 までの経済的損失は困窮とは認められないが、市長は「状況に合わせる」ために彼の自らの収入をより少ない削減率（20％）ではあるが自主的に削減したと発表した[5]。1932 年から 33 年

にかけてインタビューされたバークリーの女性のうち2人は、1929年の収入のほぼ4分の1に相当する給与カットがあったにもかかわらず、家族が幸福であった主な理由として、生活費が大幅に下がったことを挙げている。真実と誇張をおりまぜて、これらの女性の1人は数年後に「私たちは不況が起こっていることを知りませんでした」と報告していた。夫は失業しなかったし、彼女は「買いたいものは何でも安くなった」と説明した。

　ある種の実質的な剥奪が生じたのは一般的に、減収が1929年の数字の3分の1を超えた時であった。このような剥奪には、全体的な厳しい予算の制約（例えば、安い賃貸住宅への転居など）、急速に膨らむ負債、貯蓄やクレジットを使い果たし、保険契約から家具、自家用車、自宅などの資産の喪失が含まれる。バークリーの家族の中には、債務の山（ある妻は調査員に「このことを考えたら気が狂いそうだ！」と述べた）や、予想される損失または実際の損失（ある家族の報告によると「住宅ローンの利子さえ払えず、家を失うことを恐れている」と言った）について繰り返し言及しているのが見受けられた。同様の影響は、オークランドの中流階級と労働者階級の家族を対象とした大恐慌の研究でも観察されている。中流階級と労働者階級のいずれにおいても、減収が34％以上の家族は経済的に剥奪されているものとして分類された[6]。手元にある証拠から、バークリーの家族についても、比較的に剥奪されなかった家族と剥奪家族との区分は同様に適切であるようだ。

　1920年代末、大恐慌前夜の時点では剥奪に陥る家族とそうでない家族との間に大きな収入差はなく、この時期の主要な対比は社会階級によるものである。1932年から33年にかけて経済が崩壊した後、剥奪家族の経済的衰退は、中流階級では剥奪されなかった家族の4倍、労働者階級では3倍であった。こうした変化は、労働者階級の経済部門と比較して、一部の中流階級の家族の相対的な経済的優位性を減少も増加もさせた。集中的に研究された家族での減少は、剥奪された中流階級が、剥奪されなかった労働者階級を下回る経済水準まで急激に落ち込んでいることを示している（図6.1.参照）。

　経済的福利の両極端は、1932年から33年にかけて「良い年」であったことを報告した一部の家族と貯蓄が増加した（「私たちは安く暮らしているので、本当はもっと持っている」という）家族を含む比較的安定した中流階級と、苦境に

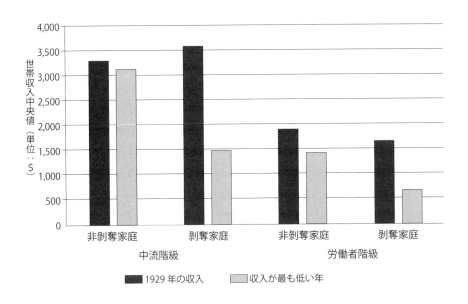

図 6.1. 経済困窮と社会階級別にみた世界大恐慌期間の 1929 年収入と最低収入年の世帯収入中央値（単位：＄）

立たされた労働者階級とが代表している。大恐慌時代の年収の中央値は 2,000 ドルを超えるものから平均は 645 ドルという数値まであり、一部の家族にとっては生活に最低限必要なものがある日突然手に入らなくなるという極貧を意味した。1933 年夏、4 人の子どもがいる機械工の家族を訪ねた調査員による短い記録は、こうした経済状況の厳しさを物語っている。

> 父親はほとんど失業中で、一家は 1 日 1 ドル以下で生活しようとしている。公共料金の支払い能力がなく、小さなバンガローには照明用の電気も暖房用や調理用のガスもない。親子で薪を集めて料理をし、ウサギやニワトリを育てて肉を食べ、庭で野菜を育てている。衣服と食料はバークリー福祉協会が提供している[7]。

20 年ほど安定した職に就いていたにもかかわらず 1930 年に職を失った熟練

労働者の家族にとって、経済状況はさらに絶望的だった。彼は別の仕事に就いたが、3年後にすぐに解雇された。1933年には年収が60ドルしかなくなり、一家は生活保護を受けるようになった。車や保険などの資産も失った。1933年の冬の事例記録には、「ミルク、食料品、燃料のために多額の借金をし、家の支払いもままならない。親族は援助する能力を使い果たした。親子は医療を必要としているが、その余裕がない。父はひどく落胆し、仕事を見つけることを切望していた」とある。

　バークリーの家族の間でみられる経済変動は、オークランド家族で観察される変化とおおむね一致している[8]。しかし、経済的損失はオークランドの中流階級の方がバークリーの中流階級より大きく、この違いは2つのサンプルの中流階級の構成の違いを反映している。オークランドの中流階級には中小企業経営者が多く、彼らは特に大幅な減収の影響を受けやすかった。バークリーの中流階級には教育者、弁護士、公認会計士などの専門職が多く、彼らは世帯収入が多少減っても何とか凌げた。

　バークリーの1900年世代家族にみられる経済的損失の程度は、男性の収入減と代替収入源を得るための家族の努力との両方を示している。しかし、小さな子どもを抱えていると、妻の就業は制限される。1933年から34年には、女性の10人に1人しか雇用されておらず、そのほとんどがパートタイムでのみ働いていた。したがって、私たちが観察する家族の経済変動は、男性の所得変化によるものである。代替収入源を確保するための家族の努力は、1930年代後半、特に戦時中の回復過程の一部と見るのが最も適切であろう。それは子どもを持つ既婚女性が大量に労働市場に参入した時期だったのである。

職業生活のパターン

　バークリーの男性にみられる職業生活の不安定さは、家族剥奪の根源における階級的な差異を反映している。経済的に剥奪されている男性では1929年から1934年にかけて職業的地位はさほど安定しておらず、この不安定性の大部分は失業に関連している。1930年から1936年にかけて、失業はほぼ完全に経済的に剥奪された男性、特に労働者階級の男性の職歴に集中してみられた。この間ずっと無職だったのは、剥奪されなかった中流階級家族の男性ではわずか

5％であったのに対し、剝奪された中流階級家族の男性では実に3分の1であった。これとは対照的に、剝奪された労働者階級では、無職が事実上の生活様式となっていた（剝奪された労働者階級では65％、剝奪されなかった労働者階級では25％）。年間失業率は、剝奪された労働者階級の男性で1931年から32年にかけてピーク（55％）に達し、その約1年後には剝奪された中流階級でピーク（1933年に32％）に達した。

　変化はまた仕事を持ち続けている男性の職業生活にも生じた。一部の企業は週当たりの労働時間を短縮し、その結果、給与も減額された。このことは、熟練労働や未熟練労働の労働者階級の男性に最も大きな影響を与えた。中流階級では、失業率が上昇する中で仕事を継続するチャンスを得るために、自分の職場でも「無給残業」労働を選択することがよくあった。この戦略は、苦境を乗り切る見込みを高めようとする自営業者にとっても主要な選択肢であった。異例なことに、労働者階級の男性もまた週当たりの労働時間短縮の対象となった。人件費の削減や「業務の分散」を図るため、湾岸地域にある多くの企業は従業員の週当たりの労働時間を週6日ないし5日半から、週3日さらには週2日へと短縮していた[9]。これらの削減は、災害への備えがほとんどなかった家族に深刻な困窮をもたらした。研究ノートを見ると、1931年9月に週休3日制で働く港湾労働者と結婚したある女性は、「貯金をすべて使い果たしたので非常に心配」し、「どうやって冬を乗り切ろうか」と悩んでいたことが記されている。

　場合によって、短縮勤務は、失業の一歩手前に過ぎなかった。ある窯業労働者は、このように稼ぐ力と社会的役割を段階的に失っていった。彼の家族は、解雇前にクレジットを使い果たし、すぐに貯金をすべて使い果たして親戚から借金したり、保険を担保に借金したりするようになった。バークリーの労働者階級の男性の4分の1は、1932年に短縮勤務で雇用されていた。不完全雇用者と失業者を合わせると、剝奪された労働者階級の男性の4人に3人は、1932年に常勤職ではなかったのである。

　これとは対照的に、1930年代初頭には、バークリーの中流階級の男性（剝奪と非剝奪）の10％以下が短縮勤務であった。この削減は、原則として非常に控えめで、かつて裕福だった人々にとっては不幸中の幸いというべきものであっ

第3部　大恐慌の時代——最悪と最良の時代

た。中流の上層階級の男性は、収入が減ったのに仕事へ同じ時間かそれ以上の時間を費やす代わりに、週1日の労働が減った分、生活水準を大きく落とすことなく、家族や余暇のための時間を手に入れたのである。例えば、地元の電力会社の勤勉な幹部は、土曜日を休みにすることで9％の削減を受け、生活費が減ったことで貯蓄が増え、接待が減ったことで疲れが減り、友人や家族との親睦を新たにすることができた。

　ミドルタウン研究で引用された新聞編集者は、このような家庭を思い浮かべていたのかもしれない。その編集者は「この不況には良いところもある……。神経はそれほど疲れきってはいない。身体はよく休まるし、上質な食べ物はそれほど多くないが、消化はよい」と書いている[10]。地域資源にのしかかる「救済」負担の高騰に直面しながらも、『バークリー・ガゼット新聞（*Berkeley Gazette*）』は、1932年11月24日付の「感謝祭のケース」と題する社説の中で、このような視点を打ち出している。「私たちの多くは、1年前よりお金は少なくなったが、当時より借金は少なくなり、新しい社会秩序に慣れて、より幸せになっている。だから、全体として、これは嘆くべきことではない」。

　急増する人員削減に対応するため、一部の男性は自らの仕事を守るために個人的な運動として「残業」をした。彼らは無報酬で勤務時間を延長し、会社にとっての自分の価値を高めようとした。ある若い石油会社の営業マンの奥さんは、「多くの人が解雇されたので、自らの職を失わないために」夫が夕方まで働いていると訪問客に説明した。このような作戦は、保管された記録に詳しく記載されており、特に、まだ比較的経済的な打撃を受けていなかった中流階級の男性たちの間でみられている。彼らは最悪の事態を恐れていたが、まだそれを経験していなかった。

　「長時間労働」は、大不況で経営難にあえぐ経営者のライフスタイルとほぼ同義であり、彼らは事業を救うために全力を尽くしていた。このカテゴリーには、事業を営みつつ大恐慌に突入した男性と、経済的苦境を脱する方法として自営業を試みた男性の両方が含まれる。1930年から大恐慌の最中にかけて、「尋常ではない長時間労働」という表記は、主に苦境に立たされた自営業者の記録に登場する。「多忙、長時間労働（あるケースでは日の出から深夜まで）、重責、低収入」は、事業衰退の厳しい状況を物語っている。

第6章　災厄と恩恵

　大恐慌の10年間は経済的な逆境が続いたため、多くのバークリーの家族にとって復興は遅々として進まず、拷問のようなプロセスであった。地域の状況は1937年までに著しく改善されたが、この年になってもなお、剝奪された中流階級の3分の1の家族が恐慌前の経済水準を下回っており、剝奪された労働者階級の全家族の半分が同じ苦境に立たされたままだった。長引く困窮を説明するためには、まず、なぜ仕事と収入を失った男性とそうでない男性がいるのかを説明しなければならない。1929年に職業生活の問題を抱えていた男性は、大恐慌の間、仕事と収入を失いやすかったのだろうか。もしそうならば、継続性はある障害のパターンを示唆することになり、そのパターンは経済の回復後でも続くかもしれないのである。

家族の災厄の原因

　大恐慌体験の全体像は非常に多様である。生活費の減少をはるかに上回る経済的損失を被った家族もあれば、最小限の困窮しか経験しなかった家族もあり、少数ながらも経済的により豊かになった家族さえ存在する。こうした差異を説明するためには、恐慌前の家族と一家の稼ぎ手の経歴の段階を考慮することが有効である。大恐慌前のバークリーの家族の環境のどのような要素が、経済的損失や失業の可能性を増大させたり低下させたのであろうか。1930年代の労働者の経済的安定には、一般的に2種類の先行条件が関係している。第1は、労働者の属する経済分野とその分野が経済サイクルや経済停滞にどの程度脆弱かということである。これは、1929年の男性の仕事に関する一般的な産業分類（建設業、金融業、製造業など）によって指標化される。第2は、労働者の市場価値である。それは異なる市場条件のもとでの雇用可能性を示す特性として、1929年における年齢、教育水準、職業技能である[11]。その他の考慮事項には、親族への援助や負債など、労働者や家族の不況以前の依存関係が含まれる。

　救貧法（Poor Law）と個人主義が定着した時代から、大恐慌後の福祉国家の規定に至るまで、権力と特権を持つアメリカ人は、労働者の災厄を性格、体力、知性の欠如のせいであると考える傾向がある[12]。それによって報酬の不平等が正当化される。すなわち、労働者は自分に見合った報酬を受けていると考えら

155

第3部　大恐慌の時代——最悪と最良の時代

れていたのである。大恐慌を生き抜いたアメリカ人の心の中では、1930年代の大規模な依存関係によって、最終的に大恐慌はこの解釈の例外となったのだが、こうした説明は当時の中流階級ではごく当たり前のことだった。

産業部門による違い

　一般的に仕事の役割に対応する産業の種類によっては、窮乏期に男性の社会経済的運命を形成する構造的要因の明確な例が示される[13]。経済サイクルのある谷間から別の谷間にかけて、経済の衰退が異なる業種や職種の労働者に及ぼす影響は不均等であることが歴史統計に記録されている。1920年から21年にかけての不況において、失業者の割合は製造業で著しく増加したが、公共サービス部門では低いままであった[14]。大恐慌でも同じく製造業と建設業は、経済衰退と失業の指標で際立っている[15]。

　窮乏期における産業別労働者の地位に関する証拠の多くは肉体労働者の失業に関するものであるが、私たちはこの比較を相対的な減収に適用した。男性は1929年の職業に基づいて産業カテゴリーに分類され、その当時の社会階級で比較された。労働者階級では、業種によっては減収の程度に違いはなかったが、中流階級では大きな差異があった。製造業、金融業、サービス業（個人・専門職）、建設業の4つの業種は、窮乏期での経済的リスクが高い傾向にある。最初の3つは1930年代の大幅な減収のリスクでも上位にランクされ、平均49%の減収を記録している。興味深いことに、建設業は20%以上低い。この産業部門は一般に不況の影響を最初に受ける部門の1つだが、自営業者が大半を占める中流階級には、そのような脆弱性の証拠は見られない。とはいえ、大工の男性たちの生活にみられるように熟練労働者や半熟練労働者のリスクは高いものであった。

　　そう、大恐慌は私のような職業の人々にはとてもひどいものだった……。最終的には何とかなったが、4年間はほとんど仕事がなくて、救済労働の^{★訳注1}仕事を受けなければならなかった……。車もなかったので、1日に何キロ

★訳注1　困窮した人々に対する援助を提供するための仕事。

156

も歩いて仕事を探したものです。恐慌が収束し始めた頃、初めて受けた仕事のことを覚えています。私が最初に到着して、請負業者に尋ねたんだ。彼は、大工はたくさんいるが仕事がないので、みんな仕事を探すのをあきらめてしまっていると言っていました。

同じように長く仕事がない時期があったもう1人の大工は、ちょうど彼が給料をもらって働けるようになった直後である人生の若い段階で大恐慌が起きた。

私がまだ見習いだった頃、私たちは結婚してバークリーに引っ越したんです。私はこの請負業者には何年もお世話になりましたが、大恐慌の間は建設ができず、餓死寸前まで追い込まれました。仕事をしないことでクビにされたことはありませんが、私は会社都合で何度も解雇され、31年から33年までは5か月も働けなかったと思います。

このように窮乏期に適応するための選択肢という観点から男性の仕事の役割を考えるなら、自営業者の経済的立場とサラリーマンの経済的立場とを区別することは有益である。大恐慌で多くの零細企業が倒産したが、自営業者はホワイトカラー労働者や賃金労働者に比べて、自律性、統制性、柔軟性が高く、経済問題の解決策を見出すのに役立つなど、いくつかの適応的な利点があった（第3章参照）。事業継続と雇用の維持のために、彼らは間接経費を削減し、家族以外の従業員を家族に置き換えることができた。

窮乏期における労働者の価値

労働者は、雇用主が決定した「雇用可能性」またはその時点での市場価値に従って、仕事の順番待ちの列に並べられる[16]。窮乏期には、一般的に最も技能の低い高齢労働者が最初に仕事を失い、最後に新しい仕事を見つけることになる。彼らは使い捨てにされる労働者であり、技能や欠点に基づいて判断される「雇用可能性」が最も低い労働者なのである。私たちは、バークリーの男性の年齢、学歴、職業技能を、大恐慌期の労働市場における相対的な市場価値の指標として用いた。研究では一貫して、これらの因子が失業と減収の最良の予測

因子になると判明している。

大恐慌の時、アメリカ合衆国の男性労働者の失業のリスクは、高齢男性が最も高く、次は25歳未満の労働者が僅差で続いた。失業率は45歳以上の男性で急上昇し、55歳以上の労働者で最高レベルに達した。一旦失業すると、高齢男性は若い労働者よりも失業状態が長続きする傾向があった[17]。戦後の研究でも同様の結果が報告されている。年齢差別は、仕事が少なく景気が悪いとより厳しく適用される[18]。雇用者は、高齢の労働者よりも若い男性の方が、より良い訓練を受け、新しい状況への適応力があり、退職まで何年も生産性を発揮できるという理由で、評価が確立している若い男性を好んだ。

1930年代には、多くの企業が新入社員の年齢の上限を設定し、時には40歳まで下げることもあった[19]。年功や職務経験の長さは、高齢者の仕事を守るためにはほとんど意味がなかったが、そうした経験の欠如が、最も若い男性の失業率の高さの一因となっている。失業率は15歳から19歳が平均の2倍であり、20歳代前半の男性ではおおよそ3分の1を上回っていた[20]。このような失業パターンを考慮すると、バークリーの男性は労働人口の年齢構成において有利な位置を占めていた。少数の例外を除いて、彼らは1930年には25歳から45歳であり、したがって、高リスクのカテゴリーから特に中流階級の人々は免れていた。しかし、この年齢構成は、継続的に雇用されている中流階級の男性にのみ有利なものであった。労働者階級では、失業と経済困窮のリスクは年齢の四分位ごとに確実に増加した。そして、言語能力と正規教育の両方で同じ勾配をたどる傾向があった。

労働技能や正規の教育を受けていない男性は、雇用可能性において最下層を占め、その不利益は窮乏期において著しく大きくなる[21]。歴史記録によれば、1930年代には、未熟練労働者と半熟練労働者は熟練労働者よりも高い失業率に苦しんでいたことが示されている。未熟練労働者は男性労働力の27%を占めていたが、失業中の男性労働者全体の42%を占めていた[22]。同様に、サーンストロム（Thernstrom）が行ったボストン男性の1900年から1909年生まれコホート分析によれば、大恐慌は1930年以前に半熟練や未熟練職であった男性の職業生活に最も悪影響を与えた[23]。

この低技能のカテゴリーは、バークリーの家族の中でも困窮の度合いが際

立っている。半熟練者または非熟練者の半数以上が 1930 年から 1935 年のある時点で失業しており、これは他の職業カテゴリーの 2 倍以上の割合であった。失業率は、熟練肉体労働者と下層ホワイトカラー労働者では 20% から 26% と比較的同程度であり、その後、より高い地位の男性で急激に低下している。

　失業率から、底辺の労働者男性の困窮は比較的正確に把握することができるが、一般的な中流階級の男性の生活は把握できない。経済的困窮の推定において失業率の数字に依存する傾向があることを考えると、このことには注目する価値がある。中流階級の大卒者は、わずかな例外を除いて失業の時期を経験せず、集団として低学歴の男性よりはるかに良好な経済状態にあった。大学に入学したが学位課程を修了しなかった男性には、入学しなかった男性に比べて何の利点もなかった。労働者階級の男性の教育水準が低いことは、職業上の技能よりも、雇用の安定にとってより不利になった。高卒未満の男性は、高学歴の労働者よりも大恐慌で職を失う可能性が高かったが、この非常にささやかな影響は、未熟練または半熟練であるというはるかに大きな障害によって影が薄くなっている。

　大恐慌に入った中流階級と労働者階級出身の男性の職業生活と経済的地位には、さまざまな先行条件が影響を与えた。1929 年の業種と学歴は、中流階級男性の大恐慌経験、特に経済的損失にかんする経験において最も顕著であり、年齢と職業技能は労働者階級男性の経験に最も影響を及ぼしている。このことから男性やその家族が大恐慌に持ち込んだ資源と問題を概観してみよう。

大恐慌以前の資源と問題

　バークリーの家族は、さまざまな資源と問題を抱えながら 1930 年代の窮乏期を過ごしていたが、資源や問題の量は家族によって異なっていた。こうした違いは、大恐慌の期間中の彼らの経験に影響を与えた。失業と大幅な減収は中流階級よりも労働者階級に多く見られたが、どちらの階級でも相当な数の家族が大恐慌の初期の影響を挫折することなく乗り越えた。このことを説明するために、経済的に剥奪された男性とそのような災厄を免れた男性との階級や家族の差異について洞察を与えてくれる大恐慌以前の因子に注目する。

　まず「経済における労働者の地位と景気下降に対する脆弱性」に着目し、そ

れは労働者の職業の産業分野によって指標化される。経済的逆境の影響を比較的受けにくい分野には、教育と運輸が含まれる。私たちはこのような視点と、不況経済下で高齢、低学歴、職能不足によって定義される労働者の問題のある市場価値とを対比した。労働者の家庭環境は、社会経済的依存と自立の資源と問題という、これまでとりあつかわれてこなかったもう1つの重要な大恐慌以前の要因を表している。1929年、大恐慌前夜、一部の家族は失業と常につきまとう負債のリスクに対処しなければならなかった。こうした家庭の多くは、親族や地元のバークリー福祉協会に助けを求めた。労働者の家族が、これらの条件のいずれかに当てはまる場合、「依存」していると定義づけられた。どのタイプの依存も労働者階級に最も蔓延していたが、この指標は両方の社会階層における経済的剥奪の重要な予測因子であった。

　この種の依存関係は、生計を支える者の不規則で不安定な労働パターンなど、1930年代の経済的剥奪との、いくつかのもっともらしい関連を思い起こさせる。中流階級では、外部の経済的支援への依存や負債は、不十分な財務管理を反映している可能性があり、そのことは不確実な経済援助を意味することになる。キャリアという観点からは、家族のニーズを満たすのに十分な報酬を得られる労働につく必要のあった若い男性に、最も多く依存が見られると予想された。大恐慌の困窮は、1930年代以前の経済的な依存と関連しているが、その関連は緩やかであった。そのことは、当時は依存していなかった多くの家族がそのような困窮を経験したことが示唆している。しかし、既存の依存関係によって1930年代に家族が剥奪を経験するリスクがやや高くなったことを知ることは、家族の経済状況に関する貴重な洞察を与えてくれる。

　大幅な減収のリスクは、金融、製造、サービス業の中流階級の男性、大学卒業未満のカテゴリー、そして1929年に「依存」と分類された家族で最も高かった（**付表 A6.1.** 参照）。1920年代と1930年代には教育水準が低いと無職になる可能性が高く、経済リスクの高い業種に雇用される可能性も高かった。男性の年齢や職業は、これらの因子ほど大幅な収入減を予測するものではなかったが、それでもなお、説明できることは多い。低学歴、リスクの高い職業分野、社会経済的依存などの理由で景気後退の影響を受けやすかった男性の多くは大幅な収入減を免れたが、比較的安定した地位を占めていた相当数の労働者が株

式市場の暴落が起こる前にそのような減収を経験していた。全体として、大恐慌の影響は、中流階級の男性が1930年代に持ち込んださまざまな経歴や属性に対して、驚くほど無関係であったようである。大恐慌下のインディアナ州「ミドルタウン」の街を描写したロバート・リンド（Robert Lynd）とヘレン・リンド（Helen Lynd）夫妻は、「大恐慌という大きなナイフは、全住民を公平に切り裂き、富める者も貧しい者も、その生活と希望を切り裂いた」[24] と述べている。

　労働者階級の男性では、業種、低技能職カテゴリー、教育水準において一様に経済的損失の可能性は相対的に高かった（**付表A6.2.**参照）。経済的損失という観点からは、大恐慌による失業を除けば、高齢であることと1930年代以前の社会経済的依存が減収を最も予測する因子として浮上した。これらの要因は、労働者階級の男性のさまざまな経済的運命を説明する上で期待したほどには役に立たないが、失業への影響という点では考察しなければならない。経済恐慌や景気後退は、一般的に社会階層の最下層に位置する家族にとって最も過酷なものである。

　バークリーでは、これらの家族は、半熟練あるいは未熟練職に就き、学歴が低く、最も基本的な人間のニーズを満たせないことがしばしばおこる程度のわずかな収入しかない男性によって率いられていた。これらの家庭の多くは、経済的な依存を抱えながら大恐慌に突入し、やがて稼ぎ手が職を失い、再就職の可能性が絶望的になった時、生存の見通しが厳しく試されることになった。大恐慌以前と大恐慌中の社会経済的問題の関係は、経済的災厄に関する「連続性論」を裏付けている。つまり、大恐慌以前には、家族を十分に養うことができなかった男性は、1930年代に経済状況が急激に悪化すると、経済的に自立している男性よりも大きな問題を経験する可能性が高かったのである。

　下層職業階級に失業者が集中していることは、窮乏期の不均等な影響を顕著に示しており、これらの労働者にとって失業がもたらす長期的な影響は、失業が蔓延すること以上に深刻なものとなる傾向がある。不況経済の中で彼らが競争上の不利であったことを考慮すれば、これらの人々がしばしば長期にわたって仕事に就けなかったり、パートタイムの仕事しか得られなかったりしたことは驚くにはあたらない。この失業がもたらす影響から、1930年代初頭から第

二次世界大戦の始まりまで大恐慌が職業生活と家族地位に与えた長期的な影響について考えてみよう。

大恐慌を切り抜ける道すじ

ここまで、大恐慌の中盤までのバークリーの男性の仕事と収入について述べてきたが、この10年間の後半にはさらに取り上げるべきことがある。この時期には、1937年から38年にかけて短期間ではあるが二度目の経済破綻があり、労使紛争が急増した。バークリー・オークランド地域では、熟練労働者も未熟練・半熟練労働者も、ストライキとこの第二次経済ショックで相当数解雇され、新たに再雇用されたブルーカラー労働者も大きな危機にさらされた。

1930年代前半の大幅な減収と失業の時期を経て、困窮を乗り越え、回復への努力を重ねたことが、バークリーの男性とその家族にとって10年の後半を決定づけた。なぜ、中流階級や労働者階級の男性の中には、困窮に陥ったままの人もいれば、災厄から立ち上がることができた人もいたのだろうか。教育と技能に関連して先述した通り、1935年以前の失業がもたらす永続的な影響は、経済破綻の前に労働者階級であった男性の方が地位が高かった男性よりも極端であったようである。

下層中流階級や労働者階級で安定して雇用されている人々の間では経済的圧力が高まったため、1934年以降、家族のニーズを満たすためにより多くの収入を求めて彼らが転職するようになった可能性がある。転職の可能性には、同じ職種でより高収入の仕事を見つけること、新しいビジネスを始めること、銀行員から車のセールスマンになるなど別の職種の仕事に移ることなどが含まれていた。しかし、中流階級における労働構造は、このような転職を費用とリスクの高いものにしていた。新しい熟練労働に就くには通常、再教育が必要であり、当初は稼ぐ力が失われる。魅力的な転職であっても既存の経歴から外れた場合には、剥奪された中流階級の男性は常に不利な立場に置かれ続ける可能性があった。

両方の社会階級において、私たちは1935年以前の失業と減収が4つのタイプの職業生活パターンに及ぼす影響を評価した。4つのタイプとは、自営業へ

の移行を含む仕事と雇用主の変化、職業地位の浮沈と職種の変更による職業生活の不安定さ、1939年まで続く失業、生活保護、低収入などの困窮の継続、そして、大恐慌後の世帯主の職業地位である。最初の失業と減収は、職業生活の不安定さを生み出す可能性が高い。

複数の仕事と雇用主

1930年代の終わりまで、バークリーの男性の半数以上が複数の仕事を持つ経験をし、何度か雇用主を変えて働いていた。4分の1の男性は、このような転職を4回以上していた。仕事の継続それ自体は男性の職業生活についてあまり多くを語らないが、大恐慌の10年間に転職と雇用主を変えることは、魅力的な選択肢の中からの職業選択というよりも構造的な混乱を示す傾向があった。実行可能な代替手段が無い場合、失業の恐怖は先行きの見えない仕事であってさえもその魅力を高めたのである。このようにバークリー・サンプルのある鋳造工場労働者は、より良い転職先へ移りたがっていたが、彼の妻は、夫は「その時は何にでもしがみつかなければならないと思っていた」と指摘している。しかし、結局夫は職を失い、とにかく仕事を探すことになった。

この論理は、雇用されている男性、特に十分な収入があり、かなり安定した仕事に恵まれている男性の間で広く共有されていた可能性がある。実際、中流階級でも労働者階級でも、剥奪されなかった男性の10人中9人は、1つの仕事にしか就いていなかった。これとは対照的に、剥奪された中流階級の男性の4分の3以上が複数の仕事と雇用主を持つ経験をして、その比率は剥奪された労働者階級の男性ではさらに大きくなっている。予測したとおり、最も多くの仕事と雇用主を経験したのは、大恐慌の初めの数年間に失業していた剥奪された男性、特に労働者階級の男性であった。このパターンは、肉体労働者の安定した再就職の見通しが暗いことと一致している。彼らの失業は、第二次世界大戦のための産業動員が始まるまで、将来、臨時雇用、短期雇用、一時解雇が続くことを予測している。

1930年代の転職と雇用主の変化とを精確に理解するためには、希少な雇用への適応手段としての労働状況を特定することが最も効果的である。従業員から個人事業主への移行について考えてみよう。バークリーの男性のうち自

営業者の比率は、1929年の14％から1940年には30％へと2倍以上に増加した。地位の低い男性の中には「自活のために」中小企業を始めた男性も少なくなかった[25]。経済情勢が悪化するにつれ、中小企業を経営することは生き残りを図る上で一種の統制手段となった。もはや利己的な雇用主の言いなりになることなく、新しい経営者は自分の機知を生かして経済的成功を収めることができるようになった。

　新しいビジネスは常にそれまでの仕事と結びついていた。こうして、自動車金融、内燃機関[★訳注2]と燃料、写真、鉱山機械、雑草処理の分野の雇用主の下で働いていたバークリーの男性たちは、はるかに小規模ではあるが同種の企業を立ち上げた。彼らは貯蓄や財産を完全に使い果たしてしまう前に、起業の一歩を踏み出した。友人や親族が助けてくれたケースもあり、何人かの男性はパートナーとともに資源を出し合い、初期の「試練」を乗り切った。新規事業の3分の2は、労働者階級であっても少なくとも4年間は継続した。利益をビジネスに還元するため、家族は犠牲にならざるを得なかった。

適応としての不安定な仕事

　仕事と雇用主の数を評価する重要なポイントは、それが安定した仕事の進展を描いているのか、それとも、職業における連続性や一貫性のなさ、仕事の中断、地位の浮沈を伴うなど、本当に不安定な雇用パターンを描いているのかを見極めることである。不安定な雇用パターンにおける職業生活では、仕事は、地位、専門性、収入において予測可能なコースに沿った順序で経験されていないのである。このカテゴリーには、例えば離職した電気技師と卸売業者の営業マンがいる。この電気技師は、書籍の販売員として一時的な仕事に就き、やがて1939年には建設監督者として就職した。彼は第二次世界大戦中になんとか元の職種に戻ることができた。営業マンは1931年に職を失い、1935年まで失業状態だったが、レクリエーション・ディレクターとしてアルバイトの職を得た。この労働は1937年に終わり、再び失業状態になった。その後、営業職に短期間復帰したが、第二次世界大戦の産業動員が始まると造船所の倉庫番とし

★訳注2　燃料を燃焼させることによりエネルギーを生み出す機関。

て安定した仕事に就いた。一見、混沌としているが、これらの職業生活には困難な状況に対する効果的な適応の要素がみてとれる。

　職業生活の不安定さを決定づける3つの側面が、これら2つのケースによって示されている。それは、職種の変更、職務内容が継続されないこと、地位変化の浮沈パターンである。この電気技師は、自分の職業訓練や昇進路線から外れた仕事に就いていた10年間、家族を養うための仕事と収入を得ることができた。多くの家族が絶望的な状況にある中で、彼の職業生活は適応的であったが、おそらく彼のキャリアの展望を広げることはほとんどなかったと思われる。第二次世界大戦の完全雇用の時期に、彼は元の仕事に戻ることができた。この営業マンは、1930年代を通じて長い失業期間に特徴づけられるような、より破壊的かつ剥奪的な経路を経験し、家族を養うためにどんな仕事でも引き受けたが、雇用と失業が不規則に繰り返された。

　これとは対照的に、職業生活が安定している例として地元紙『バークリー・ガゼット新聞』の印刷業者の生活を考察してみよう。彼は1920年代が終わる頃1929年から1930年にかけて広告営業職から、制作マネージャーへと昇進した。この印刷業者の職歴は、3つの安定した特徴の集約によって定義づけられる。それらは1930年代にかけての（増収はしていないにせよ）収入の安定、中流階級へのキャリア上昇の成功、そして大暴落が起きた時の高度なキャリア段階である。

　私たちのデータを使用して職業生活の不安定さを測定するために、以下の項目にそれぞれ1点を割り当てた。それらは、1930年代に職務上の仕事内容から逸脱したあらゆる転職をした場合、1929年から第二次世界大戦まで同じ仕事に従事した期間が12年未満の場合、仕事の地位が1回以上「上下」している場合である。これらの相互に関連する項目の得点を合計して、0（安定した職業生活）から3（非常に不安定な職業生活）までの範囲の値を持つ指数を作成した。

　大幅な減収を免れた男性は、当初の階級に関係なく、1930年代を通じて安定した職業生活という保障された利益を得るのが一般的であった（**付表A6.3.** 参照）。どちらの社会階級でも剥奪されなかった層では、ほとんどの男性が1930年代を通じて安定した昇進経路を歩んでいた。それに比べて、剥奪さ

165

れた中流階級の男性のうち安定したキャリアに就いたのは半数未満であり、剥奪された労働者階級ではその比率はさらに小さい。最も不安定な職業パターン（スコア2から3）は、剥奪されなかった層の6％以下から、剥奪された中流階級の27％、剥奪されたブルーカラー労働者の49％に及んでいた。

男性は、さまざまなキャリア段階で大恐慌に突入したが、この違いは1930年代の彼らの職業生活に大きな影響を与えるものであった。20年以上の労働実績を蓄積していた者もいれば、キャリアの早い段階で経済停滞に直面した者もいた。平時においては、転職をはじめとする不規則な職業生活は、熟達した年配の男性よりも、キャリアの試行錯誤の段階にある若い労働者に見られる特徴である。しかし、ここではまったく逆であるとわかる。大恐慌下の労働市場にいる若い剥奪されなかった男性は、年配の男性に比べて、不安定なキャリアを経験する傾向がはるかに低かった。これは、仕事上の役割に愛着があり、たとえそれがわずかであっても、自分が持っているものを試したり危険を冒したりすることに消極的であることを反映しているのかもしれない。もちろん、この解釈は社会的な力が職業生活の不安定さの主因であった当時、労働者がある程度の選択の余地をもっていたことを前提としている。

職業生活の継続と変化

不安定な職業生活は、大恐慌の困窮の顕著な遺産であり、第二次世界大戦まで続く剥奪のパターン、あるいは少なくとも経済回復への苦難な道のりを暗示している。この10年間が終わろうとしている時、男性とその家族の社会経済的幸福について、どのような全体像を描くことができるだろうか。1930年代後半の体系的な収入記録がないため、この時期の経済状態の最適な推計をするには、男性の職業的地位、失業、低収入、公的扶助など、さまざまな社会経済情報に頼らざるを得ない。

1930年代後半に「苦境に立たされている」と定義づけられたすべてのバークリーの家族は、以下のいずれかのカテゴリーに属していた。それらは、1939年までに1929年の収入水準に戻らず経済的に回復できなかったり、1936年から1939年まで年間1,200ドル以下の低収入であったりしたこと、世帯主が1936年から1939年まで失業していたこと、家族が1936年から1939年まで公

的扶助を受けていたことである。大恐慌の最初の影響が何であれ労働者階級の家族は、中流階級の家族よりも苦境に立たされたカテゴリーに入る可能性が高かったが、継続的な困窮はどちらの社会階級でも減収につながっている。中流階級の場合、困窮の少なくとも1つの側面がみられるのは剝奪されなかった家族では8％だが、剝奪された家族では35％であった。しかし労働者階級の場合、この比率は剝奪されなかった家族では35％であり、剝奪された家族では実に78％にもなるのである。継続する困窮の歴史は、大恐慌による失業と不安定な職業生活によって明確に形づくられている。

　中流階級の男性における困窮の持続を強く予測するのは、職業生活の不安定さと失業であり、それに続くのが減収である。これらの要因を組み合わせると、大恐慌後の困窮の変動の約3分の2を説明できる。労働者階級の男性では、重要な因子は失業であり、関連要因として、失業は経済的損失や職業生活の不安定さよりもはるかに上位に位置する。1930年代前半の失業は、1939年の労働者階級が窮乏期に至る道筋について、これら3つの因子を合わせたのと同じくらい多くのことを物語っている。

　大恐慌下での長期失業の深刻なトラウマは、1930年代にバークリーの調査員が記述した熟練労働者の記録のように、詳細な生活記録によってのみ充分に把握することができる。ウォルター・ハーブスト（Walter Herbst）（仮名）は、20年間パタンナー（原型製作者）として働いていたが、1930年の冬に東海岸の会社から3分の2の従業員とともに解雇された。彼は、数か月にわたる求職活動の末に、自身の長年培った熟練の経験が別の職業には通用しないことを知った。それからの5年間、彼は就職活動を試みたが、結局徒労に終わり、家族は親戚から借金をして生活費をやり繰りした。1933年の1年間で、彼が短期間の雑務で得た収入はわずか60ドルであった。彼の妻ヘレン（Helen）は、収入が99％減少したと語った。彼らは、基本的な食料品から支払う余裕のない医療費に至るまで、すべての支払いに不安を感じていた。一家は保険契約を担保にして借入を行い、1934年の夏までに結局2,000ドルもの借金を背負い、もはや住宅ローンと自動車ローンの支払いができなくなった。彼らは家族のネットワークにあるすべての資源を使い果たしたのである。州の緊急援助の対象ではなかったが、一家はバークリー福祉協会から配給される食料品や衣料品など、

郡からの援助を受けた。

1934年の秋、土木行政のプロジェクトで、ウォルターは地元の公園に円形劇場を建設するために6週間雇われた。1935年の冬、一家はついにウォルターがパタンナー（原型製作者）として以前の仕事に復帰できるという朗報を受け取った。彼の賃金は1930年より10％下がったが、生活費が減少したため購買力は上昇した。さらに数年間、倹約生活と貯蓄を続けた結果、一家は懸案の借金を完済することができた。

不平等と大恐慌の経験——おわりに

大恐慌の遺産である戦時中も続く困窮は、この劇的で歴史的な変化の時代の複数の時点における個人と家族の階級的な位置づけに注目することの重要性を強調している。1930年代にわたるバークリーの男性とその家族のさまざまな体験は、1920年代末の彼らの社会経済的地位にまで遡る。私たちの証拠は、大恐慌の困窮の性質、およびその先行要因と結果における階級差を描き出している。

大きな経済的損失は、大恐慌が始まった時に中流階級であった男性よりも労働者階級であった男性に多く、このことは失業や週労働時間の短縮においても同様である。中流階級の男性では、大学教育を受けておらず、特定の産業部門（金融業、サービス業、製造業など）に従事しており、大恐慌期の10年間より前に自分と家族を養うのに苦労していた場合に、減収のリスクが最も高かった。労働者階級の男性は、1929年当時、他の労働者よりも年齢が高く、また、公的扶助を受けている、失業している、多額の借金がある、親族から経済的援助を受けているなど「依存」状態にあった場合、最大の減収リスクを経験した。依存と職能の欠如（未熟練または半熟練）は、大恐慌による失業の先行要因の中で際立っている特徴である。

1930年代以前の社会的地位も、職業生活のパターンから永続的な剥奪や不利な状況に至るまで、大恐慌による困窮の帰結に違いをもたらした。複数の仕事と雇用主、職種の変更、地位の変動は、剥奪された男性とその家族の社会経済史、特に1929年の労働者階級の男性に共通する要素である。1930年代後半

の持続的な困窮（失業、公的扶助、低収入、または回復の欠如）も、主に剥奪された労働者階級に現れるが、持続的困窮が彼らに集中したのは、それまでの失業の蔓延と破壊的な影響によるところが大きい。大恐慌の最悪期に職を失った男性は、一般に 1940 年代以前にこの種のエピソードを多く経験していた。中流階級では、このようなエピソードはほとんど存在しなかった。

　窮乏期とそこからの回復は、男性とその家族の大恐慌史において、よく知られたテーマである。あまり知られていないが、多くの家族とその男性世帯主は豊かではないにせよ幸福であった。中流階級と労働者階級の剥奪されなかった層の中には、大恐慌の一般的なイメージとは似ても似つかない社会経済史がある。それは、（多くの場合同じ会社で）同じ職種での継続的な雇用の歴史、浮き沈みすることのない地位の向上、および大恐慌後の 1930 年代での相対的に繁栄した歴史である。この生き方は中流階級の人々へ快適な生活をもたらし、かなりの富さえももたらしたが、非常に多くの労働者が自分に落ち度がないにもかかわらずつまずいた時代に、不相応な自己満足をもたらした生き方であった。バークリーの男性とその家族の大恐慌時代の経歴には、恩恵と災厄が顕著な対照をなしている。

169

❖ 注

1. Elder, Glen H. Jr. (1974) *Children of the Great Depression*, Chicago: University of Chicago Press, 第3章. (川浦康至監訳、岡林秀樹・池田政子・伊藤裕子・本田時雄・田代俊子訳 (1986・1997新装版、2023完全版)『大恐慌の子どもたち——社会変動とライフコース』明石書店、第3章).

2. バークリー・ガイダンス研究には244の家族が参加し、無作為に2つの副次標本に振り分けられた。1つは、親の面接と観察を含む集中的なデータ収集の対象であり、もう1つは、それほど集中的ではないものである。この集中的グループは、子育てに直面する親たちに継続的な指導を提供するために設計された。以後、この介入群のサンプルを「集中的に研究された家族」「集中的標本」「集中的グループ」と呼ぶ。詳しくは、Macfarlane, Jean Walker (1938) "Studies in Child Guidance: I. Methodology of Data Collection and Organization" in *Monographs of the Society for Research in Child Development*, 3, Washington, DC: Society for Research in Child Development. を見よ。

3. Bakke, E. Wight (1940) *Citizens without Work*, New Haven, CT: Yale University Press, 237. Hansen, Donald A. and Reuben Hill (1964) "Families under Stress," in *The Handbook of Marriage and the Family*, Christensen, Harold T. ed., Chicago: Rand McNally, 803. をも見よ。

4. Woolf, Paul (1934) *Economic Trends in California*, 1929–1934, Sacramento: California Emergency Relief Administration, 22.

5. 『バークリー・ガゼット新聞 (Berkeley Gazette)』1933年3月21日付。

6. Elder, *Children of the Great Depression*, 145. (川浦康至監訳、岡林秀樹・池田政子・伊藤裕子・本田時雄・田代俊子訳 (1986・1997新装版、2023完全版)『大恐慌の子どもたち——社会変動とライフコース』明石書店、181).

7. バークリー福祉協会 (The Berkeley Welfare Society) については、第1章で述べた。同協会は、資源が枯渇する1935年5月まで、バークリー市のすべての福祉案件を扱っていた。バークリー市があるアラメダ郡は、市の救援案件を処理するという公的任務を引き受けたが、郡の福祉は家賃、食料、水、暖房、一部の衣類、医療など、生存に必要と考えられるものだけを対象とした。家族への配分は、必要性と世帯の大きさによって異なっていた。バークリー福祉協会が共同募金やその他の資金に依拠する民間機関になると、郡の福祉では満たされない、家族の補完的なニーズ、例えば緊急医療や、精神的援助や指導を必要とする子どもや大

人への個人的な接触による援助に取り組むようになった。

8. Elder, *Children of the Great Depression*, 45.（川浦康至監訳、岡林秀樹・池田政子・伊藤裕子・本田時雄・田代俊子訳（1986・1997 新装版、2023 完全版）『大恐慌の子どもたち――社会変動とライフコース』明石書店、70）.

9. 1932 年に全米産業審議会（The National Industrial Conference Board）が調査した約 1,500 社の製造業のうち、15% 強が週 5 日勤務体制をとっていた。これらの企業のほとんどは、「多くの人に仕事を与える (spread the work)」ために大恐慌以来このスケジュールを採用してきたと主張している。この利他的な解釈（『バークリー・ガゼット新聞』1932 年 10 月 22 日付）は、製造業者の動機について語られていない点で興味深い。「多くの人に仕事を与える」というコンセプトは、この削減が人件費削減の試みであることを説明するよりも、広報活動としてはるかに優れていたのである。

10. Lynd, Robert and Helen Merritt Lynd (1937) *Middletown in Transition: A Study in Cultural Conflicts*, New York: Harcourt, Brace, 474（中村八朗訳（1990）「ミドゥルタウン」日高六郎ほか編『現代社会学大系 9』青木書店、抄訳のため該当頁無し）.

11. 構造的特性と個人的特性の両方が、労働者の市場価値として表現される。Hodge, Robert (1973) "Toward a Theory of Racial Differences in Employment," in *Social Forces*, 52, Issue 1, September, 16–31. を見よ。

12. Huber, Joan and William Form (1973) *Income and Ideology: An Analysis of the American Political Formula*, New York: Free Press.

13. ベヴァリッジ（Beveridge）が述べたように「産業の問題は、失業の問題である」。Beveridge, William H. (1930) *Unemployment: A Problem of Industry*, London: Longmans, Green. 産業部門や地位区分は、威信に基づくピラミッド型の職業階層とは異なり、水平的な職業上の差異を示すものである。職業階層と地位区分については、Morris, Richard T. and Raymond J. Murphy (1959) "The Situs Dimension in Occupational Structure," *American Sociological Review*, 24, 231–39. を見よ。

14 Douglas, Paul H. (1934) *The Problem of Unemployment*, New York: Macmillan.

15 Mitchell, Broadus (1947) *Depression Decade: From New Era through New Deal*, 1929–1941, New York: Rinehart, 97.

16. Hodge, Robert W. (1973) "Toward a Theory of Racial Differences in Employment," *Social Forces*, 52, 16–31.

17. Durand, John D. (1948) *The Labor Force in the United States*, New York: Social

171

第3部　大恐慌の時代──最悪と最良の時代

Science Research Council, 113-14.

18. 失職後の再就職の要因としての年齢については、Aiken, Michael, Louis A. Ferman and Harold L. Sheppard (1968) *Economic Failure, Alienation, and Extremism*, Ann Arbor: University of Michigan Press, 36. を見よ。英国の3つの都市における失業者に関する調査は、Hill, M. J., R. M. Harrison, A. V. Sar-geant and V. Talbot (1973) *Men Out of Work: A Study of Unemployment in Three English Towns*, Cambridge: Cambridge University Press. をも見よ。労働者を9つの年齢グループに割り当て、平均失業期間を比較した。3つの都市すべてで失業期間は年齢とともに長期化した。

19. Durand, *Labor Force in the United States*, 114-15.

20. Mitchell, *Depression Decade*, 98.

21. Hodge, Robert W. (1973) "Toward a Theory of Racial Differences in Employment," *Social Forces*, 52, 16-31. Hill, Rueben (1973) *Family Development in Three Generations,* Cambridge, MA: Schenkman.

22. Mitchell, *Depression Decade*, 97-98.

23. Thernstrom, Stephan (1973) *The Other Bostonians*, Cambridge, MA: Harvard University Press, 58-68.

24. Lynd and Lynd (1937) *Middletown in Transition,* 295（中村八朗訳（1990）「ミドゥルタウン」日高六郎ほか編『現代社会学大系 9』青木書店、抄訳のため該当頁無し）。

25. Gilboy, Elizabeth W. (1940) *Applicants for Work Relief: A Study of Massachusetts Families under the FERA and WPA*, Cambridge, MA: Harvard University Press, 176.

第7章

深刻化する窮乏期

● ● ● ● ● ●

この困難な時期、私は口うるさくしてしまい、それは彼をもっと追い詰めてしまった。
あるバークリーの女性

　家族が大幅な収入減を経験すると、地域社会における社会的地位が曖昧になったり、不安定になったりした。大恐慌の前後で、家族の学歴、職業、収入状況に矛盾（不一致）が生じた。大学教育を受けた男性の中には、結果的に、高校を卒業していない男性の技術レベルや資格に相当するような仕事や世帯収入になってしまう人もいた。上位中流階級は、大きな収入減に見舞われた男性の学歴と、彼らの恥ずべき、そしてトラウマ的ですらある経済的窮状とはほとんど関係がなかった。このような矛盾する状況や地位の重要性は、個人と地域社会の双方における相反するイメージに部分的に表れている。家族の社会的地位と特権は、夫の優れた教育によるものなのか、それとも夫の無職と低収入によるものなのか。

　大恐慌における地位の変化の多様性は、特に中流階級における家族の適応を理解するために不可欠である。家族は、社会的に安定しているという体面を保ち、何事もなかったかのように見せかけるために、さまざまな戦略をとった。家庭での接待を控え、社交的な接触を避け、家をペンキで塗り、学校や近所の人たちの手前、子どもたちによい服を着せた。何か月も仕事がなかったにもかかわらず、いつも通りの時間に出勤したり退勤したり、「急いで戻らなければならない」などと言って、さも仕事があるようなふりをしたりすることで、世間の判断を遅らせた人さえいた。『ミドルタウン』という著作の中でロバート

（Robert）とヘレン（Helen）のリンド（Lynd）夫妻は、このような努力のことを「人として尊敬される能力についての地元の規範が、一家が隣人に示すことを要求している、勇敢な表向きの顔」と呼んでいる[1]。経済的な生活水準と尊敬される能力に関する規範は、社会的地位と家族の社会的・感情的適応との関連を理解するうえで不可欠な指標である。

　本章では、さまざまな階層において、家族の社会的基準によって経済的損失の意味がどのように形成されたかを検討する。このような基準は、中流階級では特に厳しいことが知られている。経済的不安感、生活水準への不満、支出をめぐる夫婦喧嘩に表れる、収入、雇用、社会的地位を失うことの心理学的影響における階級差に特に注目する。最後に、1930年代における男女の経済的困窮の結果が、大恐慌以前の情緒的健康状態や夫婦間サポートによってどのように異なるかを検証する。

経済的衰退の意味

　多くのバークリーの家族にとって、1930年代初頭は、経済的衰退と困窮の異常な時代の始まりであり、それは彼らのそれまでの生活や評判と相容れないものであった。厳しい時代がくる前に、中流階級の家族がもっていた資源と社会的名声の優位性は、大きな地位のリスクをも伴っていた。経済的損失は、より下位の階級の家族よりも、彼らの地域社会での地位により深刻な脅威をもたらした。高い水準と期待を持つ中流階級の家族は、収入減や失業をストレスとみなし、「自分たちの社会的地位や子どもたちの向上心に対する脅威として困窮を過大視する」傾向があった[2]。

　好ましいイメージやコミットメントを伴った家族の社会的地位に対する感覚は、変化前の客観的な地位と新しい状況に対する意味づけとの間の文化的な架け橋とみなすことができる。変化が急激で激しければ激しいほど、家族のメンバーは古い現実に基づいてものごとを認識し、反応する傾向がある。経済的衰退の場合、大暴落前の地位やライフスタイルの水準が高ければ高いほど、収入や社会的地位の低下という現実に対して強く抵抗する可能性が高い。経済学者E. ワイト・バッケ（E. Wight Bakke）の言葉を借りれば、「それまでの生活水準

が比較的高く、自分たちを『上流階級の家族』だと考えていた家族は、その地位から離れるのをできるだけ先延ばしにしようと最も精力的に戦った」[3]。経済的圧力が高まるにつれ、かつてふさわしかった水準に固執することが、より多くの不満と絶望を生み、生き残っていくために不可欠な再適応までの道のりを長引かせることになった。

　新たな状況への適応は上述のような考え方に影響されると仮定し、バークリーの夫婦の社会的基準と大恐慌による困窮以前の社会階級、そして経済的衰退への彼らの反応との関連を検証する。社会学者のジョセフ・カール（Joseph Kahl）は、戦後の視点からアメリカの社会階級システムを理解するうえで最も中心となる、２つの社会的基準を特定した。１つは、上昇志向と物的所有の「経済的基準」、もう１つは、家を持つ、教会に行く、子どもの教育にお金をかけるといったライフスタイルの「人として尊敬される基準」である[4]。カールは、経済的基準志向を上位中流階級に、人として尊敬される基準を「中流」階級（下位中流階級と労働者階級）の家族と関連づけた。これらの２つのグループの家族は、高尚な経済的基準を持つ、よりよい人生を目指し、より尊敬され得る人々として、自分たちをより低い階級の人々（非熟練労働者など）と区別しようとする。

　バークリーの夫婦が1930年頃に最初にインタビューを受けた時、彼らの階級やイデオロギーは、人生やものの見方などの中心となっているにもかかわらず、そのことについて尋ねられることがなかった。実際のところ、地域社会における彼らの社会的地位を彼らがどうとらえているかという、ある種生々しい情報は、家族背景や生活状況の評価から浮かび上がった。特に参考になったのは、同僚、近所の家庭、親類とどのように付き合うか、あるいは避けるかということについての傾向であった。これらの考察は、評価の枠組みと、それが階級に基づく環境に与えている独特の意味に私たちの注意を向けさせた。より細かく「中流階級」内の違いを検討するために、私たちは、1929年時の夫の職業と学歴によって、「中流階級」の家族をさらに２つの階級に分けた。上位中流階級は、専門家や管理職（グループ１と２）、下位中流階級は、マネージャーやホワイトカラー労働者（グループ３）とした[5]。

　バークリーの丘陵地帯であろうと、サン・パブロ通りのより下の方のアパー

トであろうと、家族の居住地域は、彼らの社会的地位が最もわかりやすい形で表れるものの1つであった。厳しい時代が始まる直前に家族が住んでいた場所、その住居の質、そして持ち家かどうかということは、大恐慌の間に、彼らが経済的にどのような顛末をたどるかについて、信頼のおけるヒントを全く与えてはくれなかった。しかし、1933年から1934年にかけてのインタビュアーによる住居の外装・内装の一般的な指標（1930年代にはこの指標しかなかった）が明らかにしているように、このような大恐慌前の住まいの状況は、経済的な不運の影響を受けていた。家族の経済的剥奪は、夫の年齢を調整しても、どの社会的階層においても生活水準を引き下げていた。予想通り、生活環境は経済的損失とともに低下し、物的財産の喪失と生活水準の両方が低くなっていることを示唆していた。インタビュアーのメモからも、立ち退きや住宅ローンの差し押さえ、より人の多い、好ましくない住居への転居などが明らかとなった。経済的困窮のために、公的な階級変更／降格（public déclassement）を引き起こすような調整が必要となった場合、地位を失うことの痛みは、特に「没落した」上位中流階級の家族の間で強かったことが事例研究によって示唆されている。

　没落による悲劇をとても象徴的に表している例として、保険代理店をうまく経営し、年間5,000ドル以上の上位中流階級相当の世帯収入を得ていた、1人の中年男性のケースが挙げられる。彼の妻は、景気が良かった時は、生活費は月400ドル程度であり、「私はいいものを買うために、彼からお金を搾りとっていた」ため、貯蓄はなかったと率直に話した。自分たちの繁栄を象徴するかのように、夫は、バークリーの丘陵地帯にサンフランシスコ湾を一望できる高級住宅を購入したばかりであった。この1931年は、物質的基準では、ひどいとまではいかなくても、受け入れられる水準であった。しかしその後、前代未聞の最悪の年が訪れた——保険事業の底が抜けたのだ。家族の月収は100ドルをわずかに上回る程度となり、夫は新居の住宅ローンや税金を支払う余裕がなくなった。1933年までに、彼は家を売らなければならなくなり、「あまり好ましくない地域」に引っ越した。一家を訪れた人は、彼はまるで「敗北感と屈辱感に苛まれている」ようだったと評した。

　経済的な状況は、バークリー在住の夫婦へのインタビュー調査と、定期的な家庭訪問の際の現地調査員（fieldworker）の観察に基づいて評価された。経

済的な状況のレベルは妻が自分自身や家族（others）の経済的な状況について、高い、平均より少し上、平均、質素のどれを選択するかによって評価した。夫にも同様の質問をした。上位中流階級の10人中9人は評定者が平均よりかなり上と評価した[6]。この割合は、下位中流階級になると半数より少し多いくらいになった。経済的水準が平均より上、という評価は、労働者階級ではいなくなり、社会経済状況の梯子の最下段にいる家族では、質素が優勢になっていた。

　上位中流家族の多くの夫妻の経済的水準は、同じようなものであった。しかし、下位中流階級では違った。3分の1の妻が、夫よりも高い経済的水準をもっていた。1930年代の経済的衰退期には、妻が生活水準に関して融通が利かない場合に、この違いは特に問題となった。

　そこで私たちは、すべての「平均より上の水準」の階級（なぜならば、水準が高い場合に、融通が利くか利かないかが最も問題になるはず）を対象として、1930年代における経済的な面での融通の利かなさの有無についてコーディングを行った。その結果、それまでの高い水準に固執するのは、下位中流階級の夫婦とその妻に集中していることが明らかとなった[7]。これらの女性のほぼ3人に2人が、経済的基準に対して融通が利かず、こだわりがあったのに対し、男性では5人に2人であった。融通の利かなさは上位中流階級の間では、ほとんど認められず、このような考え方をしていたのは、女性では3人に1人に満たず、男性では5人に1人であった。こういった状態をよく表している例として、ある不動産ブローカーの妻を挙げる。彼女は、「お金がたくさんある時には、私たちはお金を自由に使い、お金がない時は節約します。私たちは生まれながらのギャンブラーなのです……いずれにしても理想や水準はとても高く、本当に欲しいものは手に入れることはできないので、夫が月に100ドル稼ごうが、200ドル稼ごうが、それほど違いはないのです」とややもすると嬉しそうに語った。

　厳しい時代の最中、このような家族では、支出、つまり、お金を使うべきか、もし使うなら何に使うべきか、といったことについて、夫婦間の対立が生じるリスクがあった。このような夫婦間の違いがなぜ下位中流階級に集中していたのだろうか。この疑問に対する答えはいくつかある。まず、この階級の女性は、どんなに控え目に言っても、夫に比べて家庭のライフスタイルに対してより関

わっているし、間違いなく、手に入れたものを失う脅威を常に感じていた。多くの場合、彼女たちの周囲には、最近厳しい時代を経験した家族、友人、親戚がいたため、失うということに敏感になっていたのかもしれない。生い立ちの違いもまた、結婚観の違いに関わっているかもしれない。例えば、中流階級出身の男性は、より低い階級出身の女性と結婚した場合、高い経済的水準を持つ傾向が３倍だった（43対15）。低い階級という生い立ちの女性と結婚することで、男性はより裕福な自分の出身家庭の高い水準に見合うようにしなければならないと考えたのかもしれない。そしてこの願望は、妻の経済的基準に対する融通の利かなさに支えられているように見える。上昇志向の強い既婚女性は、夫の出身家庭の経済水準を重視する傾向にあり、1920年代の終わりごろには、ほとんどが上位中流階級に定着していた。

　下位中流階級のバークリー在住の夫婦は、「中流である」という認識から、高い経済的水準を大切にしていて、自分たちが達成した生活水準を堅持すると同時に、上位中流階級の生活水準を志向していた。ホワイトカラー労働者や職人の妻たちの経済的水準に対する融通の利かなさは、自分たちの願望と家計のやりくりからくるいらだちを反映しているのだろう。より上位の階級の家族と、より下位の階級の家庭の間に挟まれたこの階級の家族は、子どもの教育を支援し、小さな持ち家を誇りに思う家族として、「自分たちが何者であるかを肯定する」ことで、不安定な地位を何とか保とうとしている。彼らは自分たちが尊敬に値する立派な生活を送る資格があるということを主張するのだ。

　男性も女性も、バークリー在住の夫婦の３分の１は、人として尊敬され得る立派なライフスタイルを重視していた。これは、妻や夫が誠実さや信頼といった道徳的な性質を重視し、このような観点から自分自身と周りの人たちを評価しているという印象を与えているか、ということに関する観察に反映されていた[8]。「人として尊敬されること（＝立派さ）」の基準は、高い生活水準を追い求めることとは全く異なるものである[9]。こうした基準をもっていた夫婦は、より上位、あるいは下位の階級よりも、下位中流階級や労働者階級に多かった。興味深いことに、労働者階級の夫婦は、人として尊敬されることの基準を最も受け入れており、10組中４組が、自分自身、そして家族に対してこの考え方を示していた。この割合は、下位中流階級では10組中３組程度、上位中流階

級ではこれより若干少なかった。ジョゼフ・カールは、中流階級に属するすべての人が「中立の立場で、他のグループ（階級）と比べて、間にいることを意識している。彼らは、仕事が常に上向きであるわけではないので、キャリアを人生の中心として、それに執着することもできない。その代わり、仕事やライフスタイルの『人として尊敬されること』を強調する傾向があり、この『人として尊敬されること』こそが彼らを底辺にいる人から区別し、優越感を抱かせるのである」と評した[10]。

困窮が悪い時代に変わる時

家計の安定性、支出、そして夫婦間葛藤

　1930年代には、経済状況が悪化している中で、夫婦の相互サポートが失われ、家族にとって厳しい時代が悪い時代になった[11]。配偶者の経済的水準と期待が、夫婦間サポートの崩壊に拍車をかけた。1932年のどんよりとした冬、数えきれないほどの男性が職や仕事を失っている時に、ジェーン・アダムス（Jane Addams）は、「私たちの行いの中で、最も残酷で無益なものの1つ――1人の人間が、その人格を改めるために他の人間を罰する――のための舞台が整った」と評した[12]。この状況の本質を見抜くための指標が2つある。この10年間、研究所のスタッフは、毎年さまざまな資料（例えば、観察やインタビューの結果）から、バークリー在住の夫婦の生活における経済面での安定性や困難と、夫婦間の家計に関する共通認識を5件法で測定していた[13]。最初のアセスメントは1930年から31年に行われ、1932年〜34年の最悪な3年間について、私たちは入手可能なすべての評定の平均値を計算した。

　すべての剥奪された家族における経済面での安定性の評価は、1930年代初頭の経済的衰退をはっきりと示している。しかし、大恐慌の最悪の時期（1932年〜34年）において、剥奪された家族と剥奪されなかった家族における経済面での安定性の違いは、中流階級と労働者階級で特に顕著だった（中流階級では、剥奪されなかった家族の安定性の平均値は3.25、剥奪された家族の平均値は2.28であった。労働者階級では、これらの値は前者が2.92、後者が1.94であった）。この困窮の時期に、多くの中流階級（1929年当時）の経済的安定性は、厳しい困

179

窮を免れて安定していた労働者階級のレベルまで落ち込んでいた。1929年時の家族の社会階級は、家族の経済的安定性あるいは経済的負担を主に反映していたが、この影響は、1932年から1934年にかけての家族の経済的損失によるより強力な影響には及ばなかった。

労働者階級の家族に比べて、中流階級の家族は大きな経済的損失がもたらす地位への影響にかなり敏感に反応した。剝奪された家族における1930～31年から1932～34年の経済的不安感の高まりが、中流階級では労働者階級に比べて2倍以上であったことが評定値から示唆される。もし安定性の感覚が、客観的な指標である（絶対的な）収入を反映しているとすれば、剝奪された中流階級と剝奪されなかった労働者階級では同じような認識になるはずである。大恐慌の最悪の時期におけるこの2つのグループの収入の中央値は、わずか200ドルしか違わなかった。しかし、剝奪された中流階級の家族の経済的不安感は、安定した労働者階級の家族よりもはるかに大きかった。

経済的困窮は、夫婦関係の不安定さを左右する要因の1つとしてよく知られているので、私たちは、支出に関する夫婦間の葛藤は、経済的不安感と類似したパターンを経時的にたどるものと予想していた。データもその通りであった。夫婦間の葛藤は、大恐慌中に世帯収入が最低にまで急落した時に増大し、経済的状況が好転するにつれて、夫婦間の調和も徐々に回復した。1932～34年にかけて、支出に関する夫婦間の共通認識の程度は、剝奪された労働者階級と比較して、剝奪された中流階級でより顕著に低下した（中流階級では平均3.17から2.15、労働者階級では2.77から2.21）。しかしながら、剝奪された家庭における夫婦の支出に関する共通認識は、大恐慌のどん底の時期に特に脅かされた（剝奪された中流階級では平均2.15、剝奪された労働者階級では2.21、剝奪されなかった中流階級では平均3.31、剝奪されなかった労働者階級では2.82）。経済的不安感と支出に関する意思決定の相違との最も強い関連が見られたのは、大恐慌の最底辺の時点だったのである[14]。

高まる経済的不安感が、乏しいお金を何に使うか、という問題をより激化させた。困窮が深刻化する前は、こうした家族プロセスは、支出に関する葛藤が最も起こりにくい結婚を特定するものであった。1930年代の過酷な剝奪を免れた家族（剝奪されなかった家族）の中で、経済的に安定した夫婦は、1930年

代初頭に、金銭的な問題を円滑に解決している可能性が最も高かった。将来的に厳しい時代が待っている家族においては、それまで支出に関する共通認識をもっていた夫婦は、この習慣を大恐慌の試練に生かす傾向があった。

妻の高い経済的水準

　ここまで示した研究結果は、経済的損失が大きい場合、経済的不安感と支出に関する夫婦間葛藤は、より下位の階級より、中流階級の方が大きくなるという仮説を支持している。この違いは、個人ではなく、夫婦という単位での測定に基づくものであるが、これに対応する証拠は、1931 ～ 32 年にかけて、先にインタビュー調査に協力したバークリー在住の妻たちから得られている。地位に関する最も重要な指標は、「現状に対する不満」である。得点が高いほど、女性の家庭の状況が、彼女が期待するものにそぐわない、ということを示している。中流階級では、かなりの経済的損失を被った女性の不満の得点が最も高かった。彼女たちの不満は、収入減を免れた中流階級の女性や、（経済的な剥奪の有無とはかかわりなく）労働者階級の女性と比べて、有意に高かったのである[15]。このグループに属する妻の多くは、夫の仕事が不十分であることを問題にしており、それは家族のニーズを満たすには収入が足らないことへの恨みや怒りにさえつながっている。

　しかし、家族のニーズはどうやって決まるのだろうか。それは、生活水準として何を重視するかが反映され、「階級に関連した期待や水準」と私たちが呼んでいるものによって部分的に表される。それらのものは、中流階級において、経済的損失が精神的により大きなダメージを与えることに、どれくらい関わっているのか。高い経済的水準とその水準への融通の利かないこだわりは、主に下位中流階級に見られたが、これらが情緒的なディストレスや経済的不安感を増長したかについてはまだ検討していない。この疑問を検討するために、剥奪されなかった中流階級の家族と剥奪された中流階級の家庭の妻の経済的水準に焦点を当てた。前述のように、夫と妻の経済的水準は相互に強く関係しており、一般的な家庭指標を使うことに何らメリットはない。実際の生活水準とは別に、経済的水準が困窮（1932 ～ 34 年）に対する主観的な反応に違いをもたらしたかどうかが知りたいため、年収を調整（統制）した。

第3部　大恐慌の時代──最悪と最良の時代

　経済的水準と困窮に対する主観的な反応の間の最も顕著な関係性は、経済的に追い込まれた中流階級の女性の生活に対する不満に見られる。経済的要求が高く、また融通が利かなければ利かないほど、彼女たちの不満は大きい（**付表A7.1.** を参照）。大恐慌の最悪な時期には、経済的要求が高く、融通が利かない女性は他の女性に比べて、経済的困難や世帯収入の使い道について夫婦間の葛藤を経験する可能性が高かった。しかしながら、大きな損失を逃れた中流階級の女性が、高い経済的水準に固執することによって精神面での悪影響を被っていたことも明らかとなった。隣人や友人が多くを失っている時に、自分たちが「失ったものは少しである」ということが、今持っているものを手放さないということの重要性を強化したかもしれない。失うものがたくさんある彼女たちは、自分の生活に起こりうることを非常に恐れていたのだろう。彼女たちの生活は、経済的不安感とお金の使い道に関する夫婦喧嘩の多さに特徴づけられていた。

　経済的水準のコードは主に、1930 ～ 31 年に行われた女性のインタビューに基づいたものであるため、大きな経済的損失に見舞われたにもかかわらず、裕福な生活水準に固執していた女性たちの間では、経済的現実に何らかの調整が行われた可能性がある。このような変化が起きていたとすれば、1930 ～ 31 年では、融通の利かなさと経済的安定性の間には負の関係性があると予想される。データによると、そのような関係性は剝奪された中流階級の女性には見られたが、経済的不安定性にしろ、お金の使い道に関する夫婦間葛藤にしろ、せいぜい中程度の関係性であった。全体として、このデータは、1930 年代初頭の経済的水準の影響についての仮説を、少なくとも暫定的には支持するものである。

　事例資料から、高い経済的水準に固執する女性は、夫に対して中傷的な発言を頻繁にしていること、そして夫と自分自身の父親と比べ、否定的な発言をしている者もいることがわかった。融通の利かない女性の 4 分の 1 がこのような感情を吐露していたのに対し、柔軟な、あるいは低い経済的水準を持つ女性では 1 人しかいなかった。経済的な負担と夫婦間の緊張の相互関係は、しばしば怒鳴り合い、脅し合い、身体的な暴力などといった形で悪化する。例えば、1931 年にある男性が経営するコンサルティング会社が倒産した直後、家庭訪問者（visitor）はこの男性の妻を、ばたばたしており、怒りっぽく、金銭に関

182

する話題には非常に敏感になっていたと評した。その年の暮れ、彼女の夫は、落ち込んでげっそりし、睡眠の問題を抱え、「頭を抱えて何時間もの間座っていた」という。家族に関する報告によれば、「夫が出かける度に、夫が自殺するのではないかという、妻の恐れに基づく『大爆発』に夫は非常に心を乱されていた」というのである。

立派さと「面子を保つ」

　経済的に非常に厳しい状況に置かれた妻の中には、インタビュアーに対して、家庭の社会経済的事実に関して虚偽の報告をすることで、平静を装おうとしていた者もいた。1930年代の家族に関する年間記録を調べたところ、虚偽の報告をした女性（全サンプルの12％）が特定された。長期にわたる複数の情報源から、自分自身や家族に関する妻の報告と実際の記録との間の乖離を特定することができた。このような虚偽の報告には、夫の職業に関するもの、特定の年の所得水準、公的支援を受けているかどうか、といったことが含まれていた。この種の虚偽の報告は、高い経済的水準に固執する女性に最も多かった（25％、これに対して柔軟なあるいは低い経済的水準の女性では10％）。防衛手段として、現実の世界の困窮から目を背けていた女性もいた。1934年に、「非常に厳しい状況に、すごくうまく適応」したという女性を訪問したところ、インタビュアーは、「彼女は、必死に自分をごまかそうとしており、その大部分は成功していた」と語った。

　家族の体面が問題となり、他者からの評価や、社会的な不確実さに過敏になった時に、「人として尊敬されること」の水準は最も人の心をひきつけるものとなる。前に述べたように、尊敬に値するかどうかは、非熟練労働者の階級も含め、どの階級においてでも、一部の男性や女性にとって重要であったが、ホワイトカラー労働者や熟練した労働者の間では最も重視されていた。このような階級分布を考慮し、立派さの水準と経済的安定性および夫婦間の支出に関する共通認識との相関について、中流階級と労働者階級の女性を対象に検討した。女性の生活に対する不満感は、経済的水準と関係するが、立派な行いとは関係しないため、検討から除外した。

　予想通り、「人として尊敬されること」の水準は、評判が危うくなっている

経済的に剥奪された家族において、経済的不安感や困難を最も予測しているようである。中流階級では、この水準は経済的な安定性と、何にお金を使うかということと関係している。この立派さの水準へのこだわりは、夫婦の経済的不安感を増大させ、支出をめぐる口論を増加させた。労働者階級では、立派さを重視している者は、経済的安定性を感じにくいが、立派さは支出に関する夫婦間の共通認識にはあまり関係がなかった。

　評価の基準としての立派さの原動力は、バークリーの研究参加者における、あるレンガ職人の生活に表れている。2年間の無職生活の後、1932年初頭の数か月までに、この家族は公的支援以外のすべての選択肢を使い果たしていた。しかし、夫は「まず飢えて、次に家族を飢えさせる」と言い、頑として、バークリー福祉協会に行かなかった。当時、バークリー・プロジェクトの現地調査員がこの家庭を訪問したところ、妻は落ち込んで泣いており、子どもの世話と夫の「暗澹とした気分」にすっかりうちのめされていた。夫は、仕事が見つからなければ、自殺をすると脅していた。1935年には、妻は結婚生活に救いが見出せないと認めた。「彼に対して何の感情もなくなってしまったのです。ひどいことだと思いませんか」。

　このような事例は剥奪された状況にある、すべてのバークリーの夫婦を代表するものではない。しかし、これらの事例は厳しい経済的困難、それによる情緒的苦痛（emotional pain）、そして夫婦の絆の崩壊を、確かに描写している。失業や大幅な収入減が続く家族では、経済的困難と夫婦間の緊張感は互いに強め合うのが一般的だが、経済的に追い込まれても、殺伐とした状況の中でも、夫婦関係が人間の勇気と理解を示す明るい面であり続けた家族もあった。経済面での大幅な損失は、男性の地位、個人的な価値、そしてアイデンティティを直撃した。なぜならば、妻ではなく、彼らが主な稼ぎ手であったからだ。この時代の個人主義的な価値観と一致し、男性は一般的に仕事や収入を失うことを個人的な不十分さの表れととらえていた[16]。しかしながら、並外れたプレッシャーと困窮に直面しながらも、女性は家庭での役割に意義と意味を見出すことができていた。

ジェンダー、結婚、そして情緒的健康

　男性が仕事と収入を失うと、重要な社会的役割を失い、自分の日常生活が崩壊したと感じる。対照的に、女性の社会的役割は拡大し、より複雑化する傾向にあった。『ミドルタウン』という著作の中では、リンド夫妻は「男性の役割の世界こそ、最もプレッシャーがかかっていた[17]」と述べている。また、ジャック・ウェラー（Jack Weller）がアパラチアの農村を描いた『昨日の人々』で述べているように、インタビュアーの報告は、1930年代の農村のある夫婦について、性別を反映した生活をまざまざと描きだしている。「こうして少しずつではあるが、夫の役割は少なくなっていき、彼の人生の意味はなくなる一方で、妻の人生は地域社会や職場で新たな意味を持つようになった」[18]。

　このような夫婦間の性差をバークリーの家族でもみることができるのだろうか。この疑問に答えるため、大恐慌前の夫婦間の絆と社会階級、大恐慌前と大恐慌中の期間の情緒的健康、そして、大幅な収入減の経験に焦点を当てて検討した[19]。性別、健康状態、社会階級、そして夫婦の絆は、大恐慌による困窮が健康に及ぼす影響を理解するうえで、特に重要である。困窮の影響が夫婦間で異なるかを検討するために、まず、初期の健康状態に焦点を当て、次に社会階級と夫婦関係そのものに注目するという分析計画を立てた。夫婦間の強力な絆は、大幅な収入減が健康に及ぼす悪影響から男性を守ることができるのだろうか。

　厳しい時代を乗り超えるために最も必要な資源は情緒的健康である。健康で、要領のいい人は、圧倒的な困難でなければ、どんな逆境でもうまく乗り越えることができる。最も要領の悪い人たちでは、ストレスが少ない状況であればコントロールできるようないらだちや感情の爆発という不適応行動が経済的なプレッシャーによって悪化する傾向がある。安定的な人、例えば「エゴ・レジリエント」な人は、「病気、疲労、あるいは困窮に抵抗したり、耐えたりする肉体的、精神的な力」という、スタミナの概念に示唆されているように、人生の浮き沈みを切り抜ける力を備えている[20]。このような適応的な力がない場合、経済的に剥奪された人たちは、健康状態が悪化するリスクを抱える可能性が高

い。

　このエゴ・レジリエンスの考え方に基づいて、私たちは、情緒的安定の質は、臨機応変な適応を反映し、強化するものと考える。このような個人的な特徴を測定するものとして、1930年代に得られたものの中で最良の尺度は、情緒的安定（アーカイブでは、当時の言葉で「神経安定性」と表記されている）を7段階で評価したものである。高い得点は、「困難な状況に直面」しても「極めて安定している」ということを表している。一方で、得点が低いと「不安定」な傾向が強い。得点が低い人の例として、職場ではけんかっ早く、気分屋で、家庭ではいらだっていて、予測不能、彼の妻や子どもにとっては、ウェルビーイングを脅かす日常的に危険な存在となっている半熟練の職人が挙げられる。1930～31年の評定と1930年代を通しての評定は、現地調査員による、妻へのインタビューや家庭観察によって行われた。ケース数を最大にするために、1933～35年、1936～38年の2つの期間について、各年の平均値を算出した。

　安定していて、ポジティブな情緒的健康と、強い絆で結ばれた愛情ある結婚という条件のもとでは、レジリエントな適応が可能であることを示唆する研究結果が示されている。理解と思いやりのある配偶者からのサポートは、効果的なコーピングのためのパートナーの内なる力を引き出してくれる[21]。夫婦間サポートによって、理解・受容・信頼という絆を通じた情緒的資源、時間・エネルギー・金銭といった具体的な援助、助言や知識が得られる。夫婦間サポートにおけるこれらの要因は、経済的困窮からくるストレスを和らげる傾向にある。そこで、バークリーの夫婦の中で、厳しい時代の前に夫婦間の絆が弱かった夫婦は、経済的に剥奪された状況において、夫婦間サポートは少なく、経済的な変化による健康上のリスクも高いという仮説を立てた。夫婦間サポートの緩衝効果は、このような状況にある男性において最も顕著に表れると考えられた。

　結婚生活の質は、インタビュアーと家庭訪問員による平均的な評価を表す、相互に関連する5段階評定の項目の合成得点で表した。その内容は、夫婦のお互いの親密性、お互いに対する友好的な態度、相手に合わせる程度である。これらの評定は、第5章で、1930年代の厳しい時代以前の、バークリーの夫婦の夫婦関係を測定するのに使用したものである。大恐慌が始まった当初、特に労働者階級の男性における困窮の深刻さは、夫婦関係の不和や、情緒的健康状

態の悪化というハンディキャップと相まって、1930年代の終わりまでに、健康上のリスクを最大化した。反対に、夫婦が強い絆で結ばれている健康な男性は、経済的困難を乗り切るのに十分な能力を備えていた。いらいらしやすく、衝動的で、心配性な相互作用のスタイルは、情緒的に不安定な人たちに特徴的であることを相関係数が示している。

　それでは、大きな経済的損失と情緒的安定に関する全体像はどのようなものなのだろうか。第1に、1929年当時の健康状態、夫婦関係、社会階級にかかわらず、劇的な収入減が、大恐慌の時代において情緒的健康に及ぼす影響は、男性とその妻で同じものではないということを指摘したい。しかし、大恐慌が始まった時の情緒的安定は、この10年間の健康の最も強い予測変数である。10年間の情緒的健康の変動の3分の1は、経済的な崩壊の前の男性の健康状態を反映している。

　情緒的健康の初期状態の重要性は、1930年時点での男性の情緒的な安定性を中央値で2分することで、最も明確にかつシンプルに表すことができる。経済的剥奪が健康に及ぼす悪影響は、経済的不運に見舞われる前の時点で、健康状態が平均より低い男性にほぼ限定的にみられる。経済的に剥奪された家族の中で、初期は安定していた男性で、1933年〜35年には不安定と評価された（評定値：5〜7）のは10％未満だった。初期に情緒的に不安定だった男性では、この比率は、経済的に剥奪されなかった家族では40％、剥奪された家族では90％近くまで上昇する。この比較からは、1930年代における経済的に剥奪された女性の情緒的ウェルビーイングについては、当初健康だった女性は、家族の困窮もうまく乗り越えていた可能性が高いこと以外は、ほとんど何もわからない。

　1933年〜35年における経済的剥奪が情緒的安定に及ぼす影響について、男女別および初期の健康状態別に、より正確に説明するためには、一連の重回帰分析が必要である。**図7.1.** の数値は、経済的剥奪の影響を男女別、初期の健康状態別に示したものであり、値は標準化回帰係数である。平均以下の健康状態で1930年代を迎えた男性にとって、大幅な収入減は健康状態に大きな損失が及んだものの、このような脆弱な環境にある女性に対してはネガティブな影響を及ぼしていなかった。実際、当初「安定」だった場合、収入減は、男性の

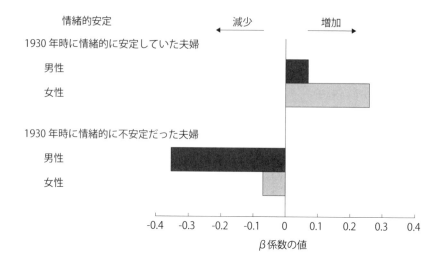

出典：Glen H. Elder, Jeffrey K. Liker, and Bernard J. Jaworski, "Hardship in Lives: Depression Influences from the 1930s to Old Age in Postwar America," in *Life-Span Developmental Psychology: Historical and Generational Effects*, ed. Kathleen McCluskey and Hayne Reese (New York: Academic Press, 1984), 図 5, 191.

図 7.1. 大恐慌前（1930 年）の情緒的安定別、困窮が情緒的安定（1930 〜 35 年）に及ぼす影響

場合とは対照的に、女性においては若干健康状態がよくなっていた。この結果は、家族生活に降りかかった困難をなんとか乗り切ろうという努力や戦略によって、経済的に追い込まれた家庭における多くの女性の個人的な成長がもたらしたものということを示唆している。

　経済的困窮が厳しい時、強い夫婦関係は、男性のウェルビーイングを守るために、初期の情緒的健康の良好さの保護的な効果を強化したのだろうか。男性の健康状態が、大恐慌の時代が始まった時点で平均より下に位置していた場合、妻の情緒的サポートが男性の健康を改善したことを私たちは見出した。しかしながら、強い夫婦関係の影響力は、経済的危機の前の健康状態の良好さの保護的役割に匹敵するほどではなかった。情緒的ウェルビーイングが平均以下の状態で 1930 年代を迎えた場合、女性にとって、安定した夫婦関係は、1933 〜 35 年のストレスフルな時代における彼女たちの情緒的ウェルビーイングに顕著な

肯定的影響をもたらした。

　まとめると、大恐慌による困窮が情緒的健康に及ぼす悪影響が最も顕著に出るのは、相対的に不健康な状態で危機の時代を迎えた男性ということになる。1930年代を通じて、この脆弱なグループに注目した時、彼らの情緒的健康にとって重要な要因は何なのだろうか。1930年代初頭におけるこのリスク群のウェルビーイングには、大きなばらつきがあった。このばらつきは、1940年代までに彼らの健康状態に大きな違いをもたらした。初期の情緒的健康状態の得点が高いほど、10年後の健康状態がよい可能性が高かった。1930年における支援的な夫婦関係も、1930年代を通じて男性の情緒的健康を増進したかもしれない。1930年代初頭に経済的損失を経験した非熟練労働者にとっては、厳しい時代が続いた。彼らは、戦争が始まるまで、失業し続ける傾向にあった。このように、大恐慌の時代が終息に向かう中で、男性の情緒的健康にとって、安定して就業し続けていることが需要な要因であった。

　最後に、この異常なまでに長引く困窮の時期に、情緒的健康において最も脆弱な男性たちはどうしていたのだろうか。大恐慌の時代の10年にわたる困窮は、もともと経済的に不安定な男性たちを一層不安定にしただけであった。これは、経済的困難が戦時中も続いた場合に、特にあてはまった。1930年代後半においてもまだ社会経済的に低迷していた男性には、非常に多くの非熟練労働者・半熟練労働者が含まれていた。これらの問題が続いたことは、相対的な情緒的不健康さが第二次世界大戦の時代まで続く可能性を高めた。大恐慌の経験は、バークリーの男性と女性で、1930年代の劇的な収入減の前に情緒的に健康で、スタミナのあった人と、そうではなかった人で、大きく異なっていた。累積的有利／不利の過程と同様に、大恐慌に入る時に、有利な地位だった人たちは、1930年代を通じて、健康状態を維持したが、不利な状態で大恐慌の時代を迎えた人は、概して、自分たちの立場がどんどん不利になっていくことを感じていた。しかしながら、長引く失業期間による本当に厳しい時代は、情緒的な健康状態がよく、健全な夫婦関係を築いていて、うまく危機に対処できそうな家庭にとっても試練だった。その典型的な例として、第6章でも紹介した、5年間、無職だった経験を持つ、パタンナーのウォルター・ハーブスト（Walter Herbst）を再びとりあげたいと思う。

第3部　大恐慌の時代——最悪と最良の時代

　1930年に職を失う前は、インタビュアーはウォルターのことを「とても明るくて、自立的な人」と評しており、家庭でも、さまざまな作業に熱心に取り組んでいた。しかし、職を失って1年後、彼の妻であるヘレン（Helen）は、夫は「失業の重圧のため気難しくなり、子どもたちのことでいらいらする」ようになったと言った。常に請求書の支払いに追われることのストレスと、定職に就けないことが、失業状態が続く彼に重くのしかかり、彼は「明るくて、気取らない人物から、いらだってけんか腰で、集金に来る人をひどく嫌がり、バークリー福祉協会を敵視し、無愛想で疑い深い人物」に変わり始めた。彼女は、夫が日中はどんどん活動しなくなり、ずっと寝ていることもしばしばで、夜になると起き出し、「防衛的な好戦状態をとり、自分の過去の基準や価値観に対して無関心をよそおっていた」と評した。

　ヘレンは、家族の精神的な柱であり、夫が落胆していることも理解していたが、この精神的緊張感は彼女の健康と外見にとって代償が大きすぎた。このストレスは彼女を10歳から15歳老けさせ、髪の毛を灰色にしてしまったようだと、研究所の観察者が指摘した。それでもなお彼女は、自分たちの夫婦関係の並外れた絆の強さは、この苦しい期間も続いていると述べた。この時期の家族のことを振り返り、彼女は「幸せな結婚は与えられるものではなく、自分たちで築くものです。それは、ギブ・アンド・テイクの問題であり、相手のことを思いやり、相手が自分のことを思いやってくれることを知ることなのです」。この視点は、ウォルターが、明るくて、家族の活動に再び関心を持つ「昔の自分」を幾分か取り返すのに大きな役割を果たした。彼の会社は、第二次世界大戦中の軍需により大きく成長し、彼の収入も順調に増えていった。しかし、「失業時代」が彼に与えた個人的なダメージは、妻の目にも明らかだった。「ご存知の通り」と彼女は言った。「彼は、失業という屈辱を決して忘れることはないでしょうね」[22]。

　ウォルターが感じた無職期間による屈辱は、間違いなく、生活保護を受け入れて自活する、という道を閉ざしたことと関係している。1930年代には、このような支援を受けることに対する個人的な恥の感覚は、この援助が「労せずして得たもの」という認識からくるところが大きい。このような支援を受けることは「正当な見返り」という考え方に関して、広く共有されていた信念

と相反するものであった。住宅ローンの返済を自分たちで何とかできない家族は、近隣の人たちに助けてもらっていた。というのも、彼らは支払いを約束し、融資機関は、そういった家族に支払いまでの時間的余裕を与えていたからだ。ウォルターは期限を過ぎた支払いに対して猶予をもらっていたが、同時に彼は家族のための食糧や衣料品への支援も求めなくてはならないほど追い詰められていた。

　支援を求めなければならないというウォルターの情緒的な葛藤を、私たちは知るよしもないが、別の失業者に関するスタッフの記述に、そのようなエピソードが記されている。「蓄えが尽きた後、彼はいやいやながら、援助を申請する決心をしました。しかし、これは彼にとってかなり屈辱的なことでした。登録日、彼は事務所に入るのが嫌で、建物の周りを何度も歩き回りました。彼にとって、自分の心を決め、事務所の中に入ることは、至難の業でした」。

　ウォルターがバークリー福祉協会でどのような経験をしたかはわからないが、バークリー研究の他の参加者は、担当者の横柄な態度、そして監視官の疑い深い詮索など、「資格面接」の屈辱的な経験を話してくれた。ある労働者階級の女性は、福祉協会の職員のことを「無礼で会いたくない」人たちだと言っていた。家庭訪問員について不満を漏らしている人もいた。「あの福祉協会の小うるさい若い女性たちが家にやってきて、物事をどう進めるかを指示していくのです。私は出て行けと言わなくてはなりませんでした。家庭をどうやりくりしていくか、彼女たちにわかるもんですか」。ある職人は、1年以上無職であったが、インタビュアーに、自分自身そして家族も公的支援を受けるという屈辱はごめんだと言っていた。

　受給資格のための面接を受けた労働者階級の家族の中には、福祉の規則によって、日常生活がままならなくなるような生活費の削減を課される家族もいた。もし家族がバークリー福祉協会の貧困の基準を満たしていても、車を所有していて、公的援助を受ている間（たとえ仕事を探しに行くためであっても）使う予定がある場合には、支援を受ける資格はない。もし、電話を所有していて、それが就職活動のためだけに使用するということが証明されなければ支援は受けられないし、生命保険に入っていても、支援は受けられない。ハーブスト家のように、生命保険の契約者配当金を借りて、支払いに充てている家族もいた。

191

非典型的であろうとなかろうと、これらの経験は1930年代の救済策に関する重要なテーマを浮き彫りにするものである。1930年代のある時点において、福祉の対象となってしまった大半のバークリーの家族にとって、公的支援を受けるということは、全く予想もしないことであった。プロジェクトの記録によると、1929年において、援助を受けた経験のあるバークリーの家族はたった4％であったが、1930年代の終わりには、25％にまで上昇し、そのほとんどが労働者階級に限定されていた。援助を受けているのは、中流階級の10家庭中1家庭にすぎなかったが、労働者階級では48％であった。1930年代の後半には、労働者階級の5家族に2家族が公的支援を受けており、この家族はすべて、経済的に剥奪されていた。これは、1930年代末の経済的に追い込まれた労働者階級の姿として、私たちが描いた家族像と一致していた。第二次世界大戦の勃発により、大恐慌による彼らの厳しい時代は終わりを告げたのだ。

悪化する悪い時代

大恐慌の間、多くの家族がたくさんのものを失ったが、それでも何とかその状況に進んで立ち向かうことにも成功した。同じように困難を経験しても、お互いに怒りの感情をぶつけ合い、人生をよりつらいものにしてしまった家族もあった。この章では、厳しい時代をさらに悪化させるような家族のダイナミクスを検討した。1つの反応は、本来なら生活水準を下げなければならない時に、過去の生活水準に固執することである。これは、上位・下位の中流階級クラスや、恥をかくことや拒絶されることを心配し、社会的紐帯を失うことを恐れる妻たちに特にあてはまる。融通の利かなさによって、しばしば、夫婦喧嘩や、収入や出費の減少を「相手のせいにする」ことが引き起こされていた。困難な時期における夫婦間サポートの欠如は、このダイナミクスの一般的な表れである。また、男性が失職や収入減に苦しんでいる時に、コーピングのための資源が十分でないことも、情緒的な健康問題の大きな原因となった。なかには困窮にもうまく耐え忍んだレジリエントな家族もいた。突然の経済的衰退の意味は、階級に基づく経済的・社会的基準によって形作られた。上位中流階級の経済的成功は、高い生活水準をもたらした。女性は、この水準を維持すべく最も多く

を投資し、また彼女たちの融通の利かなさは、彼女たちを特に脆弱にした。このような考え方は、下位中流階級によくみられた。家族は裕福さを求め、より下の階級と「立派さ」による境界を失うことを恐れていた。階級に基づいた基準と同じように、経済的損失によって、中流階級の夫婦は、労働者階級の夫婦よりも、経済的安定性が急激に悪化し、出費についての考え方に齟齬が生じるようになった。このような状況は、まだ失業や大幅な収入減を経験していない夫婦の間でも、融通の利かない経済的水準と関係していた。自分たちのライフスタイルに投資すれば投資するほど、心配は膨らんでいった。

　多くの家族において、主たる稼ぎ手として、男性は大恐慌による困窮の社会的・情緒的な悪影響を最も被っていた。結果として、性別が、失業状態や大幅な収入減が精神的健康にもたらす影響を左右する主要な変数となった。情緒的に健康な状態で1930年代を迎えた男性は、特に妻からの情緒的なサポートがあった場合、失業や大幅な収入減があったとしても、ウェルビーイングを保つ傾向にあった。しかしながら、大恐慌が始まった時に健康状態がよくなかった場合、夫婦間のサポートがあったとしても、不利な点が雪崩のように降りかかり、それに捉えられてしまった。対照的に、女性にとっては、大恐慌による困窮が、彼女たちの家族や地域社会との関係性や責任を増やし、厳しい時代のプレッシャーが彼女たちをより有能にし、レジリエントにしたため、大きな意義と意味をもたらすことが多かった。

　1920年代の若い成人の時期から、1930年代の終わりにかけて、バークリーの男性とその妻は、それぞれかなり異なる結婚生活の結果を示している。良きにつけ悪しきにつけ、結婚の最初の質を決定したのは妻でなく夫であり、家族の主たる稼ぎ手である夫は、失職、収入減、ウェルビーイングの低下という形で、大恐慌による経済的剥奪を家族にもたらした。以降の章で紹介するが、妻は家族がこの大変な時期に適応するのに重要な役割を果たしたのである。夫は妻よりもこの困窮の犠牲者であることが多かった。

193

❖ 注

1. Robert S. Lynd and Helen Merrell Lynd, *Middletown: A Study in Modern American Culture* (1929; repr., New York: Harcourt Brace Jovanovich, 1957), 145.

2. Donald A. Hansen and Reuben Hill. "Families under Stress," in *The Handbook of Marriage and the Family*, ed. Harold T. Christensen (Chicago: Rand McNally, 1964), 803.

3. E. Wight Bakke, *Citizens without Work* (New Haven, CT: Yale University Press, 1940), 237.

4. Joseph Kahl, *The American Class Structure* (New York: Rinehart, 1957), chap. 7.

5. 社会階級の指標については、第3章で詳しく説明している。

6. バークリー研究の集中的に研究されたグループに属する家族の5分の1のサンプル（N = 111）の縦断的記録や資料を徹底的に読み込み、社会基準に関するコードブックを作成した。上級の大学院生2名がトレーニングを受け、このコードをすべての家族に関する資料に適用した。これらの資料は、1928〜29年から1945年、あるいはその家族が研究を離脱するまでの時期をカバーしている。集中的に研究されたグループの3分の1が、コーディングの信頼性検証のために選び出された。社会基準のコードは、2件法に集約され、コーディング担当者の一致率は完全一致となるようにした。経済的水準に関する回答は、"平均より上"あるいは"平均以下"に分けられた。

7. コーディング担当者は、経済水準が平均より上の人に対しては、水準に対する柔軟性――親が柔軟性を示すような何らかの証拠を見せたか――（現実の状況に基準を合わせるなど）あるいは、融通の利かなさを示す何らかの証拠を見せたか（基準を厳格に守るなど）も確認した。

8. 社会的基準は、"立派さに対する道徳的基準"という価値の有無を表す2件法で指標化された。2人のコーディング担当者が別々に評定し、違いはケースカンファレンスにて調整された。この作業の終盤に予算が追加されたため、コーディング担当者の1人が、ケースの資料を再読し、前のコーディング結果を見ずに、もう一度各ケースのコーディングを実施した。2回目のコーディングが終わった段階で、最初のコーディング結果と突き合わせ、異なっている部分を調整した。同様のコード"相対的な道徳水準"は、自己評価と社会的評価の基準として、夫と妻の間でこのような基準の重要性に違いがあるかどうかを見るために設定した。

9. このような違いは、バークリーの男性と女性を対象とした、初期の未公刊の研究所の研究"価値と興味"で使用されている類似の尺度との関係性で明確に見ることができる。訓練された評定者が個人の価値観に関する家族の資料の概要を読んだ後に、評定を行った。"経済的地位"と"道徳的観点"の価値に関する評価は、私たちの経済・立派さに関する社会的基準に近いものがある。経済的地位は、上昇志向、社会的名声、そして物質的財産、道徳的観点は、規準やルールを厳しく守ることに価値を置くことを指している。男性の経済的基準は経済的地位と強く関連しており、男性における立派さの基準は、道徳的価値志向と正の関係性にあった。経済的基準と評定された経済的地位（上昇志向と物質的財産）の相関は、男性と女性の双方で高かった。立派さの基準は道徳的価値志向と正の相関関係にあった。対照的に、経済的地位への志向性は、立派さの基準と負の相関関係にあった。

10. Joseph Kahl, *The American Class Structure* (New York: Rinehart, 1957), 193–205. スーザン・フィスケ（Susan Fiske）は、地位と社会的比較（上方も下方も）に対する人間の強迫観念について検討した：Susan Fiske, *Envy Up, Scorn Down* (New York: Russell Sage, 2012).

11. 大恐慌の時期の家族の生活に関する研究は、全体として、経済の下降と失業の前からの夫婦間の団結が適応上、重要であることを指摘している。フィリップ・アイゼンバーグ（Philip Eisenberg)とポール・ラザースフェルド（Paul Lazarsfeld）は広範な文献研究を行った結果、"よい家庭において、恐慌は家族の結束を強める機会となり、今にも壊れそうな家庭では、失業が（崩壊の）限界点となる"と結論づけている。Philip Eisenberg and Paul Lazarsfeld, "The Psychological Effects of Unemployment," *Psychological Bulletin* 35, no. 6 (1938): 384. 大恐慌前の"よい家庭"における困難の総合的な影響は、未解決の課題である。なぜならば、1930 年代の家族の研究は概して、前後そして最中の家族のパターンを適切に測定していないからである。

12. Jane Addams, "Social Consequences of Business Depression," in *Aspects of the Depression*, ed. Felix Morley (Chicago: University of Chicago Press, 1932), 13.

13. 経済的安定は、世間ではしばしば経済的豊かさと関係し、不安定さは、貧困や欠乏と関連すると考えられているが、これらの情緒的な状態と経済的な状態が一対一の関係ではないことを研究の結果が示している。エイブラム・カーディナー（Abram Kardiner）は 1930 年代中頃の自身の著作の中で、経済的安定を、私たちの用法や現代の準拠集団理論と関連づけて定義している。情緒的な状態として

の経済的安定とは“相対的なもので、生理的あるいは経済的な単位で標準化がで
きるようなものではない。そして、完全に主観的に知覚されるものではあるが、
社会的に定義される刺激と目標に著しく依存している。同じ人でも、人生の時々
で異なる意味を持ち、比較すると集団間でもかなり異なる意味を持っている”。

　Abram Kardiner, "The Role of Economic Security in the Adaptation of the
Individual," *Family* 17, no. 6 (1936): 187-97).

14. 1932～34年の経済面での安定性と夫婦間の意見の一致の間の相関係数は、.70。
剝奪されていない家族では、中流階級、労働者階級、いずれにおいても、経済面
での安定性と、出費に関する夫婦間の意見の一致との相関係数は .56 である。困
窮した家族では、その相関係数は .48 である。

15. 中流階級における比較では、困窮していない家族と困窮した家族の平均値は有
意に異なり、それぞれ、3.78 と 4.71 であった。夫の仕事に対する不満は、労働
者階級の妻にも拡がっていた。

16. Glen H. Elder Jr., *Children of the Great Depression: Social Change in Life
Experience* (Chicago: University of Chicago Press, 1974)（川浦康至監訳（2023）
『［完全版］大恐慌の子どもたち――社会変動とライフコース』明石書店）.

17. Robert S. Lynd and Helen Merrell Lynd, *Middletown: A Study in Modern
American Culture* (1929; repr., New York: Harcourt Brace Jovanovich, 1957),
179.

18. Jack Weller, *Yesterday's People: Life in Contemporary Appalachia* (Lexington:
University of Kentucky Press, 1965), 242.

19. 本章のこの部分は、Glen H. Elder Jr., Jeffrey K. Liker, and Bernard J. Jaworski,
"Hardship in Lives: Depression Influences from the 1930s to Old Age in Postwar
America," in *Life-Span Developmental Psychology: Historical and Generational
Effects*, ed. Kathleen McCluskey and Hayne Reese (New York: Academic Press,
1984), 161-201. の文章、図表にアイデアを得たものである。

20. Jeanne H. Block and Jack Block, "The Role of Ego-Control and Ego-Resiliency
in the Organization of Behavior," in *Minnesota Symposium on Child Psychology,*
ed. W. A. Collins (Hillsdale, NJ: Erlbaum, 1980), vol. 13, 39-102. C. B. Thomas,
"Stamina: The Thread of Life," *Journal of Chronic Disease* 34 (1981): 41-44.

　“スタミナ”の定義は、メリアム・ウェブスター辞書（Merriam-Webster
dictionary）の初期の版（earlier edition）にトーマス（Thomas）が書いたもの
である。

21. C. Schaeffer, J. C. Coyne, and R. S. Lazarus, "The Health-Related Functions of Social Support," *Journal of Behavioral Medicine* 4 (1981): 381–406.

22. Thomas J. Cottle, *Hardest Times: The Trauma of Long Term Unemployment* (New York: Praeger, 2000) も参照のこと。

第3部　大恐慌の時代——最悪と最良の時代

第8章
苦難の時代の育児

● ● ● ● ● ● ●

*ただ1つ残念なのは、子どもが1人しかいなかったことです。これは妻の人生におい
て最大の失望であったと思います。*

バークリーのある男性

　1929年の経済破綻は、子どもを持とうとしているバークリーの夫婦達を困
難の渦中に置いた。この経済不安に直面し、もう1人子どもを持つことに疑問
を抱く人たちも出始めていた。大恐慌の二年目には、その疑問は多くの夫婦に
とってより切実なものとなった。日頃から彼らとやり取りしている研究所のス
タッフは、多くの夫婦の間にこのような葛藤が生じ、消極的な結論に至ること
も少なくないことを目にするようになった。「もう子どもは無理」と。

　繁栄の後に困難な衰退する時代が訪れると、結婚する人が減り、子どもを持
つが夫婦が減るという、アメリカの家族形成の遅れが研究者に指摘されてき
た。1930年代には、この2つの変化が発生した。経済的後退の影響を最小限
に抑えるために最初にとられた反応が「結婚を遅らせる」ということであっ
た[1]。社会学者のロバートとヘレンのリンド夫妻は、インディアナ州「ミドル
タウン」の研究において、大恐慌期におけるこのような戦略の証拠を見出し
た。どの結果からは、1929年から1933年にかけて結婚率は41％低下し、出生率は
16パーセント低下したのである。

　この研究の対象であるバークリーの女性たちは、1929年には既に妻であり
母であった。彼女たちにとって当時の重大な決断の焦点は、1930年代にもう
1人子どもを持つか、先延ばしにするか、現状の家族の人数で落ち着くのかと

いう、出産に関する決断そのものにあった。それは、剝奪されたか否かにかかわらず、中流階級の夫婦において一人っ子家庭に子どもを1人増やすことを意味することもあれば、大家族志向と避妊への抵抗、双方を反映して既にかなりの大家族となっているところへさらに子どもを1人増やすことを意味している場合もある。子どもが増えると家計の負担が増えるため、多くの剝奪家庭がそうであったように、年長のきょうだいが家事を手伝ったり、有給の仕事を引き受けたりすることがオークランドに住む年長児を対象とした姉妹研究において示されている。また、このような家庭の年長の男児は、地域内の雑用仕事で稼ぐことで、家族を助けていた。1930年代後半には、バークリーの子どもたちは家族を助けることができる年齢に達していたのである。よって、私たちはこのような家族のケースを用いて、彼ら年長の兄姉が果たした貢献を探ってゆく。

　苦境にある家庭の子どもたちは、親の鬱憤や怒り、爆発的な感情など、親の生活の乱れやストレスにさらされている可能性が高い。前章で述べたように、親は自分の弱さや緊張を家庭生活に持ち込んでいたことがわかった。主な例として、不況が父親の失業や家族に対する勝手な暴力につながったことが挙げられる。また、親が怒鳴りあって互いを非難し、情緒的健康の悪化、結婚生活の悪化に苦しむことで、単に辛い時間でなく悪い時間となったこともある。これらの経験は、親が自分の問題をどのように子どもに伝えたかを示唆している。この伝達は、主に父親とその不在を通して、あるいは両親の両方を通して行われたのだろうか。実のところ、結婚の質は母親よりも父親の行動に大きく関係しているのである。

子どもを増やすかどうか

　1920年代末に経済が破綻した時、バークリーの夫婦のライフステージはさまざまであった。半数は家庭を築いたばかりで子どもは1人、4分の1は2人、残りは3人以上であった。1人の子どもしかいない夫婦の多くにとって、多産傾向の願望が満たされていないことは明らかだった。しかし、若い労働者ほど突然職と収入を失う可能性が高いため、こうした家庭の経済的地位も脆弱であった。

第3部　大恐慌の時代——最悪と最良の時代

　私たちは、剥奪されなかった状況と剥奪された状況における大恐慌期に出産した女性の割合（1930 ～ 39 年）を 1929 年の子どもの数ごとに比較することによって、これらの予想を調査した。他の関連要因を考慮するため、大恐慌期の10 年間に 1 人以上の出産をした女性の割合を、女性の教育、年齢、1929 年の社会階級、宗教・民族（カトリック、外国生まれ、アフリカ系アメリカ人）など、出産に影響を与える要因を調整した。結果、収入減を調整しても、これらいずれにも有意な差は見られなかった（サンプル数が少ないため、これらの要因によって出生率がどのように変化するか、確信を持って検証することはできなかった）。その結果、経済的剥奪が大恐慌時の出生率を有意に低下させたのは、1929 年に子どもを 1 人しか持たなかった女性だけであることがわかった。しかし、これらの女性は、1929 年に 2 人以上の子どもがいた女性よりも、もう 1 人子どもを持つ可能性が高いことが示された（**表 A8.1.** 参照）。

　幸いにも剥奪されなかった中流階級の生活は、1 人の子どもを持ち 1930 年代を迎えた女性の出産にとって特異な好条件をもたらした。年齢、学歴、民族で調整した結果、1930 年代には、5 人のうち 4 人以上が第 2 子を出産していることがわかった。この割合は、1929 年の収入の 3 分の 1 以上を失った家庭の中流階級の女性では、半分に減少した。1929 年に 1 人の子どもを産んだ労働者階級の女性が、1930 年代にもう 1 人子どもを産む可能性は中流階級の女性よりも低かったが、その割合は予想通り剥奪されなかった群でより高かった。剥奪されなかった労働者階級の女性の約半数が 1930 年代にもう 1 人子どもを産んだのに対し、剥奪された労働者階級の女性の 3 分の 1 しか子どもを産まなかったのである。

　剥奪されなかった中流階級の女性は、剥奪された労働者階級の女性に比べて、大恐慌の子どもたちを出産する確率が約 2.5 倍であった。この対比の意味は、生涯にわたって現れている。1930 年代に第 2 子を産まなかった母親たちは、ごく少数の例外を除いて、今後の家族の数を増やさないという決断をした。彼女たちは、たった 1 人の子どもとともに戦後と老後を迎えたのである。大恐慌前に子どもが多くいた家族において、剥奪された環境にある中流階級の母親は剥奪された環境にある労働者階級の母親よりも大恐慌期の子どもを産むことを避ける傾向が強かった。この差は、中流階級で避妊がより多く行われていた

ことを示唆している。実際、1929年に子どもがいた中流階級の女性では、剥奪家庭における大恐慌期における出産の可能性は急激に低下した（1929年に子どもが1人いた場合51%対子どもが2人以上いた場合16%）が、労働者階級では34%から35%と安定したままであった。

　私たちの研究で得られた小さなサンプルにおいては、1930年代に産まれた子を大恐慌の子どもたちとみなしている。しかし、より大規模な人口統計には、この10年間で経済と出生率に大きな変化があったことが示されている。1934年から35年にかけて、中流階級では少子化現象の逆転が起こったようである[2]。これはバークリーの社会階級における家族の立ち直りのタイミングの違いと類似している。大恐慌時の出産のほとんどは1935年以前に起こっているが、全国的な傾向と社会学的な理論から、社会階級によって出産のタイミングに差があり、剥奪された夫婦は1934年以降まで遅れる傾向があることが指摘されている。

　バークリーの家庭における月収データは入手できなかったが、1930年代に女性が第2子を出産するタイミングに関する疑問について、母親の総数と第一子と第二子の出生間隔の変化に着目して検討した。出産のタイミングに与える影響を調整した結果、1932-33年頃までは、第2子出産までに平均4年が経過していることがわかった。第2子出産のタイミングは、夫婦が1930年代前半に経済的剥奪を経験した場合、遅くなるのではなく、早くなるのである。このような妊娠のタイミングは、不安定な状況を考えるとできるだけ早く第2子を産みたいという願望の現れなのかもしれない。中流階級の剥奪された夫婦の平均的な出産間隔は34か月であったのに対し、中流階級の剥奪されていない夫婦は52か月であった。労働者階級では、剥奪された夫婦と剥奪されていない夫婦の差はわずか4か月である（48.7対53.4）。

　大恐慌期に子どもを増やさないという決断は、永続的な決意であったかもしれないし、一時的な延期であったかもしれない。いずれの場合も、私たちの関心は家族計画における避妊に向けられた。夫婦はどのようにして、タイミングの悪い出産や望まない出産を避けたのだろうか。定量的なデータではこの問いに答えることはできないが、バークリーの女性たちとのあまり構造化されずに行われたインタビューによる定性的なデータは、1930～31年から1930年代

半ばまでの彼らの考え方や生活状況について貴重な洞察を与えてくれた。

家族の現実と産児制限

この集中調査で得られた家族調査の記録では、3つの産児制限方法が一定の頻度で出現した。自主的・不本意な性交渉の頻度の減少、避妊技術（リズムまたは安全期間、膣外射精、コンドーム、膣洗浄）の使用、妊娠後の抑制人工流産である[3]。

経済的剥奪や夫婦の不和に対する一般的な適応として、性交渉の頻度を低下させることが相対的に際立っている。この変化に関するインタビューでは、妻の妊娠に対する強い恐怖や、失業や経済的ストレスが情緒的健康、特に夫に与える悪影響が言及されている。極度の経済的苦境に陥ると、性的関心が薄れ、6か月もの間、性行為がなかったというインタビュアーの報告も珍しくはない。また、妻の妊娠の恐怖や夫婦の不和によってベッドを分け、寝室さらには住居まで別にしてしまうケースもあった。避妊方法や中絶は、データ収集にとって明らかに最も把握しづらい産児制限の側面であったが、研究所の職員が産児制限情報について提供し、カウンセラーの役割を担っていたことはわかっている。インタビューでは、地元の産児制限クリニックに相談した女性について記録が残っている。

効果的な家族計画には、結婚の質と出産の意図や計画という2つの要素が関係していることが明らかにされている。経済危機以前に気が合わないまま結婚した夫婦は、文化的・社会的関心を共有しにくく、家計や育児、家族の人数について合意することはほとんどなかった。子どもを産むかどうか、いつ産むかについての共通理解がなければ、妻が夫の意に反して妊娠するなど、配偶者の一方がもう一方を挫折させるような行動を取る可能性がある。夫婦間の不和は、夫婦間のコミュニケーションや性交頻度を低下させている。

バークリーの調査に関するデータは少ないサンプルに基づくものであったため、その測定タイミングによって出生の順序を明確にすることはできなかった。このため、私たちは夫婦の質や子どもへの優先度に言及した大恐慌時に出産を経験した家庭（1931～35年）のケースヒストリーを使用した。この分析によれば、1929年の時点で、すべての夫婦が経済的に剥奪され、子どもは1人か2

人であったことが示された。大恐慌期の出産は、予想通り、典型的にはより多くの子どもを望む人たちや仲が良く協力的な夫婦に見られた。大恐慌で出産しなかった夫婦と出産した夫婦の違いは、夫婦の不和や妻が子どもを増やしたくないと主張することであることが明確にされた。さらに、バークリーの女性たちの中には、望んだ子どもを授からなかった者もいれば、少なくとも1930年から31年にかけては、望んでいなかった子どもを出産した者もいた。

　このような格差を探るため、次の出産を非常に重要だと位置づける女性と、次の出産を望まない女性（5段階評価で最下位と最上位の五分位）の事例記録を調査した。そして、それぞれのグループを、1930年代に1回以上出産したか、出産しなかったかによって分けた。この分類により、中絶を含む妊娠に対する反応を評価することが可能となった。中絶の報告は、通常もう子どもを産みたくないという強い気持ちを表明した女性の間で見られる。

　このサンプルでは、子どもを欲しがっていたが、1人も産んでいない女性が6人いることがわかった。もっと子どもが欲しいと考えており、少なくとも1人は出産した女性は17人いた。この分類に関する私たちの興味は、特にこの流れをたどった数人の剥奪された女性たちにある。それ以上の子どもを持つことを望まず、それ以上産まないことに成功した女性が15人いた。このうち8人が研究のために無作為に選ばれた。6人の女性は、これ以上の子どもを望まなかったが、それでも子どもを1人産んでいた。このうち、十分な情報が得られた3人のケースは、いずれも剥奪された家庭の女性で、私たちの分析に含まれた。

もう1人子どもが欲しいと思ったが、そうしなかった

　剥奪されていようがいまいが（ほとんどが剥奪されていなかった）、彼女たちが次の出産を先延ばしにした理由は、主に経済的な不安からであった。1930年代以前に一児の母であった彼女たちが直面した、次の出産を遅らせるという予期された経済的圧力との現実の経済的圧力が、大恐慌の10年間続いたのである。年齢、健康状態、夫婦間の緊張もこの決意につながる要因であった。3人の母親は1930年代後半には40歳に達しており、残りの2人は不安定な結婚生活と健康状態の悪化という不安に包まれる状況にあった。

もう１人子どもが欲しくなり、実際に１人出産した

　経済的に剥奪された３人の女性たちは、経済的に不利な状況でも、子どもを持つという思いを実現することができた。しかし、家族の記録を詳しく調べると、意図とタイミングを区別する重要な発見がある。夫婦のどちらか、あるいは両方が、もっと子どもが欲しいという願望を明らかにしているが、その時機はいつでも良いわけではなかった。夫は一様に遅い時機を希望していたが、その希望に沿ったケースは、1933年以前に大きな収入減に見舞われたカトリックの中流階級の家庭だけであった。この家庭の母親は、1929年の初産時に30歳であった。夫婦ともに、２年以上の間隔を空けての出産ではあるが、大家族を望んでいた、と述べている。記録では、この夫婦は「避妊を信じている」と記されていたが、技術については言及されていなかった。大幅な減給と事業の失敗で、1932年の家計は380ドルと、1929年の５分の１以下にまで落ち込んだ。1933年の春から夏にかけては、経済状況が大きく好転し、夫婦の計画通り、家族の立ち直りの後期段階である1934年末に第二子が誕生した。

　他２つの剥奪された家庭のそれぞれにおける大恐慌期に「タイミングの悪い妊娠」が起きていた。そのうちの１人、エンジニアの妻は、夫の意向に反して大恐慌の子どもたちを産むことを主張したことに罪悪感を抱いていた。数年後、彼はこの出来事を恨めしく振り返っていた。「私が許せないのは、彼女が私の同意なしに子どもを産んだことです」。別のケースでは、妻は1931年に妊娠してしまったが、それは夫と「今、これ以上子どもを作るのは賢明ではない」と合意した直後だったと陽気に認めていた。妻が子どもを産むつもりだったのか、それとも避妊に失敗したのかはわからない。この中流階級にとって最悪の年は1933年で、世帯収入は1929年の半分にまで落ち込んでいた。

もう子どもはいらない

　1930年代、子どもを増やさないために何をしたかという点で、この15人の女性の例が際立っている。全サンプルにおいて、人工妊娠中絶への言及が見られるのは、主にこのグループである。８件のサブサンプルのうち、４人の女性（各社会階級に２人ずつ）が1930年代前半に中絶したと記録されており、そのうち３人がこの下位グループに属している。４人目の女性は、大恐慌期に二度

目の妊娠が発覚し、中絶した。法的な制約や社会的な批判にもかかわらず、この下位グループの他の女性たちは、中絶について考え、中絶を選択する方法を探ったことが記録されている。また、例えば、2人の女性は、中絶を依頼した後、妊娠していないことが判明した。2人以上の子どもを持つことの圧力と厳しい経済的剥奪で板挟みになっていた女性たちにとって、妊娠や出産への強い恐怖は、事実であろうと想像であろうと中絶への言及だったのである。夫婦間の緊張がこうした圧力を強めていた。

もう子どもはいらないと思っていたのに、1人産んでしまった

経済的に剥奪された6人の女性は、避妊の失敗とそれがもたらす辛いジレンマという点で、前のグループと似ているが、私たちの知る限りでは、彼女たちは中絶を考えていなかった。望まない妊娠に悩まされながらも、彼女たちは現実を受け入れたように見える。夫が失業した直後、ある労働者階級の女性は、三度目の妊娠に気づいた。彼女が置かれた状態について質問すると「赤ちゃんが生まれてくるには悪いタイミングだけど、そういうこともあるわよね」と答えている。また、別の女性は、地元の避妊クリニックに怒りを向けていた、「もう信頼できない」と。しかし、赤ちゃんの誕生は受け入れられ、2年後の母親は「ベビー服を手放したくない」と自分を責め、「わからないものね」とつぶやいた。これらの女性の事例は、家族計画の予測不可能で両義的な性質を最もよく表しており、全員が1930年代に2人以上の子どもを持つ剥奪された労働者階級の家族であった。社会学者リー・レインウォーターは、1965年に出版した『困窮者は子どもを産む』[4]の中で、こうした家庭で働く力を記録している。

多くのバークリーの母親や父親は、不幸が生じた大恐慌の出産を回避することができたが、その苦しみや悲しみ、不安は、彼らの人生に深く刻み込まれている。また、出産の問題や信頼性の低い避妊法の結果、夫と妻、親同士や子どもが対立する家庭もあった。大恐慌以前は、経済、育児、セックスが家族の葛藤の中心であったが、不況は不安定で仲が悪い家庭環境に対するそれらの影響を強めた。2人目の子どもを産むのを先延ばしにすることで、家計はやりくりできたかもしれないが、命を削るという犠牲を払ったと言われている。バーク

リーの父親の1人は、自分の人生を振り返って、子どもが永遠に先送りされるのを目の当たりにした。「私が唯一後悔しているのは、1人だけしか子どもを授かれなかったことです。これが妻の人生における最大の失望であったことも知っています」。

　経済的に恵まれなかったことは、子どもを多く産むことの価値を疑わせたが、同時に、年長の子どもの家事援助の価値を高めた。1929年当時、少なくとも2人の子どもを持つバークリーの多くの家庭では、大恐慌の子どもたちは負担である一方、資源でもあるというこの二重のイメージに家庭生活が特徴づけられていた。1930年代後半になると、この二重の視点は、子どもが1人しかいない家庭であっても、ほとんどの苦境にある家庭に当てはまるようになる。1929年から戦時中までバークリーの家庭を追跡すると、1928年に生まれた子どもたちが経済的育児的負担であったが、彼らが成熟するにつれて役立つ存在に変わっていくのである。

年長の子どもたちの有用性

　バークリーでの調査では、残念ながら家事や地域での有給の仕事に関する情報を調査対象者や年長のきょうだいから体系的に収集することはできなかった。しかし、1930年代に急激な経済的衰退を経験した2つの下層階級家庭の観察とホームインタビューから、家庭における年長児のこのような援助的役割の一端を垣間見ることはできる。これから挙げる2つの事例は、両者ともこの10年間に何度か公的扶助に頼ったことがある。ホートン家は1929年に機械工が、アレン家は1920年代に船大工が世帯主を務めていた。

ホートン家

　ロバート・ホートン（仮名）夫妻は、幼い娘と1929年に生まれた男の子を抱え、大恐慌を迎えた。1930年代半ばにもう1人子どもが生まれた。1930年末にロバートが職を失うと、一家は早くも苦境に立たされた。1931年末には年収が400ドルを下回り、衣服や食料を関連する慈善団体から補うことになった。ロバートは熱心に仕事を探していたが、1933年までバークリー福祉協会で時々働いて食料品を得ていた以外は無職のままで、フィールドワーカーはこ

の家族が週6ドルで生活しようとしていることに気が付いた。ガスや電気は止められ、家族は料理のために薪を集め、食用にウサギや鶏を飼い、庭で農作物を栽培していた。衣服はバークリー福祉協会が提供した。調査したフィールドワーカーは、家事を維持するために家族全員が役割を担っていると指摘した。長女は洗濯やアイロンがけ、食事の準備、下の子の世話など、父と母の家事を手伝っていた。

　1934年になると、ロバートがカリフォルニア州の雇用促進局（WPA）で作業員として働くことになり、一家の生活環境は改善された。フィールドワーカーは困窮の時期の中にあっても、この一家は明るく、穏やかであり、両親は厳しかったが愛情深かったと捉えていた。しかし、1937年、ホートンが心臓病の悪化で体が不自由になり、妻が有給の仕事に就くと、再び不幸が訪れる。この研究のフィールドワーカーの1人は、家庭訪問の際、子どもたちがいかにうまく家庭を運営しているかを書き留めていた。「学校から帰ってきて、家の掃除をし、母親が帰ってきた時には夕食の準備をしていることが多い。子どもたちは家族のためにほとんどの買い物をし、母親の倹約の習慣をすべて学んでいた」。

　グレン・エルダーによる『大恐慌の子どもたち』に見られるように、この家庭の尋常でない困窮は、10代の子どもにとっては成長するうえで何かしら価値のあるものだったかもしれないが、大恐慌時代に生まれた末子にこの大きな負担は、彼らの大人びた姿からも明らかである。調査員の1人は、8歳の少年をこう評した。「彼は多くの心配を抱えた老人のように見える。彼にとって、自発性や遊び心はほとんど過去のものとなっている。仕事一筋の大人の役割を快く受け入れているようだ。幼児から大人の役割を取らねばならなかった子どものような印象がある」。1年後、彼女はこう観察した。「彼は、まるで一家の長であるかのように、経済的な問題を重く受け止めている。しかし、自分に要求される仕事の量に対して、意識的な反発はほとんど感じていないようだ」。

アレン一家

　子どもたちが果たした援助的役割の2つ目の例は、バークリーの2人の子どもを持つ家族のもので、その適応は大恐慌時代の「大地へ帰れ運動」を示し

ている[5]。船大工であるマイク・アレン（仮名）は、1929 年には 1,200 ドルの収入があったが、1 年後には失業に直面した。しかし、この一家には「田舎に移り住んでその土地で暮らす」という長年の夢を抱いており、その夢はそのような形で適応のためのより大きな計画を持っていたのだ。1932 年夏、アレン一家は、自宅をシエラ山脈の小さな農場と交換し、一刻も早い自立を目指した。一家が農場に移って間もなく、フィールドワーカーが新しい農村の環境についてメモを残している。そのメモをつなぎ合わせると、新しい故郷の姿が見えてくる。

　160 エーカーの農場で、美しい小さな谷間にあり、丘に囲まれていて、オーク、松、杉などの直径 3、4 フィートの素晴らしい木材があり、数エーカーの麦畑を拡張中である。小さな沢が流れているが、夏にはほとんど干上がってしまう。小川の近くには、今は手入れされていない大きな菜園があり、小川からの水で灌漑することができる。10 本の桃とリンゴの木がある果樹園は、放置されているが、おそらく収穫の可能性はありそうだ……。夫妻はこの土地をとても誇りに思っていて、多くの美しい場所を楽しんでいる。家はとても古く、修理が必要だが、屋根からの雨漏りも少なく、冬は部屋を暖かく保つことができるので、当面はこのままにしておくことにした。

　1932 年 11 月下旬、母親のノラがプロジェクトスタッフに宛てた手紙には、「ヤギが 2 匹、馬が 2 頭、鶏やウサギがたくさんいます」と書かれている。子どもたちは動物の世話をし、父親の「薪を運ぶ」手伝いもしています。農家では退屈することはありませんし、みんな元気で幸せそうです。生活していけるなら、きっとここにいたいわ」。1 年後、ノラからの手紙は、「私たちはまだ農業が上手ではないけれど、学ぶには時間がかかる」としながらも、明るい雰囲気で続いている。マイクの弟夫婦が引っ越してきて、マイクが 13 マイル離れたナショナル・リカバリー・キャンプで現金を得るために働いている間、農場の世話をしてくれるとのことである。余談だが、彼女は「マイクの NRC の仕事は農作業より楽よ」と言う。その年、農場は桃とリンゴを少し収穫し、ヤギ（乳用、肉用）の数、ニワトリやウサギと同じように 2 倍になった。

1936 年には、102 頭のヤギを飼い、ミルクと肉を売っていると報告している。ノラは、「私たちは皆、ジーンズかオーバーオールを着て、野外で暮らし、よく食べ、よく眠り、よく働くという、ある意味荒っぽい生活をしています。牧場だけでは私たちは成り立ちません。でも、いつの日かそうなることを願っています」。子どもたちは毎日、往復 3 マイルの道のりを歩いて通学しているという。フィールドワーカーによると、この子は家庭でも農場でも毎日たくさんの家事をこなしており、「その量は本研究に参加したどの子よりも多かった」という。しかし、1937 年夏、マイクがベイエリアのラジオショップで働くことになったため、この家族の存続のための実験的な農場生活は終了した。

子どもたちの家事への協力が、家族がより良い状態であるために不可欠であったこれらの 2 つの家族は、大恐慌時代の子どもたちの生活において非常に対照的である。ロバート・ホートン一家は、都市部の公的扶助の厳しい条件の下で困窮の日々を送ったが、マイク・アレンは大恐慌のほとんどをバークリーからシエラ地方の小さな農場に移り住んで過ごした。アレン夫妻の結婚と子どもの発達については、ほとんど情報がないが、両家の情緒的な雰囲気が子どもたちを支えていたことがうかがえる。しかし、ホートン一家は、ぎりぎりの生活をしていたことは明らかであり、これが研究対象児の「老化」を加速させていることは間違いないことを示している。つまり、ある少年は研究スタッフに幼児から大人への発達の時期を飛び越えなければならなかったように見えたのである。

ストレス下の家庭における親の影響力

大恐慌は、バークリーの夫婦に子どもを産むかどうかのジレンマをもたらし、その子どもたちはしばしば大きなストレスにさらされた。このような時代において、親は幼い子どもに悪影響を与えるような行動をとったのだろうか。バークリーでは、父親が唯一の一家の稼ぎ手であったため、彼らは仕事や収入の減少が子どもに高いリスクを与えるかどうかに大きく関わっていた。第 7 章で述べたように、このリスクは、父親が困難な状況に陥る以前から情緒不安定であった場合に、最も高くなりやすいものであった[6]。

209

収入減という厳しい現実に対処しようとするあまり、夫婦の葛藤や機能不全はよりはっきりしたものとなった。大部分においてこのような夫婦の不和は、この収入減が稼ぎ手としての夫にもたらした深刻な意味と、彼らの生活水準に対する悲惨な結果を反映するものであった。お金に関する言い争いの増加は、夫婦の絆を著しく弱め、特により心配性になり、より緊張し、より怒りっぽくなった男性が世帯主である家庭では、その傾向が強かった注目すべきは、このような夫婦関係崩壊への道は、妻には当てはまらないということである。つまり、収入減が妻の情緒的不安定性を悪化させることによって、夫婦の不和がもたらされることはなかったのである。

夫の経済的不遇や個人的な制約により家庭生活が緊張を極めた時、その妻は、通常夫を支え、その子どもたちの世話をしようとすることで抗っていた。1935年以前の大恐慌の最悪の時期に、グレン・エルダーらが行ったバークリーの子どもたちの初期の研究調査について考えてみよう[7]。その多くは3歳から6歳で、母親への依存度が高い時期であった。1930年のインタビューでは、子どもに対して愛情深い女性もいれば、そうでない女性もいることが明らかになっている。私たちは、平均以上の愛情を持っている母親が、家族の葛藤があった時に子どもを守ることを予想した。彼女たちの愛情が、父親の行動を調整する環境を築いたのだろう。しかし、母親の愛情は、剥奪された家庭の中で、夫が子どもを自分勝手にしつける傾向を抑制したのだろうか。

その証拠に、家庭の収入が大幅に減少し、父親の情緒が不安定になると、父親の自分勝手なしつけに反応して子どもが暴発する可能性が劇的に高くなったのだ。一貫性のないしつけは親の気分を表す傾向があり、子どもは何が起こるかわからない状況に置かれる。子どもの感情の暴発は、深刻さと頻度で測定された。母親の愛情が父親の虐待から子どもを守るかどうかを判断するため、母親の愛情の中央値で家族を2つの群に分け、1933 ～ 35年における自分勝手な振る舞いによって表される不安定さと収入減が子どもの暴発に及ぼす影響について2つの群間で比較した。

予想されたように、大恐慌時に夫が持ち込んだ、情緒不安定、収入減、自分勝手なしつけは、研究対象児の不機嫌の暴発を引き起こしやすく、その傾向は子どもたちが特に母親の愛情に守られていない場合に顕著であった[8]。これら

の要因の総効果は、子どもたちが母親の愛情に守られている場合の3倍にもなったのである。これは、この時期の男の子にも女の子にも当てはまる。父親の恣意的なしつけは、大恐慌前の情緒不安定や収入減と子どもの暴発を結びつける主な要因であるが、それは子どもが母親の保護を欠いた場合にのみ生じるものである。

　このように、母親の研究対象児に対する初期の愛着は、1930年代初頭の経済的圧力の下での家族の対照的な軌跡を明らかにした。一方で、子どもが虐待され、その後、問題行動を起こすようになったが、もう一方では、子どもが大恐慌の苦難と父親の懲罰の悪影響から保護されるという、より穏やかな結果がもたらされたのである。これらの経路の対照的なダイナミクスは、異なる状況下での家族のプロセスを比較することの価値を強調するものである。その差をみることで、経済的に剥奪された家庭の子どもたちが1930年代前半にどのように暮らしていたのかについて、条件付きの解答が得られる。これらの結果のいずれにおいても明確なジェンダー差は見られなかった。

　剥奪された家庭のバークリーの子どもたちが経験した虐待は、彼らをより危険な状態においてしまった個人的特性と関連しているのかもしれない。バークリーの保管された記録の中で、このような幼児期の子どもの行動を測定するのに最適な指標は、生後18ヶ月の時点で親から厳しい反応を引き出してしまう問題行動の指標であることを示している。この最初の面接で、母親は研究対象児について尋ねられた。この指数は、問題行動の程度を反映する35の項目のパーセンテージを計算したものである。

　子どもの不機嫌の暴発とともに、問題行動の継続性における最も顕著な対照は、母親の子どもに対する愛情と連動している[9]。愛情度が平均以上の母親では、生後1年半の子どもの問題行動は1933〜35年まで継続しなかった。しかし、愛情に乏しい母親の間では、1年半の時点で問題行動の得点が高い子どもは、1930年代半ばまでそのような行動を続ける傾向があった。また、問題児の母親は、問題児に自分勝手で懲罰的な対応をする気難しい夫を持つ傾向が強かった。

　実質的な少女と少年の違いが見られるのは、小学校の後期からである。このことは、剥奪の程度や出身階級による別の家族の位置づけに表れている。デー

211

タは、バークリーの小学生の子どもたちとの年1回の面談から得られたものである。スタッフが、子どもたちの母親と父親に対する温かさを、最もポジティブでない状態から最もポジティブな状態まで、1点から5点までの尺度で評価した[10]。8歳から10歳の子どもの得点が平均された。両親の行動観察に一致するように、経済的剥奪の影響は、1929年の社会階級を調整したところで、女児は母親に対するしてより温かさを高めるが、男児は父親に対する温かさを低下させていた。父親よりも母親の愛情的地位が高いことは、夫婦の絆の弱い剥奪された家庭で特に顕著であった。

このような子どもたちのジェンダーの発達的意味については、子どもの家族に対する安心感から考察することができる[11]。剥奪家庭の少年は、そのような苦難を免れた家庭の少年よりも安心感が低く、父親に対してより敵対的であると評定された。一方、経済的に剥奪された家庭の少女は、剥奪されなかった家庭の少女より、より大きな家族の安心感を得ており、これは極度の苦難のもとで育まれた母娘関係の温かさを反映している。このような世代間枠組みの女性の絆は、大恐慌の剥奪家庭における最も強い世代間の絆として際立っており、男性の支援がなかったり、不確実だったりする時の親族関係という一般的なテーマを表している[12]。

ここで観察されたことを念頭に置くと、剥奪のもとでは、家族の社会的布置は、母親の感情的な求心力に向かい、父親は周辺的な地位に追いやられることになった。その結果、このような家族構造は、息子と娘の両方の発達に大きな影響を及ぼすことになった。家族に困難が訪れた時、男子は女子よりも親の愛情を失う傾向があった。親や家庭の問題にとって、少年は、より周辺的な存在となり、少女は、より中心的な存在となった。息子の幼少期には母親の存在が大きいので、母親は、自分自身の態度や解釈を通して、父親の行動の意味を調節することができる。つまり、葛藤を抱えた夫婦では、父親の行動に対する母親の態度や解釈は、最も不寛容なものになるのである。息子の幼少期に母親が目立つことで、母親は父親の行動の意味を自分の態度や解釈でコントロールすることができるということは、対立する結婚生活では寛容ではない説明となるであろう。このことは、1930～31年の夫婦の相性は、少年たちの大恐慌の経験を決定する上で非常に重要であったことを示唆している。

両親が不仲であった場合（平均以下）、経済的剥奪が小学校後期（8〜10歳）の少年の家庭の安定を最も顕著に損なうことがわかった。夫婦の絆の弱さは、経済的剥奪や家族の安定の欠如と強い相関がある。しかし、これは女子には当てはまらない。夫婦の絆が強いからといって、少女たちがより安心できる家族像を手に入れることはできなかった。少女たちは両親の関係が良好な場合よりも、母親が父親と仲が悪い場合の方が、より肯定的な家族的安心感を持つ可能性が高かった。この結果は、男性が家族の権威を失った時に世代間での女性たちの絆が栄える傾向があるという私たちの指摘を反映している。

これらの影響やそれがもたらす結果は、少年少女のパーソナリティにどのように表れていたのだろうか。夫婦間の対立や暴力が顕著な家庭において、剥奪された世帯の少年は、剥奪されなかった世帯の少年に比べて、目標志向の生産性が低く、野心的でなかった。また、これらの少年は際立って服従的であった。また、彼らは逆境に対処する能力も低かった。著名な心理学者マーロン・ブリュースター・スミスは、この行動パターンは、想像や現実の挫折が「挑戦することをためらわせる」という因果の循環を示唆している[13]。他方において、剥奪された家庭出身でも、幸運にも親の夫婦仲が良好であった少年たちには、このような症候群は、ほとんど見られなかった。経済的に剥奪され、夫婦の不和によって問題が深刻化した家庭の少年たちよりも、このような若者たちは自己主張性と自己充足感がより高かったのである。

1930年代前半に経済的剥奪と夫婦間の対立の両方を経験した少年は、「学習性無力感」の要素（抑うつ感情、引きこもり、消極性）を持っており、彼らの家庭生活は、この行動パターンをもたらす大きな要因となるとされている制御不能で回避的な結果から構成されていた[14]。夫婦間に争いがあった場合、経済的剥奪は、少年に対する否定的反応、両親による予測できない行動、父親が家族の役割を果たせなくなる見通しなどを顕著に高めた。配偶者との密接な結びつきがなく、大きな収入減と失業状態に見舞われた男性は、配偶者の支援があった男性に比べて、息子に対してより無関心で懲罰的であった。

おそらく、父親を含む親の剥奪と崩壊した家族という予測不可能な世界によって、1930年代の大恐慌の苦難と、苦境に陥った時に愛する親から支えてもらえなかった少年の問題行動が結びつけられた。バークリーの家庭の息子た

ちは、父親との交流に関する苦い思い出を、幼少期の最も鮮明な記憶として残している[15]。ある男性はこう述べている、「父は、私の話を本当に聞いてくれず、私を本当に理解してくれなかったと思う。私はいつも怖がりで、心配性で、おびえた子どもとして、父に接していた」。

子どもを産んでも育てられない

　大恐慌の時代を振り返ると、1900年世代の男女が家庭を築き、子どもに必要な養育を施すことがいかに困難な時代であったかがよくわかる。経済破綻で大きな損失を被った夫婦がそうであったことは確かだが、一方苦難を免れた多くの夫婦がいたことも忘れてはならない。彼らにとっての損失は生活費の減少を上回るものではなかったが、彼らは災難が自分たちに降りかかるかもしれないという恐怖とともに生活していた。近所の友人や親戚、家族の不幸を目の当たりにして、彼らはまた子どもを持つことへの不安を抱き続けた。

　経済的な逆転現象に見舞われた家庭で、経済的、精神的、夫婦的な問題を抱え込むと、生活が苦しくなる。男性の中には、その男性の自活能力に懐疑的であった親と同居せざるを得なかったものもあり、同居の事実は、親の判断を確実なものにさせた。経済崩壊以前から緊張して苛立っていた男性たちは、経済的な問題や妻や義理の親とのトラブルなど逆境に直面し、感情的な暴発を起こすようになった。そのような機会が多ければ多いほど、夫婦の時間の共有は少なくなり、夫婦の絆は弱くなる。感情的に破綻した結婚生活は機能不全を招き、年少か年長かにかかわらず、子どもたちの生活に、より多くの逆境をもたらすことになった。愛情深い母親は、娘をこのような逆境から守る傾向があったが、息子はそれほど幸運ではなかった。

　この男女差の発達的な意味は、経済恐慌の影響が本格化した1932年から34年にかけて、バークリーの研究対象児たちがどれだけ幼かったかに大きく左右される。この時期、彼らは親のケアに大きく依存していたが、バークリーの少年は少女に比べて、母親と父親の両方からケアを受ける可能性が少なかった。経済的に剥奪された家庭で育った少年たちは、このような逆境によって、少女たちよりも心理的に不利な立場に置かれがちであった。この不利な状況は、

第8章　苦難の時代の育児

バークリーの子どもたちよりも7〜8歳年上のカリフォルニア州オークランドの子どもたち（オークランドの子どもたちは1920〜21年生まれ）の比較研究によって明らかにされた[16]。この出生コホートの男子は、家庭と地域社会の双方で責任を負うのに十分な年齢であった。彼らは、バークリーの子どもたちよりも両親の諍いのリスクが少なく、自立して自信に満ちた人生を送ることができた。

　一方、剥奪された家庭で育ったオークランド出身の少女たちは、身体的にも社会・性的にも成熟した時期に家事に従事することになり、仲間との社会活動に必要な魅力的な服装を持ち合わせていない場合が多かった。その結果、オークランドの少女たちは成熟期の重要な時期に母親の愛とサポートに恵まれたバークリーの少女たちよりも、大恐慌による苦難の影響をより強く受けることになった。ジェンダーに基づく期待を考慮すると、こうしたコホート差（オークランドとバークリー）は、各コホートが歴史的な変化に遭遇する時、「それが占めるキャリアステージによって明確に特徴づけられる」というノーマン・ライダーの見解と一致する[17]。

　これまで見てきたように、経済的に剥奪された家庭の父親と母親に関して、困難な時期に彼らが子どもにどのような影響を与えたかに関する証拠は、非常に異なることを物語っていた。父親は、主たる稼ぎ手、あるいは唯一の稼ぎ手として、家族の社会経済的なバックボーンとなることが期待されていた。しかし、世界大恐慌で父親が広範囲にわたり失ったものは、家族に苦難をもたらし、父親の情緒的健康や家族の情緒的健康を損ねたのである。1920年代の彼らの不安定さは、夫婦間の不和や子どもへの虐待を生んでしまった。これらの家庭の幼い子どもたちは、母親による養育と情緒的な保護に最も大きく依存していた。しかし、多くの子どもたち、特に男子は、そのような支援や保護を受けられず、結局、この時期に受けた影響を思春期や成人期まで持ち越すことになった。

❖ 注

1. この歴史的順序は、1960 年代までの米国にあてはまる。Dorothy S.Thomas, *Social Aspects of Business Cycles* (New York: Alfred A. Knopf, 1927); Richard A. Easterlin, "Relative Economic Status and the American Fertility Swing," in *Family Economic Behavior*, ed. E. B. Sheldon (Philadelphia: J. B. Lippincott, 1973), 170, 223; および Morris Silver, "Births, Marriages, and Business Cycles in the United States," *Journal of Political Economy* 237 (1965): 237–55 を参照のこと。

  ライダー (Ryder) は、出来事の発生順を意思決定戦略として説明している: Norman B. Ryder, "The Emergence of a Modern Fertility Pattern: The United States, 1917–66," in *Fertility and Family Planning*, ed. S. J. Behrman, L. Corsa Jr., and B. Freedman (Ann Arbor: University of Michigan Press, 1969), 99–123.

  ミドルタウンでの一連の出来事は、Robert S. Lynd and Helen M. Lynd, Middletown in Transition: *A Study in Cultural Conflicts* (New York: Harcourt, Brace, 1937), 166.

2. Frank W. Notestein, "The Fertility of Populations Supported by Public Relief," *Milbank Memorial Fund Quarterly* 114 (January 1936): 37–49.

3. 夫婦が避妊具を使用しているという記述があっても、それ以上具体的でないことが多かった。1890 年から 1920 年代半ばまでの上位中流階級における避妊法に関する情報は、ロバート・ラトゥー・ディキンソン（Robert Latou Dickinson）とローラ・ビーム（Laura Beam）による臨床記録の集大成、*A Thousand Marriages: A Medical Study of Sex Adjustment* (Westport, CT: Greenwood, 1931). Katharine Bement Davis, *Factors in the Sex Life of Twenty-Two Hundred Women* (New York: Harper, 1929) も参照のこと。

4. Lee Rainwater, *And the Poor Get Children* (Chicago: Quadrangle Books, 1960).

5. ニューディール政策では、自営農地局と再定住局が、都市のスラム居住者をガーデンシティや農村に定住させようとした。

  Jim F. Couch, "The Back-to-the-Land Movement during the Great Depression," *Southern Social Studies Journal* 23 (Fall 1997): 60–7.

  サンフランシスコ周辺の農場や牧場に移住することは、経済的に剥奪された家族にとって選択肢の1つであり、彼らは労働力を食料や衣料、さらには医療と物々交換することで収入を補うことができた。バークリーのある一家は、谷間の果樹園に移り住み、世帯主が果樹園の働き手となっていた。彼の妻は、このよう

な生活様式は疲れるし時間もかかると語っている。

6. 経済的不運に見舞われる前の男性の情緒不安定は、彼らの結婚生活を弱体化させ、その結果、経済的苦難が家族全員に及ぼす悪影響が強まった。Jeffrey K. Liker and Glen H. Elder Jr., "Economic Hardship and Marital Relations in the 1930s," *American Sociological Review* 48 (June 1983): 343–59. を参照のこと。

これは、祖父母から親、子へと、バークリーにて世代を越えて広がったダイナミックな影響である。

Glen H. Elder Jr., Avshalom Caspi, and Geraldine Downey, "Problem Behavior and Family Relationships: Life Course and Intergenerational Themes," in *Human Development and the Life Course: Multidisciplinary Perspectives,* ed. Aage Sørensen, Franz Weinert, and Lonnie Sherrod (Hillsdale, NJ: Erlbaum, 1986), 293–340.

7. バークリー縦断研究では、研究対象児の最初の3年間の観察と行動評定を収集した。Glen H. Elder Jr., Avshalom Caspi, and Tri Van Nguyen, "Resourceful and Vulnerable Children: Family Influences in Hard Times," in *Development as Action in Context: Problem Behavior and Normal Youth Development,* ed. R. K. Silbereisen, K. Eyferth, and G. Rudinger (New York: Springer, 1986), 167–86. に報告されている。

8. Elder, Caspi, and Van Nguyen, "Resourceful and Vulnerable Children".

9. Elder, Caspi, and Van Nguyen.

10. Glen H. Elder Jr., "Historical Change in Life Patterns and Personality," in *Life-Span Development and Behavior,* vol. 2, ed. P. Baltes and O. Br. P. Baltes and O. Brim Jr. (New York: Academic Press, 1979), 117–59.

11. Elder, "Historical Change," 128–9.

12. これは Glen H. Elder Jr., *Children of the Great Depression: Social Change in Life Experience* (Chicago: University of Chicago Press, 1974), に示されている。同様に Carol B. Stack, *All Our Kin: Strategies for Survival in a Black Community* (New York: Harper and Row, 1974). も参照のこと。

13. M. Brewster Smith, *Social Psychology and Human Values* (Chicago: Aldine, 1969), 215.

14. Martin E. P. Seligman, *Helplessness on Depression, Development, and Death* (San Francisco: W. H. Freeman, 1975).

15. Glen H. Elder Jr. and Richard C. Rockwell, "Economic Depression and Postwar

Opportunity in Men's Lives: A Study of Life Patterns and Health," in *Research in Community and Mental Health*, ed. Roberta G. Simmons (Greenwich, CT: JAI Press, 1979), 294.

16. Elder, "Historical Change". 大恐慌とそれに続く戦争に出生コホートがさらされたこの時期の違いに関する詳細な検討については以下を参照して欲しい。Glen H. Elder Jr. and Martha J. Cox, "When Societal Events Occur in Lives: Developmental Linkages and Turning Points," in *Children in Changing Worlds: Sociocultural and Temporal Perspectives,* ed. Ross D. Parke and Glen H. Elder Jr. (Cambridge: Cambridge University Press, 2019), 25–56.

17. Norman Ryder, "The Cohort as a Concept in the Study of Social Change," *American Sociological Review* 30, no. 6 (1965): 843–61.

第9章

親族との関わり

● ● ● ● ● ● ●

今よりももっと貧しかった時でさえ、かつて私達は親族を助けていた。

あるバークリーの女性

　経済的困窮によって、お互いに支援し共有しようとする親族による並々なら
ぬ努力が始まった。この努力には、両親の祖父母から兄弟姉妹まで、財産や状
況も非常に異なる人々が関わっていた。親族からの求めや援助と関わることな
く、大恐慌の 10 年間を切り抜けたバークリーの家庭はわずかであった。この
間、5 世帯中 4 世帯が何かしらの物品交換や譲渡を行っていた。

　親族関係の絆は、家庭や世代の経済状態に左右されることが知られている[1]。
19 世紀半ばのイギリス、ランカシャー州の綿花産業における大暴落について
ミッシェル・アンダーソン（Michael Anderson）は以下のように述べている。
「この危機が悪化し多くの人が巻き込まれるにつれて、『群居』は増えた。多く
の家が空き家になり、2 つの家庭で家賃や燃料を分け合ったり、資源を共有し
たりする家が増えてきた」[2]。大恐慌から大分後に、あるバークリーの女性は同
様に「3 軒に 1 軒は空き家だったような気がします」と語った。

　この章では、大恐慌の 10 年間におけるバークリーの家族間・世代間の親族
援助の 2 つの形態について検討する。すなわちそれは、一般的な物質的援助
（お金や物）の授受と、親族のところへ（ゲストとして）転入したり親族を（ホ
ストとして）世帯に受け入れたりして住居を共有することで資源を貯蓄したり
節約したりすることである。

　依存のそれぞれの形式には、前章で私たちが検討した適応戦略が関わってい

る。その適応戦略には、親族から借りること、共同生活をして資源を貯めて支出の削減をすること、母親が働きに出ることがある。親族のつながりは、受領者と提供者を相互に交換しあうという親族の役割と、大貧困の時でさえも与えることを可能にする親族関係の特質に焦点を当てることで、家族経済に対する私たちの視野を広げる。親族関係システムの中で、大恐慌における生き残りのドラマは、援助を受ける可能性の高い剥奪世帯と、なんとか大損失を免れた世帯の支援役割の両方に関わっていた。

　まず、大恐慌の10年間にわたる物質的援助の経路と、それが苦難に陥る前の家庭の社会的地位とどのように関係していたのかということから検討する。援助を与えたり受けたりすることへの圧力は、大恐慌の苦難と、社会階級と家族ステージによって指標化された1930年代以前の家族の地位や資源との相互作用によって構造化されていた。このような作用は、1930年代における世帯構成にも適用され、そこでは親族が加わったり離れたりした。

　バークリーの家族の間では一時的ではあるがよくみられた居住形態である二世帯住宅は、ある戦略的文脈を表しており、そこでは親族関係のメリットとコストの両方が検討できた。ロッサー（Rosser）とハリス（Harris）は、南ウェールズ州における家族と社会変動の研究の中で以下のように述べている。「ストレスや緊張は、より広い家族グループよりもむしろ世帯内で最も強く感じられるのである」[3]。バークリーの家族と同居した特定の親族、家族生活における親族の重要性、そして親族の存在に伴う緊張を検証した上で、これらのことが意味することを本章の結論に示す。

親族援助の構成

　1929年から1930年の終わりにかけての記録によって、私たちは金品を授受するパターンとともに、バークリーの家族がホストやゲストとして親族と同居したかどうかを大恐慌の前、中、後という3つの重要な時期、特に1937年から1938年の第二次不況との関連において見ることができた[4]。資源であれ負担であれ、この歴史によく登場する親族は、概して家族生活に影響を及ぼした人々である。そのため、私たちは人類学者であるレイモンド・ファース

（Raymond Firth）と彼の同僚たちが親族の「効果的セット」と呼ぶものを用いて読み解いていく[5]。

　親族の援助と依存は、ほぼ確実に経済状況の変化に応じた一連の変動を伴っていた。親族からの援助は、1929年から急増し、大恐慌の谷でピークとなり、1930年代終わりの第二次不況まで低下した。この「大恐慌モデル」は、バークリーの家庭が支援と経済的困窮にどのように関わったのかを描いており、それぞれの家庭は困窮の時期の前に社会階級と（世帯主の年齢を指標とする）家族ステージにおいて異なる地位を占めていた[6]。労働者階級と若年の世帯主の家庭は、不況の前でも何らかの形で親族に依存する傾向が強かったため、1929年以降、収入が減り始めた時にも、このような依存状態は続いていたのかもしれない。

　それぞれの家族における親族関係の需要と供給は、近くにいる親族の人数と大恐慌期における家庭の経済的地位に左右された。理論的には、近隣に住む物質的に豊かな親族のネットワークが広いことは、多くの収入を失い無職になった親族を支援するという負担をやわらげるだろう。バークリーの標本の5組中4組よりわずかに多くが、少なくとも両親のどちらか一方が生存しており、その両親の3分の2が1931年時点で、グレーターベイ地区で生活していると報告していた。1930年代における親族の経済データの代わりに、私たちは親族間の経済的ニーズを推定するために家族の階級的地位（1929年）を用いる。つまり、地位が低ければ低いほど、親族からの実質的な要求の可能性は大きくなる。

　特に親族という文脈においては、「援助」は自分自身の幸福を脅かすような犠牲を伴うかもしれない[7]。なぜ困窮している家族は進んで貧困で苦しんでいる親族を援助するのだろうか。そのような行為は、私利私欲を超えた親族の絆という道徳的特質に達している。人類学者のメイヤー・フォータス（Meyer Fortes）によると、親族道徳の本質的な特徴は「規範的利他主義」であり、そこでは「計算なしの分かち合い」が生じるのである[8]。長期的な互恵性が可能であるのは、「動機は互恵性ではなく、道徳性だからである」[9]。この考え方は、他者の幸福のために自己犠牲をすることへの一般的な動機または期待に基づいている。

大恐慌に見舞われた多くの家族が深刻な困窮に陥っていたため、苦難を免れた人々は、助けなければならないという義務感を強く持っていたかもしれない。特に苦境に立たされた家族が、自分達が生き残ることで精一杯であった時にはそうであった[10]。道徳的動機がなければ、不確実な互恵関係は、援助の形式と量の両方において、また貧しい家庭と恵まれた家庭の両方において、より計算された選択が好まれただろう。そのような選択のためには、一方の親族の認識された要求と価値、他方の親族の資源によって判断される援助義務、および当事者間の互恵関係の歴史を考慮に入れなければならないだろう[11]。

バークリーでは、中流階級の家族、特に剥奪されなかった人々は、苦境に立たされた親族の要求になんとかして適切に応じようとした。援助に関わる決定を複雑にした複数の要因があった。1つ目は、中流階級の家族は、労働階級でより頻繁に起こるような、親族からの助けを必要とする（例えば、身体障害や失業のような）繰り返し起こりうる危機を経験したことがほとんどなかったのである。誰がどのように援助するのか、どのように援助を求めるのかということについての選択は、中流階級の家庭には比較的なじみの薄いものだった。2つ目は、（例えば、プライバシーや自律性に関連した）彼らの価値観は、親族の要求が自分達の自律性と経済的安定を脅かすものとして知覚された時、困窮している親族をやっかいな人と捉えさせた[12]。3つ目は、複数の家族メンバーからの援助要請がある場合は、メンバー間のニーズが対立したり、妻の家族の要求と夫の家族の要求が対立したりすることがあったということである。詳しくは後述する。これらのすべての要因が組み合わさることによって、社会学者のロバート・マートン（Robert Merton）とエリナー・バーバー（Elinor Barber）が援助の提供に関して「社会学的両価性」と呼ぶものが大量に誘発されたのである。一方では、家族は親族に対する義務を果たし、支援を提供したがっていた[13]。その一方で、彼らは自らの生活を守り、誰に、何を、どのように与えるかを選択する際に生じる緊張のリスクを避けたがっていた。例えば、本研究における中流階級の1つの家族において、ある研究所のスタッフが注目したのは、大恐慌の間、自身の専門的な職を続け、3つの持ち家を維持した夫が、経済的支援を必要とした家族メンバーについてとても心配していたことである。彼は数年にわたって、姉妹と両親に毎月いくらかの手当てを与えた。しかし、彼の

妻は、彼の家族のことを「寄生動物」のようだと言っていた。

　大恐慌における親族の駆け引きの全貌は、結婚による家族の結びつきと関わっている。乏しい資源をめぐる綱引きの中で夫の親族と妻の親族が潜在的かつ現実的な競争相手になるからである。このような競争は、特に夫の場合において、第一義的な忠誠を配偶者から両親へと移す圧力となり、夫婦関係の安定を脅かす。夫の妻への第一の忠誠とは、夫の両親が妻を批判すれば妻の味方になることや、夫の両親が邪魔をして妻や主婦としての役割を弱めようとするのを拒否することである。夫の親族にとっては、夫のそのような振る舞いは、妻が彼らから夫を引き離そうとし、夫側の家族より妻側の家族を優先し、夫の面倒をきちんと見ていない、などの疑いを抱くことを意味すると思われる。彼の妻は彼らが夫を独占することを不快に思うだろう。なぜなら、事実上そのことは「夫が彼女のものである1人の男性ではなく、実家では1人の子どもであるということを再認識させる」からだ[14]。

　血縁による絆と結婚による絆を調和させるという課題は、親族援助の「最後の手段」と呼ばれるかもしれないもの——親世代の親族、特に夫の母親との同居——に関する判断に直接関わってくる。ホストでもゲストでも、1930年代における耐え難い苦難は高い頻度で家族に選択の余地を与えなかったにもかかわらず、この選択は常にアメリカ家族における親族援助の好ましい選択肢の中で下位に位置づけられた[15]。多世代世帯に関する文献から判断すると、1930年代における両親との二世帯同居は、同様な経済状況の核家族よりも、より多くの葛藤や、感情的アンビバレンス、緊張と関連づけられる[16]。

　二世帯同居の必要があった時、妻が家庭で中心的な役割を取っていること、妻は夫の家族よりも自身の親族との相性が良いこと、夫の自分の両親に対する忠誠心が夫婦間の脅威となることから、妻の家族とともに住むことが好まれる傾向があった。この偏りはアメリカの家庭の調査の中ではより一般的に現れるものであり、女性と義理の母との関係において想定される問題を反映していることは間違いない。したがって、私たちは大恐慌の期間にバークリーの家庭に住んでいた親族の大半は、妻の家族の一員であったと予想している。

　しかし、援助をする際に夫の家族がより重視されるのには、それなりの理由がある。剝奪された男性の最良の選択の1つは、父方の財産に頼ることであり、

そうすれば彼らは、妻の両親や家族に援助を求めて自尊心を脅かさないですむのである。

物質的援助の授受

　家庭の幅広いニーズに対する物質的援助が最高頂になったのは、1932年から1933年にかけてである。授受に関連した家庭の割合は、1929年から大恐慌の谷間にかけて23%から41%へと急増し、その後1936年の終わりには4分の1くらいまでゆっくりと低下した。援助の形式がさまざまあり、家族生活におけるそれらの現れ方がわかりにくいものであることを考えると、ここで推定された値は控えめなものである。ここで親族を助けるという慣習は、ほぼ確実に過小評価されている。

　それぞれの時期において、家庭は援助を提供する側にもなり受け取る側にもなったが、同じ年に2つの役割をこなすことはめったになかった（3%かそれ以下）。大恐慌の4年間の内（1932～35年）であっても、親族に助けられたほとんどの家庭が、親族ネットワークの人々に経済的支援を与えることでお返しをすることはなかった。苦難の程度と支援能力は、親族の要求の程度とともに、いつ返礼するのかということにおいて重要な要素である。1年だけ援助を受けた家庭のみ、ささやかなお返しをしており、この期間にこれらの家庭の半分が他の家族を援助していた。物質的援助にどのような取り決めと期待が伴っていたのかということや、そのような支援を提供した親族の詳細な経済状況はわからない。お金を貸した時に、より多く返礼を期待するかもしれないし、早く返してもらうことを期待するかもしれない。けれど、このケースにおいてさえもそのような制限は親族の幸福やその他のとらえにくいさまざまな条件に左右されただろう。

　1930年代における援助の授受は、中流階級と労働者階級における家族生活の経済状況とおおよそ対応する。労働者階級の家庭にとって、苦難はより早く訪れ、絶対額でより深刻であり、長く続く傾向があったが、それは部分的には1930年代後半に再び訪れた一時的な景気下降のせいでもあった。この10年の始まりから終わりまで、労働者階級の家庭こそが親族支援の与える側にも受ける側にもなる可能性が最も高かったのである。

第9章 親族との関わり

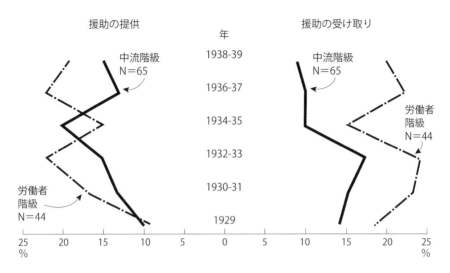

注：年間の割合を平均し、各2年間の値を求めた。
図 9.1. 中流階級と労働者階級の家庭における各年の援助の授受（年齢別）

　これらの家庭における授受の比率は、1930年代前半に突然増え、1934〜35年で減少したがその後の5年間でピークに達した（図9.1.）。それに比べ、中流階級の親族支援は一般的に1930年代前期における剝奪の影響とその後の経済回復への過程を反映している。この階級においては、大恐慌は1934〜35年まで貧しい親族を援助するという負担を徐々に増加させた。
　研究所のスタッフは、労働者階級の家族が困窮している親族に応え、最もつらい状況の時でさえこのような負担を受け入れることに困惑した。犠牲的な贈与の程度は、彼ら自身の利益に反するように思われた。地元の機械工場の主人とその妻の話は、それを鮮明に物語っている。1931年の中頃には1929年の収入の半分に減ったけれど、この夫婦は絶望的な状態にあると思われた夫の両親へ毎月少額の仕送りをし続けた。極端に出費を切り詰めることによって、このような支援が可能になったのだが、1932年の終わりには止めざるを得なかった。その当時、研究所のスタッフは、この夫婦は、「自分たちは助けることができない」という事実を心から心配していたということに気がついた。2年後、その家族は、自分たちの経済状況がわずかにしか改善しなかったのにもかかわら

225

ず、支援を再開した。この活動の賢明さについて質問された時、妻は「かつて今よりももっと貧しかった時でさえ夫の両親を助けていた」と答えた。

このケースは労働者階級の家庭を代表するものではないかもしれないが、鬱憤と敵意の表現とともに、この習慣に対する反感が公言されたのは中流階級の家庭のみであった。例えば、ある家族は「父の兄弟に嫌悪感を抱き、もし彼の要求に応えれば、また戻ってくるだけだと考えている」と語った。他のケースでは、「夫は妻からの家族への贈り物に腹を立て、他の人が助けてくれると信じている」と訪問スタッフが記している。そのような感情が夫婦間で共有される場合もあったけれど、この問題に対して、それぞれの配偶者が異なる立場を取った時にそのような感情が生じる可能性が最も高かった。

中流階級の家族とは異なり、労働者階級の家族は近所の人や友人よりも親族を大切だと考えることを援助パターンが示している。このことについての階級の違いは、第二次世界大戦後のサンフランシスコで観察され、他の研究者たちによっても報告された[17]。1930～35年の資料を用いて、親族との関わりが友人や近所の人との関わりに比べて少なくとも同程度である家庭の下位集団を同定した。このパターンは、予想通り、労働者階級と外国出身の家族やカトリック系の家族で最も多く見られた。民族性と宗教について統計的調整をしても、親族との関わりを高く評価したのは、労働者階級の世帯の半数に当たり、中流階級の家庭の21%に比べて多かった。

経済的危機の間、家族を助ける際に最も重要だったのは誰なのか。私たちが示したように、夫の両親がこの点において際立っていたのか、または妻の両親の方がより重要だったのだろうか。1930～35年において2つのパターンが見出された。1つは、中流階級と労働者階級の家庭は、夫の家族メンバーよりも妻の親族とより頻繁に交流していたことである。2つ目は、中流階級においては上下のつながりが「他」のつながりよりも優位であったことである。中流階級の家庭は、夫の側でも妻の側でも、兄弟姉妹のような他の親族よりも両親と頻繁に交流を持つ傾向が強かった。

このパターンは労働者階級における夫の家族に当てはまったが、妻の家族には当てはまらず、そこでは両親との交流は兄弟と同頻度であった。ここでの全体像は、女性が家族のつながりを維持するための働き（手紙を書いたり、電話

したり、訪問したり）の大部分を担っており、身分にこだわる中流階級においては兄弟や叔父・叔母とのつながりよりも親—子のつながりが強く、労働者階級においては兄弟の結束がより強いという歴史的な記録とおおむね一致している[18]。

　親族間交流の主な形態は、大恐慌の時に主として援助を与えた家庭と受けた家庭で異なっており、それは予想に沿ったものであった。1932年から1934年の間、労働者階級の家庭が援助を受けた時に最も目立っていたのは夫の親族であった。中流階級で援助を与えた家庭においてより目立っていたのは、妻の親族であった。どの援助パターンでも、家族間の交流は、中流階級では妻の親族へ、労働者階級では夫の親族へ傾いていた。夫側でも妻側でも、中流階級の授受は兄弟姉妹や祖父母ではなく、両親との交流に関わっている。両親以外の家族メンバーがより重要になるのは、援助を提供する労働者階級の家庭の社会的世界であった。

　援助のやり取りを親族交流の根拠として解釈するなら、男性が経済的に困窮している時、自分の親族とのつながりを維持しようとしたこと、中流階級の男性は兄弟姉妹より、父親を頼る傾向があることがデータから示唆される。援助を受けている家庭の中では、たいていの場合、恩恵を受けていたのは妻の親族である。物質的援助は、一般的に、中流階級においては妻の両親へ、労働者階級では妻の兄弟や他の親族へ向かって流れた。

　ここまで、私たちは大恐慌の間、世帯主の年齢で定義される家族ステージを考慮することなく、親族への物質的援助の階級パターンを見てきた。バークリーの標本は、数が少ないため、段階的なアプローチを必要とし、まず階級の違いを検討し、その後、経済的剥奪と家族ステージが検討された。剥奪とライフステージは、1930年代を通して親族の支援とニーズの全く異なるモデルを示している。

　私たちが先に「大恐慌モデル」と呼んだものは、大恐慌の最悪な年における授受のレベルがピークに達することを示している。対照的に、「ライフコースモデル」は、2つの異なった傾向を示している。1つは、時間が経つにつれて若い世帯における親族の依存が減少することであり、もう1つは年配男性が世帯主である家族へ親族支援を提供する割合が増えることである。困窮と家族ス

テージの相互作用は、3つの仮説的パターンを示している。それは、剥奪され
ていない若い家庭への一時的な援助の提供、剥奪された年配家庭における親族
依存の増加、そして大きな収入減を経験した若い男性の家族で親族依存の継続
である。

　援助の授受における傾向を評価する第一歩として、私たちは、1930 年代に
おける物質的支援のパターンを中流階級と労働者階級の親族ネットワーク内の
経済的剥奪によって検討する。次に、親族を助けたり、援助を受けたりする際
の違いが生じる潜在的な要因として家族ステージについて検討する。

社会階級と家族ステージによる差異

　大きな経済損失をどうにか免れたバークリーの家族は、めったに親族から借
金をしなかった。中流階級と労働者階級のどちらも、1930 年から 1936 年の間
に援助を受けたことがあるのは、非剥奪家庭の 6 分の 1 未満であり、この数字
は 1929 年の依存レベルを大幅に上回るものではない。これらの援助を受けた
のは、苦境に立たされた家庭であり、1930 年代早期に援助の割合が一気に増
加し、その後減少していった。この 10 年間全体を通して見ると、援助の受領
に関する階級の違いは劇的である。剥奪されなかった中流階級で 1930 年代に
親族から援助を受けたことがあるものは 15% 未満だったが、貧しい労働者階
級においては 80% だったのである。

　社会階級を、剥奪の状態と組み合わせると、親族の経済的必要性と資源を共
有する文化を理解するために必要な情報が得られる。依存性の階級の違いは剥
奪された家族のみに見られる。剥奪された労働者階級の家庭の 3 分の 2 近くは、
1930 年代前半に親族からの援助を受けていたが、中流階級における剥奪され
た家庭では半数弱だったのである。1930 年代後半には、剥奪された労働者階
級の家庭の半分以上が、まだその状態にあったが、中流階級における剥奪され
た家庭では、援助は徐々に減少し、3 分の 1 強程度になっていた。

　経済的必要性と共有のパターンの両方が、労働者階級において最もよく表れ
ていた。最も高水準で援助を与えていたのは、剥奪されなかった労働者階級で
あり、これらの家族の 40% 以上が、この 10 年間の後半に援助を与えていたの
である。継続的な困窮と互恵性の規範の両方は、（1929 年から 1930 年代の後半）

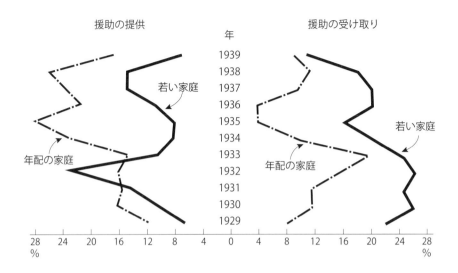

図 9.2. 年配と若い家族における年代別の経済的援助の授受（割合）

労働者階級における剥奪された家庭の援助の提供水準の上昇に反映されている。これまでの援助の授受も、中上流階級の家庭よりも、労働者階級でよく見られた（労働者階級 42％ 対 中上流階級 21％）。

　家族のライフステージも援助の授受の傾向に影響を与えた。**図 9.2.** は、年と段階別に家族の援助の授受の割合を示す。大恐慌以前、若い男性が世帯主の家族は、職業生活の初期段階であり、所得は可能性であった。その結果、彼らの資産と所得は成長する家族の需要を満たすには不十分なことが多かった。当時、20％ 以上が親族からの援助を受けていて、その値は年配の男性が世帯主である家族の 2 倍だった。このような援助は通常年齢とともに減少するのだが、大恐慌の困窮はそのことを先延ばしにしたようである。

　親族依存は、階級と剥奪を別とすれば、若い家庭においてこの 10 年間を通じて、一貫して高かった。大抵、年配の家庭においては依存よりも共有の証拠の方が多いかもしれないが、大恐慌のために年配の家庭の一部は依存が必要になった。このグループの親族依存プロセスの変遷は大恐慌の軌跡によく反映されている。親族依存は 1930 年代の最悪の時期にピークを迎え、その後減少し、

この 10 年間の第二次経済崩壊の時期にわずかに上昇した。困窮の時期の刻印は 2 つの年齢グループにおいて異なる形式をとることになったが、それぞれが「標準的な」ライフコースに基づいた予測から逸脱していた。

　援助を与えることもまた、ライフコースの規範から逸脱している。経済が下降した時、若い家族は年配の家族より親族に提供する資源が少なくなった。対して、年配グループの親族への援助の提供プロセスの変遷はライフコースに基づいた予測に近く、提供のレベルが 1929 年から 1930 年代後期にかけて上昇した。この変化は 1930 年代初期における家族のニーズを考えると、意外に思えるかもしれないが、2 つの社会階級において異なる傾向を反映している。年配の家族では、中流階級の提供は、1930 年代の後半に徐々にピークに達したが、労働者階級の家族からの援助は 1932 年から 1933 年に高い水準に達した。この違いは、労働者階級における親族ニーズの累積圧力の強さをよく反映している。

　年配の家族と若い家族の援助行動を、よりはっきりと理解するためには、労働者階級の家族と剥奪経験の正確な指標に目を向ける必要がある。**図 9.3.** を見ると、どちらの年齢グループも、物質的援助が剥奪されなかった家庭に集中しているが、家族のライフステージが、その時系列パターンに影響を及ぼしていた。剥奪されなかった若い家族の間では、援助の提供割合は 1932 ～ 33 年にかけて 30% 強がピークであり、その後、着実に低下し、この 10 年の終わりには 10% 弱にまで落ち込んだ。剥奪されなかった年配のグループにおいて、援助は 1934 ～ 35 年で 50% に増え、その後 1938 ～ 39 年でほんのわずかに減少した。この 10 年間を通して、この少数の剥奪されなかった年配の家庭は、親族援助において大きな負担を背負い、剥奪された年配の家庭におけるサポート率の低さとは最も異なるパターンであった。

　困窮を完全に免れた家族の幸運は、1930 年代における資産共有の最も重要な決定因を表すが、そのような家族のすべてが援助を提供したわけではない。親族のニーズ、価値観、資産——社会階級、剥奪状態、家族ステージによって指標化されたもの——は、この差異の大部分を説明しているように思われる。労働者階級の家庭における支援率が高いことは、この階級のニーズと文化の両方と一致する。

　剥奪されなかった年配の家庭は、若い家庭よりも共有するのにより好ましい

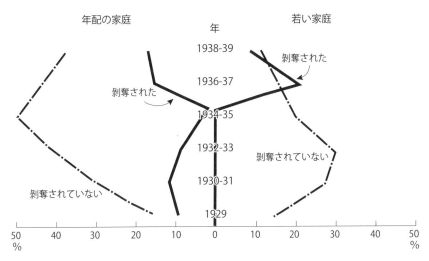

注：若いグループには、13の剥奪されなかった家族と11の剥奪された家族が含まれる。年配のグループには、13の剥奪された家族と7の剥奪されなかった家族が含まれる。

図 9.3. キャリアステージ、剥奪、年別の労働者階級の家庭における親族への経済的援助の受給（割合）

立ち位置を占めており、そうする可能性が高かった。剥奪された若い家庭は、高いレベルの依存で大恐慌に突入し、一般的には、この10年間のほとんどで高いレベルの依存をし続けていた。1932～33年に生活保護を受けていた家庭の3分の2は、1929年にもそのような援助を受けており、剥奪はこのグループにとって依存を長引かせる影響があった。

　親族援助の微妙な力学は、私たちの記録にほとんど残されていない。私たちは、剥奪された年配の男性の生活を特に苦しく、耐えがたいものにしていたプレッシャーや期待、優先順位を時折、見かけることがある。20年以上の安定した職業生活を送っていたのにもかかわらず、失業の不幸は、仕事を見つけられなかった男性の性格に疑問を持つ、一部の心ない家族の手によって凶器となった。例えば、ある中年の男性職人は、家族が彼の失業を乗り切るために毎月の仕送りを援助してくれた母親から、そのような非難を受けた。実りのない職探しの2年後、1933年に、彼は研究所の訪問スタッフに対して、激しい不平を言った。「母は、私がこの国で一番の間抜けだと思っている。私が何の仕事も

231

第3部　大恐慌の時代──最悪と最良の時代

見つけられないからだ。私は母に自分で職探しをやってみてもらいたいと思う」。

同居と別居

　大恐慌の 10 年間を通して親族支援の流れを考えると、最も親密で潜在的に生じうる形態、つまり世帯の共有に行き着く。1935 〜 36 年の国民健康調査で、世帯の共有は、資産とともに「経済圧力への適応反応」として、言及されている[19]。この特徴に加え、複数の稼ぎ手がいる頻度が高いことが、この時点での多世帯世帯の 1 人当たりの所得がより良好であることを物語っている。1930 年代に援助の授受をしたことがあるバークリーの家庭の 80% もまた、ある時点で 1 人以上の親族と住居を共有していた。

親族が家庭に入る時

　大恐慌の時代において収入を得るために、たくさんの家庭が下宿人や宿泊人を受け入れた[20]。これらの人の中には、他人だけでなく家族のメンバーもいた。親族と同居するのには、食事と部屋の家賃を時価で支払ってくれた年老いた母親の世話から、何の支払いもない食事と部屋の提供まで、さまざまであった。他の状況では、母親が有給の仕事に就けるように同居している祖母が家事を管理し子どもの世話をする場合など、同等の支払いが労働でなされることもある。親族もまた、下宿人や宿泊人のように月々の家賃を支払うこともあったが、これは資産を共有するというよりもお金を作るための家族戦略なのかもしれなかった。

　大恐慌の 10 年間にわたって、援助と同居の一般的な流れには、家族機能と親族支援の 3 つの様式がある。1 つ目は、この 10 年間のある時点で親族と同居し、金銭か物品の授受をした世帯（52%）、あるいはサービスや無形の資源を交換した世帯（11%）。2 つ目は、世帯の独立を維持するが、物質的資源を交換した世帯（15%）であり、3 つ目は、親族との同居や物質的資源の授受を決してしない世帯（21%）である。

　すべてのバークリー家庭の内で、1930 年代のある時点で親族の主人となったのが半数以上であったが、親族のゲストになったのは 10% 強であった。ホ

232

ストとゲストのほとんどが、3年以上の間、親族と同居した。剥奪状況は、労働者階級以外では、ホストの拡がりにほとんど影響を与えなかったが、労働者階級においては、特に大恐慌の最もひどい時期には、剥奪されなかった家庭は親族を世帯の一員として受け入れる傾向が最も強かった。経済的な問題は、特に若者の間で、労働者階級の家庭の同居を延長させる傾向があった。労働者階級の8つの世帯は、1932年に親族と同居していたのだが、そのうちの6世帯は1929年から1933年の間、経済困難、病気、婚姻問題のために同居し続けていたのである。

　核家族の状態からホストになったり、ゲストを迎え入れたりする世帯への移行は、世帯のアイデンティティとその力学を変えた。ホストは家庭の問題に彼らの権限を保持する傾向があったけれど、その権限は時には自身の家庭と子孫の生活の両方を管理することに慣れた母や義母によって挑戦されたかもしれない。妻の家庭内の義務も、ゲストが手伝ったとしても増える傾向があった。ゲストにとって、家族、特に親の家庭に同居する期間が長引くことは、通常、依存の状態を示していた。

　このような居住形態による社会的現実や感情的現実の差異がどのようなものであっても、親族を迎え入れたり、親族に迎え入れられたりすることが、家族が生き残るか、公庫への依存に象徴される「救貧院」に入るかの違いを生み出したのかもしれない。社会機関とニューディール政策は、1930年代間の家族支援という大きな負担を背負ったが、私たちのデータは、バークリー地域の親族システムのメンバー間の家庭と資源の共有がなかったとしたら、この負担はより一層大きなものになっていたことを示唆している。しかし、大恐慌が20世紀に長引かせた親族との同居という遺産には、非常に多くの家族が一緒に暮らさなければならなかった当時の記憶を通じて、「核家族が離れて暮らすことへの再評価」が含まれていると思われる。

同居の経験

　親族を援助するという意図された結果を超えて、同居は、文化的・権威的な対立と過密状態から神経衰弱や爆発的な怒りに至るまで、予期せぬ結果を生んだ。そのような変化の速度は、3分の1がヨーロッパ出身の小さい町や農村か

ら来た1900年世代のバークリーの年老いた両親にとっては、並大抵のものではなかった。

　家庭に親族が加わることによって、居住空間の社会的密度が高まり、多くの場合、家庭のストレスが高まった[21]。1部屋当たりの人数が増えれば、住人は過度な社会的要求やプライバシーの欠如を経験することが多くなるだろう。この10年間、これらの要因は一群のネガティブな心理学的および人間関係上の結果と関連づけられてきた[22]。しかし、問題は世帯の大きさをこえて、そこに住む特定の人々に及んでいる。健康やパーソナリティ、適応スキルによっては、大邸宅にたった1人の親族を加えることでも、家族の全員に混み合っていると感じさせるかもしれない。1人の祖母の存在が、混み合った世帯を生み出すこともあった。

　1人以上の親族を迎え入れることによって複雑になった世帯のメンバーは、一般的な2つの地位に区分される。1つは、夫か妻の両親または祖父母を迎え入れることで、家族構成において世帯が上方に「拡大」するもの。もう1つは、夫か妻の兄弟姉妹を迎え入れることで、世帯が外側へ「拡張」するものである。全体として、複雑化した家庭の23％は「拡大」し、36％は「拡張」し、最も複雑な世帯には両方のカテゴリーの親族がいた。1930〜41年の10年間にわたり、最もよく見られた親族の加入は、配偶者どちらかの母親と、兄弟や姉妹であった。この10年間に親族と同居した家庭の内、55％は夫婦のどちらかの未亡人となった母親がいて、そのほとんどが妻側の母親であった。夫婦どちらかの父親を迎え入れたのは、たったの17％だった。

　経済崩壊の前の家族の社会階級と（夫の年齢で定義された）ライフステージは、1930年代にどのような親族がその世帯に加入したのかということに大きく関係していた。年配の中流階級の家族は、拡大家族の割合（48％）が多く、拡張世帯の割合（10％）は最も少なかった。後者の家族のうち43％は、夫と妻の両方の親族がいる居住歴があった。対照的に、労働者階級における年配の家族は、兄弟か姉妹と一緒に暮らす可能性が高く（59％）、両親と一緒に暮らすことはめったになかった（12％）。この構成は、社会階級にかかわりなく、若い家族の居住歴を表していた。若い夫婦が親の元へ転居した場合、その家庭には弟や妹がいるのが普通だった。バークリーの女性は数年後に以下のように回想して

いた。「親子のいる世帯、年配の世帯に引っ越してきた人が多かったような気がする」。

家族の観察と共同生活のインタビューから、プライバシーと空間に関して階級特有の価値観があることが明らかになった。中流階級の家族の記録の中に、私たちは、実の親や義理の親と共同生活をしそうであるという見通しについて、はっきりとした痕跡を見出した。核家族の空間と親族との境界は、労働者階級よりも中流階級においてより強固なものだった。中流階級の家族の記録には、親族が引っ越してくるかもしれないというメモが含まれていることが多かった。そこには、「心配」や「同居しないでも済むかもしれないという希望」、同居した親族が去った時の安堵感が書き留められていた。例えば、会計士の妻は1933年に、夫の母を受け入れなければならないかもしれなかったことを「恐れて」いたし、「子どもたちは祖母のことを好いているが、祖母は私を不愉快にさせるから私は気が狂いそうだ」と言っていた。1年後、観察者のメモによると、彼女は「弱音を吐かず義母を同居させて本当によかった」と語っていた。

世代間の緊張

世代の同一性、家族の加入、ジェンダーとともに、社会階級は大恐慌の家庭における感情の化学反応と大いに関係していた。1930 ～ 39 年における世帯の年間記録から、自身の家庭で親族とともに暮らすバークリーの家族のほとんどが、夫か妻のどちらか一方の家族とだけ一緒に住んでいたことがわかった（82%）。これらの非対称的な家庭のおおよそ3分の2は、妻の親族のみと同居していた。この数値は、家庭生活における横断調査の結果や、妻の親族との関係や交流がより強くなるという家族生活における「母系」への偏りと一般的に一致している[23]。

ある時点で住宅に母親が同居していた 39 世帯のうち 25 世帯は、妻の母が同居し、平均して3年間滞在した。妻の母親は、一般的に、夫の母親と同じくらい長く滞在するが、妻の母親の存在は妻側の家族との交流にそれほど大きな違いをもたらさなかった。実質的には、妻の母親がいたすべての家庭は、親族の中でも特に母側の家族との交流が多かった。夫の母親が同居していた時は、親

族との接触がとりわけ少なかった。

　中流階級における住み込みの母親は、労働者階級においてよりも緊張の源となりやすかった。妻側の家族からの贈り物は、夫の稼ぎ手としての地位を脅した。夫婦のいずれかの母親の存在は、子どもの養育や依存の統制をめぐる対立を引き起こすことが多かった。労働者階級よりも中流階級の家族の記録で、性格の不一致の問題がよく現れる。世代間の緊張における階級の違いは、世帯のタイプとともにプライバシーや行動の自由のような価値観に関係していた。拡大世帯は中流階級の高齢の両親を保護したが、拡張世帯は兄弟や他の親族を保護した。それにもかかわらず、中流階級世帯における緊張は、病弱な老年期の不平と何の役割も持たない高齢家族の受け入れられない要求を反映していることが多かった。

　中流階級の家庭における高齢の母親の存在が意味することを、いくつかのケース資料を継ぎ合わせて描き出すことができる。ある家族では、夫の病気が長引いた間、子どもたちの世話を手伝うために、1933 年に夫の母親が同居することになった。夫が祖母の行動に制限をつけることに難色を示したことが原因となって、すぐに祖母は世帯を運営する権限を持ち、永続的に居住するようになった。数年後に研究所のスタッフが家族について質問をした時、妻はこう切り出した。「まあ、実のところ、祖母さえいなければ、我が家はうまく回っていたんだけど」。

　記録には、家中に敵意といらだちが蔓延していたことが記されていた。とても嫌な出来事があった日には、少なくとも数時間は、妻が子どもたちを連れて家の外で過ごすことがあったというのである。夫は朝、気分よく 1 階に降りてきたが、母親の一言で朝食を待たないことを決めるところだった、と述べた。妻はこう言った。「祖母は、私が今まで見た誰よりも早くグループに濡れ衣を着せることができる」と。その家族にはメイドがいたが、訪問スタッフによると、「祖母はメイドができることをやると言い張り、殉教者のように振る舞う。祖母は夫が決めたルールに耳を貸さない。夫が祖母の要求を拒否するのをためらうからだ。もし彼が祖母の要求を拒否したら、彼女はすぐさま泣き叫び始め『ああ！　私にここにいてほしいという人は誰もいない。私はただ邪魔な年寄りなのね』と言うだろう」。

第9章　親族との関わり

　私たちの手元には研究所のスタッフが報告した夫婦の証言しかないが、どんな争いでも、物語には複数の側面がある。この祖母の個人歴がどうであれ、正当に評価されていないという彼女の経験は、彼女が経験している急速に変化する世界の中で理解されうることである。年老いた中流階級の母親が息子や娘の世帯の一員となった時、彼女と他の家族との世代の違いが、19世紀後半から20世紀にかけての社会変動の厳しさによって一層強められたのである。

　このことは、高等教育が普及した新しい中流階級において、最も顕著だった。世帯の中で社会的役割や社会的機能を失った年寄りの母親は、居場所がない、役立たず、必要とされていない、誤解されていると感じる可能性が高かった。彼女たちは、コミュニティと職場に出現してきた女性の社会的役割を理解し、幼児とその育児の現代的な見方を尊重するための準備がなされていなかった。中流階級の息子を持つ年老いた母親が、大卒である息子の妻の習慣的な決定や行動と対立する問題について、決定権を奪った気持ちも理解できる。

　世代差が特にやっかいな問題になったのは、年老いた両親、特に母親が、息子やその妻と共有できない価値観や信念に基づいて行動した時であった。このことに当てはまるイギリスの田舎で育った母親は、彼女の息子の妻の育児観の甘さを激しく非難した。彼女は可能な時はいつでも、厳しくしつけることを主張した。彼女の嫁は、子どもたちを叱らないでほしいと頼んだが、彼女は自分の価値観を押しつけ続けた。概して姑は、どんな非難に対してもひどく反応し、何日も続けて家族の誰とも話さないこともあったのである。

　そうなるべきだと考えていたように世帯が回らなかった時「機嫌が悪く」なった母親もいた。彼女たちは成人した娘や息子の家で経験する世界ではなく、かつて知っていた、そして今も好んでいる世界を求めていた。彼女たちの批判的な見解や怒りっぽさ、求められないアドバイスや要求は、急速に変化する世界によって異質で不可逆的なものとなった世界では病的なものであった。もの思いにふける中で、ある娘が希望していたのは、「私が年老いた時、このようにはなりたくない。彼女がそういう性格なのも、どうしようもないことも知っているから、彼女が騒いだらそっとしておくようにしている」ということだった。

　夫の母親と妻の家庭での権限をめぐる争いは、中流階級における妻の依存に

237

最も直接的に関係するものだった。緊張が高まると、必ず不本意な夫たちが争いに加わった。バークリーのある男性は、夜に「さて、中に入ったら、どんな雰囲気なんだろう？」と独り言を言わずにドアを開けたことはないという。数年後、ロサンゼルスへの出張から帰ってきた時、母親が妻に家から出ていくように命じていたことを知った。この出来事で、彼は怒り狂い、「恥をかいた」が、代わりに住む家のない母親に対する男性の純粋な好意によって、妻の憤りと絶望があるにもかかわらず、この状況の継続が確実なものとなった。夫の母親がいる世帯においては、結婚生活の悪化に対する不満と義理の親からの批判がともに、大恐慌時代以前にさかのぼる家族の記録の中に見出される。

親族関係におけるリンクされた人生

これまでの章においてこのバークリー世代のすべてのメンバーが、家族の困窮にさまざまな形でさらされることによって、何かしらの影響を受けたことが示されている。この影響は、彼らの生活と彼らの子どもたちの発達に影響を与えたが、近くに住む他の親族、例えば、彼らの両親、叔父や叔母、成人した兄弟姉妹の役割を考慮しなければ、その全体像は不完全である。これらの親族ネットワークのメンバーは、この10年間にわたる家族の記録や観察、インタビューの中に、常に現れる。本章で、私たちは、同居を含む、援助の授受両方における親族と彼らの役割について学んだことを報告した。

経済的困窮を免れたか免れなかったかにかかわらずバークリーの家族の5世帯中4世帯は、ある時点で、親族を助けたり親族に助けられたりした。この援助の交換の著しい特徴の1つは、この10年間の後半には、援助された家族の多くは、相互依存的な生活の網目の中で支援の提供もしていたということである。さらに言えば、労働者階級で見られたように、親族や家族の友人に対してまでも支援しようとしていたのは、最も経済的に困窮した家族だったのである。4世帯中3世帯において、親や子どもに生活するための場所を与えていた。この援助によって、多くの家族が生活保護を申請する屈辱を避けることができた。

バークリーの家族は、親族から受けたり親族に与えたりした援助の具体的な金額や種類について体系的に尋ねられたわけではなかったが、そのことについ

て詳しく話した。10年間の大恐慌が終わった時、上位中流階級に属するほとんどすべての剥奪家族は、彼らの経済的損失から回復していた。しかし、これらのバークリーの家族は、貧乏な親族を助けることに抵抗する可能性が高かったり、妻や夫の母親のような年老いた親族を受け入れることに難色を示したりすることが頻繁にあった。

　対照的に、労働者階級は、中流階級よりも物質的資源と社会的資源が圧倒的に少ない状態で大恐慌に突入し、これらの半分の家族が1929年の収入のほとんどを失った。彼らにとって、長引く困窮の締め付けは1940年代になって、第二次世界大戦のための産業動員が始まるまで続いた。失業や主要な収入を失うことを免れた家族のほとんどが、年老いた兄弟や親など、恵まれない親族を積極的に援助していた。彼らは親族のために経済的な犠牲を払い、国内外で犠牲を伴う戦争時代を迎えようとした。

　大恐慌の10年間において世帯収入が不足することは、世帯のストレスを伴う世代間の同居につながり、そこではおそらく「核」世帯の家族生活が優先されることになった。この結果は、大恐慌の期間における「群居」で生じたと思われる影響を表している。ベイエリアの戦争産業の成長によって、戦争労働者のための住宅が不足し、家賃が高くなったため、時をおかずにバークリー世帯における宿泊人が増加した。戦争に駆り立てられた産業の成長は、1930年代後半、失業者が求めていた仕事をもたらした。労働市場の長期にわたる減退は、最終的に終わりを迎えた。

第3部　大恐慌の時代——最悪と最良の時代

❖ 注

1. Lawrence Stone (1975) "The Rise of the Nuclear Family in Early Modern England: The Patriarchal Stage," in Charles E. Rosenberg ed., *The Family in History*, Philadelphia: University of Pennsylvania Press, 13–58.

2. Michael Anderson (1971) *Family Structure in Nineteenth Century Lancashire*, Cambridge: Cambridge University Press, 150.

3. Colin Rosser and Christopher Harris (1965) *The Family and Social Change: A Study of Family and Kinship in a South Wales Town* (Swansea), London: Routledge and Kegan Paul, 259–60.

4. 1929年から第二次世界大戦にかけて、バークリーの家族は、何らかの物質的援助の授受があったかどうか、ゲストかホストとして親族と同居していたかどうかによって、毎年分類された。これらの測定の実証的基盤は、1930年代の各年度に定期的に家族を訪問した研究所職員による頻繁な交流と現地調査の記録、妻たちとの年1回のインタビューに由来する。記録は、大恐慌の家族生活に関するすべての詳細情報の場合と同様、集中的標本の家族についてのみ入手可能である。親族関係は当時のデータ収集の明確な対象ではなかったので、親族が彼らの相互的な世界に入り込んだ範囲でのみ、私達は、より大きい親族ネットワークの中における家族の姿を把握できたのである。したがって、ここに保管された記録は、家族の日常生活に影響を与えた親族の記録として最も満足のいくものである。

　　私たちは、金品の授受から一時的なシェルターの提供まで、援助の授受の証拠を幅広く探し出した。親族援助に関して毎年記録された項目は、通常、援助の種類の一般的な用語（例：毛布、家賃、燃料費）で記述され、本人や家族に関する具体的な情報は、その本人側の家族の情報しか提供されないことが多い（例：「妻の父親が住宅ローンを支払うために小切手を持ってきてくれた」）。援助源については、夫側と妻側それぞれの家族との交流頻度という総合的な尺度に頼らざるを得ない。住居が共有されていた時、世帯の構成と力学の歴史は、年ごとの同居親族の身元と人数、人間関係における感情的な雰囲気と関係性とともに記録されている。

5. Raymond Firth, Jane Hubert, and Anthony Forge (1970) *Families and Their Relatives: Kinship in a Middle-Class Sector of London*, London: Routledge and Kegan Paul, 113.

6. 家族ステージは世帯主と子どもの年齢および家族の人数によって指標化されるか

240

もしれない。世帯主の年齢は、労働者のキャリアにおける地位を把握するという観点で不可欠であり、それは子どもの数と密接に関係していたため、複合的な指標を開発してもほとんど得られるものはなかった。1人以上の子どもがいた若年男性は、15%しかいなかった。大恐慌前の末子は、本研究の設計上、全員が1928〜29年生まれであった。

7. E. Wight Bakke (1940) *Citizens without Work* (New Haven), CT: Yale University Press, 207.

8. Meyer Fortes (1969) *Kinship and the Social Order: The Legacy of Lewis Henry Morgan,* Chicago: Aldine, 238.

9. Maurice Bloch (1973) "The Long Term and the Short Term: The Economic and Political Significance of the Morality of Kinship," in Jack Goody ed., *The Character of Kinship,* London: Cambridge University Press, 76.

10. Anderson, *Family Structure,* 12.

11. Firth, Hubert, and Forge, *Families,* 113.

12. Jack Brehm (1966) *A Theory of Psychological Reactance,* New York: Academic Press.

13. Robert K. Merton and Elinor Barber (1976) *Sociological Ambivalence and Other Essays,* New York: Free Press.

14. Hope Jensen Leichter and William E. Mitchell (1967) *Kinship and Casework,* New York: Russell Sage Foundation, 179.

15. Bert N. Adams (1970) "Isolation, Function, and Beyond: American Kinship in the 1960's," *Journal of Marriage and the Family,* 32, 575–597; Morris Zelditch Jr. (1956) "Doubling Rates and Family Structure in the United States," unpublished manuscript.

16. Peter Townsend (1965) "The Effects of Family Structure on the Likelihood of Admission to an Institution in Old Age: The Application of a General Theory," in Ethel Shanas and Gordon F. Streib. Eds., *Social Structure and the Family: Generational Relations,* Englewood Cliffs, Prentice-Hall; Rosser and Harris, Family and Social Change; Leichter and Mitchell, *Kinship and Casework.*

17. Wendell Bell and Marion D. Boat (1957) "Urban Neighborhoods and Informal Social Relations," *American Journal of Sociology,* 62, 391–98.; Adams, "Isolation, Function, and Beyond."

18. Adams, "Isolation, Function, and Beyond."

19. Barkev S. Sanders, Anne G. Kantor, and Doris Carlton (1940) "Income, Children, and Gainful Workers in Urban Multi-family Households," *Social Security Bulletin*, 2, 28.

20. John Modell and Tamara Hareven (1973) "Urbanization and the Malleable Household: An Examination of Boarding and Lodging in American Families," *Journal of Marriage and the Family*, 35, 467–79.

この文献では、「下宿人（boarder）」と「宿泊人（lodger）」という用語を親族以外の世帯居住者を指す言葉として同じような意味で用いているが、私たちは親族を指す言葉としても使っており、この2つの用語に異なる意味を持たせていることに留意されたい。宿泊は単に同居を意味し、下宿は部屋と食事の両方を意味する。私たちは「下宿人（boarder）」という言葉を、何を前提とすることもなく、部屋と食事を当たり前に提供してもらっているものとして用いる。下宿人に加え、いくつかの世帯には住み込みの女中がいた。1930年から1941年の間のある時点で、中流階級の家族の5分の1強がメイドを雇っていた。労働者階級の世帯で住み込みのメイドがいたという記録はない。

21. Alan Booth (1976) *Urban Crowding and Its Consequences*, New York: Praeger; Mark Baldassare (1978) *Residential Crowding in Urban America, Berkeley:* University of California Press.

22. Walter R. Gove, Michael Hughes, and Omer R. Galle (1979) "Overcrowding in the Home: An Empirical Investigation of Its Possible Pathological Consequences," *American Sociological Review*, 44, 59–80.

例えば、過度の社会的要求は、身体的・心理的な引きこもり、精神的健康の低下、効果的な計画の欠如、そして「くたびれた」という一般的な感覚と関連していた。「混み合っている」と感じている大人は、子どもからの嫌がらせや、配偶者間の感情的な距離、夫婦間のサポートの欠如、頻繁な口論を報告する傾向があった。

23. Adams (1970) "Isolation, Function, and Beyond,"; Dorian Apple Sweetser (1963) "Asymmetry in Intergenerational Family Relationships," *Social Forces*, 41, 346–52.

第4部 国内での戦争

　1930年代の終わりには、そのコミュニティ全体にも、バークリーの家族にも語るべきことがたくさんあった。中流階級に属する人たちの大部分は、（大恐慌による）経済損失から立ち直ってきており、労働者階級に属する人たちもこれから生活がより楽になることを期待していた。しかし、ドイツのポーランド侵攻によりヨーロッパに暗雲が立ち込め、フランクリン・D・ルーズベルト（Franklin D. Roosevelt）大統領はヨーロッパ防衛に向けて国を率いるために、3期目の立候補を検討するようになった。大恐慌のさなかにルーズベルト大統領のニューディール政策は民主主義を守った。そして米国外の戦争にアメリカが巻き込まれることなく、平和を守ることを誓約した。

　しかし、バークリーのコミュニティとそこに住む人々の生活を変えてしまうであろう国家による動員が進行中であった。この変化は、ドイツによる

第4部 国内での戦争

ヨーロッパ諸国の占領に促されたイギリスのウィンストン・チャーチル（Winston Churchill）による緊急の嘆願に対するアメリカの回答であった。高まりつつある圧力の下で、1940年にアメリカ連邦議会は遂に中立法を修正し、さらに武器貸与を可能にする重要な法案を可決した。これらはアメリカがイギリスに軍需物資を送ることを可能にした。しかし、国の生き残りのためには、主要な戦時経済と軍事力を持つ国にアメリカを変革することが求められた。

ルーズベルト大統領とホワイトハウス顧問とのミーティングで、陸軍参謀総長のジョージ・C・マーシャル（George C. Marshall）は「戦争に向けたアメリカの武装化について真剣に考えること」がいかに重要であるかについて、非公式に大統領と協議した[1]。マーシャルの結論は、「大統領がすぐに何かをしなければ、この国に何が起きるかわからない」ということであった。ルーズベルト大統領は顧問たちの進言を受け入れるだけではなく、2,400万ドルから7億ドルへの驚くほどの軍事予算の増額を即座に議会に提案した。また、5万5,000機の航空機を製造するための予算も承認した。

アメリカの産業を戦争動員に向かわせるために、ルーズベルト大統領は、アメリカの自動車産業で定評のあるリーダーであるゼネラルモーターズのウィリアム・ヌードセン（William Knudsen）を選んだ。イギリスが危機的な状態にあるにもかかわらず、ヌードセンは全面的な動員という「変革」が必要であることについて、産業界のリーダーを説得することに苦労していた。そして、戦争状態にあるヨーロッパの国とこれからも協調していくことに強固に反対する議会とも対峙し続けていた。しかし、ヌードセンが見て回った地域ではどこでも、近い将来に起こり得る戦争によるとてつもない需要に応えるためには、古くなった産業基盤を再生する必要性に直面していた。この巨大な課題を強調するために、彼は唖然とする企業や政府の代表者らの聴衆に向かって、「戦争遂行のため、これから18か月間でアメリカのほぼすべての工場を全面的に一新する必要があるだろう」[2]と語った。これはアメリカが「民主主義の兵器廠」となるためには不可欠なことであった。

日本による真珠湾攻撃の前のバークリーおよびベイエリアへの動員による影響は、多大な船の損失で物資の供給が絶たれた島国であるイギリスへの商船を至急建造することから生じた。ヘンリー・カイザー（Henry

Kaiser）と彼のシックスカンパニーズは、問題解決に乗りだした。カイザーはボールダー・ダムのような巨大な建設プロジェクトを完遂させたことで知られており、近年では造船所や貨物船を建造していた。イギリスへの武器供与のための金融支援を受けて、カイザーは 1941 年の寒く雨が多い冬に、カリフォルニア州リッチモンドの干潟に最初の造船所を建造することに同意した。記録的な速さで、3 月初旬には最初のイギリス向けの船の竜骨を完成させた。

　その造船所では、リバティ船という名前で知られるようになった船を建造していた。同一のデザインの船が溶接工場で大量生産され、船首のような主要な部分は巨大なクレーンで造船所の作業台に運ばれた。建造の手順は単純化されているため、作業員候補の範囲は著しく広がった。人数の限られた熟練工を探さなくても、大量生産によるイノベーションにより、造船所は未熟練工を採用することが可能となった。戦争中を通して、カイザー造船帝国はベイエリアに 4 つの造船所を作り、アメリカとアメリカの同盟国の商船を 700 隻以上建造した。1941 年の夏までに、防衛関連支出は 1940 年末時点に比べて 3 倍を超えた。そして次の6 か月で、イギリスが必要とする軍需物資の他に食料品の需要にも応えるために、防衛関連支出は 12 倍以上となった。高い給与が造船所や軍需産業の労働者に払われたため、彼らの家庭の所得は飛躍的に改善した。

　1941 年の冬の間に、イギリスの危機に加えて日本によるアジアへの軍事的な脅威がルーズベルト政権の急を要する軍事的関心として付け加わっていた [3]。アジアでの出来事は、バークリーやサンフランシスコ、オークランド地区に居住する家族にとって、日常生活から遠く離れた出来事であった。戦争で動員された地域の多くは、サンフランシスコからサンディエゴにかけてあった海軍基地を含めて、海岸沿いにあった。バークリーとサンフランシスコの間にある海軍のメア・アイランドは、船を修理する機能やその当時に比類のない乾ドックを提供していた。陸軍はサンフランシスコのプレシディオにいる第 5 陸軍司令のジョン・L・デウィット（John L. DeWitt）および近くにある陸軍キャンプを通じて、その存在感を示していた。これらに付け加えて、製油所や爆弾工場そして造船所のような主要な防衛産業は、太平洋を挟んで敵対する相手に対してカリフォルニアが脆弱であることを常に思い起こさせた。

　1941 年 12 月 7 日に日本の飛行機がハワイの真珠湾を波状攻撃した

ことにより、アメリカは警告なしに突然、大西洋と太平洋の両面で戦争に引き込まれた。アメリカに対する日本の宣戦布告は、枢軸国、つまりナチスドイツとイタリアに次いで行われた。カリフォルニアでは、真珠湾への攻撃の感情的なショックはカリフォルニア州の主要な海軍基地に配置されていた軍艦の乗組員が亡くなったことと大いに関係していた。彼らは1940年に、日本による太平洋側への攻撃に備えて、再配備されていた。そして、太平洋艦隊の主要な戦艦が沈んだり、致命的な損傷を受けたりして、真珠湾に横たわっていた。バークリーの家族がこの軍事的な攻撃や破壊の非道さを理解するには少し時間がかかった。

　真珠湾攻撃はアメリカと大日本帝国の長年にわたる関係悪化の一部であった。そして、同じことが第一世代および第二世代の日本人居住者とカリフォルニアの白人社会との間にもあった。これは、ケビン・スター（Kevin Starr）がカリフォルニアの白人による極右的な運動、過激な労働運動として描いている[4]。「中国人は出ていけ」という1870年代の運動は、差別的な法制を含めて、20世紀初頭の反日本人の扇動に発展した。このことは、一部の日本の指導者に、あからさまな人種差別や侮辱に対抗するためには、アメリカと戦争することが不可避であると考えさせるようになった。

　真珠湾攻撃に続いて日本の潜水艦がカリフォルニア沿岸で貨物船を沈没させたり、南カリフォルニアのサンタバーバラで石油貯蔵タンクを破壊したりしたという報告が、日本への脅威を増幅させた[5]。これらの脅威が人々の精神状態を煽った結果、1941年3月にルーズベルト大統領は太平洋側にいる日本人を、市民かどうかにかかわらず、一斉検挙し監禁するという悲劇的な大統領行政命令を出すことになった。

　歴史家のアーサー・ヴァージ（Arthur Verge）が記述しているように、カリフォルニアは国内における戦争準備に迅速に移行した[6]。軍需物資を製造している工場の窓は光が外に漏れないように塗りつぶされ、24時間の生産体制が敷かれた。民間防衛策として灯火管制が行われ、街中や家の中が薄暗くなった。ヴァージが記述している通り、「沿岸の市や町、特に軍需工場や基地の近くでは、高射砲の据え付けが急ピッチで行われた。敵の侵攻を遅らせるために、海岸沿いには何マイルもの有刺鉄線が張り巡らされた」[7]。国内における戦争遂行努力に自発的に貢献できるように、カリフォルニアの沿岸地域には民間防衛システムが作られた。

何千人もの住人が応急処置提供者や空襲や地域の監視人、飛行機の監視員として登録を行った。

　私たちが第二次世界大戦におけるバークリーの家族の国内の戦いを調べたのは、真珠湾攻撃の余波の中であった。この時のバークリーの家族は女性も男性も 40 代か 50 代で、彼らの子どもたちの大部分が 10 歳から 20 歳であった。1928 年・29 年に生まれた子どもたちは思春期を迎えていたが、一般的には招集される年齢に達していなかった。しかし、彼らは感受性が高い年齢であり、太平洋戦争の最前線に生きていた。そして、兄たちが従軍した子どもたちもいた。

　大恐慌の 10 年間、バークリーの家族の中には、恵まれた生活を送った者もいたが、その大多数は困窮に苦しんでいた。第 10 章で、私たちが観察したのは、その困窮の時代の後に、戦争に動員された町での生活に彼らが適応していく様子であった。労働者不足、食料・日用品不足や交通手段の利用制限が原因で大きさや構成そして安全性が大きく変わってしまったコミュニティに対する彼らの接し方から見ていくこととする。雇用が不足していた期間を経て、バークリーの大人たちは何日かけてもこなせないほどの仕事に直面していた。戦争中に行われた研究所のインタビュー調査は、バークリーの家族の感情や行動を記録している。切迫する戦争による動員の期間中に、長い労働時間と加速する生活テンポが、両親と若者の生活、世帯主の幸福に影響を与えていた。1970 年代からの歴史の口述史は、思い出に残る個人的な出来事や家族の風景を提供してくれる。

　国内での動員の特徴の 1 つは、家族全員が巻き込まれる傾向があったことである。第 10 章では、多くの高齢の父親が兵役に徴兵された男性（息子）の代わりに長時間労働をし、戦争関連物資の輸送など国内経済における重要な役割を果たしていたことを確認する。小学生の子どもたちは自転車で新聞や商品を配達し、あらゆる年齢の女性が軍需産業に従事した。かなり多くのバークリーの女性たちが戦時中に働いていたことは第 11 章で追って確認する。これらの女性の多くは大恐慌時代にも働いていたが、その経験は戦時中の彼女たちの職業生活にとってどれほど重要であったのだろうか。

　戦争は、バークリーの両親とその子どもたち（10 代の若者から成人初期の人たち）に、将来について多くの疑問を抱かせた。第 12 章では、

247

第4部　国内での戦争

それらの疑問を世代間の枠組みを用いて検討する。この戦争に動員された社会において、個人と家族の生活テンポが加速することは、バークリーの両親にとって大きな問題だった。彼らの子どもたちは、多くの面で親の幼少期以降の経験とは全く異なる新しい世界で成長していた。さらに、1900年世代は、自分たちの「ただ単に成長した」子ども時代の記憶と矛盾する、より科学的な子育てモデルに直面した。

戦争が終わった時にバークリー世代の長女たちの多くは大学進学を考えていたが、すぐに結婚することを期待していた父親たちに反対された。復員が進む中、退役軍人の帰国が彼女たちの結婚への圧力を強めた。バークリー世代の息子たちの間では、兄やその友人たちが軍隊に入隊したことで、大学や就職よりも「入隊する」という選択肢が魅力的なものになったことは間違いないが、彼らの大半はこの選択肢を選ぶには若すぎた。それにもかかわらず、1944年の復員軍人援護法（GI Bill）により、高等教育と職業訓練の両方に対して、軍隊に入隊することの魅力が倍増した。1950年にアメリカが朝鮮戦争に参戦した時、徴兵制によって軍事的選択肢が再び義務化された。バークリーの息子たちの4人のうち3人は、この戦争が終わるまでに兵役に就いていた。

1.　Arthur Herman, *Freedom's Forge: How American Business Produced Victory in World War II*（New York: Random House, 2012）, 10.
　　　この部の序文は、第二次世界大戦へのアメリカ企業の動員に関するハーマンの生き生きとした説明と、戦時中のルーズベルト大統領のリーダーシップに関するウィニクの比類のない歴史の記録に大幅に基づいている。
　　　Jay Winik, 1944: *FDR and the Year That Changed History*（New York: Simon and Schuster, 2015）.
2.　Herman, *Freedom's Forge*, 12.
3.　Jean Edward Smith, *FDR*（New York: Random House, 2007）.
　　　特に、chapter 23, "Day of Infamy." を参照してほしい。
4.　Kevin Starr, *Embattled Dreams: California in War and Peace, 1940–1950*（New York: Oxford University Press, 2002）.
　　　特に、chapter 2, "Shelling Santa Barbara." を参照してほしい。
5.　Starr.
6.　Arthur Verge, "Daily Life in Wartime California," in *The Way We Really Were: The Golden State in the Second Great War*, ed. Roger. W. Lotchin（Urbana: University of Illinois Press, 2000）, 15.
7.　Verge.

248

第10章

戦争の家庭への影響

● ● ● ● ● ● ●

真珠湾のニュースを聞いた時、私は「なんてことだ、そんなはずはない！」と思った。私はただ泣き叫んだ。それは私にとても悪影響を及ぼした。

あるバークリーの女性

　大恐慌が終結した時、一部の家庭はまだ貧困に陥っていたが、数年後には第二次世界大戦への動員により、彼らの経済的な幸福は大幅に改善されることになった。戦争中は国内でより多くの豊かさを生み出し、国を孤立から解放した。大恐慌は個人的な苦しみを生み出し、バークリーの家族を内向きにさせた。一方で、戦争は人々を共通の敵に対して団結させ、彼らの目を外に向けさせた。真珠湾攻撃によって、ベイエリアとバークリーの家族の集団的な社会経験と精神は劇的に変化した。

　アール・ウォーレン（Earl Warren）知事とカリフォルニア州議会は 1942 年に州の大部分を作戦地域に指定した[1]。カリフォルニアはこの国にとって「民主主義の兵器廠」であり[2]、特にベイエリアは軍の新兵が到着し、出港を待ち、そして出発する一種の「待合室」となった[3]。造船所と軍需産業によるカリフォルニアの第 2 のゴールドラッシュが引き起こしたサイクロンは、住民を動揺させた。「すべてがあっという間に起こった」という感情が何度もバークリーの家族の間で湧きおこった。住民たちは、あまりにも大きな変化が起こり、多くの新たな機会やリスクに直面しているコミュニティの中で、時代の先端を生きていると感じていた。

　この章で、私たちはバークリーの家族を、経済的に恵まれなかった 10 年間

249

を過ごした後、繁栄の時代の生活に適応した家族と捉えている。彼らに起きたことは、サンフランシスコ湾岸地域および州全体における戦争への動員と大きく関係していた。私たちはまず、戦争に動員された地域での危険、大幅な人口増、よそ者の流入、生活における刺激といった状況下でのコミュニティの変化と、それへの適応に目を向ける。次に、男性の戦時中の労働時間の増加と賃金の上昇によるコストと利益、若者の戦争遂行努力の方法、保護者の目が届かない青少年の違法行為、働く母親の保育所を見つけることができないことによる危機的な状況など、家族の変化と適応に目を向けることとする。

コミュニティの変化と適応

明かりを消せ──危険だ

　バークリーとオークランドの新聞と市議会の議事録には、「ゴールデンゲートや海から見えるすべての光」を消す（消灯する）か、薄暗くする（減光する）ことの必要性が議論されており、そのために天井の照明に塗料を塗る方法が説明されていた[4]。新聞記事や掲示では、車や自転車、徒歩での外出をしないよう警告しており、住民は「自分の身は自分で守る」こと、個人の安全と事故、傷害、死亡事故の防止に対して「より大きな責任」を負うことを求められていた[5]。太平洋岸に対する爆撃の可能性を考慮して、バークリー市の管理者は定期的に市民に爆破予告や市へのその他の攻撃への対処法を指導し、市全体の防衛訓練を後援するようになった[6]。海岸や丘からは、監視員が「約束の船」と呼んだ港や湾にある船を毎日たくさん見ることができた[7]。

　強い「不安」と「空気中に漂う恐怖」は、バークリーの家族にとって危険を日々思い起こさせるものだった。「灯火管制があったので、ラジオを点けたり、電灯を点けたりしてはいけないことになっていた」とある女性は語った。さらに「もしラジオを点けたり電灯を点けたりしたら、あなたは連行されてしまうだろう。なぜなら、あなたがいろいろな所にメッセージを送ろうとしたり、やってはいけないことをしたりしていると思われるからだ。ひどいものだった」と続けた。別の夫婦は、次のような差し迫った危険を伝えるユーモラスな話をしてくれた。

250

第10章　戦争の家庭への影響

私たちは、灯火管制の中で、海岸沿いを車で走っていた。ヘッドライトを点けてはいけなかったので、私はフォグランプを点けて運転しようとしていた。しかし、押しボタンの操作を間違えて、うっかりヘッドライトを点けたり消したりしてしまった。どうやら丘の上に見張り台があったようで、次に私たちが気づいた時には、私たちが海岸沖の誰かに信号を送っていると思った2人の武装した男たちに囲まれていた。彼らは私たちに今すぐヘッドライトを消すように言った、そして私は暗闇の中を車で走り続けた。

危機感が共有されたため、州戦争評議会はベイエリアを含むカリフォルニアの沿岸地域全体に民間防衛システムを構築した。ところで、市の国防評議会は、地域の民間保護機関内の郡評議会内にある[8]。これらの組織は、国内での戦争遂行努力に貢献する方法としてボランティアをしなくてはならないという気持ちを誘発し、何千人もの住民が民間防衛の役割に参加した。彼らは、空襲や近隣の監視員、灯火管制執行員、飛行機の監視員、ビーチパトロールや応急処置の提供者となることを引き受けた。そして他にも多くの役割と責任を引き受けた。1943年4月には、バークリーのボランティア事務所に1万5,000人の登録ボランティアのリストがあり、名前とスキルごとにファイルされていた[9]。家の窓には、街区の長、監視員、戦争で息子を亡くした母親であるゴールドスターマザーであることを示すカードが張られていた。これらは、個人の誇りにとって重要な役割を果たしており、さらに連帯と社会活動への入り口という役割も果たしていた。

新興都市——社会秩序の発展と衰退

カリフォルニアのゴールドラッシュ（1848 〜 55 年）により、多くの「新興都市」が誕生した。新興都市は、人々が富を求める中で、金（ゴールド）が採掘できる場所に突然出現し、急速に拡大した。これらの経済的希望と繁栄の地では、住宅、医療、学校、調度品や消耗品等のインフラが流入してきたすべての人々のニーズを満たすことができなかったため、社会的混乱と生活の質の

251

第4部　国内での戦争

低下がもたらされた。1世紀後に、イースト・ベイは戦時中の新興都市として、ゴールドラッシュ時の新興都市と同様の特徴を持つことになった。

　新聞報道では、米国の一般市民の人口が減少する中、太平洋岸、サンフランシスコ、イースト・ベイの人口が劇的に増加していることが指摘された。例えば、1940年から1943年の間、米国の一般市民人口は2％以上減少したが、太平洋岸の人口は8％以上増加し、カリフォルニア州の人口は13％増加した[10]。イースト・ベイではこの期間に人口が10万人増加し、バークリーとオークランドでは20％増加した[11]。リッチモンド近郊のカイザー造船所は、1944年までに10万人以上を雇用していたが[12]、それはベイエリアに30ある造船所のうちの1つにすぎなかった[13]。バークリー・ガゼットの読者の1人が書いたように、その「謎」とは、「これだけの人々をどこで受け入れたのか」ということだ。「率直に言って、受け入れる場所はなかった」[14]。このようにして、人々を支えるインフラが不足する中で、前例のない人口増加と新たな人口の密集にどう対処するかという、大きな社会的懸念が浮上した。1,300人以上の「定住移民」がいるバークリーのトレーラーパークやテントキャンプについても、世間の論争が巻き起こった[15]。

　劇的な流入によって生じた住宅不足により、重要な軍需産業の操業が減速する恐れがあった。動員が優先されることはまた、軍需産業で働いていないバークリーの住民たちに、自分たちの生活を自分たちで決められないことを痛感させ、自分たちが他の場所へ退去させられるかもしれないという恐怖に怯えて暮らすことを意味した。この懸念は杞憂ではなく、市当局は「戦争遂行や市政府の維持に不可欠とはみなされない住民やその家族を、この軍需産業地域から当面の間、退去させる」という可能性を検討していたからだ[16]。実際にバークリー市は、すべての住宅所有者に対し、可能な限り「住宅不足がそれほど深刻ではない州内の他の地域」に移り、自分の家を戦争に関わる労働者が利用できるようにするか、あるいは「他の家族が同じ屋根の下で一緒に住めるように間取りを変える」ことを奨励した[17]。

　個人住宅所有者に家主としての登録を義務付ける市の政策や住宅法規により[18]、下宿人を受け入れることが困難ではあったけれども[19]、第二次世界大戦により、バークリーで下宿人を受け入れている世帯数が急増した[20]。バーク

252

リーの家族の年長の息子や娘たちが家を出ようとしていた時、新しく国防関係の労働者とその家族が大波のように押し寄せてきた。戦時中はデータが体系的に収集されていなかったため、どれだけの人が下宿人や他の家族のためのスペースを確保したかはわからない。ただし、これらのことについて参考となる記録がある程度残っている。長男が戦争に従軍していたある親は、1942年のクリスマスを、階下の寝室とユーティリティルーム（家事作業に使う小部屋）に住んでいた3人の若い国防関係の労働者と過ごしたと証言している。

　過密な地域では、青少年の非行、成人の犯罪、不衛生、病気、大気と水の汚染が懸念された。人口が密集した地域では日中の騒音問題が増大し、若者の徘徊によってさらに悪化した。夜間に働く人が非常に多かったので、日中眠る必要がある戦時中の労働者にとって「どんちゃん騒ぎ」は迷惑であった。新聞社への投書では、「あらゆる種類の防衛施設で夜間に働く何千人もの労働者は、ラジオのけたたましい音、叫び声、その他の騒音（クラクションを鳴らしたり、タイヤを鳴らしたりすること）の被害を被っており、これらの騒音は些細なことではあるが、実は戦争遂行を大きく妨げている」と述べている[21]。ある投書は、読者に新たな「黄金律」、すなわち「夜間労働者が少しでも休めるよう一日中静かに過ごすこと」を守るように懇願している[22]。

　新聞記事には、古新聞、タイヤ、オイル、缶、その他の物資を愛国的な行動の一環として回収したことによって引き起こされたコミュニティの匂いや光景の変化、そしてその結果として生じる公共の危険が記述されていた。ある投書者は、「以前はゴミを道路脇に捨てていた無作法な奴らが、今では不浄で臭い汚物を完全に合法的に捨てる方法を手に入れたのだ。彼らは今、愛国心の名のもとにガソリンスタンドにゴミを持ち込んでいる。多くのガソリンスタンドには、バークリーの潮が引いた時の海岸の見た目と匂いが残っており、美しい街のいたるところにネズミ捕りが仕掛けられている」と冷笑していた[23]。

　バークリーの家族は社会秩序の崩壊を経験した。具体的には、暴行や暴力、住宅強盗、路上強盗、売春など、さまざまな公共の秩序の乱れを目撃したり、その犠牲となったりした。同様に、ある「悩める主婦」は、「路面電車の係員、クリーニング屋、店員、肉屋」と接する中で、日常生活における礼儀正しさが失われていると述べ、彼らは今では「私たちを足下のゴミのように扱ってい

る」と書いていた[24]。別の男性は、町の人々が「戦時中のイライラ」のために非常に「過敏」になっていく中で、「戦争精神病」について書いていた[25]。また、「友人を怒らせるのはとても簡単だが、友人があなたを怒らせるのはさらに簡単だ。夫は妻に吠え、妻は夫に反撃する」とも彼は言った。

見知らぬ人たちの中で暮らす

　社会学者のウィラード・ウォーラー（Willard Waller）は、第二次世界大戦で大規模な動員が始まったばかりの1940年に、動員によってもたらされた社会的流動を次のように書いている。すなわち、「戦争は多くの人々を故郷やコミュニティから引き離す。スープをかき混ぜるように、人々をかき混ぜる。これにより、これまでお互いに会ったことも、今後も会うこともなかったはずの人々が一緒に放り込まれる。したがって、地域、文化集団、宗教集団、階級がすべて、これまでに経験したことがないほど混在している」[26]。

　ウォーラーの観察は、戦争が人種統合における一種の実験であることを予感させた。というのは、黒人男性と白人男性は一緒に従軍することはあっても、彼らが常に一緒に行動するとは限らないからだ。しかし、ウォーラーの観察はイースト・ベイとバークリーの日常生活にも当てはまり、そこでは「誰もがどこか別の場所からきたようだった」[27]。この住民の「混在」は社会的不信と排他性を生み出し、戦争は他の人々に対する異常で残酷な行為を正当化する理由となった。この時に主な標的となったのは、動員中にこの地域にやって来た貧しい南部の人たちと、コミュニティの長年の構成員だったが真珠湾攻撃の後に標的とされた日本人たちだった。

貧しい南部の人たち　　戦時中の仕事の増加という魅力は、南部出身者の大規模な流入をもたらした。これは、10年前のダスト・ボウル移住に続く白人である「オーキー」[28]と黒人移住者の大きな波であった。これらの移住者たちの存在は、彼らが大規模に流入した地域の文化的な価値観に大きな影響を与えたと考えられる。ある新聞投書は、「オーキーの雰囲気」がベイエリアを「飲み込み」、「ここしばらくの間、文明的な生活」を侵食しており、「このまま放置しておけば、戦後もそれが続くだろう」と警鐘を鳴らした[29]。バークリーの男

性の１人は、「これまでとは異なる階級の人々がバークリーにやってきているのを感じている」と述べた。別の男性は、選択的移住に関連して「善良なオーキーたちは、今はオクラホマに戻ってうまくやっている。そして、ここに出てきた人たちは、出身地に帰っても何も良いことがなく、ここで経済的によりよく暮らしたいと望んでいる人たちだ」と述べた。ある女性によると、その結果、かつては「完全に友好的に一緒に暮らす」人々のコミュニティだったが、今は「スラム街」になってしまったというのである。

　ベイエリアへの黒人移住者の流入は、このコミュニティでこれまでにはなかった人種的緊張を引き起こした。バークリーでは、黒人の人口は 1940 年代に 4％から 12％へと 3 倍に増加し、イースト・ベイとベイエリアのいくつかの街ではさらに大きな増加が見られた。研究所の記録で私たちが知ることができるのは、白人家族の声だけであり、人種と貧困に関する白人家族の言葉だけである。黒人家族は違った見方をしていただろう。

　戦争動員前のバークリーの両親世代は、長年にわたり黒人と白人の間にお互いに肯定的な関係、あるいは少なくとも平和的な共存関係があったと報告していた。ある男性は「摩擦は何もなかった。明らかに黒人の数が少なかった。その頃、I. Magnin's（高級デパート）に入ると、そこで帽子を試着している白人以外の人々がいたが、彼らはお金を持っていた」と述べている。「新しく来た黒人」は貧しく、「以前から住んでいた黒人」は貧しくないということが、変化を理解する鍵となった。この点では、新しく到着した人々もかつてのオーキーと何ら変わりはなかった。彼らには貧しいという共通点があった。

　移住してくる人々の「種類」が変わっただけでなく、一部の地域や地区では人種構成が白人主体から黒人主体に反転した。ある女性の言葉を借りれば、「私が住んでいた区域では、今はみんな白人以外になってしまった」。別の女性は「白人は黒人が引っ越してくるのが気に入らなかったので、出て行ってしまった」と説明した。

　ある女性は、家族で引っ越してきた頃には、角の店にいた黒人客はたった 1 人だったことを思い出したという。彼女は、夕食時に店の番をしていた時にその客が現れて驚いたことを思い出した。1948 年に彼女の家族がその地域から引っ越した時には、残っていた白人家族は 3 世帯だけだった。彼女は、「黒人

第4部　国内での戦争

がバークリーに初めて引っ越してきた時、白人と黒人は仲良くやっていた。しかし、戦争中に南部の黒人が引っ越してきた時、状況は悪化した。黒人はバス停で私たちに物をねだった。私の娘はかわいそうに、死ぬほど怖がっていた。娘はサンフランシスコで働くために、バスに乗らなければならなかった。彼らはここに来たばかりの人たちだった。彼らは私にもうんざりさせるようなことを言った。それまでは黒人との間に何の問題もなかった」と言った。別の女性は、「これらの新たに来た人々は、ルイジアナ州、アラバマ州、アーカンソー州、テキサス州などの南部の黒人たちだった。彼らは以前から住んでいた黒人の人たちとは違い、これまで何も財産を持ったことのない、貧困に苦しんでいる人たちだった。彼らは老いぼれた馬を手に入れて、ここに来てキャンプをし、段ボールや数本の木材で簡単な家を建て、なんとか暮らしていた」と言った。

　1900 年世代の中には、長年居住してきた黒人の住民と、新たにやって来た黒人の住民との間に新たな種類の「騒動」が生じたことを、「戦争は、私たちから好かれないタイプの人々を連れてきた」と表現する人もいた。ある女性は、造船所の労働者のせいで「同じ黒人であることが恥ずかしくなった」とある黒人女性が語ったと証言している。コミュニティにおける「不法行為」の増加は、造船所で働くためにベイエリアに新たに移住してきた黒人の風貌と態度に起因すると考えられていた。しかし、こうした不法行為の増加は、黒人労働者の正当な不満から生じたものでもあった。黒人は労働組合に加入することができず、白人よりも劣悪な労働条件にさらされていたのである。例えば、造船所の黒人労働者が組合員になる権利を否定されたために解雇された（最終的には再雇用されたが）ことを受けて、一連の人種暴動が起きた[30]。オークランド・トリビューン紙は、ミルズ大学の学生たちは「黒人はもはや自分たちを劣っているとは考えておらず、自分たちの信念に基づいて進んでいくため、さらなる人種暴動が予想される」と言われていたと報じていた[31]。

　一部の怒りは、リバティ船を建造する造船所を設立したアメリカの実業家ヘンリー・カイザーに向けられていた。ある男性は「カイザーとその造船所が黒人たちを連れてきた。 そして、私たちは最も賃金が高い福祉の州になった。そのことは黒人の中で最も優秀な人たちを集めることにはならなかった」と不満を述べた。それから彼は口調を和らげ、「私は多くの黒人の人たちと働いた

経験があるが、嫌な思いをしたことはない。一方で、白人の若者たちに嫌な思いをしたことがないわけではないが」と付け加えた。別の男性は、「ヘンリー・カイザーが黒人たちを南部から列車に載せてここに連れてきて、造船所で働かせる」までは、この地域には黒人はほとんどいなかったと語った。

　別の男性は、情に流されやすいエレノア・ルーズベルト（Eleanor Roosevelt）を次のように批判した。「ルーズベルトは南部からすべての黒人を連れてきてしまった。実際、黒人たちは週に55ドルを貰うのに、他の人に道具を渡してしまい、何もしなかった。もちろん、彼らは自分にとって都合のよいようにしているのだ。黒人の中には、非常に素晴らしい人で、本当に自分の力で物事を成し遂げる人もいるが、ただ働きたくないだけの人もいる」。ただ、先ほどのケースと同様に、この男性も「そうだね、白人にも同じようなことはあるよ」と言っていた。

　このように、戦時による動員の最中、新しく来た人たちの存在が増大するにつれ、1900年世代の人々から、人種や社会経済的な地位についての感情を整理しているような発言を聞くことが多かった。彼らは、かつて存在していた「善良な」黒人や白人たちと、現在はコミュニティの社会構造を侵害しているとみなされている新しく来た「貧しい」人たちとの違いを指摘している。

日本人　1941年12月7日の日本軍の真珠湾攻撃は、ベイエリアとそこに住む家族にとって歴史の転換点となった。ハワイはアメリカの西海岸に比較的近いため、ハワイと同じようにベイエリアも攻撃されるかもしれないという恐怖が生じたのである。バークリーのある男性は、「彼らは真珠湾を占領できたかもしれないし、ハワイを占領することもできたかもしれない。もしハワイが日本軍に占領されたら、日本軍がここに来ることを誰も止められないかもしれない」と語った。

　真珠湾攻撃の後、ジェームズ・ハミルトン（James Hamilton）とウィリアム・ボルス（William Bolce）は、サンフランシスコ港の「安全」を「最も重要なキャッチフレーズ」と呼んだ[32]。彼らの考えによれば、この港は「高い丘とそびえ立つ高層ビルの下に位置しており、海運業やウォーターフロントでの活動は、敵のスパイや破壊工作員の監視の目に対して極めて脆弱である。軍人も民

第4部　国内での戦争

間人も軍隊と貨物船の動きについて見聞きしたことを秘密にしておくように警告されていた。誰もが『口を閉ざすように』と忠告されたのである」[33]。

その結果、特に日本人が密集しているベイエリアのような場所では、日本人に対する恐怖が非常に強かった。真珠湾攻撃があった月に、ライフマガジンは「日本人と中国人の見分け方」というタイトルの写真付きのトップ記事を掲載した。新聞の投書で使われる言葉は、日本人にしばしば向けられた感情、すなわち「不誠実」「反逆」「スパイ行為」「裏切り」、そして「同化不可能」で「貪欲な」性質を反映していた[34]。しかし、カリフォルニアで強い反日感情が表れたのはこれが初めてではなかった。この州には、日系の子どもたちを人種別に分けられた別々の学校に通うことを義務付ける1906年の教育委員会の決定や、州内に居住する日本人の土地所有を明示的に禁止した1913年の外国人土地法など、すでに反日の組織や州当局、法律の歴史があった[35]。

1942年3月、ルーズベルト大統領の命令に従って、ベイエリアを含む「太平洋岸の戦略的軍事・産業地域」からの「日本人」とその「アメリカ生まれの子どもたち」の大規模な立ち退きと強制収容が行われた。バークリーの家族の多くは、彼らの中の日本人、つまり関係のあった個人や家族がいなくなるのを目撃したと語った。強制収容された人々の多くは、約5時間離れたカリフォルニア北部のトゥールレイクキャンプで抑留されていた。強制収容された人たちの中には、美容師や理容師、食料品店やクリーニング店の経営者、レストランのオーナーなど、コミュニティ内の事業主や労働者、あるいは家主もいた。バークリーの家族の中には、知り合いの大学教授、学生、卒業生が突然その地位を追われ、抑留されたため、大学に裏切られたと感じた人もいた。ある男性は、「彼らはみんなここで生まれた。彼らは全員カリフォルニア大学の学生であり卒業生だ」と叫んだ。別の人は、「彼らのほとんどは、アメリカ生まれのアメリカ人よりも愛国心が強かった！」と言っていた。また、何年も彼らの家に来ていたヘルパー、メイド、庭師、造園業者など、まるで家族のような人たちさえいた。「私たちは彼らのことを知っていて、彼らの家族のことも知っていて、彼らのすべてを知っていた。そして彼らはとても信頼できる人たちだった。私たちは彼らを脅威であるとは到底考えられなかった」。

バークリーの家族は、恐怖と興奮の高まりと強制収容がいかに速く行われた

か（事実上一夜のうちに行われたこと）を話していた。ある男性は「ある朝、すべてがいつもどおりで、そして静かだった。そして午後には、FBIがここにきて、日本人とその家族を家から追い出した。FBIは自分たちの持ち物をまとめるために限られた時間を与えた。次の瞬間、一台のトラックが止まった。彼らにはドアにカギをかける時間もほとんどなかった」と語った。別の男性は、抗議することもできず、ただ「どのような状況でも、何が起こっても受け入れて」生きなければならなかったと報告した。別の女性は、大きな問題は「戦争に関係することに反対することができない」ことであり、反対すれば自分も疑われてしまったのだろうと述べていた。

　それでもバークリーの家族は、誰を信頼して良いかがわからず、感情的にどれほど複雑だったかということも伝えていた。いくつかのコミュニティで起きたスパイ活動とプロパガンダに関連して注目を集めた事件により、用心深く疑いを持つことが今まで以上に必要となった。好むと好まざるとにかかわらず、「情に流されている」時間はなく、強制収容は「当然のことだった。日系アメリカ人は非常に目に付きやすいので、おそらく強制収容は日系アメリカ人を集団暴力から守ることになっただろう」と、ある女性は語った。ルーズベルト大統領も強制収容を命じた際に同じ主張をしていた。

　バークリーの家族の中には、強制収容された人々を移住させようとしたものの失敗した人もおり、なぜこれらの人々が失踪したのかを子どもたちに説明するのに苦労した。移住を成功させ、日本人家族が家を見つけたり、事業を再開したりすることを支援した人もいた。しかし戻ってきた時、日本人たちは当然のことながら「苦い感情」（何人かの研究参加者が使った表現）を抱くことになったが、それは、彼らはアメリカ人であり、彼らの多くは日本に行ったことさえなかったからである。

　敵の勢力と関係があるかもしれないとみなされる現地の人々を取り巻く緊張は、日本人だけにとどまらなかった。程度は低いものの、ドイツ人やイタリア人も監視の対象となっていた。バークリーの家族は、ドイツ人やイタリア人の親戚、友人、隣人が、彼らの「身分証明書」に関する確認をされたり、問題のある行動を行っていないかどうかについて米軍の監視を受けたりするためにベイエリアから数週間から1年にわたって隔離させられたり、転居を余儀なくさ

第4部　国内での戦争

れたりした経緯を語った。ある女性は、家の中にムッソリーニの写真を飾っていた隣人が噂の種になったと語った。イデオロギー的には、ドイツ人やイタリア人は日本人とそれほど変わらないと考える人もいた。しかし、真珠湾攻撃によってすべてが一変し、ベイエリアに日本人が密集しており、日本人であることがすぐに見分けられるため、日本人は標的にされやすかったのだ。

国内戦線における興奮

　戦争はコミュニティに多くの課題をもたらしたが、バークリーの家族はまた、雑踏、活気に満ちたナイトライフ、漂うロマンスの気配、一瞬一瞬を生きるという当時の興奮についても語っている。歴史家のアーサー・ヴァージは、「戦争という緊急事態にもかかわらず、楽しむことは制限されなかった」と述べている[36]。人々はお金を持っていたが、その使い方が限られていたため、映画館、ダンスホール、近所の酒場での飲酒や社交などの娯楽が中心であった。他の人たちとの強い連帯感、「私たちはみな、ここに一緒にいる」という感覚があった。

　バークリーの家族の中には、自宅で軍人を定期的にもてなしている人々もいた。ある女性は、自分たちの家が兵士たちの社交活動の中心地であると説明し、「彼らは私たちの家を 68 番街 USO（United Service Organization）と呼んでいた。（陸軍の）兵士、（海軍の）船員、海兵隊員が出入りしていた。私たちは、隣人と一緒に、毎週水曜日にパーティを開催していた」。人々は空港、駅、バス停まで「自分たちの少年たち」を迎えに行った。彼らは「第 2 の家」を提供し、温かい食事を作り、パーティや観光ツアーを主催し、友達作りの場を提供した。

　バークリーの家族は、電車や船、軍関係者を眺めたり、パレードに参加したり、有名人が街を練り歩くのを見て、興奮したと語っていた。マーケット・ストリートにある店のオーナーは、「店の両側に窓があった。マーケット・ストリート（に面した窓）とモンゴメリー・ストリート（に面した窓）からすべてを見ることができた。ああ、パレードは素晴らしかった！　それらは格別のものだった。そして、有名人たちがパレスホテルに出入りする様子を窓から見ていると、なんとまあ。国連会議がサンフランシスコであった時、私たちは大統領を見たのだ。ルーズベルト大統領もタフト（Taft）大統領も。これらの高官の

人たち（を乗せた）タクシーが行き交っていた。ああ、たくさんの人がすべてを見ようと周りに立っていた。そして街は（陸軍の）兵士と（海軍の）船員でいっぱいだった」。

　前節では、日本人と貧しい白人や南部から来た黒人は恐れるべき人々とみなされていると述べた。それらの見知らぬ人たちは見た目も言葉も異なり、家族やコミュニティ、国家の幸福を脅かしていた。（海軍の）船員や（陸軍の）兵士も見知らぬ人ではあったが、国家に奉仕しているという後光に包まれ、歓迎され保護されるべき部外者として見なされていた。愛国心は人々を団結させ、共通の価値観と目的を鮮明にし、共通の敵に対して人々を連携させた。

　この感情は、1940 年の夏、ドイツによる侵略の脅威にさらされた時のイギリス国民の心理について、ジョン・ミーチャム（Jon Meacham）が述べた「共通の危険は、たとえ短期間であっても、人々を結びつけるものだ」という言葉にうまく反映されている[37]。ミーチャムは C.P. スノー（C. P. Snow）の言葉を引用して、次のように述べている。

　　　国全体がある種の集団的な多幸感に包まれていた。私たちが何について考えていたのかはわからない。私たちはとても忙しかった。私たちには目的があった。私たちは、冷静になってよく考えてみればそれほど実現性があるものではなかったのであるが、常に絶え間のない興奮の中で生きていた。実際にどのような機会があるかを見極めるのは困難だった。しかし、私たちのほとんどが日々を現実的に体験し、多くのことを考えて過ごしていたのかは疑問である。私たちは狂ったように働いていた。私たちは愛国的な感情の高まりによって支えられていた。

　この描写は、ベイエリアで起こっていたことにかなり当てはまった。そこでは、特に人々はしばしば勝利の名の下に異常な長時間労働をし、子どもや青少年が戦争遂行努力に参加していたのである。

第4部　国内での戦争

戦時中の家族の変化

男性の戦時中の労働——犠牲と利益

1944 年、家族社会学者のジェームズ・ボサード（James Bossard）は、「戦争によってもたらされた変化は非常に包括的かつ根本的であり、家族はより大きな社会と密接に関係しており、戦争の影響を受けない家族生活の側面はおそらく存在しない」と述べた[38]。男性の仕事も例外ではなかった。国家の目標を必ず達成するための作業スケジュールの急激な加速は、世界大戦の兵器廠をゼロから構築する最初の数年間に並外れたプレッシャーを生み出した。

息をのむようなペースでの戦争動員は恐ろしい代償をもたらし、国民に多大ではあるが表面化しにくい犠牲をもたらした。1942 年から 1943 年にかけて、戦争関連産業で働くアメリカ人労働者の死者または負傷者の割合は、アメリカ軍人の 20 倍に達した[39]。アンドリュー・E・ケルステン（Andrew E. Kersten）の言葉を借りると、「文字通り第二次世界大戦の最初の数年間は、アメリカ人にとっては民主主義の兵器廠である国内で働くよりも、戦場にいるほうが安全だったのである」[40]。納期が短いことは危険であり、死の危険に及ぶことさえあり、特に造船所では作業が不衛生で危険だった。最盛期の 1943 年には 30 時間ごとに新しい船が進水していた[41]。しかし、ストレスを感じていたのは作業現場だけではなかった。造船所の経営陣の間でも死亡率が高かった。彼らは造船所を立ち上げて稼働させる任務を負っており、その有効性と生産量に責任を負っていたのである[42]。

また、労働者が準備不足のまま仕事に就いたり、熟練していない労働者が突然熟練を求められる作業を行ったりした場合にも、多くの死傷者が発生した。リバティ船を 24 時間体制で建造していたカイザー造船所では、熟練した人材を採用することが困難であったため、造船業での勤務経験がない労働者でも働けるように仕事が細分化されていた。ある熟練工の男性は、「戦争中に大工仕事に就いたものの、訓練や教育を受けておらず、仕事を全く上手にできない労働者が南部からたくさん来ている」と語った。

未熟練労働者がより高いレベルの仕事に就くことで、経験豊富な労働者の賃

金が引き下げられたため、国民の不満も高まった。ある地元新聞記事は、賃金、訓練と経験、年功制の原則的な関係に反することで、「経験の浅い労働者は米国市民に多大な損害を与えており、経済基盤も混乱させている可能性がある」と論じた[43]。非熟練労働者の雇用率が高いため、未熟練でも高収入が得られる仕事として、まだ学校に通っている若者も含めた 10 代の若者が工場で働くようになった。バークリーのある男性は、自分の店にいた「大勢の子どもたち」のことを思い出し、「時給 1 ドル 50 セントを稼いでいたが、彼らは実際には 25 セントに相当する仕事もしていなかった。彼らはお金を手に入れたらすぐに使い果たしてしまい、人生はとても楽なものだと考えていた。私はよく彼らに『今のように仕事が見つかる時代はいつか終わるが、その時あなたは何をしているのか』と言った。今のように仕事を見つけるのは簡単ではない時が来るだろう」。

　この引用は重要な視点を反映している。バークリーの男性と女性たちは欠乏ということを、身をもって知っており、10 年間の困難な時代を耐え抜いた後、国内での戦争動員によって失われた機会を埋め合わせ、はるかに良い物質的な生活を達成する機会がもたらされたのである。給料は上がり続け、労働時間はとても長かったため、戦争によりほとんどのバークリーの家族、特に労働者階級の家族の生活状況は向上した。実際に、1940 年から 1944 年にかけて、カリフォルニア州の 1 人当たりの収入は 803 ドルから 1,570 ドルへと 95％以上増加した[44]。ほとんどの家族が戦時中の繁栄について説明したり思い出したりした。ある女性は次のように報告している。「戦争が始まった頃は、とても良い年だった。お金をたくさん稼ぎ、たくさん使った。家の中には新しいものがいくつかあった」。しかし、彼らはまた、暗い側面も思い出した。それは、私たちがここで大金を稼いでいる時に、「私たちの息子たちが海の向こうで戦っている」ということである。

　大恐慌から戦争に至るまでの男性の労働環境は、仕事の不足から余剰へ、低賃金と雇用不安からより高い収入と昇進のチャンスへ、という顕著なコントラストを示した。バークリーの家族の男性のうち数名は軍の技術者、大工、製図技師として軍隊に所属しており、1 名は心理療法士だった。造船所で、職長、溶接工、機械工、模型製作者、建築家、警備員、または契約や出荷を扱う事務

員として働く人も多かった。造船所の外で地元の軍需産業の影響を受ける仕事、つまり印刷工場、公共事業、石油や化学の研究所、あるいはトラック運転手や警察官として働く人もいた。

　戦時中の雇用の鮮明な記憶は、週7日、12時間以上のシフトという長時間労働にまつわるものが中心であり、時にはそれに愛国心の名の下に「勝利」シフトが加えられることもあった。地元の製油所の監督者は朝5時に起きて、夜の9時頃に帰宅した。「会社は私たちを休ませることなくずっと働かせた」。ある化学者は、彼の会社では「通常は週に48時間働いていた人たちが、全員週に60時間働いていた」と報告した。長時間労働による健康への負担を指摘する男性もいた。あるトラック運転手の言葉を借りれば、「戦争で私は危うく命を落としそうになった。私はサンフランシスコからオークランドまで走る仕事をしていたが、かなり大変だった。昼も夜も走り続けた」とのことである。その長距離トラック運転手の妻は、夫の心臓病の原因を長時間労働のせいだと述べ、「夫はあまりにも長時間、時には24時間連続で働いていた」と言った。ある製図工は妻に、「ここに太陽が輝いたことがあるか」と尋ねた。というのは、彼が「家を出る時も暗かったし、家に帰る時も暗かった」からである。

　賃金が高くなると、より多くのお金が手に入り、潜在的な生活水準が高まり、消費意欲が高まった。しかし、余暇の時間は減った上に、交通手段が制約されていたため行くことができる場所も減った。つまり、資源の節約と騒音を避けるために自動車での移動は制限され、鉄道での移動は貨物と軍隊の輸送に限定されていたのである。欲しい物資の多くが供給量を制限されたり（肉、バター、砂糖、ガスなど）、供給を禁止されたり（絹や金属製の製品など）しており、バークリーの家族は毎日の必需品を入手することが困難であったと述べていた。戦争は個人の可能性を開く一方で、その可能性を閉ざしもした。

若者の2つの世界

　バークリー研究に参加した子どもたちは、動員のピーク時には従軍するには若すぎた。彼らは13歳から14歳で、戦争が加速した時期には学校に通っていた。それでも、彼らもまた、学校教育や政治的社会化にまで浸透した戦争に巻き込まれた。危険、死、死にゆくことについての不安により、生徒たちの学習

は混乱させられた。歴史家ウィリアム・タトル（William Tuttle）が指摘しているように、「自分たちが戦争の最前線で生きている」と信じている子どもたちもいた。「これらの少年少女たちは、次の空襲警報が訓練ではなく、本物になるのではないかと恐れていた」[45]。学校で教えられたイデオロギーは、これが「『国民のための戦争』であり、独裁と残虐行為に対する民主主義のための戦い」であることを強調するものであった[46]。

　同時に、教育者たちは軍需産業による青少年への「搾取」を懸念していた。このため、バークリー教育委員会は「戦争に必須ではない産業が授業のある週に、戦争遂行努力のために高校生を『搾取』することを防ぐ」ための「より厳格な法律」を制定することになった[47]。それでも、教育者たちは、戦争を支持する強い国民感情や高校生が戦争を支援するためのさまざまな方法が組織化されてきたこと、多くの高校生が早期または最終的に戦争に関する仕事に就く可能性があることから、「教育過程を戦争に適合させる」よう強い圧力を感じていた[48]。これには、機械生産の習熟度を高めるよう求める圧力も含まれていた。生徒たちが「勇気と不屈の精神を持って現在および将来の人生の不確実性に立ち向かう」ことを支援するために、学校は心理学だけでなく英語、歴史、体育、社会学、公民などの科目に「戦争精神衛生」に関する内容を組み込んだ士気に関する授業を導入した[49]。

　先ほど説明したコミュニティの変化する側面は、友人関係や仲間グループに影響を与えた。例えば、日本人の強制収容により、バークリーの家族の子どもたちは大切な仲間を失い、彼らがどこにいるのか、安全なのかどうかもわからなかった。保護者たちは、学校の生徒たちが日本人の友達とコミュニケーションをとっているかどうかを心配していた。ある母親の言葉を借りると、「最近では、友達との付き合いに注意してもしきれない」とのことであった。別の母親は「この数か月間に、自分の子どもがいる学校にどんな子どもたちが入ってきたのか」を心配していた。彼女は、超満員の教室で、新しく転校してきた国防関係の労働者の子どもたちから「不適切な」話を息子が聞いたのではないかと考えた。彼女は、他の数人の親たちと同様に、（家計を圧迫する私立学校であったが）子どもたちをクラスの規模が小さく、最近引っ越してきた労働者の子どもたちに接触させずにすむ他の学校に転校させた。

265

第4部　国内での戦争

　学校の外には、若者の2つの世界があった。その2つともが、個々の少年少女に存在することもあった。1つの世界は戦争遂行努力への貢献を通じて自らの犠牲を惜しまない意欲と規律を模範的に示す世界であった。もう1つの世界は、総動員された戦争により親の目が届かなくなり誘惑に満ちた環境で、違法行為や非行を若者が起こす憂慮すべき世界であった。

模範的な態度——戦争への協力　　バークリーの両親の子どもたちは戦争を表す多くのものに囲まれていた。地元のラジオシリーズ『マイ・ウォー』は「戦時中の国内におけるあらゆる男性、女性、子どもの貢献」をドラマ化していた。土曜日の映画では、ニュース映画を流し、子どもたちに戦争の現実を伝えていた。近くに陸軍基地があり、また軍艦が停泊しているので、ベイエリアには軍隊が絶えることなく出入りしていた。バークリーの家族は配給制に直面して、野菜、果物、ハーブの供給を増やすために、空き地に作ったコミュニティの「勝利の庭園」（1943年当時、イースト・ベイ地域に4万か所以上あった）で働いていた[50]。戦争遂行努力における若者の積極的な役割は、一見果てしなく続くスクラップ回収活動（毎月の使用済みの油、古紙、スクラップ金属の収集など）、戦時切手や債券の販売、そして戦争関連のポスターやチラシの配布であったが、それらは戦争に関する家族の記録に最も顕著に残されている。ボーイスカウトとガールスカウトがこれらの活動に積極的に参加した。バークリー市は青年商工会議所に、戦時債券販売のための「勝利の家」を設立する許可を与えた[51]。

　軍事情勢が米国と連合国側に有利になり始めたころ、バークリーの家族の1900年世代の息子たちは、友人と最もよく話す内容を尋ねられた。リストには、大衆文化（映画、ラジオ番組、ヒット曲）、女の子との関係、家族や学校の事情、戦争関連事項（戦争全般、どの軍務を選択するか、新たな国防関連の労働者とその家族、戦後の計画）が含まれていた。実際にバークリーの少年たちとその仲間たちの間では「戦争」が最も人気のある話題となり、女の子、学校、「欲しいもの」を上回った。半数以上の少年は、他の少年たちとよく戦争について話していたと主張し、希望する兵役について話し合うことの人気はわずかに低かった（41％対53％）。

　多くの少年にとって、主な関心事は、未成年のうちにどうやって軍隊に入隊

第10章　戦争の家庭への影響

するのかということだった。一部の評論家は、戦時中の困難のさなか、戦争が未熟な若者の世代を変えてしまったと主張した。「ほぼ一夜にして、彼らは責任感のある男性と女性に成長したように見えた。少年たちは召集される前に、軍隊に入隊しようと数十万人が押し掛けた。少女たちは戦争遂行のためのあらゆる機会を熱心に捉えている」と言うのである[52]。1942年には、10代の少年が軍隊に入隊したり、10代の少女が戦争遂行努力を行ったりすることが増えた。10月初旬にジェームズ・A. ウリオ（James A. Ulio）少将は、18歳から19歳の少年たちを「この若者の戦争」に直ちに参加させるよう二度にわたって呼び掛けた[53]。11月には労働省が「16歳と17歳の少女に軍需工場の門を開いた」[54]。まだ学校に通っており、まだ軍務に就く年齢に達していない若者を対象としたこの新たな風潮は、教育は「勝利の二の次」であるというメッセージを送った[55]。

問題点──不法行為と非行　父親と母親が働いているため、年長の子どもたちは放っておかれ、不法行為が増加した。戦争に動員されたコミュニティや国家において、両親の目が届かない「鍵っ子」[56]たちは非行の劇的な増加をもたらし、働きながら子どものことを心配していたバークリーの親たちに新たな負担を強いることになった。ウォーレン知事は州全体の会議を開催し、増加する少年非行にどのように対処するかを議論した[57]。10代の非行の増加により、法的および制度的な対応の必要性が生じた。具体的には、法的な対応とは午後10時以降の外出禁止であり、制度的な対応とは青少年のための施設の設立である。バークリーでは、非行を防止するために組織化され大人の目が届く活動やスポーツを提供し、子どもや青少年が利用できる施設やサービスについて保護者に紹介するために「ティーンエイジセンター」がコミュニティ内に設立された[58]。

　特に厄介だったのが「不法行為」の問題である。バークリーの少年の逮捕の件数は1941年から1943年にかけて2倍以上に増加した。少年の逮捕の増加は問題ではあったが、むしろ世間の注目を集めたのはバークリーの少女による不法行為の急増だった。少女による不法行為は1942年の最初の7か月間で52%増加した（一方、少年の場合はわずか15%であった）[59]。この時代の犯罪統計に関

267

する主要な中央政府の報告書には、少女と若い女性の間で犯罪が同様に「憂慮すべき増加」を示していることが記載されているが、詳細はほとんど示されていない[60]。しかし、特定の犯罪を調べてみると、急増したカテゴリーには、「売春」と「その他の性犯罪」、「治安紊乱行為」と「浮浪行為」が含まれていた。振り返ってみると、女性の逮捕と訴追は、その行動が「救いようがない」「手に負えない」ものであり、したがって当時の基準と一致しない「問題のある少女」を抑制することを目的としていたことは明らかである[61]。それは「早熟な女性の性を罰し」「女性の美徳の守護者として行動する」方法となったが[62]、少女は加害者というよりむしろ被害者となることが多かった。一方で、少女たちの相手となった男性（兵士を含む）や少年たちは責任を問われなかった[63]。

　これら以外の点では主に、性別にかかわりなく10代から21歳までの青少年の非行の急増に重点が置かれ、「国内を清潔で健全で、強さを保つ必要性」が強調されていた。この報告書は、戦争が最終的な原因であることをほのめかしており、その理由は、「好景気と若者が手にする『あぶく銭』、そしておそらくは家庭の影響力の低下が、〔この問題〕と闘うための計画を立てる際に相殺しなくてはならない要因である」としている。報告書はさらに、青少年の非行は「国家への必要不可欠な労働の提供にあらゆる人材が必要とされる危機の時期において、許しがたい人的資源の無駄である」と述べている。地元の法執行機関は「戦時中、多くの追加任務に直面」しており、「最も有能で経験豊富な人員の多くを軍隊や国防産業に送り出した」ことで運営が困難になっていた[64]。

　バークリーの家族へのインタビューでは、限定的ではあるが、しかし重要な親たちの懸念を垣間見ることができる。親たちの懸念は「映画」だった。ハリウッドの黄金時代には、映画は誰もが楽しめる主要な娯楽だった。しかし、戦時中には、親たちは10代の子どもたちとの緊張した関係の原因として映画を繰り返し挙げ、映画が不道徳または危険な行動、特に性行為を奨励することで、子どもたちに悪影響を及ぼしていることを示唆していた。ある父親の言葉を借りれば、映画のせいで「子どもたちはやってはいけないことに注意を向けてしまう」のである。別の父親は、息子が「信じられないほど多くの映画を観ている。息子が元の道に戻ることを願うばかりだ」と不満を漏らした。

第10章　戦争の家庭への影響

　「映画」は、親の目が行き届いていない10代の若者グループの目的地であり、デートをしたりデートの相手を見つけたりするための場所であった。そのため、そこでは10代の若者、特に女の子がトラブルに巻き込まれる可能性が高かったのだ。例えば、ある母親は、付き添いなしで外出し始めたばかりの娘を心配していた。ある日、娘は映画館で船員と出会い、家に連れてきた。別の日、彼女は路上でイタリア系のカトリック教徒の少年兵士と出会い、3、4週間にわたり毎週日曜日に彼と一緒に教会に行っていた。彼女の娘は、また、従軍中の2人の少年と文通を始めた。仕事をしていた母親は、「娘を1人で映画館に行かせるのは嫌だけれど、私は家にいないので、娘は何度かこっそり抜け出してオークランドの映画館に行っている」と語った。

　「映画」が象徴していることは結局、親が子どもをコントロールしたり守ったりすることができなくなっていたということだ。これは、10代前半の子どもがより多くの自律を求めていたことに加えて、戦時中の親の仕事のスケジュールが10代前半の子どもに大きな自由を与えたこと、ベイエリアには多くの若い軍人が出入りしており多くの誘惑があったことなどによるものである。

　両親は特に娘の飲酒、喫煙、性行為について心配しているようだった。少女たちが「少年に夢中」になり、「早すぎる年齢で、そしてしばしば親が知らない年上の少年と」恋愛関係を持ちたがる傾向があるのではないかと心配している人もいた。軍隊が到着すると、少女たちは駅や港に集まった。ある父親は、ある重大な事件で娘が、「危うく地獄を見るところだった。彼女は家族に嘘をついて、軍人とデートに出かけた。彼女ともう1人の少女は、その少女を私はまったく信用していなかったが、海兵隊員数人と一緒に映画を見に行った。彼女はその晩の成り行きが気に入らなかったので、私に電話をしてきた。私は彼女の声から何が起こっているのかわかったので、彼女にすぐに帰るように強く言った。彼女はすぐに家に帰ったが、その夜遅くに、その場に残ったもう1人の少女がレイプされた」と報告した。

　別の父親は、娘と性について話す必要性を報告した。「娘は陸軍キャンプの周りをうろうろしているので、どういうことが起こるかを娘に知ってもらう必要があったからだ。私はすべての生物学的事実を若者に伝えるべきだと信じており、彼女にすべてを話すつもりだったが、すでに手遅れだった。軍隊のキャ

269

ンプのせいで、彼女はすでに多くのことを知っていた」。

戦時中に10代の若者を育てることは、両親がすでに直面していた課題の解決を明らかに困難なものとした。バークリーの男性は、「物事の不安定さ」「現在のストレス」「現代の生活が子どもたちにとっていかに混乱しているか」について語った。ある女性は、戦前の生活は「よりシンプルで複雑ではなかった」と強調し、戦争に伴う「道徳の変化以前には可能であったようなシンプルで自然な家庭生活を親が提供することが今では難しくなっている」と強調した。別の女性は「戦争がなかったら、若者たちはもっと穏やかに過ごせただろう。戦争は、彼らの生活に非常に多くの複雑さと負担を加えたので、男の子にとっても女の子にとっても、戦争の影が常に彼らに重くのしかかっていたと思う。この不確実性が、大人たちが思っている以上に若者たちにとって大変だったのだと思う」と付け加えた。

戦争労働者の子どもたちの世話

女性の社会史では、第二次世界大戦が女性の労働力への道を開く極めて重要なきっかけであったことがよく指摘されている。第11章では戦時中の女性の労働生活が考察される。女性の歴史の物語と一致して、私たちの研究対象となったバークリーの中流階級の女性の多くは、戦争中に働き始め、経済的必要性からではなく愛国心から働き始めたと述べていた。しかし、一部の女性にとって、仕事は新たな人生の選択肢をもたらした。

驚くべきことであり、私たちの研究がその長い歴史的視点を考慮して明らかにしたことは、労働者階級の女性が、第二次世界大戦で突然、有給の仕事を始めたわけではなかったということである。これらの女性にとって、戦時中の労働は、大恐慌中または大恐慌以前から始められた、これまでも常に必要で重要な職歴の継続であった。中流階級の女性の多くも、結婚や出産前は働いていた。どちらの場合も、彼女らの職業経験により戦時中の仕事がより容易になった。

働く母親と残業続きの仕事で家庭にまったくいない父親は、必然的に子どもの世話と監督について深刻な疑問を引き起こしていた。働く母親の子どもたちをどうするかが、1942年の夏から秋にかけて、地元住民や市の指導者の間で大きな問題となった。育児は「戦争によって引き起こされたカリフォルニアの

差し迫った最大の問題」であり、1942 年にバークリー国防評議会が「働く母親の子どもの世話に関係するすべての機関」に育児危機の解決策を見つけるよう求める育児委員会を結成した[65]。

1942 年の終わりまでに、造船所は保育所のスポンサーになっていた。バークリー教育委員会は、働く母親の子どもたちに保育プログラムを提供するために各州に向けられた連邦緊急基金を活用して、これらの子どもたちを保育するため 10 のセンター（コミュニティ保育センター、公立幼稚園、放課後保育）を創設する包括的な計画を策定した。働く女性は「この戦争の真の勝者」の 1 人であるという信念は、もし保育の準備が整わなければ、幼い子どもたちが敗者になるのではないかという恐怖と結びついていた。しかし、戦後、こうした連邦政府や地方自治体の支援は打ち切られ、女性が仕事を辞めて家事や市民としての役割に戻るよう求める動きが強まった。

結論

第二次世界大戦は、1900 年世代が知っていた「古いバークリー」に終わりを告げ、コミュニティにおける多くの変化と適応を促した。しかし、この戦争はまた、10 年にわたる苦難に終わりを告げるものでもあり、経済回復の条件を作り出しただけでなく、人々が想像できなかったほどの豊かさを生み出し、大恐慌時代を超えて人々の生活を向上させた。戦争は彼らの世界を開き、彼らの視線を外に向けた。

バークリーの家族のコミュニティの構造は一夜にして変化した。かつて当たり前だと思っていた個人の安全が失われたことを毎日のように思い起こさせられた。戦争に動員されたコミュニティでは、彼らが危険にさらされていることは明らかだった。灯火管制、爆破予告、防衛訓練の最中に恐怖が漂っていた。コミュニティのメンバーは、ベイエリアとカリフォルニア沿岸に広がる民間防衛システムに、ボランティアとして参加した。戦時中の好景気の中で、特に造船所は前例のない人口増加と人口密度をもたらした。住宅不足により下宿人が増え、テントやトレーラーパークで生活する住民が発生し、過密な地域や学校、不衛生と病気、大気と水の汚染、犯罪と非行などの問題も発生した。

271

第4部　国内での戦争

　また、戦時中の求人増加により、南部からよそ者、貧しい白人や黒人の労働者が流入し、コミュニティに緊張が生じ、学校での動揺が引き起こされた。真珠湾攻撃の後、日本人に対する大きな恐怖も生じた。ベイエリアには日本人が密集しており、カリフォルニア州にはすでに長い反日感情の歴史があった。バークリーの家族の友人も含めた日本人家族の大規模な強制退去と強制収容は複雑な感情をもたらした。日本人ほどではなかったが、ドイツやイタリアと直接的な関係を持つ人々との付き合いも同様だった。

　これらの多くの脅威にもかかわらず、戦時中には大きな楽しみももたらされた。この楽しみとは、列車や船、兵士や船員を眺めたり、群衆の中に入ったり、パレードに参加したり、有名人や高官を見たり、軍人をもてなしたり、ナイトライフを満喫したり、今この瞬間を生きたりすることであった。戦争に動員されたコミュニティにおける絶え間ない興奮と人生の目的の共有は、住民のある種の多幸感を刺激した。

　第二次世界大戦はまた、家族に大きな変化と適応を促した。第二次世界大戦は家族を開放し、その結果、家族は外界の影響にさらされるようになり、聖域ではなくなった。このため、親は家族を守るための新たな「砦」を築くことが求められた[66]。労働時間が長くなり、戦争による動員のピーク時に生産ノルマが増加するにつれて、男性に対して求められることは増大した。目が回るほどのペースでの作業は危険であり、命を奪うことさえあった。労働者が自分のスキルのレベルを超えた仕事に就いた場合にも、負傷や死亡が発生した。高賃金と長い労働時間は、家族の潜在的な生活水準が高くなり、消費したがっていることを意味したが、余暇の時間は少なく、旅行や消費も制限されていた。もちろん、コミュニティの多くの家族では、父親は兵役に就いており、家庭には不在であった。

　女性が労働力として参入するにつれて、両親は不在がちとなり、子どもたちに目が行き届かなくなった。動員の最盛期に13歳から14歳になったバークリーの子どもたちはまだ学校に通っていたが、学校では戦争が学習と社会経験に浸透していた。彼らは戦争に従事したり徴兵されたりするには若すぎたが、積極的に戦争に協力する活動に参加することはできた。同時に、彼らは親があまり手を掛けずに済む年齢に達していたが、戦時中の軍事拠点での誘惑に弱く、

第10章　戦争の家庭への影響

不法行為や非行に走る傾向もあった。年少の子どもを持つ働く母親にとって、そしてカリフォルニアだけでなくバークリーのコミュニティにとっても、育児の問題は危機となっていた。

　ベイエリアの労働力における既婚女性の劇的な増加は、地元の新聞によって「この戦争の最も注目すべき動きの１つであり、おそらく100人に１人のアメリカ人も考えられなかった展開である。以前は雇用が男性に限定されていた工場では、すでに何千人もの女性が働いている」と報じられた[67]。働く女性の多くは戦争関連産業で働くことになったが、有給の雇用は研究に参加したほとんどの母親たちにとって無縁なものではなかった。彼女たちは労働需要を満たすことに貢献したのである。バークリーの母親たちの約半数は戦時中のある時点で雇用されており、そのほとんどは1930年代にも働いていた。しかし家庭が空洞化したことは、コミュニティと疎遠になったことや個人主義の台頭もあり、戦後の家庭生活をより魅力的なものにした。私たちは次章で、1920年代から第二次世界大戦までのバークリーの女性の労働体験をさらに詳しく検討する。

第4部　国内での戦争

❖ 注

1　State of California, *War Council Manual* (Sacramento: California State War Council, Office of State Director of Civilian Defense, 1943).

2.　Roger W. Lotchin, "Introduction," in *The Way We Really Were: The Golden State in the Second Great War*, ed. Roger W. Lotchin (Urbana: University of Illinois Press, 2000), 2.

3.　Arthur Verge, "Daily Life in Wartime California," in *The Way We Really Were: The Golden State in the Second Great War*, ed. Roger W. Lotchin (Urbana: University of Illinois Press, 2000), 23.

4.　Verge, 16.
　　「消灯する（Blackouts）」では街中のすべての照明を消す必要があるが、後に導入された「減光（dimouts）」では海から見えるエリアのみで消灯する必要があるため、より自由度が高くなった。

5.　例えば、"Berkeley 'Dim Out' Deadline Wednesday," *Berkeley Gazette*, May 30, 1942; "Word to Pedestrians," *Oakland Tribune*, September 11, 1942. を参照のこと。

6.　Berkeley City Council, Regular Meeting, Minutes, December 15, 1942.

7.　"In the Puritan Spirit, with Prayers and Confidence, America Today Gives Thanks," *Oakland Tribune*, November 26, 1942 (Thanksgiving Day).

8.　State of California, *War Council Manual*.

9.　1943 年 4 月、バークリー防衛評議会の「メッセンジャー」は、交通状況を緩和するためにドライバーに車を共有するよう求めた「動員女性軍」など、地元の民間防衛ボランティアの機会を数多く指定した。他にも、地元の病院の看護師、またはサウスウェスト バークリー ホスピタリティセンターのスタッフ、従軍している男性のための「勝利の本」を集める運動、勝利の庭園の手入れと勝利の庭園で取れた作物を調理し缶詰を作ること（イースト・ベイ地域には 4 万から 5 万の「庭園」があった）、戦時債券と切手の販売、廃品を集めること、応急処置訓練と地区で事故が起きたことを想定した訓練を実施すること、戦争労働者に住居や保育を提供することが指定された。

10.　[Untitled article], *Berkeley Gazette*, November 18, 1943. From 1940 to 1944, California gained over a million civilians.

11.　"Population up 100,000," *Berkeley Gazette*, September 28, 1942.

第10章　戦争の家庭への影響

12. Mark S. Foster, *Henry J. Kaiser: Builder in the Modern American West* (Austin: University of Texas Press, 1989), 71.

13. 「戦時中には、サンフランシスコ湾岸地域は、海軍艦艇の修理・建造施設が世界で最も集中している場所となり、30 の造船所がそれぞれ直接的に、海軍司令部の管理または監督下に置かれていた」(Shipbuilding Review Publishing Administration, *Western Shipbuilding in World War II* (Oakland, CA: Shipbuilding Review, 1945), 21.)

14. [Untitled letter], *Berkeley Gazette,* November 18, 1943.

15. Berkeley City Council, Regular Meeting, Minutes, December 8, 1942.

16. "Non-War Workers May Be Moved from City," *Berkeley Gazette,* October 13, 1942.

17. "Local Housing Survey Order," *Berkeley Gazette,* November 21, 1942.

18. "For Private Home Landlords," *Oakland Tribune,* September 7, 1942.

19. "Housing Problem," *Oakland Tribune,* September 22, 1942.

20. 例えば、1943 年 4 月のバークリー防衛評議会の「メッセンジャー」は、バークリーの不動産所有者 220 人が国防関係の労働者の住居用として建物をアパートに改造することを申請したと報告した。 賃貸住宅事情は月を追うごとに深刻さを増していた。 特に子ども連れの家族は、月額 80 ドル未満の宿泊施設を確保するのは不可能であり、ほとんどの賃借人には手が届かない状況だった。

21. [Untitled letter], *Oakland Tribune,* September 2, 1942.

22. "More on Noise," *Oakland Tribune,* September 11, 1942.

23. "Do Some Do This?," *Oakland Tribune,* September 10, 1942.

24. [Untitled letter], *Berkeley Gazette,* November 27, 1942.

25. "War Psychosis," *Berkeley Gazette,* November 16, 1943.

26. Willard Waller, *War and the Family* (New York: Dryden, 1940), 14.

27. Verge, *Way We Really Were,* 20.

28. 最初の波は、1930 年代のダスト・ボウルの際に、アメリカの大草原の貧しい農家が移り住んできた際に起きた。彼らはオクラホマ州から来た人が多かったのでオーキーと呼ばれたが、テキサス州、ニューメキシコ州、コロラド州、カンザス州からも来た人もいた。(https://en.wikipedia.org/wiki/Dust_Bowl.)

29. [Untitled letter], *Berkeley Gazette,* November 16, 1943.

30. "Order Halts Negro Firing at Marinship," *Berkeley Gazette,* November 30, 1943.

31. "More Race Riots Are Predicted," *Oakland Tribune,* November 5, 1943.

275

32. James W. Hamilton and William J. Bolce, *Gateway to Victory: The Wartime Story of the San Francisco Army Port of Embarkation* (Palo Alto, CA: Stanford University Press, 1946), 37.

33. Hamilton and Bolce.

34. "To Face Problem," *Oakland Tribune*, October 8, 1942; "Return of Japanese," *Berkeley Gazette*, November 13, 1944.

35. https://en.wikipedia.org/wiki/Anti-Japanese_sentiment_in_the_United_States.

36. Verge, *Way We Really Were*, 23.

37. Jon Meacham, *Franklin and Winston: An Intimate Portrait of an Epic Friendship* (New York: Random House, 2004), 71–72.

38. James Bossard, "Family Backgrounds of Wartime Adolescents," *Annals of the American Academy of Political and Social Science* 236 (1944): 33.

39. Arthur Herman, *Freedom's Forge: How American Business Produced Victory in World War II* (New York: Random House, 2012).

40. "High accident rates threatened the allies' ability to win the war." Andrew E. Kersten, *Labor's Home Front: The American Federation of Labor during World War II* (New York: New York University Press, 2006), 167; see especially tables 6.1 and 6.2.

41. 主に作られたのは11ノットのリバティ船であり、後に少数のより速いヴィクトリー船が作られるようになった。Shipbuilding Review Publishing Administration, *Western Shipbuilding in World War II*.

42. Herman, *Freedom's Forge*, x.

43. "Must Get Experience," *Oakland Tribune*, October 5, 1942.

44. California State Chamber of Commerce, "Individual Incomes of Civilian Residents of California by Counties, 1939–1946," Research Department, 1947.

45. William Tuttle, "America's Home Front Children in World War II," in *Children in Time and Place: Developmental and Historical Insights*, ed. Glen H. Elder Jr., John Modell, and Ross D. Parke (New York: Cambridge University Press, 1993), 29.

46. Tuttle.

47. "School Directors Rap 'Exploiting' of Youth," *Berkeley Gazette*, October 1, 1942; "'Exploitation' of Student Hit by Action of Board," Berkeley Gazette, October 8, 1942.

48. "Schools and War," *Oakland Tribune*, September 11, 1942.

49. T. L. Engle, "Wartime Mental Hygiene," *Clearing House* 16 (1942): 532–33.

50. Glen H. Elder Jr., "Social History and Life Experience," in *Present and Past in Middle Life*, ed. Dorothy H. Eichorn, John A. Clausen, Norma Haan, Marjorie P. Honzik, and Paul H. Mussen (New York: Academic Press, 1981), 23.

51. Berkeley City Council, Regular Meeting, Minutes, December 1, 1942.

52. "Discipline," *Berkeley Gazette*, October 6, 1942.

53. "Renew Appeal for Youths 18–19 as Army Recruits," *Berkeley Gazette,* October 8, 1942.

54. "Girl Workers' Age Limit Cut," *Oakland Tribune*, November 15, 1942.

55. "Need 18–19 Draftees Now, Says Hershey. Teen Aged Youth Flock to Nation's Recruiting Office," *Berkeley Gazette,* October 15, 1942.

56. 「鍵っ子」という言葉は、第二次世界大戦中に、親が働いている間、子どもたちが保護者の監督なしで家に残されたことが起源のようである（https://en.wikipedia.org/wiki/Latchkey_kid.）。

57. "State and Delinquency," *Oakland Tribune*, November 3, 1943.

58. "Juvenile Centers to Be Considered," *Berkeley Gazette*, November 2, 1944; "Delinquent Parents," *Berkeley Gazette*, November 12, 1943.

59. "Oakland May Have a Curfew," *Berkeley Gazette*, September 30, 1942.

60. United States Department of Justice and the Federal Bureau of Investigation, *Uniform Crime Reports [United States], 1930–1959* [distributed by the Inter-University Consortium for Political and Social Research, University of Michigan, 2003]. See especially parts 2 and 3, 1937–1943 and 1944–59, respectively. https://doi.org/10.3886/ICPSR03666.v1.

61. "Adolescence," in *American Women during World War II: An Encyclopedia*, ed. Doris Weatherford (London: Routledge, 2010), 3–4.

62. Steven Schlossman and Robert Cairns, "Problem Girls: Observations on Past and Present," in *Children in Time and Place: Developmental and Historical Insights*, ed. Glen H. Elder Jr., John Modell, and Ross D. Parke (New York: Cambridge University Press, 1993), 110–30.

　　以下も参照してほしい。

　　Karen Anderson, *Wartime Women: Sex Roles, Family Relations, and the Status of Women during World War II* (Westport, CT: Greenwood Press, 1981), especially "The Family in Wartime."

63. Weatherford, *American Women during World War II*.

64. United States Department of Justice and the Federal Bureau of Investigation, *Uniform Crime Reports [United States], 1930–1959* [distributed by the Inter-University Consortium for Political and Social Research, University of Michigan, 2003].

　特にパート2とパート3、1937年から1943年、および1944年から1959年をそれぞれ参照してほしい (https://doi.org/10.3886/ICPSR03666.v1)。

65. Berkeley City Council, Regular Meeting [minutes], November 17, 1942; "School Board May Provide Nurseries for War Workers," *Berkeley Gazette*, October 29, 1942.

66. 1943年7月、バークリー国防評議会の「メッセンジャー」は、次の6つの「家族の要塞」を推奨した。親が自分の子どもがどこにいるかを常に知っていること。外出しなければならない場合に子どもを預かる責任者を任命すること。緊急時の第一候補の集合場所と第二候補の集合場所が離れている場合には、それらを調整しておくこと。民間防衛のためのあらゆる命令に従うこと。自宅、街区、地域で家族ぐるみのレクリエーションを行っておくこと。この国家的緊急事態の中、家族を守るために街区や部門の監視員と協力すること。

67. "Industrial Amazons," *Berkeley Gazette*, September 11, 1942.

第11章
働く女性たち

● ● ● ● ● ● ●

戦争中は秘書の仕事をしていた。それは子どもができる前にしていた仕事だった。少しは役に立てたし、お金も稼げた。その仕事をすることで愛国心が感じられた。

あるバークリーの女性

サンフランシスコ・ベイエリアにおける戦時動員の中で若い男性が続々と兵役に採用され、技能労働と半技能労働者の需要が急増した。労働市場の拡大により、男性だけでなく女性の求人も劇的に増え、ボランティアの必要性も高まった。雇用された男性が入隊すると、その職を埋めるために部下が昇進し、また別の人のための空席が生まれた。このことは「空席の連鎖」[1] として知られている。空席の連鎖は特に、戦時中の労働市場に有能な女性のための新たな空席を生み出し、バークリーの女性たちはしばしばその空席を埋めた[2]。ある女性は、自分が軍隊の図書館で司書補から管理職に昇進したのは、その職についていた男性が現役の軍務に就いた時だったと語っていた。そのため、彼女の元の職位には別の女性が就くことになった。

リベット打ちのロージー（Rosie the Riveter）[★訳注1] は、第二次世界大戦がもたらした労働力における女性の役割の変化の象徴である。歴史的な記述では、この時期は、既婚女性の、男性が主流だった職業への進出の劇的な長期的増加にとって極めて重要な時期であったと強調されることが多い[3]。多くの歴史的記述においては、第二次世界大戦中に既婚女性の仕事に対する考え方が変化し、

★訳注1　アメリカ合衆国において第二次世界大戦期に工場や造船所で働く女性全般を表す。

それまで男性だけが就いていた仕事に就くことを受け入れるようになったのは、愛国心に由来していると主張されているのである[4]。男性にはこなせないほど多くの仕事があり、国の将来は、国内戦線にいる女性と男性の双方が、国を動かし続けるために必要なことをすることにかかっていると、多くの人が考えていた[5]。しかし、第二次世界大戦以前から女性の労働力としての役割は着実に拡大しており、第二次世界大戦中の女性の雇用の大幅な拡大は戦後その多くが主婦業に戻るにつれて大幅に後退したと主張して、第二次世界大戦の影響を軽視する人もいる[6]。では、バークリーの女性たちは、戦時中の雇用の拡大にどのように対応し、理解し、経験したのだろうか。

　第二次世界大戦中の女性の雇用についてわかっていることの多くは、次の3種類のデータから得られている。国勢調査や労働局のデータで、婚姻状況や職種別にグループ化された女性の仕事に関する年次別や年代別のデータ[7]、一般的に男性が従事していた戦争産業の仕事に就いていた女性の証言[8]、案内広告、雑誌記事、画像、広告、小説、戦争プロパガンダなどの記録資料である[9]。このような種類の証拠は、個別の時点における女性の労働に光を当てたり、特定の種類の戦争労働や当時の社会的、文化的、経済的風潮のさまざまな側面について深く理解させるものである。しかし、一般的な女性集団を代表し、第二次世界大戦中の彼女たちの仕事が移りゆく時代の中で彼女たちの生活の中でどのように位置づけられていたのかを示すには限界がある。ここでは、第二次世界大戦中のバークリーの女性たちの就労経験を、それまでの経験との関連で紹介し、女性たちの過去と現在のどの側面が戦争動員への反応を規定したのかを明らかにする[10]。

　バークリーの女性たちは、半数強（54％）が高校を卒業し、38％が少なくとも何年かの大学教育を受けていた。つまり多くの女性が家庭外の職業に就くための教育を受けていたのである。実際、少なくとも3分の2の女性が、第一子出産前に有給の仕事をしていたと報告されており、通常は看護師、教師、秘書など女性らしい職業に就いていたが、妊娠するとほぼ全員が辞めていた。彼女たちと夫たちが子どもを持ち、育てている間に経済は崩壊し、多くの女性がパートタイムやフルタイムで家の外で働いたり、家業に携わったりして家計を支えた。第二次世界大戦以前、既婚女性が家族の困窮以外の理由で外で働くこ

とを考えることはほとんどなかった[11]。彼女たちは出産・結婚前の彼女たちの職業経験と、それぞれの専門知識、個人的な好み、家庭の現実を携えて、第二次世界大戦の時代に突入したのである。このコホートの女性たちは、第二次世界大戦で大きく拡大した労働市場にどう対応したのだろうか。

　第二次世界大戦は、経済的機会、社会的多様性、挙国一致が急速に拡大した、歴史上まれに見る瞬間であったことは間違いない。しかし、女性の職業はまったく新しいものではなかった。多くの女性にとって、それは過去の経験や既存の技能から生まれたものだった。さらに、女性の戦時雇用は愛国心だけに突き動かされていたわけではなく、個人的、家族的、社会的な嗜好やニーズと折り合いをつける必要があった。第二次世界大戦における女性の仕事には、いくつかの特徴的な側面が見られるが、それ以上に、より若いころの彼女たちの人生における状況とのつながりの中で女性の就業について考えることができるだろう。

戦時下の女性の仕事

　戦時動員中の男性の雇用と報酬によってバークリーに住む人々の経済状況は改善されたが、有給雇用は多くの女性にとって魅力的なものだった。有給の仕事に就くことになって彼女たちは国の労働者需要に応え、子どもたちの教育費をまかなうことができるからだ[12]。大恐慌の窮乏期においては、労働者の数が仕事の数を上回っており戦時中の動員は、女性にとっての労働市場を劇的に変えた。全国推計値では、1944年のある時点で、すべての既婚女性の37%以上が働いていたのである[13]。バークリーの女性たちにとって、就業率は、1940年の32%からさらに上がり、1943年には45%と最高値を更新し、戦争が終わるまでには、非常勤で働くよりも、常勤で働いている女性の方が多かったのである（**付図A11.1.**）。

　大恐慌と第二次世界大戦の間に、バークリーの女性たちにとって多くの変化があったが、彼女たちの家庭での役割と経済状況には、注目すべき連続性もあった。どちらの時代においても、既婚女性の家事の負担と時間的制約は拡大した。彼女たちは、大恐慌時代には、収入の減少に対して家庭内の労働力で

第4部　国内での戦争

「やりくり」することで対処し、戦時中には、商品やサービスの不足に対処するために節約を実践した。状況は対照的だが、1930年代において苦境に対処する術を身につけた女性たちは、戦時中の物資不足の中で家庭を切り盛りするのに十分な能力を備えていた。

　戦時下の状況に合わせて最も大きく生活を調整したのは、おそらく1930年代の大恐慌下で不幸を免れた女性たちであろう。恵まれた中流階級の女性は、当時「働かなければならなかった」わけでもなく、少ない収入でやりくりし、節約を強いられたわけでもなかった。1930年代には十分な資産によって生活を最大限に統制することが可能だったが、戦時中は外部からの規制によってその統制が直接的に損なわれた。ガスや食料の配給制、衣料品不足、その他の制約が、裕福ではない人々だけではなく裕福な人々にも適用された。どんなに裕福な家庭であっても、闇市場以外では手に入らない商品やサービスもあった。1930年代を通じて住み込みのメイドを雇っていたバークリーの女性は、戦時中に家政婦を見つけるのがいかに困難であったかを回想している。

> 「女性たちは造船所でもっと給料のいい仕事を見つけることができたから、週に一度、あるいは月に一度、あるいはまったく日雇いで家の掃除にきてくれるような人を見つけることさえほとんど不可能だった。
> 　実際、私には家事手伝いは必要なかったのだと思う。いずれにせよ、何でもやってくれた人の役割を私が引き継いだ。コップにバターを入れたり、卵を逆さにおいたり[14]、大きな樽を買って中身を詰めたりしたのを覚えている。前を向いていましたね」。

　第二次世界大戦中、労働力にならなかった女性たちにとっても、日常生活は変化していた。戦争が労働者階級の女性の生活にもたらした変化は、それほど大きくはなかった。経済的ニーズは大恐慌時代にも深刻であり、戦時中も依然として逼迫していた。その理由の1つは家族が社会的、経済的にどのような立場にあったとしても、家族の一人ひとりが身の丈以上の願望を抱いていたからである。第7章で述べたように、一家の生活水準は、実際に手にしている給料よりも、到達したいと考える理想の収入で定義されていた[15]。戦時中の賃金上

282

昇は、長年にわたって否定され、何とかやりくりしてきた人々の物欲に拍車をかけた。

　バークリーの労働者階級の母親は、子どもが幼かった 1932 年から 33 年にかけて、社会階級の高い女性の 2 倍以上（25％対 9％）働いており、戦時中の好景気によってより多くの中流階級の母親が労働力に加わり、社会階級の格差が縮まる 1941 年まで、この格差（50％対 24％）は維持されていた。

　このような社会階級および大恐慌時の経済的剥奪による戦時下での経験の違いは、**図 11.1.** に示した 4 つのグループ（大恐慌時に中流階級で剥奪されなかった家庭の女性、中流階級で剥奪された家庭の女性、労働者階級で剥奪されなかった家庭の女性、労働者階級で剥奪された家庭の女性）の年間女性就業率のグラフに表れている。第二次世界大戦末期、就業率が最も劇的に増加したのは、中流階級の女性、特に大恐慌時代に剥奪された家庭の女性であった。労働者階級の女性の就業率は、大恐慌からすでに相対的に高くなっており、家庭外で働くこと

注：N=113

図 11.1. バークリーの 1900 年代生まれの女性の就労 1929 〜 43 年、社会的階級および経済的剥奪（年間就業率）

にある種の経路依存性があったことを示唆している。第二次世界大戦は、多くの女性が初めて家庭外で働くようになった時期であるという歴史的説明は、このコホートの経験とは一致しない。彼女たちの多くは、以前の仕事に復帰したり、継続したりしている。

就労への経路

　第二次世界大戦は、女性の就労を促す効果があったことはよく知られており、特に既婚女性は、1940年4月から1944年3月の間に就労したアメリカ人女性の増加分の72%を占め、労働力人口では記録史上初めて独身女性を上回った[16]。しかし、第二次世界大戦中に働いたバークリーの女性たちのほぼ10人に9人は、それ以前にも有給の職に就いていた。**図11.2.** は、多くの女性がまだ独身であった好景気の1920年代から、少なくとも数年間は結婚と出産を経験した1930年代と大恐慌を経て、1940年代と第二次世界大戦の国内戦線に至るまでの、8つの就労経路におけるバークリーの女性の分布を示している。最も一般的な2つの経路は、それぞれバークリーの女性たちの30%を占め、3つの時代すべてで働いていたことと、子どもを産む前だけ働いていたことであった（大恐慌時代も第二次世界大戦中も働いていなかった）。バークリーの女性のうち、3つの時代のいずれでも働いていない人はわずか7%であった。しかし、そのうちの37%が、大恐慌と第二次世界大戦の両方を通じて専業主婦であり続けたことは注目に値する。

　バークリーの女性たちの3分の1は、子どもを持つ前の数年間、大恐慌時代、第二次世界大戦中の3つの時代の中で少なくとも1年間働いており、興味深いグループである。典型的には、彼女たちには家族を養うために奮闘する夫がいたが、ほぼ半数（41%）では、夫に障害があり（例. 身体的、精神的な病気やアルコール中毒など）、1930年代には家族のために十分な経済的、社会的支援を提供する能力に支障をきたしていた[17]。このグループの女性たちの生涯を通じて、既婚女性が家庭外で仕事をすることが社会的に認められた唯一の理由は、家計を助けるためであった[18]。学校を卒業してから結婚するまでの間に働いてきた彼女たちは、看護師、教師、秘書など、一般的に女性が就く仕事で有用な

スキルを身につけていた。こうしたサービス産業の職業は、大恐慌の間にも拡大し続け、彼女たちが世帯収入を補う、あるいは場合によっては唯一の稼ぎ手となるための有力な方法を生み出した[19]。

　バークリーの女性たちの中には、3つの時代のいずれにおいても、中等教育以上の学位を取得して働いていた女性たちがいる。彼女たちは、夫の給料が家計を支えるのに十分な額であったにもかかわらず、キャリアを維持するためにそうしていた。そのうちの1人は、カリフォルニア大学バークリー校の学部の秘書の仕事をとても楽しんでいたと語っている。

　同時にインタビューを受けていた彼女の夫は、彼女は秘書の域をはるかに超え、学部のあらゆる面を巧みに動かしていると誇らしげに口を挟んだ。

　夫の母親は、「よろこんで」幼い子どもたちの世話をしていた。なぜなら一家で妻が稼いだお金を使えるからである。このバークリーの女性は、結婚後も、

独身時代 （1930年以前）	大恐慌時代 （1930年代）	第二次世界大戦時代 （1940-43年）	
3つの時代すべて			30%
独身時代のみ			30%
	大恐慌時代と第二次世界大戦時代		15%
		第二次世界大戦時代のみ	8%
3つの時代すべてで就労経験なし			7%
	大恐慌時代のみ		4%
独身時代……		……と大恐慌後	4%
第二次世界大戦前			2%

注：N=113.

図 11.2.　バークリーの 1900 年世代の女性たちの独身時代、大恐慌時代、第二次世界大戦中の 3 つの時代を経た就労経路

大恐慌の時代も、第二次世界大戦中も働き続けた。しかし、3つの時代において一貫して働いていたバークリーの女性たちのほとんどは、家計のために働いていた。第二次世界大戦で雇用と昇進が拡大すると、彼女たちは職場に戻ったり、働き続けたりした。彼女たちにとって、仕事は新しい経験ではなかった。

バークリーの女性たちのもう3分の1は、結婚や出産前に働いていたが、大恐慌や第二次世界大戦のいずれにおいても労働力には戻らなかった。働かなかった一握りの女性に加え、これらの女性は主に中流階級の女性で、3つの時代を通じて、夫が非常に安定した職業に就いていたり、キャリアを積んでいたりした。彼女たちは、1900年以前に生まれて他のグループに比べると年長者である傾向があった。この傾向は2つの要因を反映していると思われる。この女性たちは若い女性たちよりも、既婚女性の労働を受け入れないように育てられたのかもしれない。また、彼女たちの年上の夫は、大恐慌が起こった時にはキャリアを確立していたため、若い男性よりも経済的剝奪を乗り切ることができた。また、結婚後仕事に復帰しなかった女性は、離婚や、自分や夫の身体的・精神的障害を経験することが少なかった。彼女たちは、専業主婦で母親であり続けるという、世間一般に強く求められている女性の理想を実現するための資産を持ち、家庭も安定していたのである。

さらに、バークリーの女性たちの他のグループ（15％）は、大恐慌が起こるまで就労したことがなかった。彼女たちのうち42％は、結婚のために大学を中退し、結婚とそれに続く大恐慌の前に仕事の経験を積む時間がほとんどなかったようである。しかし、彼女たちの家族は、経済的な苦難や剝奪を経験している可能性が高く、女性が家族を支える必要があることが多かった。加えて、家族の困窮の原因であれ結果であれ、これらの女性の36％、夫の42％が、家族での役割を果たすことを妨げる何らかの障害を持っていたと報告されている。このグループの女性たちのうち5人に2人は、ある時点で離婚しており、安定した雇用で自分と子どもを養う必要があった。

3つの時代すべてで働いた女性と、大恐慌時代または戦争時代のみ、あるいはその両方で働いた女性との決定的な違いは、結婚生活の安定性である。どちらのグループも経済的剝奪に直面したが、結婚・出産前に働いていた女性は離婚する可能性が低かった。おそらく彼女たちは、それまでの就労経験を生かし

て、より簡単に仕事を見つけ、より良い仕事に就いて家計を安定させたのだろう。おそらく、彼女たち夫婦は、女性が働くということに慣れていて、夫婦間のストレスが軽減されていたのだろう。ここで何が原因で何が結果かをはっきり言うことはできない。しかし、結婚して子どもを産んでからしか働かなかった女性は、（夫のものであれ自分のものであれ）家族の役割に何らかの障害を経験し、離婚する可能性が高かったのである。

　バークリーの女性たちのもう1つの特徴的な就労経路は、第二次世界大戦中に初めて働いたというものである。彼女たちは年齢が高く、学歴も低い傾向があったが、夫は他の夫よりも学歴が高かった。彼女たちは社会的地位の高いところに嫁いでおり、大恐慌時代に経済的に剥奪されていた可能性は低かった。彼女たちの夫は、他の夫よりも安定した仕事に就いていたり、キャリアを積んでいたりする可能性が高かったが、彼女たちは他の女性よりも、何らかの家庭問題や離婚を経験している可能性が高かった。このことから、彼女たちのほとんどは、戦時中の雇用を、離婚後あるいは離婚を見越して、経済的に自立するチャンスと考えていたように思われる。

　その他の3つの就労経路では、事例が少なすぎて、女性たちの就労にどのような要因が寄与しているのか、信頼できる証拠を得ることはできなかった。しかし、5つの就労経路から見られることは、経済的剥奪と安定に対して家族がどのような役割を果たすかが重要であるということである。そしてそれらは高い相関関係にある。また、特に大恐慌から第二次世界大戦にかけては、就労の機会が明確に拡大している。以前働いていた女性は、仕事に復帰したり、仕事を続けたりする可能性が最も高かった。

仕事の種類

　女性の就労経路も、仕事の種類によってさまざまである。バークリーの女性たちのフィールドノートとインタビューから、彼女たちが長年にわたってどのような仕事に就いていたかについて、より詳細な洞察が得られる。集中的に研究された標本をもとに、1929年から1940年代半ばまで、調査スタッフが収集した膨大なメモと記録がある。さらに、一部の女性とその夫は1976年にイン

287

タビューに参加し、第二次世界大戦中の生活と時代について具体的に振り返ってもらった。これらの詳細な語りは、第二次世界大戦中に女性がどのような仕事に就いていたのか、また、大恐慌以前や大恐慌時代に就いていた仕事と比較してどうであったのかについて、詳細な説明を提供している。

　最も詳細な記録がある125人の女性のうち、約半数（62人）が1941年から45年にかけて戦時中に働いていたと報告している。第二次世界大戦中に働いていた62人の女性のうち、通常男性にしかできない肉体労働をしていたのは3人だけであった。1人は造船所で働き、1人はラジオ管を製造する半熟練職でフルタイムで働き、1人はオークランドの四分隊補給廃品回収所で、トラックの運転とフォークリフトの操作に加え、前線の兵士に再配布できるように大量の使用済み制服やコートの修理を手伝っていた。

　この情報は、第二次世界大戦中に女性が募集され、採用された職のほとんどが、サービス部門の女性らしい仕事であったことを示す調査を裏付けるものである[20]。このような仕事の多くが開業されたのは、軍需産業、戦争産業企業、あるいは、料理、掃除、育児・教育、健康管理などの需要が高いサンフランシスコ・ベイエリアの人口急増に対応するためであった。このように、第二次世界大戦中、それまで男性が就いていた新しい仕事に就いた女性のステレオタイプ的な「リベット打ちのロージー」のイメージは、おそらく若い未婚女性に最もよく当てはまる。バークリーの女性たちのような年配のコホートは、それとは違った経験をしている。

　ほとんどのバークリーの女性たちは、典型的な女性の仕事に就いていただけでなく、第二次世界大戦前に結婚して働いていた集中的に研究された標本の36人が、戦時中についていたのは、かつて訓練を受けていた分野、以前働いていた分野、あるいはその両方の仕事であった。このことは、戦時中の年配女性の仕事は、しばしば描かれるほど画期的なものではなかったという考えを補強している。バークリーの女性たちの資料では、職業における急激な転換はほとんど書かれていない。

　教師、食堂の従業員、看護師として学校で働いていた女性たちは、人口が拡大し、学校が大きくなった戦時中、より安定した職を得ることができた。店員やレジ係も同様に仕事を続けた。しかし、雇用主が変わることもあった。例え

ば、何度か離婚を経験し、1920年代から1930年代にかけて教師や写真家として働いたことのある女性が、造船所で身分証明書用の写真を撮るカメラマンの仕事に就いた。秘書の資格を持っていた女性たちは、そのスキルを使って軍基地や戦争産業の工場で働くことが多かった。

何人かの女性は、それまで働いていた分野内で昇進していったが、これはおそらく、一部の女性がより高給の職に就いたり、男性の上司が兵役のために退職したりしたため、入れ替わりが激しくなったことが一因であろう。例えば、ある女性は1930年代後半に夫が亡くなったため、家族を養うために簿記係として働き始めたが、第二次世界大戦中に昇進し、スタンダード・オイル社の分析研究所の図書室を管理するようになった。別の女性は、同じデパートでセールスウーマンやレジ係として数年働いた後、戦時中に簿記係に昇進した。

バークリーの女性の何人かは、家族経営の会社で働き続け、報酬だけでなく働く時間や機会も増える傾向にあった。実家がガソリンスタンドを経営していたある女性は、大恐慌時代に経理を手伝い始めたが、戦時中はそこでフルタイムで働くことになった。というのは、夫が実家から受け継いだクルミ農園の経営により多くの時間を割かなくてはならなかったからだ。また別の女性は、1930年代まで父親の写真スタジオで時々働いていたが、1939年に父親が亡くなると、それを引き継いで第二次世界大戦中フルタイムで働いた。さらに別の女性は、父親のドラッグストアを手伝っていたが、第二次世界大戦中に父親が亡くなるとそれを引き継いだ。

戦時中の好景気と雇用機会の拡大は、年長者が亡くなったり、夫が他の仕事に進出したり、息子が現役兵として出征したりした時に、女性の家業への関与を高めたようだ。子どもたちが大きくなり、学校に通う時間が長くなり、自分の仕事を見つけることができるようになったので、家業により多くの時間を費やすことができるようになったと言う女性も何人かいた。子どもたちを見なければならない時間が少なくなったため、雇用機会を利用しやすくなったのだ。

第二次世界大戦中に働いていたと報告した集中的に研究された標本の女性62人のうち17人は、結婚してから戦争までの間に働いていなかった。これらの女性は戦争関連の職場で働いている可能性が高かったが、それでもほとんどは造船所のタイムキーパーや、海軍、陸軍、戦争産業の事務職に就いていた。

大学院で学位を取得したものの、結婚後は働いていなかった女性の中には、修得した学位が適用される分野に戻ってきた人が何人かいた。天体物理学の博士号を持つある女性は、ロスアラモス国立研究所の物理学部門の統計研究所で働いていた。また、教育学の修士号を持つ女性は、戦時中、サンフランシスコでグレート・ブックス・プログラムの監督をしていた。

　ある程度の就労経験を持つ既婚の母親のコホートとして、バークリーの女性たちは一般に、学校や前職で学んだスキルを生かした仕事に就いていた。彼女たちが就いた職種は主にサービス業であり、典型的な女性の仕事であった[21]。彼女たちがリベット打ちのロージーのようなイメージに描かれるような仕事に就かなかったのは、彼女たちのライフステージと大いに関係がある。そのような仕事に就いたのは主に若くて独身の女性たちだった。しかし、年配の女性たちは、以前の職場で使っていたスキルを生かせる職に惹かれる傾向が強かった。

女性の就労を形作るもの

　バークリーの女性たちの仕事をさらに理解するためには、女性の仕事に対する動機、制約、経験が時代によって、どのように変化したかを理解することが不可欠である。彼女たちは、家庭の外で働くことを受容できると考えるのか、どのような時期に受容できると考えるのかということを含め、女性とその役割に対する期待の変化を伴う、経済的、社会的な大きな転換期を生きてきた。社会歴史的な背景と、女性たちの個人的・家族的な経歴とが相互作用して、女性たちの人生における仕事の望ましさ、受け入れやすさ、経験を形作り、再構築したのである。1920年代、1930年代、1940年代に働いていた女性の願望や経験については、ほとんど知られていなかったが、この研究に参加したバークリーの女性たちとその夫へのインタビューは、これらの問題にスポットライトを当てたのである。

女性が就労できる領域

　当時の他の記述とも一致するが、私たちが使用した質的データには、バークリーの女性たちが結婚・出産前に働いていたことを否定する証拠はほとんどな

い。独身女性が結婚するまで、生家を支えるため、あるいは自活するために働くことは珍しいことではなかった[22]。結婚すると、あるいはその直後に、ほとんどの女性は仕事を辞め、少なくともしばらくの間は専業主婦となり、母親となった。

例外は、ごく少数ではあるが、結婚後もキャリアを積むことにこだわる興味深い女性たちがいたことだ。そのうちの1人は教育学者で、私立学校を設立し経営していた。

もう1人は、先に述べたように、カリフォルニア大学バークリー校のある学部で何年も秘書をしていた。彼女と彼女の夫は、「結婚当初から彼女の仕事への意欲を夫が理解してくれていて良かった。さもなければ夫は耐え続けることができなかっただろう」とインタビューで冗談を言った。夫は笑いながら、彼女が働くことが気になったことはないと答えた。「お金はお金だから」。別の女性は、ウェイトレス、ケータリング会社勤務を経て、夫とバラの栽培ビジネスを始めたが、働くことと母親であることの両立に不安を感じたことはなかったという。「そんなことを考える暇はなかったと思います」。彼女の夫は、妻が働くことを問題にしていなかったと言い、さらにこう付け加えた。「私たちには共通の目標があった。私は妻が気にしているほどには彼女が働くことが嫌ではありませんでした。私が楽しんでいるように、彼女も楽しんでいると感じていました。彼女はいつも健康でエネルギッシュな人でした」。これらの人たちは少数ではあったが、自分の仕事が個人的に満足のいくものであると率直に語り、夫に協力してもらっている女性もいたことに気づいておくことは重要である。

先に示したように、バークリーの女性の結婚後の職場復帰や入職を決定づけた最も重要な要因は、大恐慌期以降の経済的剥奪であった。これは、既婚女性は経済的に必要でない限り働くべきではないという規範の力を示している。女性とその夫へのインタビューから、この規範の根底にあるものが明らかになった。ほとんどの場合、夫は家族を経済的に養うことが自分の仕事だと思っていたので、妻が働くということは、夫がこの期待に応えられないというシグナルだった。結婚後に働かなかった女性の多くは、夫の反対を主な理由として挙げている。彼女たちは、結婚した女性が働くことについて、夫が「視野が狭い」「古風」「支配的」だと述べている。結婚後、妻が働かなかった男性にその理由

を尋ねると、「必要なかったから」という答えが返ってきた。

　この問題のもう１つの要素は、女性の最も重要な役割は子育てであるという考えが浸透していたことである。1930年代や1940年代に働かなかった女性は、幼い子どもと一緒に家にいる必要があったと説明することが多かった。結婚後に働いた女性たちは、その時代に子どもたちと十分に一緒にいてあげられなかったことを後悔していると時折語っている。大恐慌から第二次世界大戦にかけて、家計のために経理として働いていたある女性はこう言った。「幼い子どもを持つ母親は家にいるべきだと思うので、働かなければならなかったことを後悔しています。その点では、私は古い人間なのでしょう。子どもが小さいうちは、母親が常に世話をする必要があると思うのです。でも、どうしても働きに出なければならなかった。子どもたちと離れなければならなかった」。

　男性は稼ぎ手であるべきで、女性は主たる養育者であるべきだという強い意見は、既婚女性は働くべきではないという根強い規範を浮き彫りにした[23]。既婚女性が家計を支えるために必要であったとしても、一定の不寛容さは存在し、それは大恐慌の間にさらに悪化した。働く既婚女性は、家族を養おうとする既婚男性から仕事を奪ったとして、メディアで中傷されたのである[24]。

　現実には、大恐慌で消滅した仕事のほとんどは、生産や製造業、あるいは重労働を伴うものであった。一方、サービス業は成長しており、教師、看護師、速記者など、一般的に女性が就いている仕事は、依然として労働者の需要が高かった[25]。男性の失業率は女性よりも高かったが、それは、男女の雇用が大きく分断された雇用市場と大いに関係があり、伝統的に女性のものであった仕事が残っている一方で、伝統的に男性の仕事が消えていったのである。それでもなお、女性は男性から仕事を奪ったとして非難された[26]。また、男女差別の負担もあった。妻は不必要な贅沢品、つまり「小遣い銭」のために働いていると思われがちだったため、女性よりも男性が雇われることが多く、女性の賃金は男性よりも低かった[27]。既婚女性の雇用を禁止する「結婚禁止令」を制定した雇用主もあり、その会社では女性は結婚すると仕事を辞めることが求められた[28]。ニューディール政策でさえ、女性に家にいるよう圧力をかけた。例えば、世帯収入が一定基準を超えると、男性は雇用推進局（WPA：Works Progress Administration）の仕事に就く資格を得られなかったため、夫にこうした仕事

のチャンスを与えるために、仕事を控える妻もいた[29]。

女性が就労できる領域の広がり

　対照的に、第二次世界大戦の時代になると、バークリーの女性たちは一様に、仕事はどこにでもあると報告した。地元の新聞は、女性労働者の貢献を称賛し、適切な保育所を提供するために、地域社会の資源を動員する手助けをした[30]。これは10年前には考えられないことだった。少なくとも一時的には、「戦争に勝つ」という国益が、既婚女性労働者に対する社会的意見、規範、固定観念を一部覆したのである[31]。女性は依然として賃金や待遇における性差別に直面していたとはいえ、その成功が家庭の安全や一般的な生活様式を保証するという国家的大義の一翼を担っていたのである[32]。

　多くの歴史的記述は、愛国心がいかに既婚女性の労働力としての参加を促したかを強調している。そして愛国心が何らかの役割を果たしたことは間違いない。しかし、戦後数十年後のバークリーの女性たちの声を聞くと、愛国心が語られることはあっても、それは二次的なものであったように思われる。愛国心が働く唯一の動機として挙げられることはなかった。ほとんどの女性は、この章のエピグラフで引用した女性のように、愛国心と家計のためにお金を稼ぐことをセットにしていた。先に示したように、第二次世界大戦中に働いていた本研究に参加した既婚女性の大部分は、大恐慌の時期にも働いており、家族の困窮を経験し続けていた。夫を死や離婚で失い、一家の稼ぎ手となっていた女性もいた。彼女たちにとって、第二次世界大戦中の就労は、大恐慌中の就労報告ではみられなかった社会における仲間意識や尊敬はもちろんのこと、非常に喜ばしい昇進や昇給をもたらすものであった。

　いずれの時代においても、女性の収入は重要な役割を果たしていた。したがって、この時代の女性の就業は、家庭における女性のあるべき地位という概念から根本的に逸脱するものではなかった。しかし、戦時経済は、極端な家計の窮乏と就労との結びつきを緩め、個人的・社会的価値観を表現する余地を与えた。1930年代と比べると、戦時中のバークリーの女性は、家計を超えた理由で仕事に就くことが多くなり、こうした仕事は、働く上での最も喜ばしい瞬間のいくつかを提供した。

293

第4部　国内での戦争

　第二次世界大戦中の仕事について、激務で疲労困憊していたと語る男性とは異なり、1976年にインタビューを受けた女性たちは、戦時中の仕事を懐かしんで振り返る傾向があった。四分隊補給廃品回収所でフォークリフトを運転していた女性に、第二次世界大戦中の生活について尋ねると、彼女はこう答えた。「こんなことを言うのは恥ずかしいけれど、あの時代は楽しかった。仕事ではあったけれど、その対価（Compensation）は大きかった」。彼女が「対価」という言葉を使ったのは、単に給料が良かったという意味だけではないようだ。夫が結核を患った時に就いた看護師の仕事は、その数年前の給料の2倍だった。自宅から数ブロック離れた四分隊補給廃品回収所では、男性従業員1人に対して女性従業員が10人おり、「職場に緊張感はなかった」と彼女は報告した。職場に労働組合はあったのかと尋ねると、「いいえ、戦時中は誰も労働組合の心配などしていませんでした」と答えた。彼女は、いかなる差別も経験したことはなく、むしろ防衛用品の縫製や修理、汽車やトラックへの積み下ろしをする何百人もの女性たちの間に深い連帯感を感じたという。彼女たちは好きなだけ残業をすることができた。しかし、彼女は毎日3時半に退社し、子どもたちが学校から帰ってくる頃には家にいるように時間を設定することもできた。また、同僚とともに献血をしたり、USO（United Service Organizations：米国慰問協会）のイベントを企画したりしたことも懐かしく語ってくれた。より多くの収入を得ることができ、自分の貢献が評価され、職場で他の女性とつながることができるということは、教育を修了した直後、結婚前の女性たちが語っていた雇用のあり方を思い起こさせる。

　第二次世界大戦中に働いていた何人かの女性は、働く女性に対する偏見がなかったと報告している。3名の女性は、自分の住んでいる地域の女性はみんな働いていたと明言している。労働者階級の仲間内だけでなく、社会的ネットワークを通じて女性の仕事が広まっていることを感じられる。中流階級の女性の何人かは、友人たちが仕事をするように勧めてくれたので、みんなで一緒に働くことができたと報告している。彼女たちは、結婚している女性が働くべきかどうかということについては、誰も考えていなかったと繰り返し述べている。しかしこれは、大恐慌と第二次世界大戦を通じて、夫が高給を稼いでいた上位中流階級の女性数人の報告とは対照的である。彼女たちのほとんどは、戦争中

294

第11章　働く女性たち

に働いていた女性を知らなかったというのである。

　懸念の1つは、働く女性の子どもたちのための福祉だった。先に引用した女性のように、家で子どもの世話ができるのに働いてしまったことを後悔する女性もいた。しかし、この蔓延するイデオロギーに対処するための主な戦略は、子どもたちを学校まで見送り、帰ってきたら家にいられるように仕事のスケジュールを調整することだった。何人かの女性は、このような勤務時間を雇用主に求めることがいかに簡単であったか、また、子どもたちが帰宅した時にそこにいて、夕方には食卓に夕食を並べることができるのだから、夫を味方につけることがいかに簡単であったかを語っている。ある女性は、10歳の娘と14歳の息子を家事に参加させていると語っていた。「誰かが買い物をして、誰かが掃除をする。彼らはいい子でした。彼らは嫌がることはなかったし、私は彼らに少しお小遣いをあげていました」。女性が家事責任を果たせると周囲を納得させることができれば、その雇用はより受け入れられるようになった。

　戦時中、既婚女性の雇用に対する社会的な非難は緩和された。しかし、彼女たちの有給労働は一時的なもので、男性の収入を補うものであり、彼女たちは依然として家庭で仕事をすることが期待されていた。夫が完全に失業した女性でさえ、仕事と並行して家事全般をこなさなければならなかったと報告している。第二次世界大戦中に働かないことを選んだ数人の女性は、二交代勤務に[★訳注2]耐えられなかったからだと語っている。ある女性は、「一日中働いて、夜には家庭を管理しなければならないほど私は強くなかった」と言った。

　結婚前、大恐慌、第二次世界大戦と、バークリーの女性たちの数十年にわたる人生の中で、女性の雇用の説明や動機とは共通するものであるが、時代によって優先順位が異なる。唯一ではないにせよ、男性は中心的稼ぎ手であるべきだという信念は根強かったが、経済的に厳しい時代や、戦争で男性労働者が不足した時には、その信念が覆された。しかし、稼ぎ手／主婦というモデルは根強く残り、第二次世界大戦後、多くの既婚女性が仕事を離れた理由の1つでもあった。このイデオロギーは、「母親としての仕事に集中的に力を注ぐこと」という考え方の発展と密接に関係していた。それは子どもには母親が常に

★訳注2　仕事と家事という2つのシフト。

関心を向けている必要があるという考え方で、既婚女性に可能な限り家にいることを奨励したもう1つの価値観である[33]。

1940年代には愛国心も登場し（第一次世界大戦中にも役立った）、一時的とはいえ、稼ぎ手／主婦という規範の力をいくらか覆した。また、個人的な満足感や達成感のために働きたいと思う女性も出てきたのかもしれない。第二次世界大戦中に働いた理由を尋ねると、何人かの女性は「女性がみんなそうだったから」と答えた。通りを行き来する女性たちがみんな同じ職場で働いていて、みんなでバスに乗って通勤する社交的な時間が楽しかったと言う人もいた。結婚前や第二次世界大戦中など、社会的な承認が高まった時代に働いていたことを話している時、彼女たちは嬉しそうだった。このように、誇りと楽しみが、社会的に受け入れられやすい時代に仕事に復帰する動機となったのかもしれない。

しかし、女性が自分の利益のために働きたいと言ったり考えたりすることは受け入れられなかった。今日でさえ、社会学者のサラ・ダマスケ（Sarah Damaske）は、母親が働くか否かにかかわらず、働くという選択は家族のためを思っての決断であると説明することが圧倒的に多いことを見出している[34]。しかし、だからといって個人的な選好が働かなかったわけではない。実際、経済学者のT・アルドリッチ・ファインガンとロバート・マーゴ（T. Aldrich Finegan and Robert Margo）は、既婚女性の労働市場への参入が、1940年には1930年よりも夫の就労状況との関係が薄くなっていたという証拠を提示している[35]。

ある例外的なケースで、ある女性は働きたいという個人的な強い願望を直接的に示していた。彼女の家族は、彼女が幼い頃にギリシャからアメリカに移住してきた。「私にとっては長く困難な人生でした。とても難しい。それまではどんな生活もしたことがなかった。赤ちゃんを育てるだけ。多くの女性にとってはそれでいいのでしょう。でも私は自分の人生をだましとられているような気がしたのです」。彼女が外で働くことに大反対だった夫には内緒でタイピング教室に通い、練習用のタイプライターを自宅に隠した。家族で経営していた店が大恐慌の末に倒産した。生活費を稼ぐため、彼女はデパートの求人に応募した。「土曜日に応募しに行ったの。スポーツウェアを着ていたら、『スポーツウェアのストアで働いてみませんか？ デパート54の2階に行って、仕事を

始めてください』って言われたの。それは午前11時でした。他の女の子たちはあちこちから来ていて、彼女たちの夫は私と同じ海軍にいた。夫は私の仕事のことは知りませんでした」。

どうやって長い間働いていることを秘密にしたのかについて、彼女は語らなかったが、夫の反対を押し切ってまで内緒で仕事を続けようとした彼女の執念は、その経験を「だましとられたくない」という個人的な強い願望を示唆している。バークリーの女性たちは、家計を助けるため以外の理由で働きたいという願望を、生涯にわたって強めていった。働くことの個人的・社会的利益に関する彼女たちの考えは、女性のキャリアと家計経済における彼女たちの役割における革命の到来を予感させる。

状況によって変わる女性の就労の意味

第二次世界大戦中の女性の就労は、その独自性と、その後の数十年間の女性の労働パターンとの関係から研究されることが多い。しかし、バークリーの女性たちにとって、第二次世界大戦中の労働は、それ以前に経験したこと（例えば、結婚前や大恐慌時代に身につけた仕事のスキル、継続する世帯の剥奪）によって大きく形作られた、既存の労働経験の連鎖につながるものであった。これは、第二次世界大戦中に働いていた女性たちが、いつ働いていたのか、どのような仕事に就いていたのかを理解する上で、重要な幅を広げるものである。特に、結婚前に働く機会が十分にあった女性や、大恐慌時代に築き上げたばかりの家族のために家計を助ける必要があった女性にとっては、仕事は新しいものではなかった。

第二次世界大戦中の女性の労働に関するこれまでの考察は、当然のことながら、当時の愛国心が女性の労働力としての参入を促したことを強調してきた。そして愛国心は確かに彼女たちが働くことを動機づけたものの1つであった。それはまた、女性が働くことを正当化する、世間一般に受け入れられやすい物語としても機能した。しかし、バークリーの女性たちの声を聞いてみると、もっと複雑な動機があることがわかる。そのことをより率直に語る女性たちもいた。必要な時に家計を支えるため、あるいは高まる物質的願望を満たすため

に余分な資金を稼ぐため、女性の友人や隣人がやっていることに加わりたいから、さらには仕事が好きであること、これらすべてのことが女性の労働力参加の動機づけを高めるのに役立った。私たちは、女性が働く動機のこの複雑な集合を心に留めておき、時代によってその中のいずれが優先されるようになったり、受容可能な物語の下に隠されるようになったのかを検証しなければならない。

　実際、戦後、アメリカの女性はほとんど家庭に引きこもるようになった。引き伸ばされていた女性の就労の境界線が、再び定位置に戻りつつあった。政府が資金を提供する保育所は、決して人気があるものではなかったが、廃止された[36]。女性が就労するのではなく家庭に帰属することに重点を置いた、家族構成についての稼ぎ手／主婦モデルが生活の指針として再び登場したのである。

　私たちのユニークな縦断研究は、女性の労働の継続性と変化に関する比類ない見解を提供する。この見解は、第二次世界大戦が女性の労働力としての参入を促した転機であるという一般的な考えに疑問を投げかけるものである。私たちの見解は、さらに女性の労働を、それ以前の経験や、個人的、家族的、社会的、歴史的状況との関連において理解する必要性を強調するものである。

第11章 働く女性たち

❖ 注

1. Ivan D. Chase, "Vacancy Chains," *Annual Review of Sociology* 17, no. 1 (1991): 133–54.

2. Karen Beck Skold, "The Job He Left Behind: American Women in the Shipyards during World War II," in *Women, War and Revolution,* ed. Carol R. Berkin and Clare M. Lovett (New York: Holmes and Meier, 1980), 55–76; Marc Miller, "Working Women and World War II," *New England Quarterly* 53, no. 1 (1980): 42–61.

3. William Chafe, *The American Woman: Her Changing Social, Economic, and Political Roles* (New York: Oxford University Press, 1972), 54.

4. Maureen Honey, *Creating Rosie the Riveter: Class, Gender, and Propaganda during World War II* (Boston: University of Massachusetts Press, 1985).

5. Chafe, *American Woman,* 54.

6. Karen Anderson, *Wartime Women: Sex Roles, Family Relations, and the Status of Women during World War II,* Contributions in Women's Studies 20 (Westport, CT: Praeger, 1981); Claudia D. Goldin, "The Role of World War II in the Rise of Women's Employment," *American Economic Review* 81, no. 4 (1991): 741–56; Honey, *Creating Rosie the Riveter.*

7. Claudia Goldin, "The Changing Economic Role of Women: A Quantitative Approach," *Journal of Interdisciplinary History* 13, no. 4 (1983): 707–33; Claudia Goldin, "The Quiet Revolution That Transformed Women's Employment, Education, and Family," *American Economic Review* 96, no. 2 (2006): 1–21; Evan W. Roberts, "Her Real Sphere? Married Women's Labor Force Participation in the United States, 1860–1940" (PhD diss., University of Minnesota, 2007), http://econterms.net/pbmeyer/research/occs/morecontent/evan_roberts_dissertation.pdf.

8. Miller, "Working Women and World War II."

9. Andre Alves and Evan Roberts, "Rosie the Riveter's Job Market Advertising for Women Workers in World War II Los Angeles," *Labor: Studies in Working-Class History of the Americas* 9, no. 3 (2012): 53–68; Honey, *Creating Rosie the Riveter.*

10. 以下の文献も参照。

299

Margaret Mueller, "Work, Family and Well-Being Over the Life Course: Continuities and Discontinuities in the Lives of American Women" (PhD diss., University of North Carolina at Chapel Hill, 2002).

11. W. D. Bolin, "American Women and the Twentieth-Century Work Force: The Depression Experience," in *Woman's Being, Woman's Place: Female Identity and Vocation in American History*, ed. Mary Kelley (Boston: G. K. Hall, 1979), 296–311; Valerie Kincade Oppenheimer, *The Female Labor Force in the United States: Demographic and Economic Factors Governing Its Growth and Changing Composition*, Population Monograph 5 (Berkeley: Institute of International Studies, 1970); Lois Scharf, *To Work and to Wed: Female Employment, Feminism, and the Great Depression* (Westport, CT: Greenwood Press, 1980).

12. Chafe, *American Woman*, 54; Bolin, "American Women."

13. D'Ann Campbell, *Women at War with America: Private Lives in a Patriotic Era* (Cambridge, MA: Harvard University Press, 1984), 32.

14. 卵の保存方法

15. Bolin, "American Women."

16. Anderson, *Wartime Women*.

17. これらの推計値およびそれに続く推計値は、著者らによって行われた、ここでは示していない補足的な分析によるものであり、問い合わせがあれば提供することは可能である。この具体的な結果については、1932年から1939年までの家族の記録に、家族生活に支障をきたすような身体的、精神的、あるいはアルコール関連の問題があったことを示す証拠があるかどうかについてのコーディングによって得られた障害の尺度を用いている。

18. Goldin, "Quiet Revolution," 1–21.

19. Ruth Milkman, "Women's Work and Economic Crisis: Some Lessons of the Great Depression," *Review of Radical Political Economics* 8, no. 1 (1976): 71–97.

20. Alves and Roberts, "Rosie the Riveter's Job Market Advertising."

21. Alves and Roberts.

22. Scharf, *To Work and to Wed*.

23. Mary Frank Fox and Sharlene Nagy Hesse-Biber, *Women at Work* (Palo Alto, CA: Mayfield, 1984).

24. Scharf, *To Work and to Wed*.

25. Milkman, "Women's Work."

26. Scharf, *To Work and to Wed;* Carl N. Degler, *At Odds: Women and the Family in America from the Revolution to the Present* (New York: Oxford University Press, 1980); Mary Kelley, ed., *Woman's Being, Woman's Place: Female Identity and Vocation in American History* (Macmillan Reference USA, 1979); Oppenheimer, *Female Labor Force;* Milkman, "Women's Work."

27. Scharf, *To Work and to Wed*; Winifred D. Wandersee, *Women's Work and Family Values, 1920-1940* (Cambridge, MA: Harvard University Press, 1981).

28. Cecile Tipton La Follette, *A Study of the Problems of 652 Gainfully Employed Married Women Homemakers* (New York: Teachers College, Columbia University, 1934); Scharf, *To Work and to Wed.*

29. Scharf, *To Work and to Wed; Susan Ware, Beyond Suffrage: Women in the New Deal* (Cambridge, MA: Harvard University Press, 1981).

30. Anderson, *Wartime Women.*

31. Joan Ellen Trey, "Women in the War Economy—World War II," *Review of Radical Political Economics* 4, no. 3 (1972): 40-57.

32. Campbell, *Women at War*, 32; Chafe, *American Woman.*

33. Sharon Hays, *The Cultural Contradictions of Motherhood* (New Haven, CT: Yale University Press, 1998).

34. Sarah Damaske, *For the Family? How Class and Gender Shape Women's Work* (Oxford: Oxford University Press, 2011).

35. T. Aldrich Finegan and Robert A. Margo, "Work Relief and the Labor Force Participation of Married Women in 1940," *Journal of Economic History* 54, no. 1 (1994): 64-84.

36. Anderson, *Wartime Women.*

301

第4部　国内での戦争

第12章
世代から世代へ

●　●　●　●　●　●　●

昔は、親はただ子どもの成長を見守り、うまくいってくれるようにと願うだけでした。でも、今の親は、自分たちが誤ったのではないかと心配するのです。

あるバークリーの女性

　バークリーの1900年世代の人々の生活には、子どもと家族に関する科学的研究が入り込んだ。一世代過ぎただけなのに、1920年代に子どもを得た彼らは自身の親よりも、子どもと家族の発達についてより多くの知識の恩恵に浴することとなった。こうした知識は、彼らの子どもたちが成長するのと同じくらいのスピードで広まったと思われる。この新しい知識とは何だったのだろうか。しつけの仕方はどのように変化したのだろうか。ジェンダーに関する新しい考え方は、夫や妻そして父親や母親になることの意味や、親が息子や娘に望むものをどのように変えたのだろうか。急速に変化する世界の中で、親たちはどのように新しい世代の若者たちを監督したのだろうか。

　バークリー研究の記録、特に第二次世界大戦の終了時、子どもたちが17歳くらいだったころに行われた両親へのインタビューは、彼らの経験がその親とどのように違っていたか、彼らの青春時代が彼らの子どもたちとどう異なるか、彼らが現代の若者に求める美徳や責務、息子や娘に期待するもの、などについての検証を可能にしてくれる。こうした知見は、世代から世代へという歴史的変化を詳細に示している。そこからは、現在の親が持つ視点や方略そして葛藤の多くを作り出し、あるいは予見する上で、1900年世代の人々がいかに重要であったかということが、くりかえし驚きをもって見えてくるのである。

302

第12章　世代から世代へ

現代風のしつけはいかにして広まったか

　1820年以前のアメリカ合衆国では、子育てに関する専門的なアドバイスは、すべて英国から取り入れられていた[1]。しかし、1820年以降、子育てをとおして母親は国家を改善でき、国を救うことも可能であり、子どもの道徳心を養うのは母親の責任である、と主張する論調が見られるようになった[2]。これは、18世紀の独立戦争において誕生した「共和主義的な母性」の概念と一致する。すなわち、女性は「市民の美徳の守護者」であるから、夫や子どもの道徳性が維持されるように、あらゆる世代の娘たちを訓練すべきである、というのである[3]。この「責任」は、家庭という領域が女性のものであるという考えを強化し、この責任を全うするために、母親たちは宗教的・文化的伝統をしつけの指針とした。

学者と専門家の登場

　1900年世代が生まれるころまでは、しつけについて、より科学的なアプローチがなされることはなかった。それは長年の文化的な規範を覆すようなものであった。1894年から1910年までの間に幾度も版を重ねたホルト（L. Emmett Holt）の『子どもの世話と食事（*Care and Feeding of Children*）』では、親が子どもの世話についての知識を得ようとする時、専門家に頼ることを奨励した。その専門家の1人であったホルトは、「母性本能」という概念をあらかた否定し、それに代えて、誤解の余地がほとんどない明確な指示を母親たちに与えた。ホルトは、授乳、入浴、睡眠、排便のスケジュールをしっかりと決め、細菌から乳児を守り、また、乳児を過度に刺激しないようにと力説した。彼は、母親が乳児にキスすることを勧めず、乳児の泣きを無視し、指しゃぶりのような習慣をやめさせるように説いた。上流階級と中流階級の母親は、労働者階級の母親よりもホルトのアドバイスを取り入れる傾向が強かった。

　ほぼ同時期に、心理学者のホール（G. Stanley Hall）が、児童研究運動の草分け的存在となり、その著書である『就学時における子どもの心理（*The Contents of Children's Minds upon Entering School*）（1893年）』と『青年期（*Ado-*

303

lescence）（1907 年）』の 2 冊が広く認知された[4]。ホールは、しつけについて、ホルトよりもやや進歩的で柔軟な見解を示し、親は子どもを尊重すべきだ、とした。それでもなお、ホールも体罰を必要なものだと主張した。ホールは、子どもの発達は段階によって異なるため、それに合わせたしつけが必要であるという認識を広めた。また、ホールは、ホルトよりも、母親、特に教育を受けた母親を有能であると考えていた。しかし、この時代に、「家庭管理」や「母親になること」は、ますます訓練と専門家の指導が必要な専門的職業として描かれるようになったのである。

　1910 年代は、バークリーの親たちの中で最も若い世代は子どもや青年であり、最年長の世代は自分たちの家族を形成して間もない時期だったが、親が入手できる子育て情報が質・量ともに劇的に増加した。この点で特に影響があったのが、1912 年におけるアメリカ児童局（US Children's Bureau）の設立である。この組織は、子どもの問題を専門に扱う世界初の行政機関だった。また、アメリカ合衆国において、女性（ジュリア・ラスロップ（Julia Lathrop））がトップを務めた初の組織でもあった[5]。

　1920 年代後半には、アメリカ合衆国の乳児の約半数が、児童局の出版物による恩恵を受けている[6]。それ以前は、しつけについての情報は、女性たちが世代を超えて非公式に共有するものであった。しかし、児童局の出版物が広く配布されるとともに、子育て情報は、印刷されたり入手しやすい形で伝えられたりするアドバイスというだけでなく、規範的存在にもなっていった。児童局は当初、調査や支援、介入、政治的主張などによって、乳幼児死亡率をいかに低下させるかということに重点を置いていた。社会調査からは、貧困や低収入、移民、ワーキングマザーといった要因が、乳幼児死亡率を高めることが見出された。1913 年に出版された児童局の『妊婦ケア（*Prenatal Care*）』という小さなパンフレットは、乳幼児死亡率の低下を目的としており、同年の「乳児を守るキャンペーン（Baby-Saving Campaigns）」は、出産前のケアや衛生、母親の教育に焦点を当てていた。

　『妊婦ケア（*Prenatal Care*）』に続いて、1914 年に『乳児ケア（*Infant Care*）』という長めの小冊子が出版された[7]。これは、母親に、幅広いテーマの情報を提供するものであり、沐浴と睡眠、授乳と離乳食、予防接種やケガの予

防、口腔ケア、日焼け防止、運動についての情報が盛り込まれていた[8]。さらに、1918 年には『1 歳から 6 歳までのあなたの子ども（*Your Child from One to Six*）』という冊子が児童局から発行され、乳児期以降の子どもについて、小児科と産婦人科の医師からのアドバイスが提供された[9]。

科学とノウハウによるしつけの時代

　1910 年から 1920 年の間に、バークリーの親たちは家族形成に本格的に取り組み、1928 年のガイダンス研究に参加することになる第一子を得ていた。そして、1920 年代になって初めて、子どもについての科学的研究が発展し、子育ての専門家の専門分化が進んだ。これは、1921 年に連邦議会で可決された「シェパード・タウナー法（Sheppard-Towner Act）」（正式名称：妊産婦と乳幼児の福祉と衛生の促進に関する法（Promotion of the Welfare and Hygiene of Maternity and Infancy Act））による公的資金によって大々的に支援された。これらの資金が、カリフォルニアを含む諸州やバークリーのような諸地域に、女性と子どものための公衆衛生プログラムを広めた。これには、母子保健クリニック、助産師プログラム、巡回デモンストレーションやセンター、育児書などが含まれていた。同時に、その資金を用いて死亡率や罹患率についての統計情報が収集された。

　児童発達研究協会（The Society for Research in Child Development：SRCD）は、児童研究という学問分野が初めて正式に認知されたのは 1922 年であると位置付けている。この年、国家研究会議（National Research Council）の中に児童発達についての小委員会が設置された。1925 年に、この委員会は「児童発達委員会（Committee in Child Development）」として公的に認められ、米国科学アカデミー内に事務所とスタッフを置くことになった。この委員会は、1933 年に、新たに組織された「児童発達研究協会（SRCD）」に組み込まれた。

　1920 年代後半において、ローラ・スペルマン・ロックフェラー記念財団からの基金によって、全米各地の大学を拠点とする児童研究機関が創設されたことにより、児童発達としつけについての研究は大きく発展した。1927 年にカリフォルニア大学バークリー校に設立された人間発達研究所（Institute of Human Development）（当時は児童福祉研究所 Institute of Child Welfare）もその 1

305

第4部　国内での戦争

つであり、科学研究の重要拠点となるとともに、地域社会の重要な情報源となり、子どもと家族の発達に役立つ情報を家庭に提供した[10]。バークリー・ガイダンス研究は、まさにこうした情報を親に提供することを目的とする実験の名称なのである[11]。同じころ、しつけについての初の主要な雑誌である『親（Parent)』が創刊され（1926年）幅広く読まれ、また、NBC ラジオの人気番組「あなたの子ども（Your Child)」は、児童局の局長が司会を務めたが、これもほぼ同時期に放送が開始された（1929年）[12]。1936年には、SRCD が『児童発達モノグラフ（Child Development Monographs)』を発行した。この冊子は世間に大きな影響を与え、子どもの発達についての専門的かつ一般的な議論を活性化させた。

　こうした動きによって、特に中流階級の父親の役割が取り沙汰されるようになったことは、注目に値する。バークリーの1900年世代の父親たちは、少年時代や青年時代を、父親についての考え方が変化する中で過ごした。一家の大黒柱としての責務や家父長としての権威は損なわれずに残っていたが、父親による世話や子どもとの関係を重視する親密な家族像が生まれ始めたのだった[13]。

　1930年代はこの傾向が続き、特に1936年から1953年まで児童局から定期的に刊行された新雑誌『子ども（The Child)』は、多くの州や地域に住む「子どもの生活のために適切な基盤を確立しようと努力する」人々の手に行き渡るようになった[14]。1935年に制定された社会保障法（Social Security Act）には、要扶養児童扶助、妊産婦と子どもの健康ケア、身体障がい児へのサービス、児童福祉サービスの4項が含まれており、これらは母親と子どもを保護するための画期的な法律であった[15]。1930年頃、フルタイムで働ける最低年齢が16歳以上に引き上げられ、14歳と15歳の子どもは、学校が休みの間だけ働くことが認められた[16]。

　1920年代から1930年代において児童発達の分野が急成長するにつれ、日常的に使われる言葉の中に、「きょうだい葛藤」「恐怖症」「不適応」「劣等感」「エディプス・コンプレックス」といった新しい言葉が浸透したのは極めて当然のことである。それは、「要求型」「許容型」といったしつけスタイルや、子どもの発達段階や節目、「魔の2歳児」というような特定の年齢における子どもの特徴についての重要な見識をもたらした。こうした語句のいくつかは、

ジークムント・フロイトが 1939 年に亡くなるまでの 20 年間に、彼の思想が一般人の想像力をいかに駆り立てたかを示すものであった。

　中でも中流階級の親たちは、さまざまな心配事について心理学者に助けを求めるようになり、しつけについての情報の消費者になった[17]。新聞のコラムや雑誌のアドバイスは、子どもたちの情緒的なニーズは満たされるべきであり、しつけは学ぶべきスキルであり、下手なしつけは子どもに悲惨な結果をもたらすと強調していた[18]。情緒の重視は親に浸透し、子どものために正しいことをしなければならないという心配が、親の不安を増大させた。この数十年の間に、かつては「経済的に価値があるもの」だった子どもは、今や「経済的には無価値なもの」となり、代わりに「情緒的に何物にも代えがたい価値があるもの」となったのである[19]。

　第 10 章と第 11 章で示したとおり、1940 年代初頭における戦時動員下で、女性が労働力となったことにより、手ごろな価格で利用できる質の高い保育の必要性が高まった。児童局は、子どもの福祉の実現には母親の存在が重要と考えていたため、保守的な姿勢を示し、女性が母親としての役割を守る必要性を強調した。そして、経済的な必要性から母親が働かねばならない地域で、2 歳以上の子どものみを対象とした保育サービスを整備するように提言した。また、児童局は「里親」保育を推奨した。これは、在宅している別の子の母親によって行われる家庭での保育である。この「里親」保育は、3 歳未満の子どもにとっては集団保育よりも優れているとされた。1942 年から 1943 年の戦時動員のピーク時には、児童局は「戦時下の子どもたち」というラジオ番組を開始した。同時に、戦争中の子どもたちの身体的・情緒的ニーズについて、雑誌や新聞におけるキャンペーンが行われ、小冊子やパンフレットが配られた[20]。しかし、戦争が終わると、連邦政府や地方自治体の保育は打ち切られ、働く女性たちは専業主婦に戻ることが奨励された。

しつけの世代的変化

　戦後まもなく、1946 年にベストセラーになったベンジャミン・マクレーン・スポック（Benjamin McLane Spock）（「スポック博士」（"Dr. Spock"））の『スポック博士の育児書（*Common Sense book of Baby and Child Care*）』は、科学的な

307

第4部　国内での戦争

根拠と臨床的知見に基づいたしつけについてのアドバイスの集大成であった[21]。1946年には一連のガイダンス研究が実施されたが、この時点において、1900年世代の人々は、こうした知識の発展を目の当たりにしていたのだ。バークリーの母親の1人は、自分の母親の経験と比較しながら、「今の親は訓練されているし、たくさんの情報を持っています。（児童局による）政府広報が非常に役に立ち、子どもの成長やさまざまな年齢に現れる問題について私が母よりも多くの情報を持っていたことを考えると、問題はより複雑になったものの、現代の親は上手に対処できていると思います」と指摘した。

　ある父親も同様に、「多くの現代の親は、心理学について見聞きして学んでいます。今の子どもが、昔の子どもよりもずっと良い食事をするようになったのと同じです。親は、子どもたちとほんのわずかな時間一緒にいるだけで、子どもたちをしっかりと理解し、優れたサポートをしてあげられます」と述べた。

　親が多くの知識を得たことにより、「自然な」子育てシステム——子どもは、ただ単に育つ——から、「科学的」な子育てのシステムへの移行が進み、それは大学および大衆雑誌による教育や訓練によってさらに推し進められた。バークリーの親たちは、社会学者のアネット・ラロー（Annette Lareau）が現代の子どもの発達について「意図的育成（concerted cultivation）」と呼ぶものの初期の担い手であった。意図的育成とは、計画的な活動を通して、子どもの才能や学力、個性を意図的に育てるものである[22]。1900年世代の人々にとっては、こうした育児は、彼らの親のやり方とは明らかに違っていた。子どもたちは、家庭生活の中心に歩み出たのである。ある父親は次のように述べた。「昔の親は、それほど子どもに注意を払わなくてよかったし、子どもが育つままに任せていたから、子育てに大変な思いをしなくて済みました。昔の親には、子どもを保育園に預けなければならない、特別な教育を子どもたち全員に受けさせなければならない、子どもの適応について心配しなければならない、というような縛りがありませんでした。私たちの子どもは、生まれた時から、保育園とか、この研究とか、いろんなものに縛られている。そして、そのすべてが、親の時間を奪っているのです」。別の父親は、もっと率直にこう述べた。「私の親の世代では、子どもたちは見守る相手であり、話を聴く相手ではありませんでした。家族は、今と違って、子どもを中心に回ってはいませんでした」。

親たちは、自分の子どもには、音楽や美術、ダンスのレッスン、洋服、おもちゃ、豊富な食べ物、より良い教育と医療、優しい親がいる「良き家庭」、問題の少ない家族関係、大きな経済的安定など多くのものを与えたが、そうしたものは自分たちには無かったと、繰り返し述べている。親たちの中には、自分たちの世代は、自分の親世代よりも子どもは少なくていいと考えていて、それでこそ、子どもたちに大きな投資をすることができるのだ、と述べる者もいた。ある父親は、この状況を次のように簡潔にまとめている。「私たちは、子どもたち全員が必要な援助を受けられるように、家族の人数を制限せざるを得なかったのです」。

「科学的な」子育てには多くの利点があったが、一方で欠点もあった。親が児童心理学を学ぶようになると、その知識はプレッシャーや不安、さらには無力感さえ生み出したのである。ある中流階級の母親は、この苦境を痛切に表現した。「親の心理的責任を指摘するプロパガンダがあまりにも多かったため、私たちはいつも過剰な心配をし、固着を生じさせないようにと恐れていました。昔は、親はただ子どもの成長を見守り、うまくいってくれるようにと願うだけでした。もし良くない状態になったとしたら、それは子ども自身の過ちのせいだと考えていました。でも、今の親は、自分たちが誤ったのではないかと心配するのです」。

とはいえ、バークリーの親たちが子どもと一緒に参加したこの研究、すなわちガイダンス研究は、児童心理学に基づいた子育て情報を親に提供することが目的だったことを忘れてはならない。この研究では、意図的に、親に多くの知識を与えた。だからこそ、しつけについての考え方が世代によってどのように変化したかについて、中流階級と労働者階級の親が述べることに大きな違いが見られないのであろう。中流階級の親は、子育て情報の最大の消費者であった。この研究に参加した労働者階級の親も研究から恩恵を受けていて、子育て情報に接する機会が、研究に参加していない親よりも多かったのである。

子育てについての科学的知識を得た1900年世代は、しつけ方略は、彼らの親世代が想定していたほど確実なものでも普遍的なものでもない、ということに気付いた。そしてそのような考えは強まった。というのは、その当時ですら、アメリカ人の生活の中に、以前よりも多様な人々との交流や多様な考えの

流入があったからである。親の役割は本質的にあいまいで不確かで、かつ重要なものだと気づいた彼らは、以前の世代の人々には「正しいこと」と定められたものがあり、だから若者が親の指示に従うように早くから訓練した、と述べた。これは子どもの発達には良くないことだったかもしれないが、親にとっては楽なことであり、子どもにとってもいくらか楽なことだったであろう。ある母親は次のような言葉を述べた。「ちゃんと線引きがしてあるとわかっている方が、みんなが安心できました。今（1946年）は、親も子どもも線がどこにあるかわからないのです」。一方で、別の母親が認めているように「（私の親の世代における）「正しいこと」をさせるための拷問は、親としての私の良識のすべてが、「それはおかしい」と言うくらい、間違いなく大変に恐ろしいものでした」。結局、1900年世代は、しつけについて多くを学んだが、基準があいまいであったために「よくわからない」と感じ、それが一貫性の無い子育てに結び付く、という矛盾を抱えていたのであった。

ジェンダーイデオロギーの移り変わり

世代間で変化したのは、しつけだけではない。ジェンダーイデオロギーも変化し、男性や夫や父親であること、女性や妻や母親であること、などの意味に影響が出た。バークリー研究の記録からは、こうしたイデオロギーの変化が、現代の男性と女性の美徳と欠点についての議論や、息子や娘に対する親の期待に色濃く反映されていることがわかる。これらのことについて、これから考えてみたい。

バークリーの妻たちの言葉を借りると、男性に対しては、「妻を束縛せず」「子どもを支配せず」「古いやり方をすべてにおいてやめる」ようになって欲しいという期待が広まっていた。ある母親は、現代の男性の長所とは、「家族に服従を強いるような古い家父長的な命令をせず、優しい性格で教養があり、朝から晩まで働き詰めで他のことをする余力が無かった時代よりもずっといろいろなことに興味を持っている」ことだと語った。

同時に、第10章で見てきたように、戦中・戦後を通して議論され続けたテーマは、経済的な問題のために、男性自身が望むような夫や父親になれない、

ということであった。仕事のストレスや経済的な責任が積み重なり、長時間労働のために家族と過ごす時間が減少したのである。ある母親は、「現代の男性が抱える問題は、あらゆる消費活動に莫大な金銭的負担が生じるということです。そのため、多くの男性が、退屈で面白味もないような、したくもない仕事をしなくてはなりません。彼らには経済的な責任があるからです。だから、何かしたいことがあっても仕事を辞めようとはしないのです」ということに気づいていた。こうした傾向は、大恐慌の間に慢性的な失業状態に直面した多くの男性たちが感じた心理的な重圧を、いっそうひどくするものであった。好景気の時も不景気の時と同じように、一家の大黒柱としての役割そのものが、男性の人生に大きな負担と苦痛を生み出していたのである。

しかし、家庭内での家父長制的支配への期待が薄れ、同時に女性の教育や就労への意欲が高まったことで、婚姻における平等性も高まった。親は、結婚はギブ・アンド・テイクと、より大きな表現力と親交によるパートナーシップである、と繰り返し強調した。婚姻における平等性は、特に家計管理に現れやすい。女性が家計について何を知っているか、ということだけでなく、支出や貯蓄についての決定に女性が関わることも重要であった。

ここで重要なのは、私たちがこれまで見てきたインタビューは、そのほとんどが第二次世界大戦直後の1946年に実施されたものである、ということだ。この時期は、女性の労働市場への参入が、子どもの養育や家庭運営に大きな変化をもたらした重要な歴史的瞬間であり、この役割の変化は戦後も議論され続けた。しかし、第二次世界大戦中の女性の家庭外労働は、国を助けるための一時的なものとして位置づけられ、戦争が終わってしまえばもはや続かなかった[23]。

であるから、娘の将来について親が期待を語る時、そこに多くの葛藤が現れるのは当然のことだった。娘たちには新しい生き方が開かれており、ある父親の言葉によると、娘たちは「良い教育と労働経験を得て、子どもたちに良い教育を与え、過去の女性たちよりもずっと知的である」と認知されていた。しかし、多くの親は、娘たちが「キャリアウーマン」になるために教育を受けたり就労したりすることは、妻や母親としての役割を損なうことになるのでやめて欲しい、と思っていた。こうした懸念は、女性が家庭を切り盛りしながら継続

311

的なキャリア形成を同時に行うのは無理なことである、と親たちが考えていたことに原因の一端があった。娘たちは、社会学者のクラウディア・ゴールディン（Claudia Goldin）が、「仕事、それから家庭」コホートあるいは「家庭、それから仕事」コホートと呼ぶ2つのグループにまたがっている。この2つのグループは、職業的キャリアよりも結婚や育児を優先し、子どもを持つ前か子どもが大きくなった後で家庭の外で働くことが期待されていた[24]。女性が教育を受けたり就労したりすることは賞賛されていたが、女性が家庭とキャリア形成を同時に進めることへの社会的サポートはほとんど無かったのである。

娘がキャリアウーマンになることを親が心配したのは、「モダンウーマン」の登場が、親たちにはジェンダーの慣習への挑戦のように思えたことにあるようだ。1920年代になると、女性の飲酒や喫煙やジャズクラブでのダンスといった活動、中性的あるいはボーイッシュな髪型や服装をもてはやす流行などについての世論の中に、このような親の不安が反映された。また、禁酒法や女性参政権運動に呼応した女性の政治団体や市民団体の激増や、やがて文学や芸術、子どもの教育などに関わる社会団体が次々に登場する中にも、親の不安は反映されていた。バークリーにもＹＷＣＡや女性有権者連盟の支部があり、人気を博していたが、ベイエリアにおける最も重要な女性団体は、バークリー・ウィメンズ・シティ・クラブ（Berkeley Women's City Club）（現バークリー・シティ・クラブ（Berkeley City Club））であった。バークリー・ウィメンズ・シティ・クラブは、教育やレクリエーションのための講堂や会議室、ダンスやパフォーマンスのためのボールルーム、カジュアルなレストランと個別のダイニングルーム、図書館、プール、美容室、喫茶店を備えたクラブハウスならびにホテルとして設計され、建築された。このような大規模なクラブは、現在では何の変哲もないように思われるが、これは女性の社会史の中で極めて重要な位置を占めるものである。こうした組織が、長年のジェンダーイデオロギーを脅かし、女性が家庭の外で仕事とは関係なく集い、活動する場を提供したために、現代女性の「欠点」を指摘する議論が巻き起こったのである。

こうした変化を目の当たりにした1900年世代は、女性が家庭という領域にとどまらずに活躍することを望んでいたようである。しかし、彼らは同時に、外交的で仕事中心の母親を、家庭を放り出し、夫に行き過ぎた期待をし、「新

しい自由に過度に刺激された」物質主義的で利己的な存在と見なした。このことは、特に中流階級と上流階級で顕著であった。ある母親の言葉によると、若い女性は「平等を求めていながら、女性として丁重に扱われないと文句を言って怒り狂います。彼女たちは、平等な権利と一緒に、特別扱いと甘えが許される環境をも欲しがっているのです」。別の母親は、若い女性たちは「自立したい、とは言います。でも、それは、何も口出しせずに物質的に世話して欲しい、というだけのことです。彼女たちは多くを求めすぎています。彼女たちの夫への態度ときたら、それはひどいものです」と手厳しく批判した。ある父親は、「女性たちはクラブ活動や社会活動に関わりすぎて、子どもたちとの触れ合いを失ってしまうのではないか」と懸念していた。

新しい世界に生きる若者へのしつけ

　おそらく、親が最も気がかりだったのは、若者が新しい「誘惑」に満ちた世界と向き合っているということだっただろう。この「誘惑」という言葉は、自動車や路面電車、アルコール、セックス、ラジオや映画などの影響について述べる時、実に頻繁に用いられた。若者たちが悪事に手を染める機会も多く、特に戦時動員中のベイエリアではその危険性が高かった。

　しかし、同時に、若者たちは「多くの物事について、多くの良い情報を得る機会に恵まれている」と中流階級の母親は述べており、また、別の母親も、若者たちは「より賢くなり、より刺激されていた」と語った。多くの機会が次々とやってくるため、「青年たちは、今、きちんと消化できないほどの速さで、いろいろなものを投げつけられている」と、ある中流階級の母親は述べている。別の母親は、昔の子どものように「何も知らないままでいれば」「そんなに悩まずに済んだだろう」と言った。

　若者たちに移動の自由が増えるにつれ、彼らを監督することは難しくなった。親は、子どもがどこにいて誰と何をしているのか、よくわからなくなった。大規模な高校では、多くのクラブや部活動があり、それらが準拠集団となることで、若者たちの社会化において重要な存在となった。アメリカの高校は、その規模と構造において、「都市の中の都市」「それ自体が極めて完全な社会

第4部　国内での戦争

的宇宙」とみなされ、このことはロバートとヘレンのリンド夫妻（Robert and Helen Lynd）が 1920 年代のミドルタウン研究で述べ、その後、他の社会学者が徹底的に調べている[25]。学校が若者の活動と仲間づくりの中心的な場所となるにつれ、親は、学校や他の「社会化のエージェント」との競争にさらされるようになり、子どもに対する影響力が低下していった。

　経済的な競争が激しくなる世の中において、親が子どもに投資することの重要性はますます高まっていった。しかし、親は、子どもの選択をコントロールすることは不可能だと明確に気づいていた。子どもは、行動、教育、仕事、仲間などについての親の希望を拒否するようになっていた。親は、子どもが自分自身の判断ミスによって苦しむことを心配していた。ある母親は、「子どもたちは、自分自身で決めなければならない、という恐ろしい課題を抱えています。私は、こんな苦しみを子どもに押しつけることが正しいとは思えません」と述べた。

　しかし、別の母親は、若者たちに「多くの選択肢があることは彼らにとって大きな負担だと思うけれども、そのおかげで強くなれるかもしれない」と指摘している。このような肯定的な見方と一致するものとして、ある中流階級の母親は、若者の自立について次のような独特の見解を示している。「現代の親の問題点は、子どもに対して「ノー」と言いすぎることです。私がそう思うのは、今の子どもたちは親よりも優れているからです。子どもたちはスピーディな時代を生きているのに、親は子どもにブレーキをかけようとしています。でも、私は、今の若者たちを大いに信頼しています。若者たちは自分が欲しいものがわかっているし、全速力でそれを追い求めています。私が育った時代とは全然違っているのです。今の若者たちは、親が若者だった時に比べて、そんなに問題を抱えていないのではないでしょうか。だって、彼らにはたくさんの自由があるし、早熟になっているし」。

　若者たちが早熟になっているという認識がある一方で、若者たちが成人としての義務に関わっておらず、「実際の」責任感がかなり乏しくなっているという認識もあった。この認識が芽生えた要因の１つは、かつては家庭内で子ども（あるいは女性）が担っていた家事の一部が、便利な家電に取って代わられたということである。また、農村から都市生活への移行が、農作業という過酷な労

働から子どもたちを解放したことも影響しているだろう。しかし、若者が責任感を持たなくなった最大の要因は、家庭が金銭的に豊かになったことであった。子どもたちが物質的に多くを手にするようになることで、かえってやる気を失い、怠けるようになるのではないかと親は懸念していた。ある母親は、「私の娘は、私や夫よりも物質的には恵まれています。収入が少なくて不安定な時期もありましたけれど、娘はそれでも恵まれた時代に生きています。娘は、私や夫が子どものころに経験したような深刻な貧しさを一度も経験していないのです。面白いことに、私は当時、自分が深刻な貧困状態にあるとは気づいていませんでした。でも、今になって振り返ってみて、子どもたちに比べて自分がいかに何も持っていなかったかを考えると、自分が本当にわずかしか持っていなかったのだと気づきました。それが資産になったかもしれません。私は物質的な豊かさではなく、内面的な豊かさを使って生きてこなければなりませんでしたから」。

　時代だけでなく、生活の場も変わってしまった。多くのバークリーの親たちは、農村で育った。しかし、彼らの子どもたちが育った都市空間は、親たちが幼い頃に慣れ親しんだ小さなコミュニティとは全く異なっていた。親たちは、都市で子育てをするうちに、何か重要なものが失われてしまったと嘆いた。例えば、所属の感覚や、身近な自然、農作業の手伝い、のんびりした純朴な安心できる生活への感謝といったものが、都会には無かったのだ。都会は、子どもを育てる環境としては厳しく、子どもの成長は危険と隣り合わせだった。

　また、「世代間格差」が小さくなるにつれて、親子関係の質も変化していった。現代の親は、「権威主義的（authoritarian）」ではなく、より「権威的（authoritative）」であるとみなされている。この概念は、何十年もの間、最適なしつけスタイルとみなされてきたが、これは、バークリーの親とその子どもたちについての初期の研究の一部から導き出されたものである[26]。親は子どもを尊重し、子どもの人生に関心を持ち、親も子どももお互いに自己開示をして意思疎通に努めた。幼児期から青年期後期にかけてのバークリーの親子関係についての評定によると、親（特に母親）からの愛情と関わりが、両親（特に母親）、そして父と娘の強い関係性と直接的に結びついていたことが示されている[27]。

ある母親は、「私と子どもの間には自由なコミュニケーションがあります。私と親との間には、そんなものはありませんでした」と述べていた。また、別の母親は、「私も子どもも、より率直に、積極的にお互いを理解しようとしています。昔なら、話題にすらならなかったようなことも話しています」と語った。ある父親は、自分自身の育ちと比較して、「家族がより親密になったと思います。子どもたちは、時々、私のことを短気だと言います。でも、私が父にとっていた態度に比べると、私の子どもたちは、500％も自由に私に話しかけてくるのです。子どもたちは気づいていませんけれどもね」と述べた。

彼らが「親密な親」であろうしたのは、先に述べたようなしつけに関する情報が広く行き渡ったことによるものと考えられる。ある母親は、「親が、より物わかりがよくなったのは、現代の親教育のおかげです。古い世代にはタブー視されていた多くの物事について、親は子どもと話し合えるようになりました。それは、特に女性たちが、子どものしつけについての教育をたくさん受けたからなのです」と述べた。もちろん、親子関係における親子の立場の平等性の拡大が、新しい問題を生み出したことも忘れてはならない。その問題とは、主に、子どもたちが親に対して批判的になり、自信過剰になって親の言うことに従わなくなったということであろう。それでもなお、ある親が、「今の子どもたちは、自由に親を批判します。でも、子どもたちは恨みを募らせたりはしません」と述べたように、この変化は、親にとっては大変なことかもしれないが、子どもにとっては良いことだったのかもしれない。

息子と娘への期待

息子や若い男性への親の期待

1900年世代が若いころに不安定な生活環境を経験していたことを考えると、親となった彼らが、経済的安定を最優先にしようとしたのは当然である[28]。彼らが息子たちに最も期待することとは、結婚や家族を持つことではなかった。親たちは、息子たちが自分の家族を形成することは当たり前のことだと考えていたのである。親にとっての最大の課題は、ある母親の言葉によれば、「私の息子が自分自身の力で何かを成し遂げ」て、良き男性、良き夫、良き父親にな

るということだった。親は、息子に、安定した正規雇用の職業に就くことを望み、多くの場合、高等教育や中等教育後の職業訓練を受けることを望んでいた。そうすることで、息子たちに経済的安定や順調な昇進がもたらされるからである。実際、バークリーの息子たちの80％以上が、戦後の好景気に支えられて、父親よりもはるかに高いレベルの教育や職業を得ていた。

　息子たちは、医学や科学研究、技術職、農業、貿易関連といった男性優位の確立された職業に就くことを主に期待されていた。中流階級の親の多くが、息子が大学に進学し、専門的なキャリアを追求すると想定していた。それに比べると、バークリーの労働者階級の親たちは、子どもたちに期待したり勧めたりする教育的達成度がはるかに低いレベルにあった[29]。しかし、労働者階級の親、特に肉体労働をしていた父親は、自分の息子が自分よりもずっと楽で稼ぎの良い仕事に就くことを強く望んでいた。ある父親は、「大人になって、多少なりとも息抜きする時間を持てれば、重労働でもやっていけます。でも、子どもにそんなことをさせるのは間違っています。私はずっと働いてきました……それは、きつい肉体労働でした。私は自分の仕事が好きではありません。私は、息子には同じ仕事に就いてほしくないのです。学校に通っている時に少し働いてみれば、息子はもっと学校が好きになると思います。でも、息子にはもっと教育を受けて、もっと良い職業に就いて欲しいです。そうすれば、息子は、私のように長いこと重労働にあえがなくて済みます。私は教育を受けるチャンスがあったのに、それをみすみす逃してしまいました。息子には同じ轍を踏んで欲しくないのです」と言っていた。

　成人期への移行期において進学しなかった場合、結婚や就労をするのが一般的だが、カリフォルニアでは経済的に貧しい人々が高等教育を受けられるようになっていた。カリフォルニア州では、高校卒業者に対して、大学や短期大学の学費を無償化していた。そのため、バークリーの息子の大部分（79％）が進学し、その4分の3が4年制大学に進学した（3分の1はカリフォルニア大学バークリー校に進んだ）。そうした息子のうち約30％が1年から3年の課程を修了し、29％が学士号を取得し、9％が大学院に進んで修士号を得た。

　そういうわけで、大学進学の資格のある若者は最小限の費用で大学に進学できたが、それでも、貧しい家庭からの仕送りは不十分であり、彼らが4年制大

学で学位を取得するために勉学に専念することは難しかった。私たちの研究では、剝奪された家庭の息子は、剝奪されていない家庭の息子と変わらない知的能力を持っていることが知能検査によって示されている。しかし、経済的に苦しい家庭の息子の多くは、高校や短大で正規の教育を終えていた。高卒や短大卒は、労働者階級の息子の56％であるのに対し、中流階級では8％だけだった（短大に入学したのは労働者階級出身者だけであり、後に4年制大学に編入した者はいなかった）。また、大学教育を受けなかったり中退した者は、学校を卒業する前や労働市場に参入する前に結婚する傾向が強かった。

　親は息子が兵役に就くことを望んでいなかったようだが、多くの親が息子の入隊を目にすることとなった。息子のうち、実に73％が最終的には兵役に就いている。しかし、バークリー研究に参加した息子たちは第二次世界大戦の時は10代であったため、彼らの多くは、その後の朝鮮戦争に従軍していた。この時、彼らの年齢の中央値は22.3歳だった。とはいえ、バークリーの家族も、息子を戦争に送り出すことや、息子を失うことと、決して無縁ではなかった。彼らの年長の息子やその友人たちは、第二次世界大戦の時に兵役を課される年齢に達していたからである。

　戦争の影響は、バークリーの息子たちの早期成人期において色濃く見られる。青年期に戦時動員中のコミュニティで育った彼らは、戦後の豊かな時代に大人としての人生を切り開いていき、従軍した人々には復員軍人援護法（GI Bill）によって大きな恩恵がもたらされた。このような状況が、戦後のアメリカ合衆国の特徴である「早く大人になること」を推し進めた。バークリーの息子たちは、中央値21.6歳で学業を終え、21.1歳で正社員となり、22.2歳で結婚し、24.6歳で父親になったのである。

娘や若い女性への親の期待

　多くの親が、娘に高校以上の教育を受けさせたいと言っていた。が、親が娘に期待するものは、息子へのそれとはかなり異なっていた[30]。親は、娘には、教師や秘書、服飾デザイナー、音楽家や美術家など、伝統的な女性の職業に就くための教育を望んでいた。だから、伝統的でない職業への希望に対しては、限定的な支持しかしなかった。次のような父親の言葉がそのことを表している。

「私は、娘が研究室に入ったり、医者になることは素晴らしいことだと思います。でも、本音を言えば、私は娘にはそんなに多くを望んでいません。……私は、娘には結婚して欲しいのです」。

娘に教育を受けさせる理由の1つは、結婚するまでの期間や、あるいは母親になるまでの期間に、就労経験を積めるようにすることであった。訓練を受け、就労することで、娘の自己肯定感は高まり、お金の価値と管理法を学ぶことができる、と多くの親が述べている。ある母親は、「何かに挑戦する機会を持つべきで、そうすることによって娘は自分自身に自信を持つことができるでしょう」と述べている。また、別の母親は、「就労は、娘がタダで食事にありつくためだけに男性を捕まえることがないようにするための保険です」と語った。

また、別の母親の言葉によると、教育と就労の機会を得ることは、「将来のための保険」でもあった。すなわち、娘には、「自分の人生に何か問題が起きた時に備えて就労の道を用意しておくことで、自活できるようにする」ための「代替案（backup plan）」が必要であったのだ。離婚や死別、夫の失業、妻が働くことで家庭を維持しなければならないほどに困窮するような事態といった予期せぬ人生の変化に直面した時、教育と就労の経験は、女性を守るものになると見なされていた。このインタビューが行われたのは1940年代だったが、この時代は新たな経済発展とアメリカ人の離婚の急増があり、親はこうしたリスクに敏感になっていたのかもしれない[31]。また、1900年世代は、大恐慌中の厳しい時期に、女性の労働がいかに重要であったかを直接的に経験した人々であることも忘れてはならない。

母親は、教育を「娘の将来への保険」になるものとして期待していたが、それとは対照的に父親は、高等教育が娘の家庭経営の準備になるものとして強く期待していた。このような考えは、父親に限ったことではなかった。母親もまた、教育を、この点においても価値があるものと考えていた。大学進学によって、娘は、より聡明な妻や母親になれると考えられていた。ある母親は次のように述べた。「娘が、教育を受け読書をし、子どものしつけについての議論の機会を多く持てば、家庭生活をもっと面白いものにできます。娘には知識があるので子育てを上手にできます。そして、娘は夫の良い伴侶になれます。なぜなら、娘はより興味深い存在になれるからです」。

319

第4部　国内での戦争

　娘に「大学進学、社会的人気、早い結婚」を期待する母親の言葉からは、親は、大学を、娘に「適切な」仲間づきあいをもたらし、良い夫を見つける機会を増加させるものと捉えていることがわかる。別の母親は、「娘には良い教育を受け、良い機会を選び、その後は、家庭と家族に専念して欲しいです」と述べている。これが娘の標準的なライフコースだと親が考えるものであり、それは娘の早期成人期に至るまでの実際の生き方にも反映されていた。

　24歳または25歳までの数年間に、娘の多くは学校教育を終え、労働市場に参入し、結婚し、第一子を出産した。娘のうち3分の2（64％）は進学し、そのほとんどは州立の単科大学や総合大学に進学した。約28％が1年から3年の教育を受け、同じく約28％が学士の学位を取得して修了した。9％が大学院などに進学して、より高い教育を受けている。21歳までに半数が大学を終えてフルタイムの仕事に就き、通常、学校卒業と同じ年に働き出している。ほとんどの娘が、学校を卒業するか働き出してから1年以内に妻となり（平均22.2歳）、その2年後には子どもを産んでいる（平均24.6歳）。大学進学率が非常に高いことを除いて、こうしたライフコースの基本的な特徴は、1925年から1929年の間に生まれたアメリカ人女性全体のコホートで見られたものと概ね類似している[32]。

　親は娘に高等教育を受けさせることを望んでいたが、一方で、娘の人生において働き続けることはメインテーマではないと考えていた。教育水準が上昇することで、娘が専門職や管理職、下級の管理職に就き、子どもを産む時期にもキャリアアップが可能となるチャンスが増えた。しかし、教育水準が高くなるほど、女性の就労は経済的な問題には左右されなくなる。「良い結婚（夫の社会的経済的地位が高いこと）」をした娘は、出産後は労働力となる可能性が最も低く、地位の高い女性は、低い女性よりも多くの子どもを産んでいた（平均値で3.2人対2.6人）。中年期までに娘の5分の3は有給雇用に就いた経験があったが、出産や子育てによって大きく中断されずに安定した就業パターンを持っていたのは5分の1だけであった。

　バークリーの息子たちと同様、第二次世界大戦直後の好景気の時代に成人を迎えた娘たちは、母親よりもずっと早く家庭に入った。このことは彼女たちの人生に大きな影響を与えている。人々にとって結婚は選択ではなく義務であり、

カップルは早く結婚して子どもを持った。このように、戦後の好景気は、もしそれがなかったとすれば、家族形成を遅らせ、教育を促進させ、女性の労働市場との強いつながりを確実なものにするべきであるという一連の考え方（女性への教育の重要性や、女性の就労の容認など）に立ちはだかるものとなったのであった。

結論

バークリーの1900年世代の人々は、親が入手できる育児情報が質・量ともに劇的に進歩する時代に生きた。1920年代後半にバークリーの夫婦が家族を持ち始めた頃には、子どもについての科学的研究と育児専門家の職業化が進んでいた。さらに、彼らの子どもを対象としたガイダンス研究は、子どもと家族の発達を促すための情報を家庭にもたらすために行われ、また、カリフォルニア大学バークリー校の児童福祉研究所がそうした情報を得るための科学的研究を実施し、結果を収集した。

この世代の親たちこそ、しつけは学ぶべきスキルであることを認識した初めての人々であった。また、政府広報や公衆衛生への介入、新聞のコラムや雑誌、ラジオやテレビの番組、そして新たに設立された専門的組織による研究結果など、どんどん増えていくお役立ち情報を自由に活用できたのも彼らが初めてだった。彼らは、子どもを、注意深いケアと意図的な養育を必要とする人間、感情を尊重すべき人間、家族生活の中心的存在となる人間と見なすという、まったく新しい子ども観を持つに至った。さらに、彼らは以前の世代よりもずっと経済的に豊かになった。親は子どもに多くのものを与えることができ、子どもたちは多くの機会や選択肢を持つことができた。

一方で、この世代は、しつけについての科学的知識を学ぶことによる欠点をも知ることとなった。こうした知識は、新たな心配や不安、さらには無力感までもたらしたのである。また、彼らの親やその前の世代が「正しいこと」として伝えてきたしつけの方法があったが、彼らは、しつけとは、実はそれほど明確でも普遍的でもないということにも気がついた。しつけが不明確であいまいなものであるという感覚は、人々や考え方の多様性が増すとともに強まってき

321

た。このあいまいさこそ、アメリカ合衆国が今日抱える大きな緊張の源泉であり、家族構造やしつけ方略、子育て資源、子どもの成長などに見られる多様性が、社会的・倫理的・法的な意味における混乱をもたらしているのである。

　この世代は、親として伝統的なジェンダーイデオロギーに立ち向かった初めての人々であると思われる。女性の可能性、平等な結婚、そして男性、男らしさ、社会や社会関係における権力などの問題に関してたくさんの緊張があった。男であること、女であること、夫であること、妻であること、父親であること、母親であること、こういった概念が議論され、新しい解釈がなされた。こうした変化は、子育ての仕方や、親が息子や娘に何を望むか、といったことに現れていた。そして、その変化は現在も続いているのである。

　男性に対して広く求められるようになったのは、感情表現を豊かにし、仲間意識を高め、妻を束縛せず、子どもに対して支配的にならず、育児に積極的になるという変化だった。このような変化は、妻が男性に強く求めたり指導したりすることで進んでいった。しかし、好景気・不景気にかかわらず、男性に対して一家の稼ぎ手という役割が期待され、そのことが男性に大きな負荷となったため、彼らが良き夫や父親になれずにいる、という感覚は根強く続いていた。

　一方、女性たちは、家庭の外での生活に大きな役割を見出したが、その必要性がない限り、また、戦時中の国家的な要請がない限り、必ずしも働く必要はなかった。親たちは、女性の教育と就労に新たな選択肢が与えられ、それが娘の自信や経験、妻や母親としての成功を高めると考えた。しかし、多くの親が、娘がキャリアに集中することは、妻や母親という役割を脅かすとも考えていた。この世代の女性たちは、自分たちや娘たちに多くのことを望んでいたが、従来のジェンダー的役割から逸脱しすぎることで、生活に支障をきたすことを恐れているようであった。

　また、この世代は、たくさんの新たな「誘惑」に満ちた世界の中で若者をしつけるという課題と直面した。田舎の小さな街における都会への誘惑、自動車、映画、テレビ、ラジオが生み出す誘惑、物が溢れ、活気に満ち、軍人たちが鉄道や船で絶え間なく行き交う動員中の街という誘惑がそこにはあった。若者たちが悪事に手を染める機会も多く、将来を変えてしまいかねないような、大人でなければ対処できない問題に巻き込まれるリスクさえ抱えていた。こうした

若者たちは、アメリカ合衆国で大規模高校に通学した初めてのコホートであった。大規模高校では多くの準拠集団が形成され、そのことは若者の社会化に大きな役割を果たした。こうしたことが、子どもに対する親の影響力を低下させた。最も重要なのは、彼らが、親子関係の質を本格的に変えた最初の世代だ、ということである。親は、権威主義的なものではなく、権威的なものになった。親は子どもに高い関心を持ち、親も子もより率直にお互いの経験を分かち合うようになった。彼らがこのような親になりたいと願ったのは、彼らが家族を形成し、子どもが成長する間に、子どもの発達としつけについての科学的情報が増えてきたためである。バークリーの親は、特に意識することなく、それまでの何世代にもわたるしつけのスタイルを覆し、私たちが現在よく知っているしつけを登場させるという、大きな変化を成し遂げたのであった。

第4部　国内での戦争

❖ 注

1. Smuts, Alice. (2006) *Science in the Service of Children: 1893–1935,* New Haven, CT: Yale University Press.
   特に第1章 "Save the Child and Save the Nation: The Rise of Social Feminism and Social Research." を参照。
2. Smuts.
3. Kerber, Linda. (1976) "The Republican Mother: Women and the Enlightenment—an American Perspective," *American Quarterly,* 28, 187-205. を参照。
4. Smuts. (2006) *Science in the Service of Children 1893–1935,* New Haven, CT: Yale University Press.; 特に第2章 "G. Stanley Hall and the Child Study Movement," 第3章 "Scientific Child Rearing, Organized Motherhood, and Parent Education." を参照。
5. Dickinson, Nancy. S. and Barth, Richard. P. (2013) *The Children's Bureau: Shaping a Century of Child Welfare Practices, Programs, and Policies,* Washington, DC: National Association of Social Workers. 特に第1章 "Lessons Learned and the Way Forward." を参照。
6. *The Children's Bureau Legacy: Ensuring the Right to Childhood* (ebook via cb100.acf.hhs. gov).
   特に第2章 "Saving Babies and Restoring Childhood (1912-1929)." を参照。Dickinson and Barth, *Children's Bureau.* 1914年から1921年にかけて、『乳児ケア（Infant Care）』は150万部以上がアメリカ合衆国の家庭に配布された。1940年には、その数は1200万部になっていた。
7. 1914年の『乳児ケア』は、1989年までに発行された14版のうちの最初の版である。今日に至るまで、連邦政府の歴史の中で最も広く流通した出版物の1つとなっている。
8. 『乳児ケア』は、乳児の世話における父親の役割についてはほとんど触れていない。例えば、1935年版では、結核予防と出産時の訓練についての節で、2回言及されているだけである。Deavers, Kimberly. and Kavanagh, Laura. (2014) *Caring for Infants Then and Now: 1935 to the Present, a 75th Anniversary Publication,* Rockville, MD: US Department of Health and Human Services.
9. "Your Child from One to Six" は、1970年代まで重版された。
10. ロックフェラー基金は、「人生の初期段階から人間発達に影響する要因を研究

する」大学を拠点とした6つの研究機関に与えられた。その意図するところは、これらのすべてのセンターが「単なる社会福祉と緊急支援ではなく、抜本的に異なるアプローチを提唱するようになる」ことであった。すなわち、「貧困の原因を理解することを目的とした科学研究に投資し、子どもの発達に焦点を当て、早期の介入を通して社会問題の改善に至るような研究の実用化を強調すること」であった。http://ihd.berkeley.edu/about/history.

11. すなわち、実験群は子どもへの指導について集中的な介入を受け、対照群は受けなかった。詳しくは、第1章ならびに付録BとCを参照。

12. *Ladies' Home Journal* は、30年以上前の1882年に創刊されたが、1890年から1910年までの目次においては、母親業やしつけについての項目はほとんど見られない。その代わり、主婦業や掃除、料理、お菓子作り、レシピなどについてのコツに重点が置かれた。

13. Hinkle, Caroline. M. (2002) *Child Management in Middle-Class Families in the Early Twentieth Century: Reconsidering Fatherhood in a New Context,"* *Working Paper* 42, Berkeley: Center for Working Families.

14. *The Child* のアーカイブは、http://hearth.library.cornell.edu/h/hearth/browse/title/4732639.html. で参照できる。

15. *Children's Bureau Legacy*, 第3章、"The Great Depression and Social Security (1930–1939)."

16. *Children's Bureau Legacy.* Zelizer, Viviana (1985), *Pricing the Priceless Child: The Changing Social Values of Children*: Princeton, NJ: Princeton University Press.

17. Mintz, Steven. (2004) *Huck's Raft. A History of American Childhood*, Cambridge, MA: Harvard University Press.

18. Mintz.

19. Zelizer, *Pricing the Priceless Child*, x.

20. *Children's Bureau Legacy,* 第4章、"Wartime and Recovery (1940–1956)."

21. タイトルは、その後の多くの版で、"Baby and Child Care" と短縮された。

22. Lareau, Annette. (2003) *Unequal Childhoods*, Berkeley: University of California Press.

23. Anderson, Karen. (1981) *Wartime Women: Sex Roles, Family Relations, and the Status of Women during World War II*, Westport, CT: Greenwood Press.

24. Goldin, Claudia. (2004) "The Long Road to the Fast Track: Career and Family,"

Annals of the American Academy of Political and Social Science, 596, no. 1,pp 20-35.

25. Lynd, Robert. S. and Lynd, Helen.M.(1929,1957) *Middletown: A Study in Contemporary American Culture*, New York: Harcourt, Brace, 211.

　　高校の社会的世界についての最初の主要なアセスメントは Willard Waller によって 1932 年に書かれ、その数十年後に、オーガスト・ホリングスヘッド（August Hollingshead）のエルムタウンにおける高校生についての実証的研究に引き継がれた（1949 年）。1950 年代には高校生の割合が 80％を超え、この年代の文献に、Coleman, James.S.(1961). の *The Adolescent Society*, Glencoe, IL: Free Press や、Waller, Willard.(1932,1965) の *The Sociology of Teaching*, New York: John Wiley、また、Hollingshead, August.(1949) の *Elmtown's Youth: The Impact of Social Classes on Adolescents*, New York: John Wiley といった青年期のサブカルチャーや仲間の影響についての主要な研究が含まれていたのは当然のことである。

26. 「権威主義的な（authoritarian）親」や「許容的な（permissive）親」と比較される「権威的な親（authoritative parent）」という概念は、カリフォルニア大学バークリー校の人間発達研究所の教授であった D・バウムリンド（Diana Baumrind）によって考案された。「権威的な親は、子どもの活動に指示を与えようとするが、理性的で問題志向的な方法で行う。彼女（親）は、言葉によるやりとりを多く行い、親の方針の背後にある理由を子どもと共有し、子どもが従うことを拒否した場合にはその理由を問う……親は、1 人の成人として自分自身の見解を強く示すが、子どもの個人的な関心と独特なやり方を認めている。権威的な親は、子どもの現在の資質を肯定するが、将来の行動のための基準を設定する。親は目的を達成するために理由、権力、管理と強化を用い、集団のコンセンサスや子どもの個人的欲求に基づいて決定することはない」（891 頁）。Baumrind, Diana.(1966) "Effects of Authoritative Parental Control on Child Behavior," *Child Development*, 37, 887-907.

　　ワンダ・ブロンソンら（Wanda Bronson and her colleagues）によって行われたバークリー研究に参加した親の一部を対象とした初期の研究では、2 つの様式パターンが示された。1 つは、母親と父親に共通するもので、「子どもに強い感情的介入をする権威的で愛情深い親」、そしてもう 1 つは、「子どもに対するしつけへの責任を明確に認識しながら、子どもに温かさや関わりをほとんど与えない女親」、あるいはその逆に、「とても温かく多くの関わりを持つが、親としての強

い権威を発揮しない、あるいはできない男親」である (p.151)。この時代の子育て
における高い「許容性」と「自己制御」の危険性は、どちらの親も「子どもの社
会化についての明らかな責任」を負わないことである (p.151)、と彼らは指摘して
いる。

　Bronson, Wanda. C., Katten, Edith S. and Livson, Norman.(1959) "Patterns of
Authority and Affection in Two Generations," *Journal of Abnormal Psychology,*
58, 143–52.
　権威的な親・権威主義的な親・許容的な親というタイプ分けは、バウムリンド
の研究以来数十年にわたって家族科学の中心となってきたが、現在では、白人の
中流階級や上流階級以外での一般化には限界があるという批判が増えている。例
えば、Sorkhabi ,Nadia and Mandara,Jelani.(2012) "Are the Effects of Baumrind's
Parenting Styles Culturally Specific or Culturally Equivalent?," in Larzelere,
Robert. E., Morris, Amanda. S. and Harrist Amanda. W. eds., *Authoritative Par-
enting: Synthesizing Nurturance and Discipline for Optimal Child Development,*
Washington, DC: American Psychological Association Press, 113–36. を参照。

27. Livson, Norman. (1966) "Parenting Behavior and Children's Involvement with
    Their Parents," *Journal of Genetic Psychology*, 109, 173–94.

28. 本節で紹介されたバークリー研究の息子たちの早期成人期におけるデータの一
    部は、Elder, Glen. H. Jr. and Rockwell, Richard. C. (1979) "Economic Depression
    and Postwar Opportunity in Men's Lives: A Study of Life Patterns and Health,"
    Research in Community and Mental Health, 1, 249–303 において報告されている。

29. Macfarlane, Jean. Walker. (1938) *Studies in Child Guidance: I. Methodology of
    Data Collectionand Organization, Monographs of the Society for Research in
    Child Development* 3, Washington, DC: Society for Research in Child Develop-
    ment.

30. 本節で紹介されたバークリー研究の娘たちの早期成人期におけるデータの一部
    は、Bennett, Sheila. Kishler. and Elder, Glen. H. Jr.(1979) "Women's Work in the
    Family Economy: A Study of Depression Hardship in Women's Lives," *Journal
    of Family History*, 4, no. 2, 153–76. において報告されている。

31. Ruggles, Steven. (1988) "The Demography of the Unrelated Individual,
    1900–1950," *Demography*, 25, 521–36.

32. Bennett and Elder の "Women's Work in the Family Economy." を参照。

第5部 時代と人生の変化

老年期になって、バークリーの1900年世代のメンバーは、過去の出来事、特に1930年代のことについて語ることが多かった。繁栄の時代の狭間で、大恐慌は、男性や女性、そしてその子どもたちの人生そのものを揺るがした。ある下位中流階級の女性は、彼女の40年間の人生を振り返る中で、世帯収入の壊滅的な喪失についての生々しい記憶を伝えている。

　大恐慌についての私の記憶は、屈辱的で落胆させられるものであった。その記憶は、1931年に、出張から帰宅した夫が受けとった1本の電報に遡る。そこには「彼にはもう仕事がない」と書かれており、それ以外には、何の説明もなかったのである。
　私たちには、幼い2人の子どもがおり、1人は生後数か月であった。私たちの貯蓄はすぐに

尽きた。私は、最後の缶と、ビスケットを作るための最後の小麦粉が棚からなくなった日を覚えている。母は、私が雇用促進局（Works Progress Administration: WPA）のタイプの仕事に就くまで、毎週、私たちに仕送りをしてくれた。私の夫は、造船所で働くまで、しばらくの間、ほとんど何もしなかった。そのことは私の誇りを大きく傷つけた。

　自立することへの決意が、経済的安定に対する彼女の意欲を掻き立て、彼女の全人生における達成感を与えた。このような大きな転機が、1900年世代の人生を特徴づけた。このような経験は、その後の彼らの人生におけるパーソナリティの連続性や変化の中に、どのように反映されたのであろうか。彼らにとって、最も良い時代と最も悪い時代は、いつだったのだろうか。彼らは、人生について何を学んだのであろうか。

第13章

老年期に過去を振り返る

● ● ● ● ● ● ●

過去は決して死なない。それは過ぎ去りすらしない。

ウイリアム・フォークナー（*WILLIAM FAULKNER*）[1]

　私たちは、バークリーの1900年世代のメンバーを、ヨーロッパやアメリカにおける出自から、20世紀前半の激動を経て、戦後のカリフォルニアにおける中年期まで追跡してきた。この時期までに、子どもたちは、親元を離れて大学に行き、仕事に就き、家庭を築き始めていた。年長の息子の中には、第二次世界大戦が終わり、アメリカ軍が1950年代に朝鮮戦争に参加した頃に、国軍に入ったものもいた。退役軍人として、これらの息子たちは、復員軍人援護法（GI Bill）によって、職業訓練、高等教育、さらには住宅ローンのための経済的支援を利用できた。娘たちは、多くの場合、大学や看護学校のような専門学校に入学したが、両親、特に父親は「女の子はすぐ結婚するだろう」と主張し、懐疑的であった。彼女たちの中には、父親たちが予想したように、1年ほどで大学を辞めて結婚したものもいた。

　生涯の間、1900年世代は、独特で破壊的な一連の社会変動を経験した。それは、1920年代の右肩上がりの都市の繁栄から、1930年代の経済の比類なき崩壊、第二次世界大戦においてアメリカ軍と同盟軍に物資を供給するための大規模な再工業化であり、その後20年間続いた戦後の繁栄である。この類まれな変化の時代が、この世代の人々の人生に与えた歴史的刻印とは、どのようなものであろうか。私たちは、1つずつ、彼らの人生の旅を追跡してきた。

　豊かであった1920年代の視点からすると、この世代の人たちは、彼らの前にある未来、すなわち、見慣れた道標のある伝統的な経路とは、程遠いものと

331

なるライフコースを想像することはできなかった。これまでの章では、この変化が、結婚や子育て、職業において、彼らが、どのような人物になるのかに、如何に影響するのかを説明してきた。しかし、1920年代には、大恐慌を経験し、そのような時期に子育てをし、大日本帝国の真珠湾攻撃にショックを受けることになると想像できた人は1人もいなかった。

　この結論の章において、私たちは、バークリーの男性と女性が、老年期に向かう中で、健康や幸福がどのような状態なのかということとともに、彼らの歴史や友人や家族との避けがたい別れによって、老年期への道筋が、どのように形作られてきたのかについて考える。老年期についてのデータは、1969〜70年の追跡調査および1980年代における再度のデータ収集から得られている。哲学者であるセーレン・キルケゴール（Søren Kierkegaard）は、かつて、私たちは、人生を、子ども時代から老年期に向けて、前向きに生きるが、私たちは、振り返ることによって人生を理解する、と述べている。この言葉を念頭に、以下、私たちは、バークリーのこの世代の人々が、自分たちが生きた人生をどのように振り返っているのかについて目を向ける。

　30代後半から40代にかけて、男性は自分の仕事から何を学び、女性は、より多くの教育の必要性や、より長い職業生活を追求する時代に関して、何を学んだのだろうか。60代から70代にかけて、大恐慌や第二次世界大戦を思い出す時、彼らは、どの人生段階を、最も良かった時期や最も悪かった時期と考えるのだろうか。彼らは、より実りのある人生に向かわせたかもしれない転機について、どのような考えを持っているのだろうか。もし、彼らがそのような機会を使うことができたとしたなら、どのような変化が起こったと思っているのだろうか。

　最後に、常に変わり続ける世界の中で、この世代は、他の世代とどのように異なっているのだろうか、そして、どのような点で共通しているだろうか。第1章で、この世代の一生を、1870年から1970年にかけての期間は、アメリカの生活水準における経済的拡大の比類なき革命の世紀である、というロバート・ゴードンの主張によって位置づけた[2]。バークリーのこの世代の最年長のメンバーは、1880年代に生まれ、最年少のメンバーは、新世紀、すなわち、さらにいっそう加速化した変化の時期である20世紀の最初の10年間に生まれ

た。その結果として、この世代は、非常に異なる歴史的時期を橋渡しするものとなり、新しいライフコースの特徴を含むものとなった。その特徴とは、人生が、いかに、変革の世界における、時代、場所、社会的つながりによって、形作られるのかを、生き生きと明らかにするものなのである。

変容した世界の中での人生移行

バークリーの1900年世代の男性と女性は、その人生において、1920年代の都市の繁栄から1930年代の大恐慌、そして、後に彼らの世代に繁栄をもたらすことになった第二次世界大戦の類まれな好況という20世紀の劇的で循環的な、ほとんどの景気変動を経験した。しかし、この非常に良い時期の健康上の効用は、アメリカの景気のどん底でストレスに苦しめられた10年間の消耗によって損なわれなかったのであろうか。私たちは、失業と世帯収入の激減という大恐慌の経験を10年間続いたストレッサーとして考えることによって、この疑問に取り組む。大恐慌は、ともに繁栄したが、その経緯は全く異なる2つの歴史的時代の狭間に生じていた。その2つの時代とは、1920年代と戦時動員のあった1940年代である。

バークリーの男性とその家族の階級の地位は、大恐慌期における幸福感や剥奪と最も直接的に関連していた。有利な地位を占めていた男性は、学歴と雇用を獲得していた。その学歴と雇用によって、彼らは1930年代の経済的崩壊の前に中流階級に所属していたのである。この階層の人々は、肉体労働者や半・未熟練労働者よりも、失業や大幅な収入減を経験する傾向が低かった。しかしながら、中流階級の男性のコミュニティにおける社会経済的地位は高かったのだが、ひとたび、彼らが大恐慌期に大きな収入減に直面した時には、そのことが彼らを一層傷つけることになったのである。

1940年代中頃までに、彼らは、大恐慌の困窮と戦時体験によって引き起こされた健康の悪化を経験したかもしれない。男性の場合、高血圧のような健康問題が、差し迫った生産目標を長時間労働によって達成しようとするプレッシャーによって悪化させられた。対照的に、戦時中、働いていた女性は、国防への貢献に対して国から感謝されたので、男性の同僚から性差別があったのに

第5部　時代と人生の変化

もかかわらず、達成感を抱く傾向があった[3]。そのような経験は、結婚する前の 1920 年代や 1930 年代に、働いたり、苦境に陥っていた家族の世話をしたりすることから獲得されていた彼女たちのコンピテンスをさらに高めたのであった。

　次に、私たちは、1920 年代から 1940 年代までの 30 年間にわたるバークリーの夫婦の生活について説明する。その間の経験は、1970 年代の終わりまでの彼らの健康や幸福に対する大恐慌の永続的な影響を理解するために重要なものなのである。

繁栄の 1920 年代から大恐慌の困窮期へ

　1929 年に株式市場の大暴落はあったものの、1920 年代の繁栄から特に恩恵を被ったのは、この 10 年間の終わりまでに成功して中流階級になっていた夫婦であった。この繁栄は、年配の夫婦で特に顕著なものであった。彼らは、自分たちが居住する家を所有し、夫は仕事でうまくやっていた。若い夫婦は、ほとんどの場合、1920 年代が終わる頃には、親と同居していた。若かろうが年をとっていようが、1930 年代には、労働者階級の世帯主は、転職、引っ越し、失業や不完全雇用が何度も繰り返される将来と向き合わなければならなかった。

　1920 年代の繁栄から 1930 年代の経済的崩壊へという家族の移行は、1929 年から 1933 年の大恐慌のどん底にいたるまで、何か月にもわたって、日常的に生じていた。フランクリン・D・ルーズベルトの大統領在任 1 年目に、カリフォルニアの経済は、どん底まで落ち込み、労働者階級のほとんどの家族は、1940 年代中ごろに第二次世界大戦が終わるまで、大恐慌前の生活水準に戻れなかった。

　1930 年代前半に景気がどん底になった時、地位を失ったことの心理学的影響は中流階級にとって大きな打撃であり、低い地位の男性と結婚していた女性たち——人々には落ちぶれた娘と認識されていた——にとっては、人生は特に困難なものとなった。親は、新しい義理の息子が、自分たちの娘が慣れ親しんでいた生活水準を提供するものと期待していた。その義理の息子が、親の期待に沿えなかった時、親の中には、当面、娘に仕送りしたり、家賃を払ったりするものもいた。そのことが、義理の息子の自尊心と結婚そのものを脅かし傷つ

334

けたのである[4]。

　上位中流階級の若い夫でさえ、キャリアを始めたばかりのころは給与も高くなかったので、妻が高い生活水準に慣れていた場合は、1930年代に経済不安を経験した。しかしながら、第7章で示されたように、下位中流階級では、夫よりも生活水準が高かった妻が3分の1もいた。彼女たちは、上位中流階級の生活様式を希いながら、不幸にも低い経済水準で家計のやりくりをしなければならなかった。彼女たちのおよそ70％は、頑なにも高い生活水準を求めようとしたが、このような姿勢は、彼らが深刻な収入減に取り組まなければならなかった時、夫婦をともに不幸にし、苦しめることになった。このような女性の中には、夫を、公然と非難し、父親と比べて夫を見下げていたものもいた。

　社会階級にかかわらず、バークリーの夫婦には、社会階級以外の（年齢や出身国などの）違いもあったが、そのような違いは、大恐慌期に夫婦間の葛藤の原因となり、共通した活動や関心の欠如をもたらすこともあった（第5章）。例えば、かなり年上の夫は、妻とは、著しく異なった社会的活動を好む傾向があった。このような夫婦の中には、共通した友人や活動を全く持たないものもあった。文化的差異も、不和のもととなり、アメリカ生まれの女性の現代的な信念が、ギリシャの中流階級の家系の出身の移民である夫を怒らせたのである。

　このような夫婦の年齢差から生じるストレスと葛藤は、東ヨーロッパの農村から移住してきた高齢の親との大きな世代差によって悪化した。景気が底を打った時、家賃や住宅ローンが払えなくなった夫婦の中には、義理の親と同居しなければならなかったものもいた。緊張した関係はありふれたことであった。このことがますます問題となったのは、家族が怒りっぽい高齢の母親を抱え込まなければならなくなった1930年代の終わりごろである。これらの高齢の女性は、子どもをひどいやり方でしつけようとしたり、単に気が荒くなったり、信念を混乱させたりしたのである[5]。

　大恐慌期における収入減や失業の悪影響が最も著しかったのは、1930年代に情緒的健康が平均以下の男性であった（第7章）。経済的および社会的ストレスへの脆弱性が有意に増加していたのは、労働者階級の男性や夫婦の不和を経験していた男性であった。しっかりとした夫婦関係は、もともと健康であった男女の情緒的健康を高めた。1930年に情緒的健康が平均以下であった妻で

さえ、支援的な夫婦関係さえあれば、剥奪された家庭であっても、健康は悪化しなかった[6]。それどころか、彼女たちが、自分の家庭での管理的役割を表立って担わなければならなくなるにつれて、家庭での管理的役割と賃金労働の両方が回復力のある適応を促進したのである。

　しかしながら、1929年に労働者階級に所属していたこと以上に、1930年代と大恐慌期での困窮を予測できた社会的要因はなかった。このことが、一般的に、1940年代までの不安定な仕事や失業、低所得、収入減という大恐慌の歴史と、第二次世界大戦のための国中の動員ラッシュを予期させた。労働者階級の剥奪された家族は、多くの場合、地域や国からの福祉という最後の手段に頼らざるを得なかった。中流階級においては、より剥奪された家族は、今まで慣れ親しんでいた生き方の変化に直面し、近所の人がどう思うかということに、ひどく敏感になった。失った地位が友人や近隣の目に曝されるストレスが、婚姻関係を傷つけ、さまざまな社会階級の男性の精神的健康に悪影響を与えた。

　追い詰められた中流階級や労働者階級の女性の多くは、1930年代後半には仕事に就いた。その頃には、子どもたちは、自分のことを自分でやれるようになり、基本的な家事が十分できる年齢になっていた。彼女たちの夫は、とりわけ、健康上の問題を抱えて1930年代を迎えた場合、困窮の時期の犠牲者となる傾向が最も強かった。

困窮の時期から第二次世界大戦の好況期へ

　1930年代の最後の数か月に起こったヨーロッパにおける戦争の勃発が経済の復興に拍車をかけたのは、その経済復興が、イギリスが軍需物資や民需補給品を緊急に必要としたことに対する反応だったからである。その頃までに、アメリカ合衆国の資本投資や新築住宅は、1929-30年の水準を超えていた。再稼働することになった戦争産業が、地域の多くの人々を雇用し、求人数はパールハーバー後、急増した。

　熟練および半熟練労働者を精力的に募集したのは、サンフランシスコ湾の周りに新しく建設された造船所や、その地域の軍事基地や工場での民間の仕事であった。大西洋や太平洋での軍事的な必要性に応じられるように、短期間により多くの生産が要請されることによって、男性労働者の勤務日数や勤務週数が

増加し、高齢男性には退職後も働かなくてはならないプレッシャーがかかっていた。バークリーの男性の中にも、このようなプレッシャーを感じている者もいた。結果として、40代、50代、60代の男性の中で、健康上の問題や死亡率が有意に上昇していた。造船所や他の戦時産業での事故死も急激に増加しており、1942-43年における国内戦線での民間雇用者の死亡者数は、軍での死亡者数を超えていた[7]。

　1942年にバークリー新聞（*Berkeley Gazette*）は、結婚している女性がベイエリアの労働市場に参入したことを歓迎し、以下のように記していた。「この戦争で最も目立った動きの1つ、おそらくアメリカ人が100人いても誰も思いつかなかったような発展……。すでに、数千人の女性が、これまで男性しか働いていなかった工場で働いている」[8]。第11章で述べたように、バークリーの女性のおよそ半数が第二次世界大戦の時には働くことになったのだが、その大半は大恐慌期や結婚して子どもを持つ前の1920年代に働いていたのである。

　1930年代に、このようなことを経験しなかった戦時労働者は、中流階級の家庭の出身である傾向があった。中流階級の家庭は、困窮の時期によって、ほとんど影響を受けなかった。女性たちは、一般的に、戦時雇用を、大恐慌の時期に、多くの男性が失業している時に「必要に迫られて」行った肩身の狭かった仕事と比べて、特別に重要なものと記憶していた。1930年代に働いていた女性は、ただ家族を支えようとしただけなのに、失業している男性から「女性が仕事を奪った」と公然と非難された時代を思い出すことは楽しいことではなかった、と述べていた。しかし、彼女たちは、第二次世界大戦の不安な時に職場で他の女性との交友を懐かしみ、自分たちが戦争努力に貢献していることに誇りを感じていた。

　バークリーの家族の年長の息子は、多くの場合、パールハーバーの後に、軍隊に参加し、太平洋地域の海兵隊や海軍、陸軍で軍務についた。自分たちの息子を親友の息子たちとともに危険な目に合わせてしまうという不安に、収入減による苦痛と大恐慌のストレスが加わることになった。バークリー研究で家族を訪ねた者の記録によると、戦争に行った息子を持つ1人の女性が、居間に座っている夫を顎で指して、夫は、自分の無職の恥を決して乗り越えようとせず、今度は、軍隊での息子の危険な兵役について心配している、と言っていた。

第5部　時代と人生の変化

1930年代に失業していたバークリーの父親は、彼の長男が南太平洋で亡くなった時、絶望のうちに自殺してしまった。

終戦は、多くのバークリーの家族に安心感をもたらすとともに、中流階級や労働者階級の人々の経済状態を良好にした。サンフランシスコ地域の世帯収入は3倍に拡大した。工場は、自動車や家財道具、食料という平時の生産に転換し始めていたが、消費財は、依然として供給不足であった。その数年後、再び、バークリーの年少の息子が関わることになる戦争が朝鮮半島で勃発した。しかし、この戦争は、その後、数十年続く豊かさのきっかけでもあったのである。

私たちがバークリーの女性と男性を老年期まで追跡した時、大恐慌期における困窮と適応の累積した事実が示唆していることは、彼らのライフコースには、女性がこの困難な時期をどうやって生き抜いたのかということと、男性の健康と寿命に対する大きなコストについて多くのことを語ってくれるということである。

困窮の時期が老年期に遺したこと

第二次世界大戦の直後、バークリーの1900年世代の男女に、人生と家族についてのインタビューが行われた。それから1969-70年の追跡調査で、老化や健康、社会的つながりについて、彼らが再び尋ねられるまで15年の歳月が過ぎた[9]。1900年世代の82名の女性が1929-30年と、その後、平均年齢70歳となった1969〜70年の追跡調査時の両時点でインタビューを受けた。対照的に、インタビューと全体的なデータ収集に協力した男性は39人のみであり、そのすべてがバークリー標本の女性と結婚していた（70代までのバークリーの女性の生存率は、男性の生存率を超えていた）[10]。追跡調査に参加した人の中には、寡夫になった人や離婚した人もいたが、分析するには人数が少なすぎた。大恐慌においては、家族の困窮の悪影響は、妻よりも夫に対してより大きかったのである（第7章参照）。

追跡調査の時期に、バークリーの女性には、少なくとも2人の子どもと数名の孫たちがおり、彼らが彼女の親友たちとともに、彼女たちの社会的支援の一部となっていた。毎月、子どもたちの1人に会うと報告していた女性がおよそ

338

半数であった。大恐慌における困窮を経験した女性にとって、家族や親友は特に重要であった。バークリーの子どもたちは、家族とキャリアを築き、孫たちとともに、別の追跡調査の参加者となったが、そのほとんどが近くに住んでおり、祖父母を時々訪ねることができた。

このバークリー世代を1970年代まで追跡していく中で、私たちは、そのメンバーや家族の健康と幸福に1930年代の大恐慌の時期以上に大きな影響を及ぼした10年間を見出せなかった。この出来事はすべての家族に困窮を経験させたわけではなかったが、その影響は、特に労働者階級の人たちにとって、果てしなく続くように思われた。自分自身の人生や重要な他者の人生における広範にわたる喪失が、1920年代から大恐慌期、その後、第二次世界大戦へと移行していく中で、この世代の人々のライフコースの中心的なテーマとなったのである[11]。1969-70年の時点から振り返ってみると、1930年代に彼らが体験した人的・物的喪失というストレスフルな問題への適応が、彼らの老年期における幸福の一因であると捉えることができる。彼らの喪失への適応は、彼らが1920年代から大恐慌に持ち込むことになった社会的・心理学的資源にも依存していた。中流階級の人たちは、より多くの個人的・社会的資源を持っていたが、経済的剥奪によって彼らの世帯は地位の喪失を体験することにもなった。

標本に制約があることを念頭に、私たちは、まず、バークリーの女性の住宅と経済的豊かさに注目し、それから大恐慌の経験の永続的な影響について検討した。彼女たちが依然として困窮に取り組んでいるかを尋ねられた時、そうであると回答した人の割合は、中流階級の女性では、下層階級の女性よりも少なかった（中流階級29%　対　下層階級50%）。中流階級が恵まれていたことは、大恐慌期における彼女たちの地位や経済力と彼らの職歴に反映されていた。大規模な収入減の後に自立する必要が生じたのは、彼女たちは、夫の死や病気、離婚によって夫のサポートを失う傾向が高かったからであり、実際に4分の3の女性たちが1969-70年までに、そのような経験をしていたのである。

子どもたちが成長した1930年代後半には、困窮していた中流階級の女性の40%は有給の仕事に就いていたが、このことは剥奪を経験しなかった中流階級の女性では10分の1の人しか仕事に就いていなかったことと対照的であった。労働者階級においては、剥奪の有無にかかわらず、同程度の割合の女性が仕事

に就いていた。実質的に、この時期における彼女たちの雇用のすべてが非常勤であった。1970年の追跡調査までに、大恐慌で困窮を経験した中流階級の女性の4分の3が働き、自立していた。その半数以上が、戦後から1970年代までのすべての期間雇用されていたことがわかっている。対照的に、（経済的な剥奪を経験しなかった）裕福な中流階級の女性は、この時期、典型的には、結婚生活も破綻せず、主婦として暮らしていたのである。彼女たちには、働かなければならない理由がなかったのであるが、中には、別の理由で仕事に就いていた人もいた。労働者階級の女性は、典型的に、自分たちの経済的状況に不満を抱えており、5人に2人は仕事を持っていたが、戦後の時期でも、わずかな収入しか得られていなかったのである。

　中流階級と、程度の差はあれ、労働者階級において、バークリーの女性は、1969-70年には、自分の持ち家に住んでいない傾向が高かった。また、自分の持ち家に住んでいる女性でも、その家にあまり満足していなかった。多くの女性たちにとって、その家は、大恐慌期における依存という望ましくない記憶の貯蔵庫となっていたのである。事実は、彼女たちの不満の多くが「自立」やコントロールに関する欲求と関わっていたということを示唆している。剥奪された中流階級として、大恐慌の困窮を生き抜いてきた女性の1人は自立ということについて以下のように強調していた。「私は、誰にも依存したくなかった。このことが、私が75歳になっても、フルタイムで働いて、1日に3時間かけて通勤している理由の一部かもしれない」。

　女性の中には、特に中流階級の女性の中には、失業し、経済的に剥奪された夫が引きこもるにつれて、自分の役割を拡げていくことから内面的な強さを獲得したものもいた。夫が、仕事や収入、人生の意味を失った時、妻たちは、家庭での生産や管理から親戚や子どもたちの世話、さらには、稼ぎ手や世帯主としての役割まで、より多くの義務と仕事を引き受けなくてはならなかった。生き残るために、妻たちは、銀行や親戚から借金をするというような、より過酷な管理的役割をとらなければならなかった。彼女たちは、買い物を最小限に減らすことによって、少ない収入でやりくりをし、男性が失業している時に働いている女性に対する世論の風当たりが強いにもかかわらず、仕事に就いた。必要性が忍耐を促したのである。

第13章　老年期に過去を振り返る

　家族の困窮に対するこれらの適応は、計画的で規律正しい、勤勉な生活様式を獲得した女性の個人的資質を思い起こさせる。いくつもの研究が繰り返し示しているのは、このような勤勉な生活様式のパターンが、人生を通して、老年期に至るまでの良い健康状態と関連しているということである[12]。女性たちは試練に直面し、そのことが彼女たちの対処スキルを試したのである。対照的に、剥奪を経験することなく、順風満帆な成人期を送った中流階級の女性たちには、このような個人的成長はみられなかった。

　教育や経済の水準とともに、中流階級の女性は、労働者階級の女性よりも、1930年代の困窮の時期に、より多くの対処資源を用いることができた[13]。面接者は、大恐慌前の面接で、彼女たちをより知的で明晰であるとともに、情緒的健康において、より安定していると評定していた。それまでにあまり剥奪を経験せず、平均的により多くの教育やそれ以外の恩恵を受けていたので、中流階級の女性は、経済的困窮に適応するためのより多くの蓄えを持っていた。さらに、大恐慌前のこれらの個人的特徴は、中流階級と労働者階級が1929年に経験した経済的困窮によって変化しなかった。

　老年期の女性の情緒的健康に対する大恐慌の困窮の永続的な影響を評定するために、女性たちは1929-30年と1969-70年に、同一の面接者によって、健康の3次元モデル（自信、快活さ、心配性）の各側面について評定された。この分析における他の要因としては、それぞれの社会階級における経済的剥奪と社会経済的差異の指標が含まれていた。これらの分析は、大恐慌の困窮は、肯定的にも否定的にも、1969年の女性の情緒的健康に持続的影響をもたらした、ということを示している[14]。

　中流階級の女性は、その後、剥奪されたか否かにかかわらず、同程度の資源をもって1930年代を生活することになった。しかしながら、経済的に剥奪された妻は、剥奪を経験しなかった妻よりも、老年期に、より自信に満ち、快活になっていた。彼女たちは、生活における制約や要請によって、あまり悩まされなかった。驚くべきことに、困難な時期があったからこそ、彼女たちは機知に富み、老年期における避けがたい問題や躓きに脆弱でなくなったのである。注目すべきことは、早期成人期における経済的資源と情緒的健康のいずれも、大恐慌の困難の経験ほどは、これらの女性の老年期の活力や自信について、

341

第5部　時代と人生の変化

多く語るものではなかった、ということである。

　対照的に、家族の困窮から得られたこれらの発達的利得は、労働者階級の女性の人生においては、はっきりしたものではなかった。すべての要因を考慮した時、経済的損失が身体的健康に及ぼした影響は有意ではなかったが、彼女たちの精神的健康に対しては長期的な悪影響を及ぼしていた。収入減は、労働者階級の女性の自尊感情を低下させ、不安感や人生への不満感を増加させた。しかしながら、剥奪された労働者階級の女性のみが、老年期までに、精神的鋭敏さを失っていたことは、ある大規模研究の知見とも一致していた[15]。

　喪失と健康について考えるもう1つの方法は、自己主張と無力感の関係に注目することである。理論的には、自己主張をすることがよい結果をもたらし、それが無力感を低下させ、そのことがさらに、自己主張を強化させる[16]。1969-70年の追跡調査における評定を、自己主張やマスタリー、無力感の指標として用いたところ、大恐慌の困窮によって、剥奪された中流階級出身の高齢女性の自己主張とマスタリーは向上したが、困窮を経験した下層階級の女性は、老年期に、より受動的になり、より多くの無力感を抱いていることが明らかになった。彼女たちの受動性は、自己効力感や自信とは対照的に、個人的な脆弱性や適切性への懸念、不安を反映していた。これらの懸念は、明らかに、労働者階級の生活の過酷さに根差したものであった。

　バークリーの夫婦はともに、大恐慌の困窮を同じ水準で経験していたが、「一家の稼ぎ手」としての夫は、この逆境に責任を負っていた。このような立場の違いの心理学的な影響が、1969-70年の追跡調査に参加した39組の夫婦にはっきりと表れていた[17]。大きな収入減を経験した夫婦では、自己主張性についての評定は「強い女性／負けた男性」を描き出していた。自己主張性は以下の3側面によって評定された。その3つは「対人的状況において自己主張的に振る舞うこと」や「欲求不満に直面しても可能な限り諦めたり、引き下がったり」しないこと、「活動することを遅らせたり、避けたり」しないことであった。大恐慌後のほぼ25年間、これらの女性は、大恐慌で経済的に剥奪された家族の中で、夫よりも主体的であるという点で際立っていた。

　これらの女性の全体的な生活は、1970年代、1980年代になるにつれて、どのように変わったのだろうか。私たちは、1980年代と大恐慌や戦争時代にお

342

第13章 老年期に過去を振り返る

ける早期の経験を関連づける生活記録を持っていない。しかし、それにもかかわらず、1982-83年に行われた1900年世代についての「高齢世代研究（Older Generation Study）」は、彼女たちが加齢をどのように経験したのかを理解する手掛かりとなる[18]。高齢世代研究には、本書の基礎になっているバークリー・ガイダンス研究と同じ出生コホートを含んでいるバークリー成長研究に参加した女性の53名の面接が含まれている[19]。標本数は少なかったが、これらの女性のデータは、彼女たちの健康と、老年期における家族や友人、介護者との社会関係について豊かな情報を提供してくれた。1982年の追跡調査の時には、彼女たちのほとんどが70代後半から90代になっていた。

　家族から介護されている女性を特定するために、調査者は、老年期に重要になってくる複数の健康指標を用いた。その中には、健康度の自己報告や面接評定による健康についての判定、過去1年間の医者の往診回数、自己管理の困難さ、他者からの援助への依存度についての面接者の査定が含まれていた[20]。医師の往診回数と健康度の自己報告は、1969年と1983年の両時点において、身体的ウェルビーイングに重点をおいた最も強力な健康の指標であった。この研究では、追跡調査時点で健康状態が悪化していた女性は、家族のメンバーから最も多くの支援や援助を受けているということが明らかになった。しかしながら、家族から援助されていたのは、健康の悪化を正確に報告した女性の3分の1に過ぎなかった。バークリーの女性のほとんどが、70代から80代にかけて依然として自立した生活をしていたのである。

　1960年代には、子どもたちや孫たちが、どこに住んでいようとも、これらの女性の生活に重要な役割を担うようになり、彼女たちと成人した子どもたちとの情緒的なつながりは80代になっても変わることはなかった[21]。実際に、直接会う頻度にほとんど変化がなかったにもかかわらず、彼女たちと子どもたちとの関係は年々強くなっていった。しかしながら、彼女たちの家族の世界は、彼女たちが夫や高齢のきょうだいを亡くすにつれて、より小さくなっていった。孫と会う頻度も、進学や就職、結婚という移行につれて減少していったが、これらの女性たちが抱いていた親密さの感覚には変化がなかった。家族の世界が縮小していく中で、友達とのつながりは強いままであった。このようなつながりのほとんどは、彼女たちが「古い友人」と呼ぶ人々とのものであったが、過

343

第5部　時代と人生の変化

去10年ほどの間に築かれた新しい友人も同程度いた。このような友人関係は寡婦の人たちにとって特に重要であった[22]。

　著名な精神分析学者であるエリック・エリクソン（Erik Erikson）が1980年代初頭に人間発達研究所を訪れ、バークリーのこれらの世代がどのように年をとっていくのかについて観察した。このプロジェクトは、彼の妻のジョーン（Joan）と臨床家であったヘレン・キヴニック（Helen Kivnick）とともに行われた[23]。人間発達研究所でのエリクソンの初期の研究には、1940年代初期に行われたバークリー研究に参加した少数の子どもたちの観察が含まれていた。エリクソンが研究所を再び訪れた時、彼と彼の共同研究者は、（その時には祖父母や曽祖父母になっていた）1900年世代のメンバー、中年になった子どもたち、（13歳以下の）孫たちを含む家族と会うことになったのである。

　エリクソンたちを喜ばせたのは、「研究に参加し、ガイダンスを受けた」親である1900年世代のメンバーは、彼らの孫や曾孫をとても誇りに思っていたことである。祖父母としての孫へのかかわりが、彼らに意味を与えてくれる主要なものとなっていた。それは、70代から80代におけるエリクソンが「生き生きとしたかかわりあい（vital involvement）」と呼んだものの基礎である。彼らは、機会を求めるために家族が引き離され、離婚のような家族の崩壊が生じてしまう世界において、世代間のつながりを生み出すためには、このようなかかわりあいが、とりわけ必要なものと考えていた。

人生を振り返って

　バークリーの1900年世代のメンバーは、変わり続ける世界で、親元を離れ、より高い教育と雇用を求め、家族を築いていく中で、自分たちの人生や関心、能力について多くのことを学んだ。この世代は、大恐慌の大混乱と困窮の前に結婚し、子どもをもうけたが、その後、第二次世界大戦の動員が続いた[24]。終戦間近や直後に、彼らは、面接者に彼らの生活とこれらの歴史的な経験について語った。第一次世界大戦の後に不況が起こったように、戦後、大恐慌が再び訪れるのではないかと心配していたものもいた。国内戦線の動員によって到来した好況によって、1920年代の繁栄が1930年代に衝撃的にも消失してしまっ

344

た記憶が呼び起こされたのである。

　大恐慌の困窮によって、試練を受け、引き裂かれた生活をしていたバークリー世代の男性の中には、戦争の末期に高い賃金をもらい、気ままなふるまいをしている10代の若者に批判的なものもいた。困窮が再び訪れたとしたら、あの若者たちは生き延びることができるだろうか。中流階級の男性は、日々、国内戦線で直面した長時間労働による過労や戦争のために急がされた生産計画について語っていた。彼らは、地位の上下にかかわらず、この休まることのない重圧を生き延びれなかった男性たちのことを知っており、今後は、よりバランスのとれた生活を求めようと誓ったのだった。

　エイジングもまた重要な問題であった。ある歯科医は、彼のキャリアが年をとるにつれて、どのように変わってきたのかについて語っていた。戦後になるまで、キャリアを変えるような転機はなかったが、30代半ばまでに、彼は「大きな成功」を収めることを期待していなかった。それにもかかわらず、彼が見出したのは「定着し、落ち着いたという感覚に対する大きな満足であり、私は、これからまだ何年も役に立つことができる」ということであった。

　バークリーの女性たちは、老年期に至る道筋において本当に重要なものを学ぶということについても語っていた。彼女たちは、質の高い学校と高等教育を利用できる機会を、バークリーの数ある魅力の中で重要なものと考えており、中流階級の女性は、学士の学位を取得する傾向が高かった。高校卒業後、大学や他の専門学校に行かなかった女性が、典型的に、このような機会を失ったのは、結婚や子育て、家庭という競合するニーズに直面した時であった。このような境遇は、大学に行かなかった中流階級出身の女性の典型的なライフストーリーであった。大学コミュニティでの生活は、彼女たちに、このような喪失を鋭く自覚させた。人生で変えたかったことを尋ねられた時、彼女たちは、典型的には、大学に行くことや大学で勉強し続けることを挙げていた。

　インタビューの際にバークリーの女性にとって重要なテーマが、他にも２つあった。１つは、子育てのために傍らに置いていた創造的関心事を再開することであり、もう１つは、もっと時間をかけて人との関係や日々の生活における喜びを味わうことであった。このような女性の１人は、大恐慌の時期に結婚し、子どもを産んだ時に、芸術を教えることを止めていた。彼女の夫は、第二次世

345

界大戦の時には海軍将校として勤務しており、彼女の子どもたちが大きくなったので、彼女は再び芸術を教えることができた。彼女はやがて、地域の女性のための学校で芸術学部の長になった。「私は、学校にいる多くの子どもたちが才能のない高圧的な人々に芸術への関心を抑え込まれていると感じている。だから、このことは、私にとっては素晴らしい経験であった」。別の女性は、夫と旅行に行きたかったのだが、1930年代の困窮期には、旅費がかかることと幼い子どもがいたことのため、そのような関心は脇に置いておくしかなかった。子どもたちが自分のキャリアを進んでいった時、彼女は、自分の生活に余裕を作って旅行をしようとしたのである。

女性の生涯教育も、彼女たちの関心の幅を広げていった。あるバークリーの女性が指摘していたのは、「私の人生において、考え方は常に変化してきた。大学に行って、視野が広がり、より広い価値観を持つようになるにつれて、多くの物事に対する私の態度が変わっていった」ということである。彼女の家族の富や近所の人がどう思うかについての父親のこだわりを投げ捨てることによって、1950年代までに、彼女の世界は非常に異なるものになった。時が経つにつれて、彼女は、「賢く親切かつ援助的で、他者の欲求を理解する方法により多くの関心」を持つようになった。結婚生活は、ある女性に同様な変化をもたらした。彼女は、人生において重要なのは「日々の体験」であるということを発見した。彼女に言わせると、「私と夫にとっては、日々の現実の中にあるロマンスが、遠い目標に緊張しながら思い悩むことよりも、より重要なことなのである」。

最も満足し、最も不満であった時期

バークリーのこの世代の人々が自分たちの人生を振り返った時、大恐慌の時期は誰しもが認める「人生で最悪の時期」であったと思うかもしれない。しかしながら、この10年間は、家庭を築く時期であり、それに伴う喜びの時期でもあった。どのような時代の経験でも、経験は常に2つの側面をもっているということ、チャールズ・ディケンズが二都物語の中で語った言葉「それは最良の時代でもあり、最悪の時代でもあった」が思い起こされる。ロバートとヘレンのリンド夫妻も、大恐慌期のインディアナという「ミドルタウン」を研究す

第13章　老年期に過去を振り返る

る中で、2つの側面があることに気がついていた。困難な時期は、家族を団結させることもあり、バラバラにすることもあるのである。

このような二面性は、バークリーの男性と女性の回想の中にも見出された。1969-70年と1982-83年に人生を回顧させる一連の質問をされた後に、研究参加者は、彼らに最も満足をもたらした時期と最も不満であった時期について自由回答形式で尋ねられた[25]。彼らには、最良の時期と最悪の時期を1つか2つ挙げるという選択肢が提示されたのだが、それらの時期は、一致して1920年代と1950年代という特定の時期であった。バークリーの研究者であったドロシー・フィールド（Dorothy Field）が、これらのデータをかつて分析した時には、人生満足度という時代についての判断と、大恐慌の困窮や戦時雇用のような特定の歴史的経験や子どもの誕生のような現実的な家族の出来事を結びつけていなかった。私たちが最初の追跡調査のデータ（1969-70年）を重視した理由は、このデータには男性の標本が多く含まれており、男女比較が可能だったからである。私たちは、人生で最も満足した時代と最も不満であった時代についての報告は、個人的に最も記憶に残ることや社会的に最も価値のあることを反映していると仮定した[26]。

1920年代から1960年代の間のさまざまな10年間を、人生で最も満足した時期に挙げた人は14〜18％であった。それ以外の10年間を挙げた人は12％ほどであった。予想されるように、その時期に満足していた理由として「子どもを産んだこと」を報告する傾向は、女性が男性の3倍以上であった（38％対12％）。女性の子育てという最も満足した時期は、子どもたちが小さくて母親が子どもたちの生活に大きな役割を果たしていた時期であったが、男性は、子どもたちが学校を卒業し、結婚し、仕事に就くのを見ることへの満足を報告する傾向があった。これらの違いは、1900年世代の社会歴史的文脈を明確に反映しており、その性役割規範では、男性は一家の稼ぎ手、女性は家庭に責任を持つということが強調されていた。この固定した役割分担が大恐慌と戦争の時期に劇的に変化したのである。

バークリーの女性のほとんどは、結婚前や大恐慌期、第二次世界大戦の国内戦線のいずれかの時点で働いていたが、人生で最も満足した時期の出来事として仕事を挙げた人は5％しかいなかった。1930年代の悲惨な環境で就職した

347

時に多くの女性が得たものは勇ましいものであったが、大恐慌は一般的に、彼女たちが思い出したかったり、満足させられた時期ではなかった。というのは、彼女たちは、失業した男性から仕事を奪ったということで非難されたからである。同じように、第二次世界大戦の時も、彼女たちも認めているように、女性の仕事は重要であったが、それでも、彼女たちは、めったに、その時期を満足させられるものと報告しなかった。しかしながら、面接が明らかにしたことは、戦時の仕事が特に重要であったのは、彼女たちや他の女性たちが戦争の勝利に貢献していたからである。仕事を最も満足させられるものと考えていた男性は5人に1人しかいなかったが、ほぼ30％の人が、仕事を人生で最も満足させられなかったものと思っていたことも、特筆すべきことである。ある男性が言っていたように、この世代の男性にとっては、1930年代のころには仕事が少なすぎ、第二次世界大戦の急激な大量生産の重圧の時期には仕事が多すぎたのである。

　人生における最良の時をはっきりと描き出しているものは結婚である。バークリーのこの世代の人々は、一般的に、第一次世界大戦が終わって1930年代の不況が起こるかなり前に結婚していた。驚くことではないが、1920年代は妻と夫にとって結婚という最も満足させられる日々であったが、その後、1930年代から1940年代にかけてのストレスフルな日々に不満が高まる傾向があった。結婚満足度についてのバークリーの女性の反応は、結婚したばかりのころを最も満足させられる時期に挙げることによって、この筋書きを裏付けるものであった[27]。第5章で、私たちは、夫が妻と日々の経験を共有し、自分の考えを話し合おうとしないことや、家計や子育てについて慢性的な意見の不一致があることによって、長期にわたって困難を抱えた結婚について論じた。大恐慌の頃の経済的な重圧は、夫婦間の緊張を高めたが、子どもの誕生もその緊張を高めることになった。パールハーバー後に国中が戦争で動員されたころ、慌ただしくなっていく生活と長時間労働が夫婦間のプレッシャーに拍車をかけたのである。

　第7章で述べたように、大恐慌の困窮と戦争の初期の頃には、夫婦の絆は、バークリーの家族の健康と回復力の明らかに主要な要因であった。困窮が親と子の双方にとって悪い時期になるのは、夫婦関係が葛藤と暴力で崩壊した時で

第13章　老年期に過去を振り返る

ある。離婚することになったのは5％未満であったけれども、葛藤を抱えた多くの夫婦が関係を解消せずにいられたのは、自分は自分で他人は他人という考え方をしたからであった。人生で最も満足したことに結婚や配偶者を挙げたバークリーのこの世代の夫婦は12％しかいなかったのだが、子どもたちは上位に入っており、人生で最も満足したことに子どもたちを挙げたものは30％もいたのである。

　この研究では、バークリーの男性と女性に、「人生で最も満足した」と思う人々や経験について尋ねたのだが、「人生での満足の重要な源泉」となる人々や経験についても尋ねていた。子どもたちは、まさにその例である。最も満足を与えてくれたことに子どもを挙げていた人は3分の1をわずかに下回る程度だったが、この数値は、単に、子どもたちが人生満足の重要な源泉であるかどうかを尋ねた場合、もっと高くなった。同じように、孫を人生で最も満足させられたものに挙げたバークリーの1900年世代の人は3％しかいなかったが、バークリーの家族に対するエリック・エリクソンの面接から、私たちは、孫たちは、祖父母の人生の晩年における宝であるということを知ったのである[28]。

世代のテーマ

　私たちが、この世代の人生の大半の経験を詳しく述べることができたのは、バークリー・ガイダンス研究を創案し、その指揮をとったジーン・マクファーレンの独創的なアイディアのおかげである。人々についての社会調査のデータが、通常、ある1時点で収集されていた時代に、マクファーレンは、まず1928-29年にバークリー市に生まれた新生児の親を研究参加者として募集し、養育期における親子関係を観察した。その後、親子のデータが定期的に収集された。マクファーレンは、1930-31年に、親に親自身の家庭環境を尋ねることによって、彼女の世代間の枠組みを拡張した。その40年後、1971-72年に、バークリーの研究者たちは、再び、その世代間の枠組みを、孫にインタビューをすることによって拡張した。この「縦断的望遠鏡」の焦点を家族と個人に向けた時、バークリー研究は、人間発達の探求に対して、その当時、比類のない先駆的な科学的研究となったのである[29]。長年にわたって、バークリー人間発

349

第5部　時代と人生の変化

達研究所が、研究に携わった男女の研究者が傑出した業績を上げ、国際的な評価を獲得できたのは、彼らが、子ども、青年、成人、そして老年に至るまでの複線的な縦断研究を実施して新たな研究の地平を開いたからである。

　これらのすべてを国の支援なしに達成するために、バークリー人間発達研究所の研究者たちは、標本サイズやデータ収集の範囲を決める際に規模を縮小させなくてはならなかった。実際に、アメリカ合衆国の生物医学・公衆衛生研究に関する主要研究機関であるメリーランド州ベセズダにある国立衛生研究所が、このような縦断的プロジェクトに取り組んだのは、1948 年にマサチューセッツで行われたフラミンガム心臓研究が初めてであり、それはバークリー研究の20 年後だった[30]。国外においても、国家規模での縦断的な出生コホート研究が初めて行われたのは、1946 年にイギリスで実施されたものだったのである[31]。

　1970 年代初期に、エルダーは、バークリーの保管された記録に取り組み始め、およそ 211 組の夫婦や彼らの親、子どもたちについての驚くほど詳しい生活記録から情報を引き出した。これらの保管された記録が、本書の基礎となったのだが、そこには、何年にもわたるオープンエンドの豊かなインタビューが含まれていた。私たちが、そのインタビューの記録を掘り起こしたのは、変わりゆく世界が、研究参加者の人生に、良きにつけ、悪しきにつけ、いかに影響を及ぼしてきたのかについての価値ある洞察を得るためであった。それらの記録によって、私たちは、彼ら自身の見方を、彼ら自身の言葉で捉え、読者を過去数十年にわたる変わりゆく世界へと誘うことができた。社会変動が、ある特定の時代と場所に埋め込まれている、この世代の人々の人生に、いかに現れているのかということについて私たちの研究が見出したことは、その前後の世代との相対的な独自性とともに、そこにみられる共通性であった。私たちは、バークリーの 1900 年世代の男女の人生におけるこのようなテーマに目を向けた。彼らの親は 19 世紀に生まれ、彼らの子は 1920 年代の繁栄期や 1930 年代の困窮の時期に生まれ、彼らの孫が成人するころには、戦後の繁栄が次第に経済的な停滞となり、格差が拡大していく 21 世紀になっていたのである[32]。

1900 年世代の独自性

　バークリーの 1900 年世代を特徴づけるテーマは、歴史の大きな浮き沈みを

350

人生の重要な時期に経験したことである。つまり、彼らは、10代の青年あるいは若い成人として第一次世界大戦を、幼い子どもを育てながら大恐慌を、そして、彼ら自身が働き盛りの時に、戦時動員のコミュニティで10代の子どもを導いたり、若者を大人の世界へ送り出したりしながら、第二次世界大戦を体験したのである。彼らが体験したのは、それだけではなかった。より広い視野から見ると、彼らは、1870年から1970年にかけてアメリカで生じた革命的な生活水準の向上のほとんども体験していたのである。例えば、鉄道の拡張からフォード社のモデルT、そして、航空機による大衆の旅行という想像もつかないような旅行の発展があり、栄養や公衆衛生、医療における革命的な発展があった。医療における発展には、死亡率や罹患率の劇的な低下や脊髄性小児麻痺や天然痘のような病気の根絶も含まれていた。これらの例が明らかにしているのは、このバークリーの世代の人生において、並外れて急激な科学技術の発展があったということである。ある研究参加者の息子は、このことを簡潔に述べている。「変化の速さがこの時代と同じであるような歴史は二度と訪れないだろう。それは幌馬車から月へという変化だった」。

　この世代の人たちは、他の初期のカリフォルニア人たちと同じように、多くの場合、アメリカの他の地域やアメリカ合衆国から遠く離れた世界を故郷とした人たちであった。このことも、彼らの独自性にとって重要な側面である。私たちが彼らについて知ったすべてのことは、彼らの家族はカリフォルニアとそのバークリーという町にさまざまな理由で惹きつけられてきたということを教えてくれる。彼らは、たいてい、他の人とともに、より大きな機会を求めて旅をしたり、いわゆる連鎖移住と呼ばれる方法で、州内の他の家族とともに定住したりした。彼らは、一般的に、何人かの家族のメンバーを元の居住地に残していた。私たちは、この移住者たちは、健康的な雰囲気の中で、よりよい生活を求めようという冒険心や自由な精神に富んでいたと考える。そこでは、女性も男性もともに高等教育や魅力的な経済的機会を入手できたのである。

　カリフォルニアへの大移動は、バークリーの1900年世代のメンバーだけではなく、中西部黄塵地帯からの大恐慌期の移住や貧しい南部地方からの第二次世界大戦期の移住もある。これらの移住の物語が、西部の魅力に惹かれて旅をした人々の選択を反映したものであるということは間違いない。これらの要因

第5部　時代と人生の変化

が彼らを西部に惹きつけたのと同じように、親や保護者の死、住居や家業、職を失ったことのような、彼らを元居た場所から押し出す要因もあった。

カリフォルニア州が、高等学校を修了した若者に大きな教育機会を提供できるようになったのは、1868年にカリフォルニア大学バークリー校を設立し、その数年後に若い女性にも門戸を開いた時であった。東海岸の多くの州立大学が女子学生の入学を許可するのは、その数十年後だった。教育の機会がさらに拡張されたのは、カリフォルニア州在住のすべての学生が、1920年代の当初に学費無料で入学を許可された時であった。マクファーレン自身がカリフォルニアの地方で生まれた1900年世代の1人であった。彼女は、この教育の機会を最大限に活用し、1922年にバークリー校大学院心理学研究科で臨床心理学の博士学位を取得した最初の女性となったのである。

バークリー研究が明らかにしたのは、苦境に陥っていた中流階級の制約を克服した女性たちの地位向上という特徴的なライフストーリーであった。1920年代の性役割規範によって、女性の世界は、学歴とは関わりなく、家庭に限定されていた。しかし、バークリーの女性の大半は、有給の仕事やボランティアで、地域で何らかの役割を担っていた。彼女たちは、最も苦しい逆境の中でも、夫婦のコミュニケーションを積極的にとり、多くの場合、うまくいっていた。1930年代の剥奪と戦時のストレスにさらされる前には、男性は、家族のことを決める権利を持っていた。このことが、剥奪された中流階級の家族で劇的に変化したのは、妻が所得や家族の世話、家計管理で主要な立場をとるようになった時である。私たちが、老年期になったこれらの女性を再び観察した時、彼女たちは、バークリーの1900年世代の中で最も健康的で最も回復力の高いメンバーだった。

大恐慌の10年間が終わる頃には、これらの女性の夫たちは、最悪の年月を乗り切り、劇的な景気回復期を迎えた。第二次世界大戦における再工業化によって繁栄と雇用の安定という特徴的な歴史的時代が築かれ、1970年代まで続いた[33]。若い男性はこの時代に繁栄を享受したが、その中には、復員軍人援護法（GI Bill）の恩恵を受けた数百万人の復員軍人も含まれていた。これらの人の中には、朝鮮戦争の時兵役に就いたバークリー研究の対象者の息子や婿も含まれていた。しかしながら、1900年世代の男性にとって、雇用に恩恵のあっ

352

た、この独特な時期は、彼らの老年期の幸福感によい影響をもたらすことはあったのだけれども、彼ら自身のキャリアに影響を及ぼすには、あまりに遅すぎたのである。

未来へ架かる世代の橋

1900年世代の人生は、彼らの前の多くの世代とは非常に異なっていたが、私たちは、彼らを、レナード・ケイン（Leonard Cain）の言葉を用いて、過去と現在の「転換期にある（hinge）」世代と捉えた[34]。この世代のメンバーは、ライフコースにおける劇的な変化の先端に立たされていたのだが、その変化は20世紀を通じて激しさを増し、現代の生活まで続いている。実際に、私たちが、しばしば衝撃を受けるのは、この世代の人々の意見が、新世紀である今日の人々の意見と非常に似通っていることなのである。

最も深刻な例としては、男性と女性が、家庭や仕事での役割に対する性役割期待について、どのように折り合いをつけるかということがある。1900年世代の男性は、それより後のコホートと非常によく似ていた。経済的に自立するために、彼らは、発展している都市でよい仕事を見つけることを重視し、出勤した。多くの男性にとって、このことが可能だったのは、彼らの家族が、生まれ育った土地に留まるのではなく、機会を求めて都会であるカリフォルニアに移住したからであった。

これらの男性は、それ以降のコホートと同じように、教育に強い関心を抱いていた。学士号の取得や何らかの高等教育を受けることは、夫や父として報酬の高い職業と経済的安定のための入り口であった。しかし、常勤職で働くことは、職場での仕事や通勤に長時間費やすことを意味していた。一家の稼ぎ手となり、家族の生活水準を向上させることの重要性が高まることによって、男性が痛感させられたことは、妻や子どもたちと過ごす時間がいかに少ないかということであった。つまり、失業は、特に大恐慌期においては、給料という物質的喪失とともに一家の稼ぎ手としての役割の喪失という両側面での極めて苦しい経験であった。彼らが経験した緊張は、今日の失業した父親や働いている父親のそれとは異なるものであった。

この世代の女性もまた、後のコホートと非常に似通っていた。彼女たちの母

第5部　時代と人生の変化

親とは異なり、多くの女性は、高等教育を受け、結婚前に働いていた。しかしながら、彼女たちがパートナーに出会った時、多くの場合、学校を辞めたり、結婚のために仕事を辞めたりし、結婚や第一子の出産によって、実質上、すべての女性が、キャリアについて考えることを止めなかったとしても、一時休止した——そして、当時はそのことにほとんど後悔の念を抱かなかった。このような状況は、後の世代では大きく減少したが、女性の生活に対する社会の期待は、彼女たちの移行や役割に強い影響力を及ぼし続けた。1900年世代の女性の多くは、大恐慌期に復職したが、特に夫が仕事を見つけられず、家計がやりくりできなくなった場合は、復職する傾向が高かった。そして、彼女たちは、第二次世界大戦で国の労働者需要が高まった時にも仕事に就いた。

　両方の場合において、女性の仕事へのニーズは、「家族のため」か「国のため」かによって組み立てられていた。このような枠組みでのニーズは、女性にとって、仕事や継続的な仕事は標準的な行動ではない、という基本的な立場を反映している。それ以後、女性の職業パターンは、劇的に変化したが、このような枠組みは、最近の世代の女性が、未だに、自分たちの仕事を、自己実現というよりは、むしろ、家族のニーズに応えるものとして説明していることの中に、はっきりと表れている[35]。しかし、バークリーの1900年世代の女性たちがはっきりと示したのは、女性が職に就いて家計を支える重要な役割を果たせることであった。このような事態が生じたのは、女性が労働市場に入る転機と言われることの多い第二次世界大戦のかなり前だったのである。1900年世代の女性たちは、大恐慌も、その歴史における非常に大きな標識であるということを私たちに示してくれている。

　この世代は、社会的なシナリオが流動的である女性の世代であった。そして、中流階級の女性たちが、静かにそのシナリオを書き換えていた。彼女たちは、中等後教育を受け、一般的には、教育や看護の分野ではあったが、結婚前には働いていた。彼女たちは、家庭の外で、多くの場合、社会的事業や市民的事業において、重要な役割を果たしており、そのことは、彼女たちを充実させ、コミュニティによりよく統合させた。彼女たちは、多くのコミュニケーションと公平性に特徴づけられた、友愛的な婚姻関係を得ようとしていた。このようなやり方で、1900年世代の女性たちの行動と選択は、時代が進むにつれて、女性、

354

特に中流階級の女性の人生に来るべきことの先駆けとなったのである。

おそらくより一層深刻であったことは、中流階級の1900年世代の男性と女性の中から生み出された——私たちは彼らが先導したと主張する——子育てへの親の関与とアプローチにおける文化的な大転換である。これらの家庭において、私たちは、私たちが今日よく知っている徹底した子育て（intensive parenting）のルーツを見ることができる。彼らは、子育てについての情報の質と量の革命的な進歩に遭遇した最初の親世代であった。彼らは、子育ては、身につけるべきスキルであるという感覚にすっかり心を奪われたのである。彼らが非常に多くの知識を身につけようとしたことは、彼らが子どもたちの将来を心配していたことを意味している。彼らは、子どもたちの発達における父親役割の重要性や、息子や娘たちのための親密な関係性や性役割のモデリングについてはっきりと意識した。彼らは、流動性が大きく、多くの誘惑に囲まれ、伝統が崩れ、親の影響力が低下していく新しい世界での子育てに奮闘した。

1900年世代の人たちの人生から私たちが思い起こすのは、彼らの経験が、その後、20世紀に生まれた何世代もの人たちと共通するものであった、ということである。社会的出自や資源は、選択や行為とともに、人生での方向性や成果を決定するうえで重要である。私たちの人生は、自分自身のものであるだけではなく、家族との関係や交流に埋め込まれており、それらが私たちを形作っている。そして、すべての人生が、その時代の刻印を背負っており、その刻印は時代を画する変化によって区別されている。何よりも、それらのことが、私たちに思い起こさせるのは、人類は、予期せぬ、しばしば、劇的な生活環境の変化に直面しても、途方もない回復力を持っている、ということである。さらに言えば、1900年以降のすべての世代が、急速で、さらに加速しているとさえ言えるような社会変動を経験してきた。その社会変動は、一見制御できないように思え、人々を不安にさせたが、人々は変化の先端に立ちつづけているのである。

第5部　時代と人生の変化

❖ 注

1. このエピグラフは以下の文献からの引用である。

   William Faulkner's *Requiem for a Nun* (1951; repr., New York: Random House, 2011), 73.

2. Robert J. Gordon, *The Rise and Fall of American Growth: The U.S. Standard of Living since the Civil War* (Princeton, NJ: Princeton University Press, 2016)（ロバート・J・ゴードン著、高遠裕子・山岡由美訳（2018）『アメリカ経済　成長の終焉』上　日経 BP 社）.

3. Katherine Archibald, *Wartime Shipyard: A Study in Social Disunity* (1947; repr., Champaign: University of Illinois Press, 2006).

4. バークリーの中流階級では、親は、上位中流階級と下位中流階級の間の婚姻を身分の低い人との結婚と捉えていた。そのため、娘が結婚して下位中流階級になってしまった上位中流階級の父親の中には、婚姻時にかなりの持参金を与えることによって生活水準の差を埋め合わせようとしたものもいた。1930 年代に状況が悪化していくにつれて、そのような娘たちは、この新しい現実に消費を合わせようと苦闘した。現代における異なる階級間の婚姻に対する本質を突いた研究については、以下の文献を参照してほしい。

   Jessi Strieb, *The Power of the Past: Understanding Cross-Class Marriages* (New York: Oxford University Press, 2015).

5. バークリーの夫婦が大恐慌の時期に抱えることになった問題の 1 つは、自分で自分の世話ができなくなった親への支援について決めることであった。第 9 章に示されていたように、高齢の親（通常、妻の母）を受け入れることになった世帯は、多くの場合、アメリカや東ヨーロッパの小さな農村出身の親が抱いている非常に異なる世界観と向き合わなければならなかった。このような中流家庭において、特に子育てにまつわる世代間の葛藤は風土病のようなものであった。

6. 男性が稼ぎ手で女性が家事役割を担うというバークリーの家庭における伝統的な性役割が健康に及ぼした影響については第 7 章を参照してほしい。

7. Andrew E. Kersten, *Labor's Home Front: The American Federation of Labor during World War II* (New York: New York University Press, 2006), 166.

8. Berkeley Gazette, September 11, 1942.

9. 1969 ～ 71 年における研究所の追跡調査は、ヘンリー・マース（Henry Maas）とジョセフ・カイパース（Joseph Kuypers）によって実施された。詳しくは以下

356

の文献を参照してほしい。

Henry S. Maas and Joseph A. Kuypers, *From Thirty to Seventy* (San Francisco: Jossey-Bass, 1974).

10. Maas and Kuypers, table 1, 8.

主たる稼ぎ手としての夫の役割を取り続けようとする試みは、多くの場合、無謀なものであった。というのは、大恐慌の時期に仕事を見つけて働き続けようとする重圧と、戦時の過酷な長時間労働が、男性の精神と身体に途方もなく大きな負担を強いることになったからである。女性と男性の生活における同じような対比が、第二次世界大戦後のイギリスの1946年の出生コホートに見られる。その頃、イギリスでは、独特な困窮の時期を迎えていた。このコホートにおける男女の生存率について、ヘレン・ピアソン（Helen Pearson）は、恵まれている女性の死亡率は、貧しい女性や低い地位と高い地位の男性の死亡率の約半分であると明瞭に報告していた。その理由は、戦後、中流階級の女性が教育や健康に関するサービスを利用できたことを中心に説明されている。このようなサービスは、男性も利用できたのではあるが、男性は、主たる稼ぎ手として、戦後のイギリスの厳しい経済的困窮を経験していたのである。この後、紹介されるように、ここでの知見は、剥奪された中流階級出身のバークリーの女性の老年期における健康の回復とも関係がある。詳しくは、以下の文献を参照してほしい。

Helen Pearson, *The Life Project: The Extraordinary Story of 70,000 Lives* (Berkeley: Soft Skull Press, 2016).

他の最近の研究は、失業が男性の幸福感に長期的な否定的影響をもたらすことを示しており、その影響は男性が雇用された後も続くことを示している。

Cristobal Young, "Losing a Job: The Nonpecuniary Cost of Unemployment in the United States," *Social Forces* 91, no. 2 (2012): 609–34.

11. Maas and Kuypers, From *Thirty to Seventy.*

12. Brent W. Roberts, Kate E. Walton, and Tim Bogg, "Conscientiousness and Health across the Life Course," *Review of General Psychology* 9, no. 2 (2005): 156–68.

13. Glen H. Elder Jr. and Jeffrey K. Liker, "Hard Times in Women's Lives: Historical Influences across Forty Years," *American Journal of Sociology* 88, no. 2 (1982): 241–69, esp. 252.

14. Elder and Liker, 259.

経済的剥奪と1969-70年における情緒的健康との関係を示す回帰係数は、大恐

慌前に中流階級であった女性では有意な正の効果を示していたが、労働者階級であった女性では有意な負の効果を示していた。老年期における大恐慌の困窮のアセスメントに関する実証的な詳細については以下の文献を参照してほしい。

Glen H. Elder Jr., "Historical Experiences in the Later Years," in *Aging and Life Course Transitions*, ed. Tamara K. Hareven (New York: Guilford, 1982), 75–107.

　社会階級による同様の対比は、バークリーの女性の老年期の人生満足度についても認められている。下記文献参照。

Avshalom Caspi and Glen H. Elder Jr., "Life Satisfaction in Old Age: Linking Social Psychology and History," *Journal of Psychology and Aging* 1, no. 1 (1986): 18–26.

15.　Elder and Liker. "Hard Times in Women's Lives."

　バークリーの労働者階級の女性の回帰係数は − .22 で、中流階級の女性の回帰係数は .14 であった。健康と退職研究（Health and Retirement Study）のデータを用いて、ジョー・マイリ・ヘイル（Jo Mhairi Hale）は、人生の早期に大恐慌の困窮に曝された経験は、流動性認知能力と負の関連があるという事実を成長曲線モデルから見出した。

Jo Mhairi Hale, "Cognitive Disparities: The Impact of the Great Depression and Cumulative Inequality on Late-Life Cognitive Function," *Demography* 54 (2017): 2125–58.

16.　Elder and Liker, "Hard Times in Women's Lives." esp. 260–64.

17.　以下の文献を参照してほしい。

Glen H. Elder Jr., Jeffrey K. Liker, and Bernard Jaworski, "Hardship in Lives: Depression Influences from the 1930s to Old Age in Postwar America," in *Life-Span Developmental Psychology: Historical and Generational Effects*, ed. Kathleen McCluskey and Hayne Reese (New York: Academic Press, 1984), 161–201, esp. 179–80.

18.　バークリー人間発達研究所と提携していたジョージア大学老年学研究所のドロシー・フィールド（Dorothy Field）が行った研究。

19.　1982-83 年における研究で数名の男性のデータが提供されたが、この下位集団はあまりに少数であったため、ここでは検討されない。

20.　Dorothy Field, Meredith Minkler, R. Frank Falk, and E. Victor Leino, "The Influence of Health on Family Contacts and Family Feelings in Advanced Old Age: A Longitudinal Study," *Journal of Gerontology: Psychological Sciences* 48, no. 1 (1993): 18–28.

21.　Dorothy Field and Meredith Minkler, "Continuity and Change in Social Support between Young-Old and Old-Old or Very-Old Age," *Journal of Gerontology: Psychological Sciences* 20, no. 4 (1986): 100–106.

22.　重要な他者との社会的な交友関係は縮小し、より選択的になり、家族メンバーが重視されるようになってくる。フィールド（Field）とミンクラー（Minkler）が示した知見によると、このような選択は、高齢のバークリーの女性の友人関係で最も顕著であったという。以下の文献を参照してほしい。

Laura L. Carstensen, "Selectivity Theory: Social Activity in Life-Span Context," in *Annual Review of Gerontology and Geriatrics*, ed. K. W. Schaie (New York: Springer, 1991), 195–217.

23.　Erik H. Erikson, Joan M. Erikson, and Helen Q. Kivnick, *Vital Involvement in Old Age: The Experience of Old Age in Our Time* (New York: W. W. Norton, 1986).

24.　この戦後のインタビューは、バークリーの夫婦が、この時点までの彼らの人生軌道をどのように捉えており、現在の生活状況と将来についてどう思っているのかを尋ねたものである。時代の流れのそれぞれの段階において、彼らは、評価したり、満足や不満を表明したり、これからの生活を変えるための計画を立てたりした。9年という時間差のある2時点での生活評価に関する全国調査において、ラックマン（Lachman）と共同研究者は、「高齢者は、回顧的および展望的評定において、より現実的であり、過去の受容、機能の維持、喪失の回避、生きられたライフコースと折り合いをつけることを重視するという一貫したパターンを持っていた」（896頁）と述べている。

Margie E. Lachman, Christina Rocke, Christopher Rosnick, and Carol D. Ryff, "Realism and Illusion in Americans' Temporal Views of Their Life Satisfaction: Age Differences in Reconstructing the Past and Anticipating the Future," *Psychological Science* 19, no. 9 (2008): 889–97.

25.　Dorothy Field, "Looking Back, What Period of Your Life Brought You the Most Satisfaction," *International Journal of Aging and Human Development* 45, no. 3 (1997): 169–94.

26.　Allison J. Pugh, "What Good Are Interviews for Thinking About Culture? Demystifying Interpretive Analysis," *American Journal of Cultural Sociology* 1, no. 1 (2013): 42–68;

Stephen Vaisey, "Is Interviewing Compatible with the Dual-Process Model of Culture?," *American Journal of Cultural Sociology* 2, no. 1 (2014): 150–58; Michele Lamont and Ann Swidler, "Methodological Pluralism and the Possibilities and Limits of Interviewing," *Qualitative Sociology* 37, no. 2 (2014): 153–71.

27. Field, "Looking Back," 182.

28. Erikson, Erikson, and Kivnick, *Vital Involvement in Old Age*.

29. 「縦断的望遠鏡（a longitudinal telescope)」という概念については下記論文で説明されている。

William P. Butz and Barbara Boyle Torrey, "Some Frontiers in Social Science," *Science* 312, no. 5782 (2006): 1898–1900.

30. フラミンガム心臓研究は1948年に開始されたが、それは、フランクリン・D・ルーズベルトが1945年に心臓病と脳出血で早世し、研究の必要性への認識が高まり、1948年にアメリカ心臓法（The National Heart Act）が成立した後であった。アメリカ心臓法には「この国の健康は、高血圧を含む、心臓と血液循環の病気によって深刻に脅かされている……これらの病気は、合衆国の主要な死因であり、3人に1人がこれらの病気で亡くなっている」と記されている（アメリカ上院労働・厚生委員会，第80回アメリカ議会第2会期，上院報告書2215）。

アメリカ心臓法，1948年6月16日，481，62 Stat. 464の内容は、以下の論文で報告されている。

Syed S. Mahmood, Daniel Levy, Ramachandran S. Vasan, and Thomas J. Wang, "The Framingham Heart Study and the Epidemiology of Cardiovascular Disease: A Historical Perspective," *Lancet* 383 (March 2014): 999–1008.

上記の論文には、フラミンガム心臓研究が心臓血管病の公衆衛生学と医療の実践の知識を如何にもたらし、前進させたかが示されている。

31. マイケル・ワズワース（Michael Wadsworth）は、大恐慌と第二次世界大戦の間に、この先駆的研究を支援するようになったイギリスの状況について歴史的観点から説明している。

Michael Wadsworth, "The Origins and Innovatory Nature of the 1946 British National Birth Cohort Study," *Longitudinal and Life Course Studies* 1, no. 2 (2010): 121–36.

32. Annette Bernhardt, Martha Morris, Mark S. Handcock, and Marc A. Scott, *Divergent Paths: Economic Mobility in the New American Labor Market* (New York: Russell Sage Foundation, 2001).

33. Arne L. Kalleberg, "Precarious Work, Insecure Workers: Employment Relations in Transition," *American Sociological Review* 74, no. 1 (2009): 1–22.

34. Leonard Cain, "Age Status and Generational Phenomena: The New Old People in Contemporary America," *Gerontologist* 7 (1967): 83–92.

35. Sarah Damaske, *For the Family? How Class and Gender Shape Women's Work* (Oxford: Oxford University Press, 2011).

謝辞

　本書の構想は 40 年間にわたって温められ、その間、多くの人々の智恵や寛容さ、支援の恩恵を受けてきた。ここに私は、この長い道のりにおいて中心的な役割を果たしてくれた人々に感謝の意を表したい。

　付録 C において詳述されたように、このプロジェクトが実現できたのは、究極的には、90 年以上前のハロルド・E・ジョーンズ（Harold E. Jones）とハーバート・R・シュトルツ（Herbert R. Stolz）の先見の明によるものである。彼らは、当時のカリフォルニア大学バークリー校児童福祉研究所（現、人間発達研究所；Institute of Human Development: IHD）の研究部長と所長であった。1927 年に、ジョーンズとシュトルツは、ジーン・ウォーカー・マクファーレンを招き、1928-29 年に生まれた子どもたちが、幼稚園を経て、小学校に入るまでの移行を追跡する研究を担当させた。これらの子どもたちの親が本書の研究対象者になっており、私たちは彼らをバークリーの 1900 年世代と呼んでいる。私たちは、これらの初期の研究者、特にマクファーレンが、その研究期間中、これらの両親の家族背景や成人期、家族の人間関係に厳密な関心を向けてくれていたことに大きな恩義を被っている。

　このプロジェクトにおけるデータの準備と分析の初期段階は、アメリカ国立科学財団（National Science Foundation: NSF）の助成を受けて、1972-73 年にエルダーの特別研究休暇期間に IHD で行われた。人間発達研究所の年度終わりまでに、エルダーは、家族と個人の人生における社会変動に関する複数の章からなる本の構想を書き上げた。私たちは、IHD と NSF がエルダーの構想を支援し、このプロジェクトの推進を助けてくれたことに対して感謝する。

　その本の中心的なテーマに動機づけられて、その後数十年にわたって、エル

ダーは、適切な測度を開発し、本の各章の草稿を書き、親の子育て、息子と娘の成人への移行、親の老化と健康についての著作を出版し始めた。この間、彼は、大学院生やポスドク研究員、スタッフ、複数の研究所にいる他の共同研究者の並外れた支援から恩恵を受けた。これらの中には、1970年代初期におけるノースカロライナ大学チャペルヒル校（North Carolina at Chapel Hill: UNC-CH）オーダム社会科学研究所、1970年代後半におけるボーイズ・タウン研究センター、1980年代におけるコーネル大学人間発達学部、1984年から現在に至るUNC-CHのカロライナ人口センターがある。2010年ごろに、「本の出版を優先すべき時が来た」ということに気がつくまで、他のプロジェクトが彼の進捗を遅らせることになった。

　エルダーは、リチャード・セッターステンとリサ・ピアースをこのプロジェクトに招き入れ、2012年に、下書きされた各章の原稿をレビューし、話題を追加したり、新しい章を加えたりして本の枠組みを構成するという旅に出発した。彼らの積極的な関与とリーダーシップのおかげで、1900年世代の人々の変わりゆく人生についての本が生まれつつあった。その後の7年間で、電話、メール、会議で頻繁にコミュニケーションを取りながら、著者たちは、代わる代わる新しい章を書き加えたり、古い章を書き換えたり、修正したりした。本書のプロジェクトは、ノースカロライナ大学チャペルヒル校とオレゴン州立大学という2つの研究施設のスタッフ、共同研究者、学生から継続的に大きな支援を受け、その恩恵を被っている。

　カロライナ人口センター（Carolina Population Center: CPC）は、エルダーとピアースが、研究し、セッターステンとリモートや対面で会う場を提供してくれた。CPCのスタッフ、特に情報技術、グラフィックス、図書館グループのメンバーは、このプロジェクトに計り知れないほど貴重な支援をしてくれた。私たちは、2013年に提供されたCPCの種子助成金に大変感謝している。この助成金のおかげで、研究資料やデータをデジタル化し、整理するために、ジョイス・テイバー（Joyce Tabor）、カラム・ファン（Karam Hwang）、レイチェル・ロウ（Rachel Rowe）の助力を得ることができた。私たちが最初に集まった時、テリー・ポイスレス（Terry Poythress）は、エルダーのファイルの中から中心的な研究資料を見つけ出してくれた。私たちは、2014年の春学期にお

けるピアースの 1 年生の学生が、第 4 章で使われたインタビューデータをコード化し分析するのを助けてくれたことに感謝する。私たちは、レネー・ライバーグ（Renee Ryberg）が第 11 章で用いられた分析を助けてくれたことに感謝する。そして、私たちは、キャロリン・タイソン（Karolyn Tyson）とミシェル・ベルジェ（Michele Berger）が草稿に役に立つコメントをしてくれたことに感謝する。

　オレゴン州立大学（Oregon State University: OSU）の人々やセンターも同じように惜しみないサポートを提供してくれた。セッターステンが所長を務めている健康な子どもたちと家族のためのハリー・フォード・センターは、支援の重要な拠点であり、その支援は、優れた彼の監督と、公衆衛生・人間科学カレッジから得られたのである。何年間にもわたり、複数年の大学院研究助手職が、ベサニー・ゴドレスキー（Bethany Godlewski）、エイジア・ソグマーチン（Asia Thogmartin）、コリーン・タイラー（Corine Tyler）に提供された。彼らは以下の仕事で重要な役割を担ってくれた。それは、保管された文書のスキャンと整理、量的あるいは質的データの分析、文献研究、それ自体が保管記録となってしまった膨大な打ち合わせの記録の作成などである。ベサニーは、特に第 2 章と第 10 章、コリーンは第 12 章をまとめる時に助けてくれた。セッターステンは、OSU のバレー図書館の図書館研究旅行助成金によって支援され、この助成金のおかげで、彼が UNC-CH に行ってデータを取得し、ベサニーとテレーゼ・ジョーンズ（Terese Jones）が UC バークリー校に行って、バンクロフト図書館とバークリー歴史協会から文書を収集することができたのである。パティ・ジャクソン（Patty Jackson）とローラ・アレオラ（Laura Arreola）は、章の形式を合わせ、表と図を作成してくれた。OSU の人文学センターは、デビッド・ロビンソンの指示の下、セッターステンが特別研究休暇の時に本に集中するための部屋を用意してくれた。そこで、彼は、第 10 章の草稿について役立つフィードバックをもらった。ハリー・フォード・センターも、エルダーが、児童期の人間関係、リスクおよび回復力に関するキャンベル・レクチャーをするために選ばれた時、オレゴンを訪問するのに助成してくれた。

　私たちは、シカゴ大学出版の素晴らしいスタッフの支援と指導に感謝する。編集長のエリザベス・ブランチ・ダイソン（Elizabeth Branch Dyson）は、こ

の本の大きな可能性を早くから見抜き、忍耐強く何年間も私たちが執筆するのを待ってくれた。アリス・ベネット（Alice Bennett）は、長い間、原稿整理編集者として、文章がより美しく読み取れるようにしてくれた。エリン・デウィット（Erin DeWitt）、ライアン・ルシアー（Rian Lussier）、モリー・マクフィー（Mollie McFee）は、上級論文編集者、プロモーション・コーディネーター、編集協力者として、それぞれの役割を担ってくれた。

　私たちは、現在、アリゾナ州立大学にいるケビン・グリム（Kevin Grim）とカリフォルニア大学リヴァーサイド校にいるキース・ウィダマン（Keith Widaman）にも、バークリー・ガイダンス研究で追加されたデータを獲得する時に助けてくれたことを感謝したい。

　最後に、この共同研究のプロジェクトを行ってきた長い年月にわたって、私たちは、お互いと私たちのパートナーに、その愛情や支援、理解に感謝している。この最も驚くべき旅は挑戦ではあったが、それは、何よりも、深いやりがいを感じるものであり、私たちの間に朽ちることのない絆を残したのである。

追補

　今世紀の最初の十年間、私は、リック・セッターステンとリサ・ピアースという2人の学者を、バークリー研究に関する本を執筆するというプロジェクトで協力し合うのに理想的な相手と考えていた。彼らは、本当に、そうであり、それ以上であった。すべての点において、彼らの傑出した著述的貢献と懸命な論理的作業は、私たちの本に生命を与えた。私は最も幸運であり、彼らとともに、この独特な仕事をやり遂げたということの名誉と喜びに感謝する。

グレン・H・エルダー・Jr.

付録

付録A　付表と付図

付表A 5.1.　夫婦の絆の3側面と夫婦の対立および相違との関連（平均値と相関係数）

	M (SD)	結婚の絆[a]		
		互いに調整[k]	妻の夫に抱いている親密さ	夫の妻に抱いている親密さ
対立				
経済[b]	6.2 (1.67)	-.70	-.34	-.39
性生活[c]	3.3 (1.17)	-.69	-.59	-.60
子どものしつけ[d]	3.3 (0.88)	-.66	-.31	-.40
家のこぎれいさ[e]	2.6 (1.06)	-.29	-.09	-.28
文化（国民性）[f]	1.7 (0.90)	-.27	-.18	-.11
親類[g]	2.9 (1.22)	-.24	-.23	-.12
宗教[h]	1.8 (0.93)	-.17	.07	-.10
夫婦の相違				
教育基準[i]	2.6 (1.06)	-.39	-.31	-.18
興味関心（社会的問題、娯楽など）[j]	3.0 (1.04)	-.53	-.34	-.45

a：各数値は夫と妻の相関係数を表す。各変数の得点範囲は1から5である（例外として、経済に関する対立変数の得点範囲は1から10である）。相関係数が.20以上の数値は有意確率5%水準で有意な値である。最少人数=105名。

b：経済得点は二つの質問項目（5件法）の合計から算出した：支出の問題（意見の相違はない [1] ～まったく意見が合わない [5]）、収入とその管理の問題（意見の相違はなく満足している [1] ～管理に関して頻繁に意見が対立する [5]）

c：性生活得点の範囲：非常によく調整できている [1] ～互いに敵愾心を持ち、態度や意欲に隔たりがある [5]

d：子どものしつけ得点の範囲：ほとんど意見が一致している [1] ～まったく意見が異なり衝突している [5]

e：家のこぎれいさ得点の範囲：基準に意見の違いはない [1] ～基準が異なり対立している [5]

f：文化得点（国民性の文化的パターンを参照）の範囲：対立はない [1] ～激しく対立している [5]

g：親類得点の範囲：大変相性が良い [1] ～対立は深刻であり敵意が顕わである [5]

h：宗教得点の範囲：対立はなく態度は一致している [1] ～激しく対立している [5]

i：教育基準の類似度得点の範囲：大変よく一致している [1] ～教育基準が非常に異なっている [5]

j：興味関心得点の範囲：すべての興味は共通している [1] ～共通した興味はない [5]

k：夫と妻の違いをどの程度調節できているのかに関する得点の範囲：非常によく調節できている [1] ～非常に相性が悪く対立している [5]。これらの得点は逆転処理をほどこしており、得点が高いほど相性の良さを表している。

付録

付表 A 5.2. 家族タイプと社会階級別の夫婦の相性（平均値）

家族タイプ	社会階級		階級間の比較
	中流階級	労働者階級	
対称傾向タイプ	53.1 (28)	56.5 (5)	$t = 0.71$, ns
移行タイプ	49.3 (31)	55.2 (11)	$t = 1.73, p < .10$
非対称タイプ	40.2 (6)	47.8 (24)	$t = 1.78, p < .10$
F	$4.21, p < .01$	$3.69, p < .05$	

注：（　）内の数値は人数を表す。夫婦の相性得点は、100点満点中得点が高いほど相性の良さを表わす。

付表 A 5.3. 家族タイプ別の役割志向（%）

役割志向	家族タイプ		
	非対称タイプ	移行タイプ	対称傾向タイプ
女性の役割は家事である[a]（人数）	($N = 31$)	($N = 42$)	($N = 22$)
夫婦とも不賛成	3	17	34
片方が他方より強く賛成	23	19	22
夫婦とも賛成	74	64	44
結婚生活は相互関係である[b]（人数）	($N = 31$)	($N = 41$)	($N = 33$)
夫婦とも賛成	26	32	55
片方が他方より強く賛成	43	44	33
どちらも不賛成	32	24	12

注：1930年代に家を訪ねて収録した、両親に対するインタビューをもとに、各項目をコーディングした。

a：女性の役割は家事であるという役割志向は以下の質問項目により測定した「女性の主な役割は家事であるという考え方を、お母さまやお父さまはどの程度信じていらっしゃいますか」。この質問項目とコード分類は「女性の居場所は家庭である」という考え方に対する気持ちを測定するために設定された。

b：結婚の相互性は以下の質問項目により測定した「結婚は相互関係であるという考え方を、お母さまとお父さまはどの程度望ましいと思っていらっしゃいますか。例えば、愛情表現やコミュニケーション、意志決定、友愛について」。

370

付録A　付表と付図

付表 A 6.1.　先行要因別にみた中流階級の男性における経済的剥奪（標準化回帰係数）

先行要因	経済的剥奪			
	失業なし		失業あり	
	r	beta	r	beta
失業：1930年から35年 （1＝失業、0＝その他）	—	—	.39	.33
社会経済的な依存：1929年 （1依存＝、0＝その他）	.33	.28	.33	.27
1929年の職種 （1＝高リスク、0＝その他）	.25	.20	.25	.17
世帯主の学歴 （1＝大学未満、0＝大卒）	.25	.11	.25	.08
	R^2=.17		R^2=.28	

注：集中的に研究された標本（N＝59）に対する分析。回帰係数は標準化されている。経済的に剥奪された男性には1点、剥奪されなかった男性には0点が配点された。この分析における従属変数（経済的剥奪）の分散は限定されたものであるため、私たちは、独立変数の影響を、回帰係数の絶対値を重視するのではなく、相対的な大きさに限定して解釈する。このように先行変数が剥奪されたグループと剥奪されなかったグループのメンバーシップをどれだけ予測できるかに注目することで、ここでの重回帰分析の使用は判別関数分析と類似したものとなっている。

付表 A 6.2.　先行要因別にみた労働者階級の男性における経済的剥奪（標準化回帰係数）

先行要因	経済的剥奪			
	失業なし		失業あり	
	r	beta	r	beta
失業：1930年から35年 （1＝失業、0＝その他）	—	—	.54	.50
世帯主の職種：1929年 （1＝半熟練、非熟練、0＝その他）	.07	-.04	.07	-.13
社会経済的な依存：1929年 （1＝依存、0＝その他）	.20	.24	.20	.12
世帯主の年齢 （年をとっているほど、値が大きい）	.32	.33	.32	.23
	R^2=.15		R^2=.36	

注：集中的に研究された標本（N＝41）に対する分析。回帰係数は標準化されている。付表 A6.1.を参照。

371

付録

付表 A6.3. 社会階級別、経済剥奪度別、出生コホート別にみた男性の職業生活の不安定さ（単位：%）

	年配の男性		若齢の男性	
	非剥奪	剥奪	非剥奪	剥奪
中流階級				
安定	90	50	69	35
混合	10	21	19	41
不安定	－	29	13	24
計	100（41）	100（24）	100（32）	100（17）
労働者階級				
安定	92	26	64	19
混合	8	32	23	25
不安定	－	42	14	56
計	100（13）	100（19）	100（22）	100（16）

注：職業生活の不安定さは、0から3点と、4段階に配点されているが、ここでは0点を「安定」、1点を「混合」、2点と3点を「不安定」と分類し直している。（　）内は人数を示している。

付表 A7.1. 経済的剥奪と時期別の中流家庭の女性の経済的水準（偏相関）

	境遇に対する妻の不満[a]	経済的安定	夫婦間の共通認識
経済的水準	1931年〜32年	1932年〜34年	1932年〜34年
水準[b]			
剥奪されていない（N=40）	.14*	-.17	-.15
剥奪された（N=23）	.44	-.22	-.21
水準への固執[c]			
剥奪されていない（N=20）	.11	-.42*	-.57**
剥奪された（N=16）	.48	-.20	.05

注：年間世帯収入は統制済み。妻の境遇に対する不満は、1931年の年間世帯収入の合計に対して評価されたものである。経済的安定と夫婦間の共通認識については、1932年〜34年の評定の平均値を用いた。

*p<.05, **p<.01 は剥奪された家庭と剥奪されていない家庭の偏相関係数を比較した場合の有意水準を示している。

a：評定尺度：7件法で1931年〜32年にデータ収集を行った。高い得点は、より不満であることを表す。

b：経済的水準は、1930年初頭の事例資料から、以下のようにしてコーディングを行った：1＝質素（plain standards）、2＝平均、3＝平均より上、4＝高い経済的水準。

c：経済的水準で「平均より上」としたケースのみ、水準への固執（flexibility of commitment）についてコーディングを行った。労働者階級の4名の妻は分析から除外された。融通が利かないという証拠があれば1、融通が利くという証拠があれば0とした。

付表 A 8.1. バークリーの女性の大恐慌期における女性の出産率（1930年代の経済的剥奪状況と1929年の子どもの数別、先行要因で調整）

1929年の子どもの数	大恐慌期（1929-39年）における女性の出産率	
	経済的に剥奪されなかった家庭	経済的に剥奪された家庭
子ども1人	58 (63)[a]	44 (35)
子ども2人以上	27 (56)	27 (57)
出産率の差	31[b]	17

a：少なくとも1人の子どもを出産した女性の割合。（　）内は人数。この表には、1929年における子どもの数による多重分類分析の結果が示されている。女性の学歴、年齢、（カトリック、外国生まれ、黒人にそれぞれ1点を配点し、それ以外に0点を配点した3つのダミー変数によって指標化された）民族および1929年における社会階級という4つの先行変数が調整されている。
b：子どもが1人の家庭と、2人以上の家庭における大恐慌期における出産率の差。

付図 A 11.1.　パートタイムまたはフルタイムで働く女性の割合（年別）

付録B 標本、データ源および方法

　私たちは、ここに本書の中核となる世代間および縦断研究についての必要な情報を読者に提示する。方法論的な戦略や指標の網羅的な紹介はしないが、読者には、保管されたデータの主要な情報源を概観していただきたい。

　保管されている縦断データが収集された目的は、現代の研究者が抱いている目的とは異なっていることが多い。結果として、それらのデータは、せいぜい、研究者が元のデータ収集を設計できたとしたら集めることができたデータの近似にならざるを得ない。バークリーで保管された縦断データの利用可能性が、本研究の実施を可能にしたのは、それがある標準を充たしていたからである。当該の研究に対するデータの適合性が本質的な要件である。

　観察法やオープンエンドの面接に基づいた、充実した質的データの保管記録は、探索や帰納、解釈という形式で分析するための宝庫である。かかった労力は少なくなかったが、これらの質的データを体系的に開発した量的な指標に変換することによって、仮説検証のための価値が高まった。早くから、エルダーは、これらのデータに、体系的に適用されたコードや測定値を豊富に得ることができる大きな可能性があることに気づいていた（付録C）。しかしながら、40年間にわたる、このプロジェクトの変遷をみれば明らかなように、彼は、その作業に大変な時間や労力がかかることを予見することができなかった。

バークリーの標本とそのコミュニティ

　カリフォルニア大学バークリー校は1928年に児童福祉研究所を設立し、ハーバート・R・シュトルツ医学博士（Herbert R. Stolz）を所長、ハロルド・ジョーンズ（Harold Jones）を研究部長とし、児童発達についての研究を実施し始めた。彼らは、大学の心理学課程で博士学位を取得したばかりのジーン・マクファーレン（Jean Macfarlane）を招き、ローラ・スペルマン・ロックフェラー記念財団の助成金で就学前の子どもの研究を実施させた。初期の問題意識は、親に子どもの行動についてスタッフのメンバーと話し合う機会を与えることの発達的価値に関するものであった。

付録

　この研究では、出生証明書登録簿を用いて、(1928 年 1 月から 1929 年 6 月)
までの 18 か月間にバークリーで生まれた 3 人目の子ども全員を対象とした。
405 家族の中で、最終的には 244 組の夫婦が、研究対象児とともに、本研究に
参加することとなった。標本の減少は、死産や子どもの死亡、引っ越し、拒否、
言葉の壁によって説明された。対象児が月齢 21 か月になった時、標本は、社
会経済的変数と家族変数によって釣り合わされた 2 つの下位標本に分割された。
124 組の夫婦からなる実験群の下位標本は、スタッフからガイダンスを受け、
集中的なデータ収集プログラムに参加したが、ほぼ同じ人数からなる統制群の
データ収集プログラムは、それほど集中的なものではなかった。それから数十
年間経つ中で、「実験」群と「統制」群という区別は、「集中的」標本と「集中
的でない」標本へと変えられた。本書でも、その用語を採用している。1929
年には、これらの家族の 60％は中流階級、40％は労働者階級であった。
　5 年間の研究の終わりに両群を比較したところ、スタッフと家族の交流の強
さの 2 つの標本間の違いによって、子どもの結果変数に有意な差はみられな
かった。集中的に研究された標本は、より多くのデータが収集されていたので、
長期縦断研究の核となった。マクファーレンと彼女のスタッフの関心は、短期
的なアセスメントから生涯にわたる発達的変化を重視するものへと移行し始め
た。つまり、マクファーレンたちの関心は、子どもたちは、どのように、そし
て、なぜ発達していくのかを理解することに向けられたのである。したがって、
このプロジェクトは、子どもたちに関するデータ収集を行い、出生から青年期、
そして大人になるまで、一連の追跡インタビューをし続けたのである。デー
タは、その間、両親からも収集された。1960 年代になるころには、生涯発達
の枠組みが確立され、児童福祉研究所は人間発達研究所（Institute of Human
Development: IHD）になったのである。

1930 年代から 1940 年代にかけてのデータ収集
　バークリー・ガイダンス研究を常に傑出したものにしていたのは、1928-29
年に生まれた研究対象児の祖父母と親を含んだデータを収集した研究という世
代間枠組みである。1972 年の追跡調査の際に、この枠組みにもう 1 つの世代
が加えられた。それは、この研究の対象児であったメンバーの子ども、すなわ

376

付録B　標本、データ源および方法

ち、1900 年世代の孫世代である。

　バークリーの子どもたちが月齢 21 か月になった時、母親と、集中的な標本においては父親もしばしば、研究所でジーン・マクファーレンによって面接された。そこで関心が向けられたのは、個人属性と（夫婦や親子という）家族関係とともに、親自身の（社会経済的および文化的な）家庭環境であった[1]。バークリーの家族についてのこの最初の主要なデータ収集は、非常に広範囲かつ詳細にわたったものであり、その後、追跡の面接と観察が行われた。同じ時期に他の場所では、研究所のソーシャルワーカーが、研究参加者の家を訪れて母親に保育についての面接をしたり、観察をしたりしていた。

　これらの面接の重要な副産物が、男性と女性の詳細な職歴と家族歴であった。これらの面接が提供したのは、1930 年代に親と子どもたちが経験した経済的ストレスに関する豊かな文脈的評定であった。加えて、バークリーの保管された記録には、出生数、毎年の家族の名簿、その家族が親類を住まわせてあげていたのか、それとも親類の家に住まわせてもらっていたのかを記録したリストも含まれていた。最後に、この保管記録には、何世代にもわたる国籍や信仰についての詳しい情報も含まれていた。

　バークリーの保管記録にあった量的な指標では、家族生活において注目すべき、いくつかの側面を取り扱えなかったが、私たちは、集中的な下位標本の家族の厳選された事例集を深く読み込むことを通して開発したコードを適用し、そのような指標を作り出すことができた。バークリー研究所での 1 年間（1972-73 年）、エルダーは、集中的下位集団（N = 111）の 30 家族の標本についての時系列記録と質的資料を徹底的に読み込んだ後に、家族生活のいくつかの側面についてのコードを構成した。

　2 人の大学院の上級生が訓練されて、この下位標本の残りの家族の事例にこれらのコードを適用した。これらの資料は 1928-29 年から 1945 年の期間をカバーしていた。項目ごとのコードのカテゴリーの大半はカテゴリカルなものであったので、コーダーの一致は、複数のコーダーが完全に一致した事例の割合によって示された。明瞭さが欠如していたために、コーダーが不一致であった場合、コード化されるカテゴリーは可能な限り統合された。不一致は、事例検討会でも検討された。

377

付録

　たいていのバークリーの夫婦は、第一次世界大戦と大恐慌の間に結婚していたが、その時期は、若い夫婦と家族にとって激動の時期であった。このことを念頭に、私たちは、夫婦がお互いの役割や関係性を、どのように捉えているのかに関心を持った。私たちは、夫婦が女性の役割をどのように捉えているのか、夫と妻がどの程度「家事を妻の中心的な役割」とみなしているのか、についての指標を開発した。私たちは相互性についても関心を抱いていた。相互性は、満足させられる婚姻関係の重要な要素だったのだろうか。私たちは、平等性についての質問も作成した。平等性は結婚において重要であろうか。1900年世代の男女は、「いま風かどうか」という点で、自分たちや他の夫婦関係についても語った。相互性と平等性は、このような関係に繰り返し見られる要素であった。夫婦関係のこれらの側面に加えて、夫婦と、それぞれの配偶者の親との関係についての記述が面接記録に含まれていた。配偶者が、夫や父、妻や母として、適切に振る舞えていたかどうか、についての認識もコード化された。このことは親への愛着の問題と関連している。

　オープンエンドの面接でしか評価できなかった、もう1つの概念に、夫と妻が抱いている標準がある。ジョセフ・カール（Joseph Kahl）の社会階層に関する思慮深い著作に従って、私たちは、経済的、文化的、および道徳的標準について取り扱った[2]。経済的標準においては、私たちが関心を持ったのは、その水準とそれへの関与度であった。例えば、夫と妻は、自分自身と他者を生活水準の観点において、どのように評価していたのだろうか。生活水準の観点において、彼らは、平均以上、平均、平均未満なのか。標準を現実状況に合わせるという観点からの柔軟性も評価された。文化的標準においては、私たちは、個人が自分自身を文化や背景——マナーや趣向、関心——において、平均的な人よりも優れたものとみなしているかどうかを尋ねた。道徳的標準において、私たちが関心を抱いたのは、人として尊敬される態度（respectability）である。夫や妻は、彼らが道徳的な性格——誠実さ、信頼、人として尊敬される態度——を重視しているという印象を与えているか。

　バークリーの夫婦が、主要な追跡調査で面接されたのは、子どもが17歳の時だった。調査が実施されたのは1945年と1946年であり、第二次世界大戦が終わり、海外派兵部隊が合衆国への長い帰路につき始めたころであった。この

面接は、さまざまなやり方で、親世代と子世代の関係や彼らの変わりゆく生活パターンに焦点を当てたものだった。面接者は、バークリーの男性と女性に、まず一連の回想的な質問を尋ねた。その質問は、まず19世紀末から20世紀初期における児童期の家族経験に焦点をあて、次に、教育や仕事、移住経験に関する彼らの親の考え方へと向けられた。

その後、彼らは「全く異なる時代と場所で育った」研究対象児の経験について尋ねられた。どのような違いや共通点があったのだろうか。彼らは、親の役割が変わったと思っていたのだろうか。そして、もし、変わったのであれば、どのように変わったと思っていたのだろうか。私たちは、このような問題に「第12章 世代から世代へ」で取り組んだが、そこでの話題は、第二次世界大戦から戦後に移り、やがて1950年の朝鮮戦争によって、再び国際紛争へと移行した。バークリーの家族の息子の大半は、この紛争で兵役に就いた。

面接に関するこの節では、親が息子や娘の将来について考えていることを尋ねられた背景が説明されている。朝鮮半島での戦争の勃発が、子どもたちの高校卒業後の教育、希望する職種への就職、結婚のタイミングに重要な影響を及ぼした。私たちは、ベイエリアの第二次世界大戦の時の文化が、これらの出来事のスケジュールに影響を及ぼしたかどうか、そして、そのことが親の役割を困難にしたかどうかを検討した。もし、そうであったのであれば、親たちがこれらの問題にどのように取り組んだのか、に注目した。これらの困難の多くが生じたのは、軍隊に、特に海外の戦闘地域に、兄がいた研究対象児であった。私たちは、年長の息子を失ったことで、1930年代の苦難には耐えた父親が、打ちのめされたという事例がいくつもあることを知っている。

1969年から82年にかけてのデータの収集と測度

1960年代の終わりまでに、複数の縦断標本の世代間追跡調査に対するIHDでの計画が策定された。その中には、マクファーレンのガイダンス研究の標本と、成長研究の責任者であったナンシー・ベイリー（Nancy Bayley）が収集した標本とともに、オークランド成長研究の標本も含まれていた。IHDに所属していた2人のバークリーのファカルティのメンバー、ヘンリー・マース（Henry Maas）とジョー・カイパース（Joe Kuypers）は、マクファーレンとベ

付録

イリーが集めたバークリーの標本の親たちを追跡調査したが、彼らは、その頃までには70代の中頃の祖父母になっていた。

マースとカイパースは142人の男性と女性の長時間にわたる面接を完了させた。81人の女性と38人の男性は、マクファーレンの研究参加者で、これらの男性と本研究参加者であった女性との婚姻関係は続いていた。男性で配偶者と死別したものは、ほとんどいなかったが、女性の3分の1は寡婦となっていた。研究者たちは、追跡調査における70代の人を1929年の親の元の標本と比較したところ、その差はそれほど大きなものではなかったが、予想通り、彼らが、よりよい教育を受け、よりよいキャリアを辿っていたことを見出した。教育年数の平均差は、1年余りであった。データ収集は、臨床的専門性を備えたスタッフによって広範囲にわたる面接を中心に行われた。面接は録音され、Qソートや他の心理学的な評定のために一字一句が書き写された。私たちは、これらのデータを活用してバークリーの1900年世代の老年期について検討した。

1980年代初期に最後の2回の追跡調査が行われ、どちらも老年期に関する洞察を与えてくれた。一回目は、バークリー高齢世代研究として知られ、ジョージア老年学研究所のドロシー・フィールド（Dorothy Field）が担当した。フィールドの1983年の標本には、マースとカイパースの1969年の追跡調査の生存メンバーが含まれていた。フィールドと彼女の研究チームは、1983年に74歳から93歳までの42人の女性と20人の男性から完全な面接データを得た。私たちは、（ヘレン・キヴニックとともに行われた）エリクとジョーンのエリクソン夫妻によるプロジェクトも活用した。このプロジェクトは、これらの男女の老年期における「生き生きとしたかかわりあい」を検討したものである[3]。彼らが面接した親は28人しかいなかったが、このプロジェクトは、いくつもの人生の段階にわたって世代を結びつけるライフサイクルのダイナミクスについての豊かな説明を生み出した。そこでの貴重なものの1つは、孫とかかわる中で得られるやりがいについて、調査者とバークリーの親との間で行われた会話の記録である。エリクとジョーンのエリクソン夫妻は、1902年と1903年に生まれたのだが、彼らは、バークリーの1900年世代の人々と、かなりの程度まで歴史的位置を共有しており、彼らの人生と、この世代の人々が遭遇した劇的な社会的および経済的変化に個人的にかかわることができた。

380

充実し柔軟性に富んだ豊かさ

　これらのデータとその多くの断片や変容が、研究対象児の親であるバークリーの1900年世代の人生を理解する上で、いかに強力なものであったのかを誰も予測できなかった。本書を完成させるにあたり、私たちは多くの面接や事例記録の詳細な自由回答形式という性質から大きな恩恵を受けた。私たちは、この研究の立案者が明示的に取り組まなかった問題を検討することができた。例えば、第9章に記されているように、この調査では、大恐慌時の家族の二世帯化について体系的な測定は行われなかったが、スタッフが1970年代に家族に実施したオープンエンドの面接や口述史によって、その時重要であった適応の利点と欠点について十分な議論を行うことができた。第7章では、収入減の経験を夫婦の生活の質についての理解の中に位置づけるために生活水準に関する面接を活用した。

　これらの男性と女性の就労経路と、彼らがそれについて、どのように感じていたかが、オープンエンドの面接とともに、詳細で体系的な雇用と収入についての記録から明らかにされた。それらの記録のおかげで、私たちは、男性と女性の雇用の浮き沈み、変わった部分と変わらない部分についての豊かな量的および質的評価をまとめることができた。そのことが、特に第3章、第4章、第11章において、この世代の理解に大きく貢献したのである。

　私たちは、質的資料を繰り返し読み、トピックごとに引用箇所を並べ替えたり、結婚前、大恐慌期、第二次世界大戦期における経験に関するマトリックスを作ったりすることによって、本研究に対して立案者が思い浮かべていたものをはるかに超えたテーマを扱うことができた。集中的かつ長期にわたる縦断および世代間のデータ収集によるこの種の標本の価値は計り知れないものであった。より大規模で、より代表的なサンプルを求める傾向が続く中、私たちは、この種のデザインを、他のデザインとともに継続的に使用することを強く推奨する。このような集中的な取り組みによって記録される人生の豊かさに代わるものはなく、このような取り組みによって、後世の学者たちが人間の経験について新たな知識を抽出するための門戸が開かれるのである。

❖ 注

1. Jean Walker Macfarlane, *Studies in Child Guidance: 1. Methodology of Data Collection and Organization*, Monographs of the Society for Research in Child Development 3 (Washington, DC: Society for Research in Child Development, 1938).

2. Joseph Kahl, *The American Class Structure* (New York: Holt, Rinehart and Winston, 1961).

3. Erik H. Erikson, Joan M. Erikson, and Helen Q. Kivnick, *Vital Involvement in Old Age: The Experience of Old Age in Our Time* (New York: W. W. Norton, 1986)（エリク・H・エリクソン、ジョーン・M・エリクソン、ヘレン・Q・キヴニック著、朝長正徳・朝長梨枝子（1997）『老年期——生き生きしたかかわりあい』みすず書房）.

付録 C　1962 年から 2019 年にかけての本プロジェクトのストーリー

　グレン・エルダーは、1962 年にカリフォルニア大学バークリー校人間発達研究所に赴任した。遡れば、それが契機となって、この 10 年間、エルダーは、リック・セッターステンとリサ・ピアースと協働して、20 世紀全般にわたるアメリカ人の生活の縦断的研究に取り組むこととなり、その結果、本書が生み出された。1960 年代にライフコースの視点を持った『大恐慌の子どもたち』(1974) が出版され、その後、1920 年代の初期と末期に生まれた人々のコホート比較研究が行われ、さらに、バークリーの研究対象児の親である 1900 年世代のメンバーを対象とした大規模プロジェクトが 20 世紀全般にわたって行われた。エルダーが 40 年以上前に、(1885-1908 年に生まれた) この世代について驚くほど豊かなデータが保管されていることを発見したことが契機となり、家族の社会変動についての一連の章の草稿が生み出され、大恐慌、第二次世界大戦、戦後の比類なき繁栄時代という激動の数十年間に、結婚し、生きてきた男性と女性についての一冊の本が生み出されたのである。

始まり

　この長期的なプロジェクトの種が蒔かれたのは 1962 年であった。その時、有名なバークリー人間発達研究所の新しい所長であったジョン・クローセンが、ノースカロライナ大学チャペルヒル校の社会学と社会心理学のコースで博士号を取得したばかりのエルダーを招いて、1920-21 年に生まれたオークランドの子どもについての縦断研究の研究員にした。1930 年代までに、(当時、児童福祉研究所と呼ばれていた) この研究所は、子どもたちを経時的に研究する先駆けとなり、1928-29 年に生まれたバークリーの幼児のコホートに基づいた 2 つの研究が加えられた。それらの研究は、それ以降、バークリー・ガイダンス研究とバークリー成長研究として知られるようになった。ジーン・マクファーレンは、ガイダンス研究を担当し、ナンシー・ベイリーは成長研究を担当した。成長研究の参加者の中には、ガイダンス研究に参加したものもいた。本書

のプロジェクトでは、ガイダンス研究のすべての参加者は 1928-29 年のバーク
リー・コホートと呼ばれている。

　エルダーが 1962 年にバークリーに赴任する頃までに、オークランド研究と
バークリー研究における子どもたちは、多数回の追跡調査によるデータ収集が
行われていた。彼らは、その時には、中年期の成人になっており、きょうだい
もいたし、自分自身の子どもたちもいた。バークリー研究における年少の参加
者の多くの親も生存していた。縦断研究は、依然として希少なものであった
が、オークランド研究プロジェクトの研究者としての独自の経験によって、エ
ルダーは豊かな縦断データに触れる貴重な機会を得、人々の生活が加齢に伴い、
どのように変わっていくのかについて考える方法を開発することができた。そ
の経験のおかげで、彼は、大恐慌期における家族と社会経済的変化の詳細な記
録に触れることもできた。彼は、必ずしもすべての家族が 1929-33 年における
大きな収入減に苦しめられたわけではないことに気がついた。彼は、1930 年
代の最悪の時期に、中流階級と労働者階級において大きな収入減に見舞われた
オークランドの家族とこのような収入減を免れた家族を特定することができた。
これらの事例分析が 1974 年の『大恐慌の子どもたち』の基礎になった。この
本では、歴史的変動が個人史に及ぼす影響が示され、ライフコースに関する概
念的視点が作り出された。

　その研究では、大恐慌期におけるオークランドの家族のさまざまな経験を描
き出すことはできたのだが、その知見を一般化することはできなかった。大恐
慌の影響は、年長のコホートと年少のコホートで有意に異なるのだろうか。発
達的（キャリア段階）仮説は、剝奪家庭において大幅な収入減により脆弱なの
は、年長の子どもたちよりも、年少の子どもたちであるということを示唆して
いる。1928-29 年に生まれたバークリー・コホートが、多くの点において、こ
の比較のために理想的な集団であったのは、研究所が 2 つのコホートのデータ
を保管していたからである。

　研究所長として、ジョン・クローセンは、エルダーにバークリーの保管デー
タを活用する許可を与えたところ、エルダーは、すぐに、所得データから
1929 年と、大恐慌の最悪の年である 1933 年の世帯収入を評価できるかどうか
を調べた。集中的に研究されたバークリーの家族（N = 111）は、そのデータ

付録C　1962年から2019年にかけての本プロジェクトのストーリー

が記録されていたし、それほど集中的に研究されなかった家族（N = 103）でも、社会経済的地位のデータ（例、収入、生活保護への依存）を組み合わせることによって、集中的に研究されたバークリーの家族の結果とほぼ対応する形で、剥奪されたか剥奪されなかったかの推定が可能になった。

　これらのデータを手にして、1971年の夏にエルダーは、アメリカ国立科学財団に申請する2年間の研究計画の立案に取り掛かった。彼は、バークリー研究所でデータの収集とコード化を1年間行い、その後、ノースカロライナ大学チャペルヒル校（UNC-CH）社会科学研究所で1年間のデータ解析を行うことを提案した。提案された「パーソナリティと達成における経済的剥奪」という研究は、1972年の夏に承認され、エルダーは研究チームの設立に取り掛かった。

計画と偶然

　どのような大規模な保管データでも、それを探索している際に、あるものを開発しようとしていたら、別のものに行きついてしまうというような偶然の出来事が生じることがある。データ管理者やスタッフが準備やオリエンテーションを重ねた後でさえも、探索の目的が予期せぬ発見によって変わってしまうこともある。このような発見は、必ずしも、もともとの計画を破棄させることにはならない。そうではなくて、そのような発見は、プロジェクトを拡張させ、そのタイムテーブルを変えるのである。このようなことが、エルダーの在任期間中に、この保管データ（1971-72年）で起こったのである。エルダーのその時の主たる目的は、オークランドのコホート（1920-21年）とバークリーのコホート（1928-29年）を体系的に比較する指標を開発することであった。そのためには、面接や評定から得られた研究参加者とその親の幼少期のデータを調べた上で、研究対象児とその親の成人期のデータを調べる必要があった。エルダーは、初めに、コホート比較に適した指標を確保するために、親の面接データを、プロジェクトのコーダーと見直した。彼が驚かされたのは、集中的に調査された標本の111人の親の保管データの量が、それほど集中的に調査されていない100家族の限られたデータやオークランドの親に関する情報に比して、膨大だったことである。データの多くはコード化されずにファイルされていた。このプロジェクトの責任者であるジーン・マクファーレンは、家族の中の子ど

もたちに関心を持つ臨床家としての訓練を受けており、コード化されていないデータは、そのような方向性を反映していた。このような事例データの集積は、家族の中における子ども個人を理解するために用いられるものだった。

オークランド研究において、大恐慌の10年間の終わり頃までに、親の追跡は終わっていた。バークリーの親は、1930年代は定期的に面接され、1946-47年の大規模な世代間面接にいたるまで、1940年代にわたって調査され続けた。この面接は、第二次世界大戦の終わりまでの親の生活経験と、生存している親と大人になりつつある子どもの関係に焦点を当てていた。その面接には、本研究における息子の兵役に関する内容も含まれていた。1960年代の終わりごろに、生存している親は、自分自身や子どもたち、配偶者について面接された。この親のデータという宝の山は、オークランド・コホートとバークリー・コホートの比較研究に必要とされていたものをはるかに超えた価値のあるものであり、エルダーは、親の人生を1900年世代に関するプロジェクトとして研究することの比類なき可能性に気づいたのであった。

親のデータは驚くべき奥深さをもっており、そのほとんどがコード化されていなかったので、当初の計画にはなかったプロジェクトの資源を大規模に投入する必要が生じた。研究チームは、研究参加者の識別番号ごとに必要な情報を整理し、コードブックを作成し、コードを適用した。その結果、コホート比較研究に必要なことをはるかに超えて、この保管データを扱う作業を拡大することが決定した。

家族と個人の生活に関して4つの複雑なデータセットが、コード化されたデータから生み出された。経済が破綻した時にバークリーの研究対象児が幼かった（2-3歳）ことも、1929年から1930年代にかけての家族の生活を描き出すための質的な情報をすべてコード化する試みの価値を高めた。1つは、1930年代の家族関係に焦点を当てたデータセットであり、もう1つは、親類関係、夫婦関係、家族構成の変化を取り扱ったデータセットであった。コード化マニュアルの開発とデータのコーディングは、概念的に特に難しい作業となった。親が幼かったころの生活記録のデータや1930年代から1940年代にかけての親の経験、バークリーの研究対象児が成人した時の生活は、磁気テープのファイルに移され、UNC-CHと社会科学研究所（現、オーダム研究所）に送

り返された。

　バークリー・プロジェクトの年の終わり（1972年夏）までに、2つの分析テーマのためにデータファイルが準備された。1つはオークランドとバークリーの比較コホート研究のために計画されたもので、もう1つは家族の社会変動に重点を置いた、親である1900年世代に焦点を当てたものである。

比較コホート研究

　比較コホート研究では、オークランドとバークリーの研究参加者が中年期になるまでの生活において、大恐慌の困窮を比較するための指標を開発する必要があった。理論的には、バークリーの子どもは幼かったので、特に少年は、年長であるオークランドの青年よりも、大恐慌の困窮のリスクがより高いと考えられた。大幅な収入減の影響を十分に理解するためには、収入が減ったり、失業したりする前の家族のパターンの指標が必要であった。この大恐慌以前の情報を（オークランドの親では入手できなかったが）バークリーの家族では入手でき、それがチャペルヒル校のデータファイルに加えられた。

社会変動と1900年の親世代──バークリー研究

　このプロジェクトは、大恐慌や第二次世界大戦における社会経済的変化が家族の適応やライフコースに及ぼす影響を調べるために設計された。大恐慌の前の家族史や生活史のデータがあったので、本研究では、大恐慌期になった時の連続性と変化が評価できた[1]。1930年代を通しての収入減や失業についてのデータも入手できた。加えて、バークリーの保管データには、戦時における母と父の社会経済的な記録も含まれていた。

　UNC（1973-74）でNSFの助成を受けていた1年間、このプロジェクトのスタッフは、バークリーの家族についての研究を、オークランドとバークリーの研究参加者を比較するための第一歩と考えていた。大恐慌前のバークリーの家族の生活に関するデータを用いることによって、1930年代までの連続性と不連続性を検証することが可能になった。全体として、この研究は、大恐慌の影響に関する本質的な洞察を提供した。大恐慌の影響は、経済的依存のような、はっきりとした脆弱性を示していた家族に集中していたのか、それとも、1920

付録

年代に適応的だった家族にも不適応的であった家族にも蔓延したものだったの
だろうか。

2年目の年には、バークリー市への家族の移住と定住、母親と父親の教育と
職業、1930年代までの親の夫婦関係が安定していたか、不安定だったかにつ
いて、各章の草稿が執筆された。1900年世代のたいていの男女は、外国や合
衆国の東部から移住してバークリーに定住した。最終的に、結婚生活の調和や
安定を決める上でより重要だったのは、男性の役割であった。これらの章は、
このプロジェクトのアメリカ国立科学財団への最終報告書の基礎となった[2]。

1973-74年の研究は、このプロジェクトの本部であった社会科学研究所で行
われた。このプロジェクトの歴史が2つの段階になったのは、アメリカ国立科
学財団による研究が変容してきたからである。第1段階は、バークリー研究に
おける大恐慌の家族への影響と、困窮の時期が異なる年齢の子どもたち——年
少のバークリーの子どもたちと年長のオークランドの青年——に及ぼす影響の
違いを理解することの重要性に焦点が当てられていた。第2段階では、この研
究がバークリーの親子の人生に拡張された。パネル研究を用いて、親は老年期
まで、子どもたちは中年期まで追跡された。

第1段階——年長の子どもたちと年少の子どもたちの家族とコホートに対する 大恐慌の影響

NSF助成金によって始められた研究プロジェクトは、国立精神衛生研究所
からの助成金（NIMH, 1974-79）が得られ、エルダーがネブラスカ州オマハに
ある新ボーイズ・タウン研究センターの客員研究員として任用されたことに
よって、さらに3年間延長された[3]。卓越した口述史家であったチャールズ・
モリッシー（Charles Morrissey）は、バークリー研究所の重要なスタッフやサ
ンフランシスコ全域に住んでいた1900年世代のメンバーと面接をすることに
同意してくれた。すべてのスタッフへの面接は、初期の研究所のようすを理解
することを目的としていた。

バークリーの家族が大恐慌に持ち込んだ資源や危険因子（例、親戚への依存）
は、彼らがこの困難をどのように経験するのかに非常に重要であることが証明
された。労働者階級の家族と1930年代になる前から何らかの援助を受けてい

た家族は最もリスクが高かった。失業は、明らかに、労働者階級の男性にとって、最も強力な長期的剥奪の原因であった。ボーイズ・タウンとの共同研究が終わる頃までに、私たちは、大恐慌による喪失の結果について、いくつかの章の草稿を書き終えていた。ある章では、1930年代の逆境と繁栄という2つの面の決定要因が検討された。困窮の時期のすべてが、家族にとって「悪い時期」になったわけではない。経済的に剥奪された家族における大恐慌による喪失の影響を検討した章も執筆された。3番目の章では、1930年代を通じて、家族が窮乏にどのように対処したかが報告された。

　エルダーは、その後、大恐慌が、研究対象児にどのように影響を及ぼし、彼らの成人期の生活を、どのように形作っていったのかに注目した。前にも述べたように、経済が崩壊したのは、それらの子どもたちが就学する前だった。このことから、年少であったバークリーの子どもたちは、家族の人間関係や家計の突然の変化に影響を受けやすいので、年長であったオークランドの子どもたちよりもリスクが大きいという仮説が立てられた。バークリーの少年は、予想通りだったが、少女は、そうではなかった。少女たちは母親に守られていたのである。とりわけ剥奪された家庭では、少年は、少女よりも学校での成績が悪く、青年期には自信や自主性も低かった。経済的に逼迫した家族でも、バークリーの少女たちは、母親の情緒的な支援から恩恵を受けていたが、少年たちには、典型的に、面倒見がよくて、かかわりを持ってくれる父親がいなかった。

　対照的に、剥奪された家庭における年長のオークランドの少年は、困難な状況でも解決策を見出す能力を備えており、コミュニティで重要な経済的な役割を果たすことのできる年齢になっていたが、10代の少女たちは、母親とともに家事を行っており、魅力的な服がないことで社交界から排除されていると感じることが多かった。これらのコホートと性差に関しては1999年に発行された『大恐慌の子どもたち』25周年記念版の1つの章で部分的に報告されている。

第2段階――人生と世代の研究（1979年から99年）

　1970年代の終わりに、エルダーは、ボーイズ・タウンの任期を終え、コーネル大学人間発達学部の教授になった[4]。コーネル大学での研究は、バークリーの親の大恐慌と戦争の体験に焦点を当てるものであり、1930年代の親類

関係を重視したものであった。ほとんどの親は親戚のそばで生活していたので、親戚を助けたり、親戚から助けられたりしていた。私たちが特に注目したのは、親戚の家で暮らすことと自分の家に親戚を受け入れることであった。このような三世代世帯では、しばしば、文化的葛藤がもたらされた。この研究によって、1930 年代から老年期にかけての人生の軌道を検討するための文脈が確立された。

このプロジェクトの後半では、老年期におけるバークリーの母親の情緒的健康と幸福感および 1969 年ごろの夫の幸福感に関心が向けられた。1930 年代の経済的剥奪の悪影響が最も顕著だったのは、労働者階級の女性であったが、その結果は、老年期においても同様であった。バークリーの男性は、女性ほど、老年期まで生き残れなかったが、老年期の夫婦においては、1930 年代に苦境に立たされた家族でもそうであったように、男性は、妻よりも、能率が悪く、活発でも外向的でもなかった。

このプロジェクトは、1984 年の夏にノースカロライナ大学チャペルヒル校に戻ってきた。それは、エルダーがハワード・W・オーダム教授に任命された年であった。1985 年の秋、彼は、NIMH 上級科学者賞（NIMH00567）を受け、それによって、2000 年まで研究資金が続くことになり、章の草稿を改訂することができた。その助成によって、エルダーは、バークリーとオークランドの親世代の息子の兵役に関する新しいデータ収集を始めることもできた。バークリーの親は第二次世界大戦にかかわったが、そのほとんどは国内戦線の動員を通してのかかわりであった。ベイエリアでの戦時動員によって、非常に多くのバークリーの女性たちが仕事に就き、特にサンフランシスコ周辺の活況を呈する造船所で働くことになった。1930 年代の間ずっと失業していた彼女たちの夫のほとんどは、常勤職に戻り、超過勤務さえしていた。労働力への需要の高まりは、10 代の若者を仕事に引き寄せることになったが、若者の給与は、1930 年代に彼らの親が受けとった給与よりも、ずっと高いものだった。

国内戦線で働くことは、バークリー世代に関する章の草稿で重要なテーマであった。例えば、私たちは、経済的な困窮のため、1930 年代に、どの女性が働いたのか、そして、その時、働いていた女性が、戦争の時期にも働き続けたのかを知っている。私たちは、戦時中のみ働いていた女性を特定することもで

きる。チャールズ・モリッシーが得た口述史は、この時代に関して、特に重要であった。公刊された複数の研究論文は、老年期における息子の兵役についての説明を提供している。

本にするための作業

10年前に、エルダーは、彼が育ててきたプロジェクトを仕上げて、一冊の本として出版する時が来たことに気がついた。彼が、卓越した保管データとともに、この革新的なプロジェクトを推進し始めてから、およそ40年が経っていた。この間、5つの研究助成金によって支援され、プロジェクト自体が持つやりがいのある刺激がこの活動を続けさせた。保管された縦断データの記録を次の世代に引き継ぐために、2011年に、彼は、オレゴン州立大学のリチャード・セッターステンとノースカロライナ大学チャペルヒル校社会学部のリサ・ピアースという2人の学者と共同研究し始めた。

セッターステンは、人間発達、加齢およびライフコース研究における著名人であり、エルダーは、ノースウエスタン大学の大学院生であったころから彼のことを知っていた。セッターステンは、バークリー人間発達研究所を直接知っており、オークランドとバークリーで保管された記録からデータを用いて研究をしていた。ピアースは、UNC-CHでのエルダーの同僚であり、家族、ジェンダー、および宗教の社会学の専門家であった。ピアースは、エルダーがオークランドやバークリーの研究で用いた研究法である混合法を用いた研究において高い評価を受けていた。

40年もの歴史のあるプロジェクトに加わるためには、手元にある資料で、プロジェクトがどのように進展してきたのかを理解しなければならなかった。私たちは、まず初期の各章の草稿について元の枠組みの中で順番に議論し、それらの草稿の修正を受け入れ、新しい章を加え、さらなるデータの必要性に気づいた。最初のレビューの後、デンバーで2012年に開催されたアメリカ社会学会年次大会の間に、私たちは2日間会合を持ち、提案された巻の完全な章立てを作成した。

それから、私たちは、新しい章を書き、古い章を書き直し、それぞれの草稿を交代で修正した。私たちは、定期的に、電話をしたり、直接会ったりして、

付録

本の構成や話の筋、章の改訂、保管データ記録、質的・量的分析、および将来の課題について議論した。出来上がった原稿の中に、このプロジェクトの初期の歴史にある、その基盤が描かれており、私たちは、それを可能にしてくれたすべての人々に感謝している。しかし、9年間以上続いた、私たちの深く粘り強い協力関係は、私たちの特有の強みと専門性を活かし、結果として、私たちならではの一冊を生み出した。それは、20世紀の革命的な変化が1900年世代のアメリカの男性や女性、そして彼らの家族にどのような影響を及ぼしたのかを明らかにするものである。

付録C　1962年から2019年にかけての本プロジェクトのストーリー

❖ 注

1. バークリーでのデータの準備には、ハーフタイムの事務スタッフであったナタリー・ルケイジー（Natalie Luchese）の助力とともに、ステファン・シュルツ（Stephen Schultz）とジェラルド・ブーアー（Jerrold Buerer）による有能なコード化が含まれていた。ジャニス・ストラウド（Janice Stroud）とエリザベス・ウィルソン（Elizabeth Wilson）は、その年のほとんど、コード化を手伝ってくれた。研究所のスタッフのシニアメンバーであったマージョリー・ホンジック（Marjorie Honzik）は、研究所の事務助手であったローズ・フォックス（Rose Fox）やキャロル・フフィン（Carol Huffine）と同様に、バークリー研究に関して、とても価値のあるガイダンスを提供してくれた。研究所のデータ管理者であるバーバラ・ブレク（Barbara Burek）は、1970年代を通して重要な役割を果たしてくれた。

2. このプロジェクトは、研究所の副所長であったエンジェル・ベザ（Angel Beza）から価値ある支援を受けた。方法論的な訓練を受けた大学院生であるトム・ヘイスティングス（Tom Hastings）とドン・ケルヒャー（Don Kacher）は、データ解析における専門的な支援をしてくれた。彼らは、国立精神衛生研究所の関連するプロジェクトで、次の2年間も、社会学におけるエルダーの博士課程の学生であったハワード・サックス（Howard Sacks）やシェイラ・ベネット（Sheila Bennett）とともに研究助手であり続けた。

3. UNCの同僚であったリチャード・ロックウェル（Richard Rockwell）は、デイビッド・ロス（David Ross）とともに、ボーイズ・タウン研究センターの研究チームに加わった。オマハのリンダ・ハント（Linda Hunt）、ジャニ・モリソン（Jani Morrison）、スーザン・パズ（Suzan Paz）は、価値のある統計的作業や事務作業をしてくれた。

4. エルダーは、評価の高い2人の研究員、ベルナード・ジョウォルスキー（Bernard Jawarski）とデボラ・マキニス（Deborha McInnis）とともに、マサチューセッツ大学社会学部からジェフリー・ライカー（Jeffrey Liker）をポスドク研究員として採用した。コーネル大学人間発達課程を卒業したばかりのキャシー・クロス（Cathy Cross）は、研究スタッフの中心的なメンバーになり、もう1人のコーネル大学の卒業生であるスティーブ・スチュワート（Steve Stewart）は専門的なデータ解析を行った。

393

監訳者あとがき

　本書『「大恐慌の子どもたち」親世代のライフコース―― 20 世紀を生きた
アメリカ人の家族・ジェンダー・人間発達』(*Living on the Edge: An American
Generation's Journey through the Twentieth Century*) を翻訳することになった
きっかけは、2021 年に『【完全版】大恐慌の子どもたち――社会変動とライフ
コース』(明石書店、2023) の「第 11 章 『大恐慌の子どもたち』その後」の翻
訳に携わっていたときであった。同書の監訳者であった川浦康至先生 (東京経
済大学名誉教授) に「エルダーの著作として、こういう本も出ているよ」と教
えていただいたのである。そうこうしている内に、エルダー教授の新刊書とし
て本書を明石書店で翻訳する流れができたのである。
　グレン・H・エルダー・Jr. のライフコース研究を初めて日本に紹介された
のは *Children of the Great Depression: Social Change in Life Experience* (The
University of Chicago Press, 1974) を『大恐慌の子どもたち』として 1986 年に
明石書店より翻訳・出版された本田時雄先生 (文教大学名誉教授) の研究グルー
プ (女性の生活史研究会) であった。本田先生は、あとがきの中で「われわれ
の研究のテーマは個人の受精から死亡までの発達を生活という文脈の中で考え
ることで、従来の発達心理学に時代背景を導入して『生活史』という用語を用
いてコホート分析を行ってきたが、社会学や歴史学の用法とやや異なっており、
もっと適切なコトバを探していた。ちょうどそのような時に、『ライフコー
ス』に出会ったのである」と振り返っておられる。本田先生は、「心理学にお
いては、時代や地域にかかわらず、人は典型的な発達を遂げる、ということが
暗黙に仮定されることが多いが、実際の人間は、歴史や場所から大きな影響を
受けている。そして、その個人そのものが時代や歴史を作り上げる力を持って
いる」というお考えをお持ちであった。そのようなダイナミックで多様な人間
の生きざまを描き出したいという本田先生のお考えに、社会学領域のエルダー
のライフコース理論がマッチしたのだと思う。

395

本田時雄先生は、その後も、エルダーの著作を数多く翻訳、出版され、日本の心理学界にエルダーのライフコース理論の重要性を伝え続けられた。翻訳書としては『大恐慌の子どもたち』（明石書店、1986）を初めとして、『時間と空間の中の子どもたち』（金子書房、1997）、『発達科学』（ブレーン出版、2006）、『ライフコース研究の技法』（明石書店、2013）がある。また、日本の心理学者たちと執筆された『ライフコースの心理学』（斎藤耕二・本田時雄編著、金子書房、2001）についても、ここで取り上げておきたい。私は、学部学生のころに本田先生にお会いしてから、30 年近くに渡り、ご指導を受けつつ、何冊か共訳させていただく中でライフコース理論を学んできた。ライフコース理論には、①歴史的時間と場所、②タイミング、③リンクされた人生、④人間の主体性という 4 つのパラダイムがあり、その枠組みを用いて、時代や文化を超えた人間の生き方を明らかにすることが試みられている。理論的な関心を持たれた方は、上記の関連書を読んでいただけるとよいと思う。

さて、本書は、1900 年ごろに出生した、『大恐慌の子どもたち』の親世代の人たちの 1 世紀にわたる人生の実証的な追跡記録である。これほどまでに長期間にわたって人の人生を追跡したものは少ない。20 世紀という時代においては、我が国を含む、世界中の人々が、これまでに経験したことのないほどの急激な変化を体験してきたのではないだろうか。本書は、アメリカ人のライフコースを追跡したものではあるが、急激な社会変動に振り回されつつ、その先端に立ち（*Living on the Edge*）、新たな時代を作り出していく人間の生きざまが描き出されている。読者の方には、本書から、そのようなことを感じ取っていただけると、監訳者として嬉しく思う。

本書は、本田時雄先生と斎藤耕二先生（東京学芸大学名誉教授）が 1986 年に設立し、現在、私が代表を務めている日本発達心理学会のライフコース分科会のメンバーを中心に翻訳を依頼し、出版にこぎつけることができた。翻訳者の皆さん、明石書店編集者の神野斉さん、校正作業を担当下さった寺澤正好さんのご尽力に厚く感謝したい。また、原書の内容に関する問い合わせに丁寧に対応してくださったエルダー教授、セッターステン教授にも厚く感謝申し上げる。そして、最後に、歴史や地域の中で生きる

監訳者あとがき

人間の実像に目を向けるよう、長年にわたり、ご指導いただきました本田時雄先生に、ここに改めて厚く感謝申し上げたい。

　2025 年 2 月

監訳者
岡林　秀樹

人名索引

（ア行）

アイゼンバーグ , フィリップ（Eisenberg, Philip） 195

アダムス , ジェーン（Addams, Jane） 179

アンダーソン , ミッシェル（Anderson, Michael） 219

ヴァージ , アーサー（Verge, Arthur） 246, 260

ウィルコックス , W. ブラッドフォード（Wilcox, W. Bradford） 127

ヴィルト , ルイス（Wirth, Louis） 139

ウィルモット , ピーター（Wilmott, Peter） 120

ウェラー , ジャック（Weller, Jack） 185

ウォーラー , ウィラード（Waller, Willard） 254

ウォーリン , ポール（Wallin, Paul） 103

ウォーレン , アール（Warren, Earl） 249, 267

ウリオ , ジェームズ A（Ulio, James A） 267

エリクソン , エリック（Erikson, Erik） 344, 349, 380, 382

エリクソン , ジョーン（Erikson, Joan） 380, 382

エルダー , グレン（Elder, Glen） 19, 34-35, 41, 145, 207, 210, 375, 377, 383-386, 388-391, 393

オグバーン , ウィリアム (Ogburn, William) 108

オッペンハイマー , ロバート（Oppenheimer, Robert） 31

（カ行）

ガーソン , キャスリーン（Gerson, Kathleen） 143

カーディナー , エイブラム（Kardiner, Abram） 196

カーツワイル , レイ（Kurzweil, Ray） 37

カール , ジョセフ（Kahl, Joseph） 175, 179, 378

カイザー , ヘンリー（Kaiser, Henry） **40, 244-245, 256-257, 275**

カイパース , ジョー（Kuypers, Joe） 379

キヴニック , ヘレン（Kivnick, Helen） 344, 380, 382

キルケゴール , セーレン（Kierkegaard, Søren） 332

グード , ウィリアム (Goode, William) 136

グローヴス , アーネスト（Groves, Ernest） 135, 139-140

クローセン , ジョン（Clausen, John） 383-384

クリスティーナ , シモンズ（Simmons, Christina） 114

ケイン , レナード（Cain, Leonard） 25, 353

ケルステン , アンドリュー E（Kersten, Andrew E） 262

ケルナー , ハンスフリード（Kellner, Hansfried） 139

ゴードン , ロバート（Gordon, Robert） 15, 18, 332, 356

ゴールディン , クラウディア（Goldin, Claudia） 312

人名索引

コットレル , レナード S（Cottrell, Leonard S）121-123, 130, 135, 139, 141
コマロフスキー , ミラ（Komarovsky, Mirra）127

（サ行）

サーンストロム , ステファン（Thernstrom, Stephan）58, 158
サムナー , ウィリアム , グラハム（Sumner, William Graham）70
シュトルツ , ハーバート R(Stolz, Herbert R) 375
ジョーンズ , ハロルド（Jones, Harold） 375
スター , ケビン（Starr, Kevin）246
ズナニエツキ , フロリアン（Znaniecki, Florian）20
スノー , C. P（Snow, C. P）261
スプロール , ロバート ゴードン（Sproul, Robert Gordon）30
スポック , ベンジャミン（Spock, Benjamin）307
スミス , M. ブリュースター（Smith, M. Brewster）213

（タ行）

ターマン , ルイス（Terman, Lewis）32
タトル , ウィリアム（Tuttle, William）265
タフト , ウィリアム ハワード（Taft, William Howard）260
ダマスケ , サラ（Damaske, Sarah）296
チャーチル , ウィンストン（Churchill, Winston）244
ディケンズ , チャールズ（Dickens, Charles）346
デウィット , ジョン L（DeWitt, John L） 245

デグラー , カール（Degler, Carl）97
デュルケーム , エミール（Durkheim, Émile）137
デル , フロイド（Dell, Floyd）114
トーマス , ウィリアム アイザック（Thomas, William I）20-21, 36
トーマス , C. B（Thomas, C. B）196
トーマス , ドロシー スワイン（Thomas, Dorothy Swaine）36

（ナ行）

ヌードセン , ウィリアム（Knudsen, William）244
ノック , スティーブン L（Nock, Steven L） 127, 143

（ハ行）

バーガー , ピーター L（Berger, Peter L） 139
バークリー , ジョージ（Berkeley, George） 27
バージェス , アーネスト W（Burgess, Ernest W）44, 103, 121-123, 130, 135, 139
バーバー , エリナー（Barber, Elinor）222
ハーマン , アーサー（Herman, Arthur） 248
バウムリンド , ダイアナ（Baumrind, Dianna）327
バッケ , E. ワイト（Bakke, E. Wight）174
ハッチンソン , E. P（Hutchinson, E. P）58
ハミルトン , ジェームズ（Hamilton, James）257
ハリス , クリストファー（Harris, Christopher）220
ピアソン , ヘレン（Pearson, Helen）357
ヒル , ルーベン（Hill, Reuben）84

ファース , レイモンド（Firth, Raymond）
220

ファインガン , T. アルドリッチ（Finegan, T.
Aldrich） 296

フィールド , ドロシー（Field, Dorothy）
347, 380

フィッシャー , クロード（Fischer, Claude）
140

フーバー , ハーバート（Hoover, Herbert）
17, 79

フォークナー , ウィリアム（Faulkner,
William） 331

フォータス , メイヤー（Fortes, Meyer）
221

フォード , ヘンリー（Ford, Henry） 94

フランク , ローレンス（Frank, Lawrence）
38

フリードマン , トーマス（Friedman,
Thomas） 37

フリンク , ジェームズ（Flink, James） 94

フロイト , ジークムント（Freud,
Sigmund） 124, 307

ベイリー , ナンシー（Bayley, Nancy） 379,
383

ヘイル , ジョー マイリ（Hale, Jo Mhairi）
358

ヘインズ , ミッシェル（Haines, Michael）
91

ベダーマン , ゲイル（Bederman, Gail）
140

ホール , G. スタンレー（Hall, G. Stanley）
303

ボサード , ジェームズ（Bossard, James）
262

ホリングスヘッド , オーガスト
（Hollingshead, August） 326

ボルス , ウィリアム（Bolce, William） 257

ホルト , L. エメット（Holt, L. Emmett）
303

（マ行）

マーガレット , ゴードン（Gordon,
Margaret） 48

マーゴ , ロバート（Margo, Robert） 296

マーシャル , ジョージ C（Marshall, George
C） 244

マース , ヘンリー（Maas, Henry） 379

マートン , ロバート K（Merton, Robert K）
222

マクファーレン , ジーン ウォーカー
（Macfarlane, Jean Walker） 18-20, 28,
32-34, 38, 123-124, 141, 349, 352, 375-
377, 379-380, 383, 385

マックウイリアムス , ケアリー
（McWilliams, Carey） 17, 37

ミーチャム , ジョン（Meacham, Jon）
261

ミルズ , C. ライト（Mills, C. Wright） 44

ミンクラー , メレディス（Minkler,
Meredith） 358-359

ムッソリーニ , ベニート（Mussolini,
Benito） 260

モリッシー , チャールズ（Morrissey,
Charles T） 34, 388, 391

（ヤ行）

ヤング , マイケル（Young, Michael） 120

（ラ行）

ライダー , ノーマン（Ryder, Norman） 39,
215-216

ライト , キャロル（Wright, Carroll） 91

ラザースフェルド , ポール（Lazarsfeld,
Paul） 195

ラスキー , ハロルド（Laski, Harold） 90
ラスロップ , ジュリア（Lathrop, Julia）
　304
ラックマン , マギー E（Lachman, Margie E）
　359
ラロー , アネット（Lareau, Annette） 308
リップマン , ウォルター（Lippmann,
　Walter） 16-17, 26, 36-37
リプセット , シーモア マーチン（Lipset,
　Seymour Martin） 90
リンド , ヘレン（Lynd, Helen） 16, 161,
　174, 185, 314, 346
リンド , ロバート・S（Lynd, Robert S）
　16, 161, 173-174, 185, 314, 346
ルーズベルト , エレノア（Roosevelt,
　Eleanor） 257
ルーズベルト , フランクリン（Roosevelt,
　Franklin D） 243-244, 260, 334, 360
ルービノウ , I. M（Rubinow, I. M） 89
ルクテンバーグ , ウイリアム
　（Leuchtenburg, William） 73, 89
レインウォーター , リー（Rainwater, Lee）
　134, 142-143, 216
ローレンス , アーネスト（Lawrence,
　Ernest） 31
ロス , エドワード（Ross, Edward） 108
ロッサー , コリン（Rosser, Colin） 220
ロッシ , アリス（Rossi, Alice） 114

（ワ行）

ワーナー , W. ロイド（Warner, W. Lloyd）
　90
ワズワース , マイケル（Wadsworth,
　Michael） 360

401

書名・番組名索引

（あ行）

『あなたの子ども』（ラジオ番組、Your Child）　306
『親』（雑誌、Parents）　306

（か行）

『昨日の人々』（ウェラー、Yesterday's People (Weller)）　185
『子ども』（雑誌、Child, The）　306
『子どもの世話と食事』（ホルト、Care and Feeding of Children (Holt)）　303
『困窮者は子どもを産む』（レインウォーター、And the Poor Get Children (Rainwater)）　205

（さ行）

『児童発達モノグラフ』（児童発達研究協会（SRCD）、Child Development Monographs）　306
『ジャネット・マーチ』（デル、Janet March (Dell)）　114
『就学時における子どもの心理』（ホール、Contents of Children's Minds upon Entering School, The (Hall)）　303
『スポック博士の育児書』（スポック、Common Sense Book of Baby and Child Care, The(Spock)）　307
『青年期』（ホール、Adolescence (Hall)）　303
『戦時下の子どもたち』（ラジオ放送、Children in Wartime）　307

（た行）

『大恐慌の子どもたち』（エルダー、Children of the Great Depression (Elder)）　145, 383-384, 389

（な行）

『二都物語』（ディケンズ、Tale of Two Cities, A (Dickens)）　346
『乳児ケア』（出版物、Infant Care）　324

（ま行）

『マイ・ウォー』（ラジオ番組、My War）　266
『ミドルタウン』（リンド夫妻、Middletown (Lynd and Lynd)）　154, 161, 173, 185, 346

用語索引

（あ行）

愛国心　270, 293, 297
アイルランド　47, 56
アメリカ児童局　304-307
アメリカ心臓法　360
アメリカ合衆国　18, 20-21, 23, 25-27, 30-32, 36-37, 43, 52, 54-55, 63, 98, 158, 246, 266, 304, 318, 322, 331-333, 335-337, 350-351, 356, 378, 388
　　──における高校教育　74
　　──における正当化された報酬の不平等　155
　　──における民間人口の減少　252
　　──の子育て　303
　　──の西部開拓　27
　　民主主義の兵器廠としての──　244
アメリカ国立衛生研究所（NIH）　350
アメリカ国立科学財団（NSF）　385, 388
アメリカ国立精神衛生研究所（NIMH）　388
アメリカンドリーム　72
イギリス　56, 60, 244, 245, 336, 350, 357, 360　→　イングランドも参照
育児　107, 110, 112, 138, 248, 312, 347　　→　子育ても参照
　　科学的な──　309
　　共和主義的な母性による──　303
育児委員会　271
移行　→　出産、育児、教育、結婚、移住、子育て、仕事も参照
　　軌道の一部分としての──　65
　　成人への──　22, 24

女性の──　104, 354
男性の──　87
──のタイミング　20
息子たちの──　316-318
娘たちの──　318-321
移住　16, 47, 48, 254, 388　→　連鎖移住、移民も参照
　　個別化をもたらすものとしての──　53
　　西部への──　45
　　──に関して、惹きつける要因と押し出す要因　43, 49, 51, 64
　　──に関連する個人の特徴　51
　　連鎖──　52, 351
イタリア　31, 52-53, 246
移民　27, 45, 60, 63　→　連鎖移住、移住も参照
　　外国生まれの──と工場労働　58
　　大規模な──
　　──の第二世代の移動性　58
異類婚　131　→　同類婚も参照
イングランド　47, 52, 56
ヴィクトリー船　276
エゴ・レジリエンス　186
オーキー　254-255, 275
オークランド成長研究　379

（か行）

階級　333　→　中流階級、境階級、労働者階級も参照
　　──と剥奪　229, 231
　　──の価値観　235
　　──の違い　226-228, 236
　　──パターン　227

外国人土地法　258

概念としての軌道　20

概念としてのコホート　24-26, 39

過剰消費　73

家族　17-30, 32-35, 40, 43, 44, 101-104,
　111-115, 128, 193, 240, 265, 344, 355　→
　出産、児童発達、育児、親族、結婚、子育
　ても参照

「相手のせいにする」——関係　192

アメリカ生まれの——　54, 56, 58-60,
　64

——移住パターン　53, 379

意図的育成をする——　308

援助を受ける——と階級差　228

外国生まれの——　54-56

核世帯の——　239

技術革新に対する——の経験　351

経済的に逼迫した——　166-167, 184,
　194

——構造　134, 234, 322

里親保育をする——　307

親密な——像　306

——生活　49, 61, 120, 125, 132, 137, 206,
　220, 224, 262, 377

——制度　136

大恐慌が——に及ぼす影響　148, 159,
　167, 219-223, 229, 239

——タイプ　134-135

多世帯——　232

地域社会の変化と——の適応　250-261

地域における同類婚という——のパター
　ン　56-57

——において、最も満足させられるもの
　としての孫　349

——における社会学的両価性　222

——における社会的安定の維持　173

——における宿泊人　239

——における「正当な見返り」について
　の考え方　190

——における性別役割分業　120

——における世代間緊張　235-237

——における世代コホートの違い　25

——における世帯の拡大　234, 236

——における世帯の共有　235

——における道徳的美徳の伝承　70

——における独自性　350

——における、人として尊敬される態度、
　立派さ、社会的尊重、他者からの尊敬
　193

——における物質的支援　224, 230

——における不法行為への懸念　256

——における役割　184, 213, 281, 286

——に親族を迎え入れること　233

二世帯住宅の——　223, 232, 239

——農場　54

——の稼ぎ手　44, 73, 137, 155, 292-
　293, 311, 342, 347

——の葛藤　205, 210

——の加入　235

——の行事としての日曜日のドライブ
　82

——の経済的不安感　180, 212-213

——の互酬性　221-222

——の困窮　148, 187, 207, 209, 238,
　280, 286, 293, 338, 341-342

——の社会階級　64, 77, 133, 150, 185,
　220-221, 234-235

——の社会的地位　174-175

——の収入　77-78, 81, 84, 86-87, 105-
　106, 109, 131, 145, 147, 149, 152, 173,
　182, 239, 285, 292, 329, 333, 338, 384

——の出自　61, 69, 72, 96, 98, 122, 132

——の出生地の履歴　55

——の生活水準　70-71, 282-283, 351,
　353, 356

——の生活の中心となった子どもたち
　308

——の体面を保つ　183

——の立ち直り　201, 204

——の適応　173, 208, 250, 272, 387

——の都市化　56

——のニーズ　30, 160, 162, 181, 230, 354

——の人数　61, 62, 64, 73 ,75, 78, 108, 198

——の剥奪　148, 150, 152, 212

——のプライバシー、環境の制御　82

——の要塞　278

——のライフステージ　227, 229, 230, 234

——の連鎖移住　351

——の連帯感　260

複数の——の同居　233

——への公的支援　192

崩壊した——　63

リンクされた人生としての——　51

家族計画　134, 202, 205　→ 避妊、出産、避妊具、多産傾向・出生率も参照

——の両義的な性質　205

家庭の近代化　16

カトリック教義への信仰　61-62, 92

——と出生率　61-62

カナダ　56, 60

カリフォルニア・カレッジ（農業・鉱業・機械工学のカレッジ）

——の合併　27

カリフォルニア（州）　18, 23, 27, 30-31, 38, 57, 74, 96, 251, 263, 331, 334, 351-353

——雇用促進局（WPA）　207

戦争によって引き起こされた差し迫った問題としての——での育児　270-271

——大陸横断鉄道　46-47

——での戦争準備　246

都市としての——　48-49

——と農業との関連　48

——ドリーム　48

——における西部の魅力と神秘性　51

——における地方の貧困層　48

——における反日感情　258, 272

——に惹きつける要因と押し出す要因　352

——熱　51

——の機会の歴史　28

——の郷愁　48

——の人口の構成要素としての中西部出身者　49

——の製造業　47

——の成長　46

——への国外からの移住　47

——への他州からの移住　43, 45, 47, 48-52, 56, 351

——への連鎖移住　52

民主主義の兵器廠としての——　249

よりよい人生（生活）を追求するための——　28, 43, 74, 351

カリフォルニア州オークランド　25-26, 28-31, 46, 50, 57, 145, 150, 152, 246, 250, 252, 264, 269, 383-388

——におけるストライキ　162

カリフォルニア州サンタバーバラ　246

カリフォルニア州サンフランシスコ　19, 22, 24, 27-31, 38, 40, 50, 226, 245, 256, 264

——地震（1906）　28, 30

——における戦時動員　390

——の造船業　40

——の人口増加　252

——への再定住　46

カリフォルニア州トゥールレイクキャンプ　258

カリフォルニア州バークリー　18-19, 21-35, 43, 45, 50, 95, 96, 145-146, 147-148, 244-245, 250, 266, 351, 385-388　→ カリフォルニア大学バークリー校も参照

——に「新しく来た黒人」対「以前か

405

ら住んでいた黒人」 255
――における下宿人 252
――における黒人の人口 255, 261
――における住宅不足 252-253
――における住民の「混在」 254
――における人口増加 27-29, 46-47
――における人種の多様性（多様化）
32
――におけるストライキ 162
――における 1923 年の大火 29, 50, 85
――における「古いバークリー」 32,
271
――のアパート 92-93, 175-176
――の丘陵地帯 92-93, 175-176
カリフォルニア州東海岸 29, 274
――における黒人の人口 255
――における住民の「混在」 254
――の人口増加 252
カリフォルニア州リッチモンド 53, 245,
252
カリフォルニア大学バークリー校 27, 43,
45, 51, 74, 96, 97, 100, 317
――児童福祉研究所 375-376, 383
――における女性の入学許可 21, 27-
28
――人間発達研究所（IHD） 18, 31, 34,
38, 305, 344, 350, 358, 376, 383, 391
――の学費無料 28, 96
カリフォルニアのゴールドラッシュ 251
カンザス州 49, 52
義務教育法 51
9/11 テロ攻撃（米国同時多発テロ） 65
救貧法 155
教育 22, 30, 62, 64, 96-98, 129, 133, 145,
148, 155, 267, 85, 309, 379-380, 388
カトリックの家庭の―― 92
高等―― 317-319, 331, 345, 351, 353-
354
子どもたちの―― 281, 312

少女たちの―― 318-321
少年たちの―― 318
女性の―― 95-99, 102-103, 111, 120,
136, 200, 280, 285, 294, 311, 318, 321,
322, 332, 341, 346, 352
正規の―― 72, 74-75, 158, 161, 318
男女間の――の平等 136-137
男性の―― 43, 59, 69, 72-76, 79, 96,
137, 158-164, 168, 317-318, 353
――と核家族化 137
――と債務 79, 82
――と社会階級 111
――と社会経済的地位 74-75, 79
――と職業的地位 72, 75-76
――と性差別 98
――と中流階級 178
――と友愛結婚 104, 111, 113
極右的な運動 246
禁酒法 312
近代化 16
空席の連鎖 279
結婚 19-25, 34, 43, 51, 64, 70, 80, 88, 95,
96, 99-104, 180, 187, 189-190, 223, 270,
281, 284, 287, 290-292, 294-298, 312,
316-317, 331, 337, 344, 381, 388 → 家
族、男性、女性も参照
移行的な――パターン 123, 133-134
――幸福度 146
幸せな――の要因 124
――していた夫婦の離婚 102, 286-287,
289, 293, 319, 338-339, 344, 349
――している夫婦関係のコード化 135,
385-386, 393
――している夫婦間サポートの緩衝効果
186
――している夫婦間のサポート 193
――している夫婦間のストレス 44
――している夫婦間の違い 127-128
――している夫婦における経済的問題に

関する衝突　125
──している夫婦における、人として尊敬される態度、立派さ、社会的尊重、他者からの尊敬　178-179
──している夫婦の相性　122, 123, 130, 131, 132-135
──している夫婦の生い立ち　132-133
──している夫婦の絆　348-349
──している夫婦の共通のバックグラウンド　129
──している夫婦の共有経験　126-128, 134
──している夫婦の子どもたち　198-215
──している夫婦の子どものしつけ　125, 127, 130, 132, 210
──している夫婦のコミュニケーション　121, 126, 135, 137
──している夫婦の収入減　210
──している夫婦の生活水準　137
──している夫婦の性的関係　125-127
──している夫婦の世代間葛藤　356
──している夫婦の世代差　237, 335
──している夫婦の年齢差　122, 129-131, 142, 335
──している夫婦の不平等　133-135
──している夫婦の役割志向　135
社会的構成としての──　139
──する義務　320
──生活における調整　123-124, 128, 135
──生活における平等　34, 120, 122, 133, 135-137, 311, 322
──世帯の変化　121
対称的──　133-134
中流階級の──　88, 121, 134-137, 145-146, 152-154, 158-161, 163, 166-169, 175-179, 306-307, 333, 355
──と核家族化　137

──と、経済的窮乏および家族のトラウマとの関連　125
──とコミュニティ　103, 110-114
──と社会的地位　175
──と出産　148, 205
──と情緒的健康　188-189, 199, 335, 341, 357
──と他世帯との同居　234
──と友愛　108, 120, 124, 130, 137
──における愛情表現　126
──における異類婚　131
──における家族タイプの違い　134-135
──における後悔　102
──における社会心理学的な相互作用の過程　123
──における社会的優位　130, 133
──における出自の違い　122
──における選択の問題　108
──における相互性　112, 120, 126, 135-137, 378
──における同類婚という配偶者選択　128
──における配偶者選択　103
──における平等主義　123, 133-136, 143
──における不適合　202
──における友愛的結婚　104, 113, 114, 123, 135, 143, 354
──におけるレジリエントな適応　186
──の延期　101
──の社会経済的背景　131-132
──のタイミング　76, 102
──の内実　133-138
──の崩壊　128
非対称的──　123, 130, 133-135, 235
良い──　123
労働者階級の──　132-135, 145-146
黄塵地帯（ダスト・ボウル）　49, 254, 351

公的支援 192 → バークリー福祉協会も
　参照
高齢世代研究 343
国民健康調査 232
互酬性 221-222, 228
個人主義 48, 94, 155
子育て（しつけ） 19, 23, 303 → 児童発
　達、育児も参照
　科学的な根拠に基づく—— 303, 307,
　　321
　学習するべきスキルとしての—— 307,
　　321, 355
　権威的な—— 315, 323
　児童発達と—— 305
　——スタイル 306
　——という課題 313-316, 322
　——と性別 23
　——と徹底した子育て 355
　——と孫の世話 344, 380
　——と息子への親の期待 316-318, 379
　——と娘への親の期待 311, 318-321,
　　379
　——における父親の役割 306
　——の世代的変化 309, 315, 321, 323
　——方略 309
子ども 76 → 子どもの発達、子育ても参
　照
　親を剝奪された—— 213
　大恐慌の——への影響 389
　——における少女と少年の違い 211
　——の学習性無力感 213
　——の虐待 210-211, 215
　——の困窮 61
　——の性差 212
　——の暴発 210-211
　——への一貫性のないしつけ 210
コホート差 → 年齢差も参照
　教育と出生率の—— 108
　結婚に関する視点の—— 130-131

出身地と血縁の—— 53-54, 57, 58
女性における友愛結婚の—— 113
人生への願望の—— 101
生存率の—— 357
第一次世界大戦の終わりの男たちの——
　69
第二次世界大戦における労働の——
　281, 288
第二次世界大戦に遭遇した時機の——
　247
——と 1900 年世代の独自性 350-353
——と転換期にある世代 25, 353
——と夫婦間の年齢差の拡大 130
——と兵役 91
——と未来への懸け橋としての 1900 年
　世代 353-355
雇用促進局（WAP） 207, 292, 330

（さ行）

再工業化 30
サウス・ダコタ 52
産児制限 202, 204, 205
サンフランシスコ・ベイエリア 22-23,
　43, 45, 55-57, 221, 239, 244-245, 249, 251,
　257, 261, 266, 271, 273, 279, 288, 312, 336,
　379, 390
　海軍の船舶修理の中心地としての——
　　275
　黒人移民の——への流入 254-255
　——における結婚している女性の就業
　　337
　——における人種的緊張 255
　——における戦時動員 279
　——における日本人に対する恐怖 258
　——における日本人の人口 260, 272
　——の都市化 56
　防衛の要所としての—— 47
　貧しい南部出身者の——への流入 254

シェパード・タウナー法　305
ジェンダー　136, 235, 268, 302, 391　→
　　男性、女性も参照
　　——イデオロギー　310, 322
　　——関係　136, 143
　　子どもの——　211-213
　　——差　185
　　——差別　98, 293
　　地位の差別化要因としての——　25
　　——と健康　186-189
　　——とコホート差　215
　　——と仕事の分離　104
　　——と失業状態と精神的健康　193
　　——と出生コホート　25
　　——と成人期のモデル　105
　　——と精神的健康　193
　　——についてのしつけ　23
　　——による差異　389
　　——による役割分業　120
　　——の慣習に挑戦する「モダンウーマン」
　　　312
　　——役割　322, 353-355
　　——役割期待　353
　　——役割規範　347, 352
自宅所有
　　女性の——への態度　79-80, 106-107
　　男性の——への態度　44, 79-82, 106
　　中核的価値としての——　44
　　——と倹約との関連　83
　　——と中流階級　106
　　——と年齢差　80-82
　　——と、人として尊敬される態度、立
　　　派さ、社会的尊重、他者からの尊敬
　　　80, 175
　　——と労働者階級　106
　　——に対する満足　80-82
　　身の丈の反映としての——　81
失業　26, 121, 145, 152, 158-159　→　無職
　　も参照

　　——がもたらす長期的な影響　161
　　苦痛としての——　353
　　情緒的健康への——の悪影響　335
　　長期的剥奪の原因としての——　389
　　——と家族への暴力　199
　　——と性格への問題視　231
シックス・カンパニーズ　245
児童研究運動　303
自動車による移動性　94
　　——と地位　82
児童心理学　309
児童発達（子どもの発達）　19, 23　→　児
　　童心理学、出産、子育ても参照
　　——とフロイトの思想に由来する新しい
　　　言葉　306
　　——についての科学の出現　323
児童発達研究協会（SRCD）　305
児童福祉サービス　306
児童労働法　91
師範学校　97
資本主義の行動原理　70
社会階級　22, 25, 29, 76-78, 82-84, 114,
　　133-134, 137, 147, 162, 199-201, 335-
　　336, 341, 359　→　剥奪、中流階級、労働
　　者階級も参照
　　アメリカの——システム　175
　　——格差
　　中流階級という——　76-78
　　——と家族　64, 78, 132, 152, 180, 185,
　　　220, 235
　　——と家族ステージ　220-221
　　——と教育　111
　　——と業種　156
　　——と世代の同一性　235
　　——と剥奪　165-166, 229
　　——と、人として尊敬される態度、立
　　　派さ、社会的尊重、他者からの尊敬
　　　173-174
　　——と夫婦の相性　134

——の上昇移動　175
　　——の測定　76-77
　　——の用語　76
　　剝奪されなかった——　165-167
　　労働者階級という——　76-78
社会秩序の崩壊　253
社会的ダーウィニズム　70-72, 89
社会的地位
　　収入減の心理学的影響の——による違い
　　　174
　　——と階級差　174
　　——の変化　173
社会的流動性　58, 70, 80　→　流動性も参
　　照
社会保険　70, 89
社会保障法　306
収穫加速の法則　37
宗教　92, 122, 125, 129, 226, 377, 391　→
　　カトリック教義への信仰も参照
縦断研究　26, 32, 38, 298, 350, 383-384,
　　391
縦断的望遠鏡　349
主体性　20
　　女性の——　115
出産　20-22, 24, 64, 101, 108, 110, 146,
　　199, 200, 202-203, 205, 270, 280-281,
　　284-286, 290-291, 320　→　産児制限、避
　　妊、家族計画、出生率も参照
生涯発達　20
少年非行　253, 267
勝利の庭園　266
女性　→　ジェンダー、男性も参照
　　一家の稼ぎ手としての——　340
　　——が親になること　96
　　——が母親としての仕事に集中的に力を
　　　注ぐこと　109, 114, 295
　　——が友愛的な婚姻関係を求めること
　　　111, 113-114, 354
　　既婚——の仕事　290-295, 297-298

キャリアウーマンとしての——　311
銃後および国内における——に対する戦
　　争動員　262-263
主婦としての——　106, 110, 120, 127,
　　135
生活に対する——の不満　182-183
戦時下における——の労働　297-298,
　　311, 337, 347
大恐慌の——への影響　354
中流階級の——　111, 282, 286, 336,
　　339-342, 345, 352, 354-355
——と結婚　95-96, 101-104, 126, 137,
　　146
——とコミュニティ　107, 111-114
——と自宅所有　79-80, 106
——とパートナーシップ　108
——と伴侶性　108
——と、人として尊敬される態度、立
　　派さ、社会的尊重、他者からの尊敬
　　183
——と文化的スキーマ　113
——と保育　295-296
——と離婚　102, 286-287, 289, 293,
　　339, 346
——における「合間の時期」　102
——における稼ぎ手／主婦モデル　296,
　　298
——に対する社会規範への影響　100-
　　101
——における主体性の行使　115
——に対する性差別　98, 293
——にとっての二世帯同居　223
——の愛国心、第二次世界大戦中の労働
　　293, 294, 297-298
——の家事の責任における変化　108-
　　110
——の教育　96-99, 102-103, 120, 280,
　　285, 294, 311, 318, 321, 332, 341, 351
——の経済的困窮　174

用語索引

——の経済的な負担と夫婦間の緊張　182-184, 202, 213

——の経済的不安　182

——の子育て　107, 110, 112, 292

——の子育てへのアプローチ　355

——の幸せな結婚の要因　124

——の市民活動　107, 110, 114

——の社会的世界の拡がり　110-111

——の社会的地位　181

——の収入の重要な役割　293

——の就労経験　23, 96, 100-102, 109, 279-298, 307, 311, 319, 337, 347, 354

——の出産　101, 108, 110, 113

——の出産傾向　199-201

——の出自　96, 102-104

——の情緒的健康と経済的剥奪　357-358

——の生活水準　182

——のタイミングの悪い妊娠　204

——の地位　107

——のライフスタイル　104-107

——の労働力への参加　107

母親役割による——の分類　112, 113

バランスをとる人としての——　113

モダンウーマンとしての——　312

——役割の再定義　105

友愛的な主婦としての——　112

労働者階級の——　111, 270, 282-284, 294, 303, 317, 339-342

老年期の——　338-345

女性参政権運動　312

自立のイデオロギー　89

新興都市　251-252

人生の軌道としてのエイジング（老化/加齢）　20, 209, 338, 343-345, 364, 384, 391

親族（親類）　386　→　家族も参照

——依存　229

——コミュニティ　84, 85

——システム　220

——による様々な形態の支援　232

——ネットワーク　220

——の駆け引き　223

——の絆　219

——の経済的困窮　219

——の効果的セット　221

——の交流　227

——の道徳　221

労働者階級にとって重要な——　226

親族支援　232

最後の手段としての——　223

——と物質的援助　219-20

——のための資源の貯蓄や節約　219

——の力学　231

親族道徳

——における規範的利他主義　221

——における長期的な互恵関係　221

身体障碍児へのサービス　306

進歩主義運動　74

スカンジナビア　47, 56, 59, 60

スクラップ活動　266

性革命　114

青年　→　若者も参照

高等学校という——の社会的世界　326

——の違法行為　250

——の社会化のエージェント　314

世代間　19, 248, 349, 375-376, 379, 381, 386

——譲渡　83, 87

——世帯　22

——の女性たち　213

剥奪された家族における——の影響　212

——パターン　85

世代間格差　315　→　年齢差、コホート、コホート差も参照

1937-38 年の経済破綻　162, 220

1900 年世代の孫の世話　344, 349, 380

411

1900年世代の息子たち
　　——に対する親の期待　316-318
　　——の戦時中の努力　266
　　——の戦時中の不法行為　267-270
　　——の大恐慌の困窮　210-219
　　——の兵役　74, 289, 331, 337, 352, 379
　　若者の成長　316-318
1900年世代の娘たち
　　——がどのような大人になったか　318-321
　　——の戦時中の非行　267-270
　　——の大恐慌の苦難　211, 215
　　——への親の期待　311, 318
戦争　→　朝鮮戦争、第一次世界大戦、第二次世界大戦も参照
全米産業審議会　171
相互性　120
　　夫婦間の——　112, 126, 135, 143, 378
造船所　→　リバティ船も参照
　　——と女性　282, 287-290, 390
　　——と南部の白人たちと黒人たち　23, 256
　　——と保育所　271
　　——と、防衛関連支出、軍需産業　31, 245, 249, 275
　　——と未熟練労働者　245, 262
　　——の危険　262, 337

（た行）

第一次世界大戦　16, 25, 29, 50, 69, 74, 96, 107, 120, 296, 344, 348, 351
大恐慌　17-19, 21, 23-26, 29-30, 40, 44, 48, 64, 69, 73, 82, 105, 107, 111, 115, 125, 136, 176, 180, 181, 198, 241, 243, 247, 263, 270, 311, 329, 332-354, 357-358, 360, 378, 383-388
　　——下での長期失業のトラウマ　167
　　——期における群居　239

　　——期における建設・製造業　155-156
　　——期における困窮と流動性認知能力　358
　　——期における自営業　154, 156
　　——期における失業　26, 145-146, 158, 159, 335, 353
　　——期における社会階級, 世代の同一性　235
　　——期における出産　201-206
　　——期における女性の出産傾向　199-201
　　——期における親族関係　125, 219-221, 223, 232-233, 238, 389-340
　　——期における世代間の同居（二世帯化）　239, 381
　　——期における「大地へ帰れ運動」　208
　　——期におけるタイミングの悪い妊娠　204
　　——期における多世帯同居　233
　　——期における地位の変化　173
　　——期における長時間労働　154
　　——期における剝奪された家族と女性の絆　212
　　——期における不安定な職業生活　166
　　——期における物質的援助　220, 224, 227
　　——期に下宿人や宿泊人を受け入れること　232
　　情緒的健康に対する——の影響　189
　　中流階級に対する——の影響　148, 150, 173, 179-180, 283, 339
　　——の遺産　166, 168
　　バークリーの子どもに対する——の影響　389
　　バークリーの女性に対する——の影響　150, 181, 193, 354
　　バークリーの男性に対する——の影響　147, 148, 153, 157-158, 162, 168-169,

189, 193, 210, 353
──モデル　221, 227
労働者階級に対する──の影響　23,
148, 150-151, 179-180, 283, 336, 388-
390
大地へ帰れ運動　207
第二次世界大戦　18-19, 21, 23-26, 30-34,
37, 40, 47,64, 74, 115, 125, 148, 161-166,
189-192, 226, 240, 247, 252, 282-289,
292-294, 295-297, 302, 331-334, 336-
339, 344, 347-348, 351-352, 354, 357,
360, 378-379, 381, 383, 386-387, 390
経済的奇跡としての──　17, 37
女性が労働市場へ参入する時代の幕開
けとしての──　270, 272, 279, 283-
285, 297-298, 311, 337, 354
──中の男性　25, 92, 115, 294, 318,
331-333, 348
──と「古いバークリー」の終わり
271
──における産業動員　239
──における州戦争評議会、民間防衛
251
──における戦時動員　243-244, 250,
252, 254, 257, 262-264, 279-281, 333,
336, 344, 348, 351, 390
──における民主主義の兵器廠　30
──による家族の変化と適応　272
──による再工業化　352
対日戦勝記念日　47
大暴落　165, 174
多産傾向・出生率　61-62, 108, 134　→
避妊、出産、避妊具、家族計画も参照
男性　22-25, 27-28, 35, 45, 47, 50, 63, 146,
177, 209-210, 229, 281, 294-295, 310,
332, 347, 350, 379-381, 388-390　→
ジェンダー、女性も参照
稼ぎ手としての──　137, 292, 342,
353, 356-357

──が働く理由　89
──からの経験の共有　126
戦時中の──の労働　262-263, 272,
287-288, 333, 336-337
中流階級の──　106, 111, 152-154,
158-161, 168-169 , 178, 227-228, 333,
345
──と、男らしさの定義の変化　140
──と結婚　76, 102-104, 115, 122, 124-
125, 128-130, 133, 135-137, 178, 270,
281, 378
──と子育ての文化的転換　355
──と自営業　154, 162-163
──と、人として尊敬される態度、立
派さ、社会的尊重、他者からの尊敬
178, 183
──における稼ぎ手としての役割　322
──における夫婦間サポートの緩衝効果
186
──にとっての脅威としての分かち合い
44
──による子どものしつけ　210-214
──による 10 代への批判　345
──の教育　43,59, 69, 72-76, 79, 87-88,
92, 96, 137, 158, 160, 161, 168 , 173,
317-318, 351-353
──の結婚パターン　57
──の健康上の問題　336-338
──の個人的な不十分さの現れとしての
失職　184
──の時間外労働　154
──の自宅所有　44, 80-82, 88, 106
──の「実社会での厳しい試練」　71
──の社会階級　77-78, 84, 87-88
──の社会経済的地位　168, 333
──の社会的出自　74
──の社会的ダーウィニズム　70-72
──の収入減　147, 149, 152, 159-162,
165, 167, 173, 184-185, 213-214, 228

──の情緒的健康　174, 186-189, 192-193, 335

──の職業生活の不安定さ　152

──の職業的地位　75-78

──の生活水準　73

──の地位への影響　184

──の貯蓄と証券の取得　82-84, 87

──の同類婚　56-57

──の平等主義的な夫婦関係志向　136

──の兵役　74

──の満足感　346-349

──の無職（失業状態）　152-153, 158-159, 161-165, 167, 168, 189-190, 193, 213-214, 292, 311

──の労働生活　69

剥奪された──　223, 230-231

剥奪された中流階級の──　153, 162-163

剥奪された労働者階級の──　153, 163, 169

剥奪されなかった中流階級の──　152, 163, 165, 167

剥奪されなかった労働者階級の──　163, 165, 167

復員軍人援護法から──が受けた恩恵　352

労働者階級の──　152-153, 159, 161-162, 168-169, 335

「中国人は出ていけ」という（1870年代の）運動　246

中立法　244

中流階級　17-18, 22-23, 26, 33, 44, 59, 69, 73-75, 78, 88, 92, 121, 135, 156, 165, 167, 222, 230, 242-243, 313, 317-318, 329, 376, 384　→　階級、社会階級、労働者階級も参照

社会階級としての──　76-77

大恐慌の──に対する影響　148, 150, 173, 180, 239, 283, 339

──と結婚　108, 125, 134, 137

──と、人として尊敬される態度、立派さ、社会的尊重、他者からの尊敬　83, 175, 183

──において、社会的に安定しているという体面を保つこと　173

──において、水準を維持すること　175

──における家庭づくりの変化　109

──における家庭での生産　107-108

──における犠牲的な贈与　225

──における経済的安定と夫婦間の緊張　182

──における経済的損失による精神的なダメージ　181

──における経済変動の地位への影響　149

──における個人的損失としての収入減　147

──における社会的紐帯を失うことへの恐れ　192

──における収入減の回復　145

──における出産　200

──における自立と尊重の精神　83

──における世代間葛藤　356

──における地位グループ　76

──における地位喪失の心理学的影響　334

──における地位の喪失　336, 339

──における地位のリスク　174

──における父親の役割　306

──における夫婦間の平等　135

──における文化と夫婦役割の間の葛藤　132-133

──における豊かさの精神　71

──の家族の人数　62

──の子育て　310

──の財産所有　81

──の産業分野　156

──の自宅所有　106

──の収入減　150, 152, 160, 168, 173-
174, 181, 200

──の女性　111, 182, 282-283, 285,
296, 303, 309, 313, 334-345, 351-352,
354

──の親族ネットワーク　86, 224, 228,
238

──の男性　106, 111, 152-155, 157-
161, 168-169, 178, 227, 228, 333, 345

──の貯蓄　82-83, 150

剥奪された──　150, 152-3, 155, 162-
163, 165-167, 180-182 , 228, 283, 339,
342, 352

剥奪されなかった──　150, 152, 163,
166, 181, 222, 228, 283, 339

朝鮮戦争　248, 331, 338, 352, 379

テキサス州　49, 52

転換期の世代、歴史的転換期　25, 353

ドイツ　25, 31, 47, 56, 243, 246, 261

同類婚　56-57, 128　→　異類婚も参照

都市主義　140

都市の成長　16, 120

土木行政　168

（な行）

南北戦争　18-19, 27

日系アメリカ人の強制収容　246, 258, 265

日本　31, 47, 245-246, 332

ニューディール政策　71, 233, 243, 292

妊産婦と子どもの健康ケア　306

妊産婦と乳幼児の福祉と衛生の促進に関す
る法　305

年齢差　85-87, 129-130　→　コホート差も
参照

女性の結婚における──　102

大恐慌期における出産の──　203

男性のキャリア段階における──　71,

166, 286-287

──と初産　108

──と家族の人数　78

──と教育的達成、学歴　75, 76

──と緊張した関係　335

──と経済的依存　160

──と結婚　76

──と自宅所有　80-82

──と失業　158, 202

──と親戚との同居　85, 220, 232-233

──と親族との同居　334

──と世帯収入と支出　77-78

──と世帯主、親族への依存　221, 227

──と貯蓄と証券　82-84, 87

バークリー・オークランド研究対象児の
──　24-25, 383-384, 386, 389

年齢で区分されたライフコース　24

ノースウェスト地帯　55

（は行）

バークリー・ウィメンズ・シティ・クラブ
312　→　バークリーも参照

バークリー・ガイダンス研究　18, 33, 305-
309, 321, 343, 349, 375-392

バークリー協会　29　→　バークリー福祉
協会も参照

バークリー高齢世代研究　343

バークリー・シティ・クラブ　312　→
バークリー・ウィメンズ・シティ・クラブ
も参照

バークリー児童福祉研究所　18, 380　→
カリフォルニア大学バークリー人間発達研
究所（IHD）も参照

バークリー社会的評定　92-93

バークリー成長研究　343, 379, 383

バークリー福祉協会　29, 30, 40, 95, 160,
184, 190, 206-207　→　バークリー協会も
参照

屈辱的な経験としての——での資格面接
191
バークリー防衛評議会　274-276
パールハーバー（真珠湾）　23, 244-247,
249, 257-258, 260, 272, 332, 336-337
剥奪　26, 58, 71, 88, 225, 227-231, 333　→
階級、男性、中流階級、社会階級、女性、
労働者階級も参照
　親の——　213
　——経験　230
　経済的——　161, 164, 176, 187, 193,
　　200, 202, 205, 212-213, 227-228, 283,
　　286-287, 339, 341, 357
　——された家族　147-152, 211, 227, 228
　——された社会階級　165, 167, 228, 230
　——された世帯　297
　——されなかった中流階級　150, 153,
　　163, 165-166, 199, 200, 228, 283, 339-
　　341
　——されなかった労働者階級　150, 153,
　　163, 165-166, 200, 201, 228, 283
　収入——　381
　情緒的——　102
　女性の——　86, 291, 297-298, 339-341,
　　390
　男性の——　223, 231
　中流階級における——　150, 153-155,
　　163, 166, 199, 228, 283, 340, 342, 352,
　　357
　——と出身階級　212
　——と世代間影響　212
　労働者階級における——　148, 153,
　　155-169, 199, 200, 283
ハリケーン・カトリーナ　65
人として尊敬される態度、立派さ、社会的
　尊重、他者からの尊重　179, 378
　自宅所有と——　80, 175
　社会階級と——　175
　女性と——　183

自立と——　83
体面を保つことが困難になったときの
　——　183
　中流階級における——　83, 175
　——と家族　193
　評価の基準としての——　184
　労働者階級における——　184
　——を失うことへの恐れ　193
避妊　134, 216　→　産児制限も参照
　——による家族計画　201, 205
フーバーダム　31　→　ボルダーダムも参照
武器貸与　244
復員軍人援護法　17, 248, 331, 352
福祉　→　バークリー福祉協会、公助も参照
不平等（格差）　70, 74, 155
　非対称な——　133
　夫婦間の——　133-135
フラミンガム心臓研究　32, 350
古いバークリー　32, 271　→　バークリー
　も参照
フロンティアの終焉　45, 46
保育　307
　——の危機的な状況　250
ホームステッド法　54
ポーランド　243
ボランタリズム　89

（ま行）

マクファーレンによる初期家族の評定
　123
マタイ効果　39
マレ島　246
ミドルタウン研究　→　ミドルタウン（「書
　名・番組名」索引）を参照
ミネソタ州　48, 52
未来学者　37
ミルズ大学　256
無職（失業状態）　17, 26, 70, 155-156, 160,

用語索引

163-166, 189, 208, 213, 221-222, 231, 239, 319, 333, 337, 387, 389-390 → 失業も参照
高齢男性の―― 158
情緒的健康への――の影響 202
精神的健康への――の影響 193
男性の健康への――の否定的影響 357
中流階級と―― 152-154, 159, 174, 333
長期間にわたる――のトラウマ 167
――と経験不足 158
――とジェンダー 193
――と職業生活のパターン 162
――と不完全雇用 334
長引く―― 189
――による不安定 152, 167
――による夫婦間の緊張 130, 184
――による慢性的な心理的重圧 311
――の屈辱 190
――の性差 292
――の先行要因 168
――の中心的な特徴としての家族の困窮 148
――の年齢差 157-158
労働者階級と―― 29, 152-153, 159, 161, 167, 334
モリル法 27

（や行）

要扶養児童扶助 306
ヨーロッパ 18, 20-22, 27, 30, 43, 45, 47, 74, 98, 122, 233, 243-244, 331, 335-336, 356

（ら行）

ライフコースの視点、パラダイムの原則 20 → 年齢で区分されたライフコース、コホート、累積的有利／不利、軌道、移行

も参照
ライフコースモデル、援助の授受 227
ライフヒストリー（生活史）研究 19-21, 34, 387
ランカシャー州、イギリス 219
ランドグラント（土地払い下げ）大学 21, 27
離婚 102, 286-287, 289, 293, 334, 338-339, 349
リバティ船 245, 256, 262 → 造船所も参照
リベット打ちのロージー 279, 290
――のイメージ 288
流動性 94 → 社会的流動性も参照
累積的有利／不利
――の原則 24, 39
連鎖移住 52, 351 → 移民、移住も参照
労働 22, 44, 50, 64, 70-74, 88, 121-122, 126, 137, 153, 154, 160, 164-165, 185, 317
肩身の狭かった―― 337
熟練／技能―― 79-80, 82-83, 86, 157-158, 162, 279, 336
造船所の黒人労働者の―― 256
使い捨てにされる―― 157
――と職業役割 34, 156
――と女性 23, 99-101, 104-105, 109, 120, 136, 279-280, 283-284, 286-297, 311, 337, 347, 354
――と専門職 78
――と肉体労働 76-78, 106, 156
人間らしい―― 89
半熟練／半技能―― 75-76, 156, 161-162, 168, 279, 333, 336
秘書としての―― 279, 284-285
未熟練／非技能―― 75-79, 262
労働運動 246
――の中の労使紛争 162
労働者階級 18, 59, 69, 132-135, 149, 158,

160, 175, 178, 186, 191-192, 221-222,
224, 243, 263, 318, 334-336, 339-342,
376, 384, 388-390　→　階級、中流階級、
社会階級も参照
　社会階級としての──　76-78
　大恐慌の──に対する影響　18, 148,
　　150, 179, 239, 283, 336, 384
　──と女性　111, 282-283, 294, 303,
　　339-342
　──と、人として尊敬される態度、立
　　派さ、社会的尊重、他者からの尊敬
　　184
　──における犠牲的な贈与　225
　──における経済的安定と夫婦間の緊張
　　183
　──における互酬性　228
　──における失業状態・無職　148, 159,
　　164-166
　──における失業の集中　26, 152, 389
　──における「質素さ」の基準　177
　──の共有パターン　228
　──の産業分野　156
　──の自宅所有者　106
　──のしつけ　309, 317
　──の収入減　26, 34, 146, 148, 159, 168
　──の親族ネットワーク　228, 238
　──の男性　76-78, 87-88, 127, 152-153,
　　159, 161-162
　剥奪された──　152-153, 155, 163,
　　165-169, 180, 200-201, 205, 228, 283,
　　336, 339
　剥奪されなかった──　150, 165, 167,
　　180, 228, 283
老年期　236, 332, 338, 380, 390-391
　──に振り返った最も満足し、最も不満
　　であった日々　346-349
　──の女性の身体的・情緒的健康　341-
　　344
ローラ・スペルマン・ロックフェラー記念

財団　32, 305, 375

（わ行）

若者　317, 351　→　青年、少年非行も参照
　鍵っ子だった──　267
　──が悪事に手を染める機会　322
　戦時中の──　265-273
　──に影響を与える映画　268
　──のしつけ　313, 322
　──の「実際の」責任感の欠落　314
　──の社会化　323
　──の自立　314
　──の戦争努力への協力　266
　──の不正行為の問題　267

【原著者紹介】

リチャード・A・セッターステン・Jr.（Richard A. Settersten Jr.）

オレゴン州立大学　卓越教授（ライフコース・人間発達学）

グレン・H・エルダー・Jr.（Glen H. Elder Jr.）

ノースカロライナ大学チャペルヒル校　オーダム社会学卓越研究教授

リサ・D・ピアース（Lisa D. Pearce）

ノースカロライナ大学チャペルヒル校　社会学部教授・学科長

【監訳者紹介】

岡林 秀樹（おかばやし ひでき）　　　　　［担当章：第1部，第5部，謝辞，付録］

現　　　職：明星大学心理学部教授
最終学歴：国際基督教大学大学院教育学研究科博士後期課程修了　博士（教育学）
専門領域：生涯発達心理学，老年心理学，ライフコース論
著　　　書：『現代心理学──人間性と行動の科学』（分担執筆，ナカニシヤ出版，2012），『老年心理学（改訂版）』（分担執筆，培風館，2012），『エピソードでつかむ老年心理学』（分担執筆，ミネルヴァ書房，2011），『発達科学ハンドブック3──時間と人間』（分担執筆，新曜社，2011），『臨床心理学第30章』（分担執筆，日本文化科学社，2006），『高齢者心理学』（分担執筆，建帛社，2004），『老いのこころを知る』（分担執筆，ぎょうせい，2003），『援助とサポートの社会心理学』（分担執筆，北大路書房，2000）
訳　　　書：『【完全版】大恐慌の子どもたち──社会変動とライフコース』（共訳，グレン・H・エルダー・Jr著，明石書店，2023），『児童心理学・発達科学ハンドブック』（第4巻第2章「時間と空間における人間発達」）（訳，グレン・H・エルダー・Jr，マイケル・J・シャナハン，ジュリア・A・ジェニングス著，リチャード・M・ラーナー編集主幹，福村出版，2022），『ライフコース研究の技法──多様でダイナミックな人生を捉えるために』（監訳，グレン・H・エルダー・Jr，ジャネット・Z・ジール編著，明石書店，2013），『成人発達とエイジング（第5版）』（訳，シャイエ・K・W，ウィリス・S・L著，ブレーン出版，2006），『発達科学──「発達」への学際的アプローチ』（共訳，カーンズ・R・B，グレン・H・エルダー・Jr，E・ジェーン・コステロ編著，ブレーン出版，2006），『時間と空間の中の子どもたち』（共訳，グレン・H・エルダー・Jr，ジョン・モデル，ロス・D・パーク編著，金子書房，1997）

【訳者紹介】

槻舘 尚武 (つきだて なおたけ)　　　　　　　　　　　　　　［担当章：第 2 部扉，第 2 章］

現　　職：山梨英和大学人間文化学部准教授
最終学歴：国際基督教大学大学院教育学研究科博士後期課程修了　博士（教育学）
専門領域：教育心理学，教育工学，コミュニケーション障害
論　　文：Quantitative communicative impairments ascertained in a large national survey of Japanese children. *Journal of Autism and Developmental Disorder*, 47, 3040-3048. 2018（共著），Discovering Knowledge of ASD from CCC-2: Ensemble Learning Approach for Analysis of ASD. *ACM ICPS ICISS'20* (Cambridge, UK), 128-132. 2020（共著）

玉井 航太 (たまい こうた)　　　　　　　　　　　　　　　　　　［担当章：第 3 章］

現　　職：北海商科大学商学部准教授
最終学歴：国際基督教大学大学院教育学研究科博士後期課程修了　博士（教育学）
専門領域：コミュニティ心理学，社会心理学
訳　　書：『児童心理学・発達科学ハンドブック』（第 1 巻第 9 章担当，リチャード・M・ラーナー編集主幹，福村出版 2022），『エンパワーメント評価の原則と実践：教育，福祉，医療，企業，コミュニティ介入プログラムの改善と活性化に向けて』（第 3, 7, 8 章担当，風間書房，2014），『ライフコース研究の技法──多様でダイナミックな人生を捉えるために』（第 9 章担当，グレン・H・エルダー・Jr，ジャネット・Z・ジール編著，明石書店 2013）

登張 真稲 (とばり まいね)　　　　　　　　　　　　　　　　　　［担当章：第 4 章］

所　　属：文教大学生活科学研究所客員研究員
最終学歴：白百合女子大学博士課程後期終了　博士（心理学）
著　　書：「共感性」（2021，小塩真司編著『非認知能力』10 章，北大路書房）
訳　　書：M. J. シャナハン・J. D. ボードマン著「ライフコースにおける遺伝と行動」（グレン・H・エルダー・Jr，ジャネット・Z・ジール編，本田時雄・岡林秀樹監訳『ライフコース研究の技法──多様でダイナミックな人生を捉えるために』（第 10 章担当，明石書店，2013），A. ロッシ著『中年期の親と加齢』（東洋・柏木惠子・高橋惠子監訳『生涯発達の心理学』3 巻 5 章，新曜社，1993）

竹村 明子 (たけむら あきこ)　　　　　　　　　　　　　　　［担当章：第 5 章，付録 A］

現　　職：仁愛大学人間学部心理学科教授
最終学歴：北海道大学大学院文学研究科人間システム科学心理システム科学博士後期課程修了　博士（文学）
専門領域：生涯発達心理学，教育心理学
著　　書：『教職をめざすひとのための発達と教育の心理学』（分担執筆，ナカニシヤ出版，2016），

『発達支援のための生涯発達心理学』（分担執筆，ナカニシヤ出版，2008）

論　　文：二次的コントロールと調和を重視する文化（単著，仁愛大学研究紀要人間学部篇第 22 巻，31-41，2024），身体や健康の衰退に調和するための高齢者の対処：二次的コントロール理論を基に（共著，発達心理学研究第 24 巻 2 号，160-170，2013），二次的コントロール概念の多様性と今後の課題（共著，教育心理学研究第 60 巻 2 号，211-226，2012）

中尾 暢見（なかお のぶみ）　　　　　　　　　　　　　　[担当章：第 3 部扉，第 6 章]

現　　職：日本大学文理学部非常勤講師

最終学歴：日本大学大学院文学研究科社会学専攻博士後期課程　満期退学

　明治大学大学院政治経済学研究科　論文博士（政治学）

専門領域：社会学，ライフコース研究，社会科学としてのことわざ研究

著　　書：『ことわざを楽しく学ぼう，社会・文化・人生——ことわざの魅力と威力の再発見』（分担執筆，人間の科学新社，2016），『常識力を問いなおす 24 の視点——時代をとらえる手がかりを得るために』（分担執筆，文化書房博文社，2010）

論　　文：エルダーのライフコース理論への軌跡（単著，家族研究年報 23 号，84-94，家族問題研究会編，1998），エルダーのメイン・プロジェクト——四つのコーホートのライフコース（単著，社会学論叢 138 号，49-61，日本大学社会学会編，2000）

訳　　書：『ライフコース研究の技法——多様でダイナミックな人生を捉えるために』（第 5 章担当，グレン・H・エルダー・Jr，ジャネット・Z・ジール編著，明石書店，2013）

松本 聡子（まつもと さとこ）　　　　　　　　　　　　　　　　　　[担当章：第 7 章]

現　　職：ベネッセ教育総合研究所研究員　お茶の水女子大学人間発達教育科学研究所研究協力員

最終学歴：早稲田大学大学院人間科学研究科 健康科学専攻修了　博士（人間科学）

専門領域：環境心理学

著　　書：『小児期の逆境的体験と保護的体験』（分担翻訳，明石書店，2022），『シリーズみんなで育てる家庭養護（里親・ファミリーホーム・養子縁組）』（分担執筆，明石書店，2021）

佐藤 央男（さとう ひさお）　　　　　　　　　　　　　　　　　　　[担当章：第 8 章]

所　　属：筑波大学 働く人への心理支援開発研究センター ライフキャリア相談室

最終学歴：筑波大学大学院人間総合科学学術院人間総合科学研究群カウンセリング学位プログラム　博士前期課程修了　修士（カウンセリング）

専門領域：産業組織心理学，パーソナリティ心理学

資　　格：国家資格キャリアコンサルタント

髙橋 麻菜美（たかはし まなみ）　　　　　　　　　　　　　　　　　[担当章：第 9 章]

現　　職：川口市役所子育て相談課家庭児童相談員

最終学歴：明星大学大学院心理学研究科心理学専攻博士前期課程修了　修士（心理学）

専門領域：臨床心理学
資　　格：公認心理師
論　　文：大学生のアレキシサイミア傾向と友人と親への過剰適応および怒り感情の制御との関連
（明星大学心理学研究紀要第 40 号，11-22，2022）

関 憲治（せき けんじ）　　　　　　　　　　　　　　［担当章：第 4 部扉，第 10 章］

現　　職：昭和女子大学グローバルビジネス学部会計ファイナンス学科教授
最終学歴：東北大学大学院経済学研究科博士後期課程修了　博士（経営学）
専門領域：経営分析，財務管理論，ビジネス実務教育
著　　書：『実践キャリア考』（分担執筆，実教出版，2013），『ビジネス実務総論改訂版』（分担執筆，
実教出版，2011）。

松岡 弥玲（まつおか みれい）　　　　　　　　　　　［担当章：第 11 章，付録 A］

現　　職：愛知学院大学心理学部准教授
最終学歴：名古屋大学大学院教育発達科学研究科博士後期課程修了　博士（心理学）
専門領域：生涯発達心理学
著　　書：『エッセンシャルズ心理学（第二版）』（分担執筆，福村出版，2019），『看護心理学』（分
担執筆，ナカニシヤ出版，2013），『コンピテンス──個人の発達とよりよい社会形成のために』
（分担執筆，ナカニシヤ出版，2012），『発達心理学』（分担執筆，ミネルヴァ書房，2009）

矢代 佐枝子（やしろ さえこ）　　　　　　　　　　　　　　　　［担当章：第 12 章］

現　　職：明星大学心理学部非常勤講師
最終学歴：お茶の水女子大学大学院人間文化研究科人間発達科学専攻博士後期課程単位修得退学　修
士（家政学）
専門領域：生涯発達心理学，老年心理学，ライフサイクル論
著　　書：『新体系　看護学全書　精神看護学①精神看護学概論／精神保健』（分担執筆，メヂカルフ
レンド社，2015），『心理学のポイント・シリーズ　発達心理学』（分担執筆，学文社，2008），『ミ
ドル期の危機と発達──人生の最終章までのウェルビーイング』（分担執筆，金子書房，2008）

「大恐慌の子どもたち」親世代のライフコース
── 20 世紀を生きたアメリカ人の家族・ジェンダー・人間発達

2025 年 4 月 30 日　初版 第 1 刷発行

著　者　　リチャード・A・セッターステン・Jr.
　　　　　　グレン・H・エルダー・Jr.
　　　　　　リサ・D・ピアース
監訳者　　岡　林　秀　樹
発行者　　大　江　道　雅
発行所　　株式会社 明石書店
　　　　　〒 101-0021 東京都千代田区外神田 6-9-5
　　　　　電話 03 (5818) 1171
　　　　　FAX 03 (5818) 1174
　　　　　振替　00100-7-24505
　　　　　https://www.akashi.co.jp/

進行　　　　　寺澤正好
組版　　　デルタネットデザイン
装丁　　　　　金子　裕
印刷・製本　モリモト印刷株式会社

（定価はカバーに表示してあります）　　　　ISBN978-4-7503-5917-5

［完全版］
大恐慌の子どもたち
社会変動とライフコース

グレン・H・エルダー, Jr. ［著］
川浦康至 ［監訳］
岡林秀樹、池田政子、伊藤裕子、
本田時雄、田代俊子 ［訳］

◎A5判／上製／484頁　◎5,800円

ライフコース研究の金字塔。20世紀初頭アメリカの大恐慌時代を子どもたちがどう生き、その後どう成長したかを追尾した労作。98年に発刊25周年を迎えた 25周年記念版の完訳本。訳文を全面的に見直し、エルダーからの「日本語版に寄せて」も収録。

《価格は本体価格です》

《内容構成》

日本語版に寄せて

序文——一九九八年
　　　　［ユリー・ブロンフェンブレンナー］

序文 ［ジョン・A・クローセン］

第Ⅰ部 危機と適応——はじめに

第 1 章　恐慌経験

第 2 章　経済的剥奪と適応

第Ⅱ部 恐慌下でおとなになること

第 3 章　経済的剥奪と家庭地位

第 4 章　子どもと家計

第 5 章　家族関係

第 6 章　地位変化とパーソナリティ

第Ⅲ部 成人期

第 7 章　生計を立てる

第 8 章　不確実な人生を送る

第 9 章　成人期の経験とパーソナリティ

第Ⅳ部 恐慌経験と人生パターン

第 10 章　大恐慌の子どもたち

第Ⅴ部 「大恐慌の子どもたち」その後

第 11 章　「大恐慌の子どもたち」その後

　　監訳者あとがき

　　付録A 付表
　　付録B 調査対象者の構成と方法論
　　付録C 大恐慌経験の国別比較